젠더분석: 과학과 기술을 바꾼다

이 책은 2007년 정부(교육과학기술부)의 재원으로 한국연구재단의 지원을 받아 출판되었음(KRF-2007-361-AM0074).

젠더분석: 과학과 기술을 바꾼다

Gendered Innovations in Science and Engineering

론다 쉬빈저 엮음/김혜련 옮김

연세대학교 출판부

머리말

이 책의 필자들은 하나 같이 명망 높은 학자들로서 과학과 공학에서의 젠더 혁신이라는 주제를 탐험한다. 다시 말해, 그들은 젠더분석이 과학과 공학에 적용될 때 어떻게 인간의 지식이 심오한 정도로 고양될 수 있는지를 증언한다. 오늘날 액션이 벌어지는 곳은 바로 이들 분야이다. 이 책은 젠더를 주요 변수로 고려할 때 어떻게 새로운 연구 결과가 산출되고, 미래 연구를 위한 새로운 문제들의 포문을 엶으로써 어떻게 창의성의 불꽃을 피울 수 있는지를 가능한 한 구체적인 사례를 통해 보여준다. 오늘날 미국의 국립보건연구원과 유럽연합 같은 정부 지원 기관들은 연구비 지원 제안서에서 계획하는 연구의 목표와 방법이 어떻게 성과 젠더와 연관되는지를, 그리고 어떤 의미에서 그러한지를 밝힐 것을 요구한다. 그러나 연구개발에 집중하는 과학자나 공학자들 중에는 젠더분석을 어떻게 하는 것인지 알고 있는 경우가 드물다. 이 책의 목표는 바로 그 방법과 근거를 밝히는 것이다.

그러나 이 책은 첫걸음일 뿐이다. 2009년 7월, 스탠포드대는 우리의 젠더혁신 프로젝트의 새로운 국면에 진입했다. 과학, 의학, 그리고 공학에서의 새로운 젠더 혁신 기획은 기초연구와 응용연구를 위한 젠더 방법론을 연구 · 개발하는 후속 단계에 발걸음을 내딛었다. '성과 젠더분석을 위한 도구들'은 기초과학과 공학 설계에서 젠더 차원을 주류화하고자 한다. 젠더분석은 연구에 비판적 엄밀성을 제공하는—많은 것들 중—또 하나의 제어력으로서의 역할을 한다. 그것을 간과하는 것은 잠재적 편견을, 그리고 잠재적인 새로운 통찰과 발견을 간과하는 것이다.

젠더분석은 복잡하다. 연구 프로젝트 설계에 플러그 꽂듯이 간단히 적용할 수 있는 비법 같은 것은 없다. 복잡하고 섬세한 성이론과 젠더분석은 연구와 개발, 그리고 훈련을 필요로 한다. 그것은 남녀 과학자와 공학자들 모두가 배워야 할 것이다. 또한 젠더분석 훈련은 과학부와 공학부의 학부 및 대학원 교육의 정규 과정에 도입되어야 한다.

스탠포드대가 시작한 방법들은 과학과 의학, 그리고 공학의 다양한 분야에서 40개 가량의 응용 사례에 적용될 것이다. 우리는 3년 쯤 후 최종 성과물을 얻게 되기를 희망하고 있다.

젠더 혁신은 과학과 공학, 그리고 전지구적 인간 사회의 미래를 위해 필수적이다. 세련된 젠더분석의 지원을 받을 때, 젠더 혁신은 젠더적 책임감에 투철한 새로운 과학과 기술의 창조를 고무하고, 그럼으로써 남성과 여성 모두의 삶을 향상시켜줄 것이다.

독자는 이 책을 통해 과학 · 공학에서의 젠더분석에 대해 많은 것을 배우게 될 것이다. 여기 포함된 글들은 각 분야의 선도적 연구자들이 기고한 것이다. 그들은 구체적인 사례들을 통해 과학과 공학에 적용될 수 있는 분석 도구로서의 젠더에 대해 중요한 통찰력을 제시한다.

이 책은 2005년 스탠포드대에서 개최된 미셸 R. 클레이먼 젠더 리서치 연구소 국제 워크숍을 기반으로 구성되었다. 이 프로젝트를 지원해준 미국과학재단(SES-0114706)과 스탠포드대 가빌란 교학처 자유기금에 감사한다. 또한 워크숍과 출판을 지원해준 섀넌 길마틴, 미셸 케일, 제인 그루버-슈발리어, 안드레아 헨더슨, 헤일리 미닉, 그리고 지네트 젠킨스에게도 감사의 마음을 전한다.

*이 서문은 2008년 초판 서문을 대신하여 한국어 번역본을 위해 론다 쉬빈저 교수가 2010년에 새로 쓴 것이다. 원래의 서문은 매우 짧으며 주로 저서 집필을 지원해준 과학재단과 클레이먼 연구소, 그리고 후원자들을 밝히고 있다. 이 한국어판 서문에서 쉬빈저 교수는 본서가 출간된 후 스탠포드대에서 2009년에 이루어진 후속 연구와 상황전개에 대해 언급하고, 특히 기초연구와 응용연구의 엄밀성과 수월성을 위해 젠더분석이 맡는 중요한 역할을 강조하고 있다. 바쁜 일정 중에도 흔쾌히 새 서문을 보내준 쉬빈저 교수에게 깊이 감사한다. (옮긴이)

차례

젠더분석: 과학과 기술을 바꾼다

•••

*일러두기

❶ 주석 번호는 통합하여 일련번호로 되어 있다. 필자들의 주 외에 옮긴이가 첨가한 주는 '옮긴이 주'로 표시되어 있다.

❷ 편집인 론다 쉬빈저의 요청에 따라 2008년도 원서에 실린 서문은 한국어판 서문에 융합되었다. 그러므로 본서의 서문은 편집인이 2010년에 다시 고쳐 쓴 것이다.

제1장

더 많은 여성을 과학과 공학으로 -지식 문제[1)]

| 론다 쉬빈저 |

지난 3십 년 간 여성과 젠더 주변에서 일어난 혁신들은 과학과 기술을 뒤흔들었다. 예를 들면, 미항공우주국의 선임 과학자가 여성일 줄 과연 누가 예상할 수 있었겠는가? (이 책의 공동 저자인 프랜시스 A. 코르도바는 현재 퍼듀대 총장이다.) 또는 유전학자들이 '마스터 유전자' 모델—포유류의 성이 Y염색체라는 단 하나의 주인 유전자에 의해 결정된다는 가설—을 퇴출시키고 그 대신 정소(精巢, testis)와 난소의 구성요소들 간의 상호작용을 강조하는 설명이 자리를 잡을 것이라고 누가 과연 상상할 수 있었겠는가? (이 책에 수록된 리처드슨의 글을 참조.) 또는 인공 무릎이 여성의 특이한 골격과 하중을 지탱하기 위해 열 아홉 개의 독특한 국면을 갖도록 설계될 것이라고 누가 꿈이라도 꿀 수 있었겠는가?

내 평생 동안 미국의 지적인 여성들의 상황은 놀라울 정도로 향상되었다. 우리는 그 변화를 이미지들을 통해 부분적으로나마 가늠할 수 있다. 미국의 소비문화 안에서 자란 사람이라면 이미지의 힘을 잘 알 것이다. 이미지는 희망과 꿈, 태도와 행실에 관한, 어떤 사람이 과학자가 될 것이고 과학이 무엇인지에 관한 메시지들을 투사한다. 우리는 사회에서 과학자가 어떤 사람으로 상상되는지에 관해 몇 가지 흥미로운 변화를 관찰할 수 있다. 예전에 '과학자를 그려보라'는 요청을 받을 때 학생들의 98퍼센트는 남자를 그렸다(Kahle 1987, 그림 1.1 참조). 1990년대에 이르렀을 때 남자 그림은 70퍼센트로 줄었고 16퍼센트는 뚜렷이 여성을 그린 반면, 나머지 14퍼센

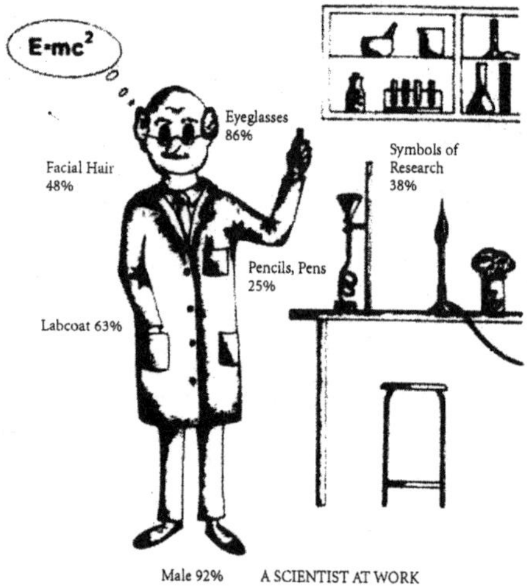

그림 1.1 '과학자 그리기' 테스트의 결과. 대부분의 학령기 아동들은 남자를 그렸다.
출처:Butler Kahle.『과학 교육에서 젠더 이슈』(*Gender Issues in Science Education*, Curtain University of Technology, 1987)

그림 1.2 시험관을 들고 있지만 실험가운을 입지 않은 여성 자연과학자가 옥외에서 일하는 모습.
출처: Rham and Charbonneau, *American Journal of Physics*(1997, Vol.65(8), pp.774-778), 「여성 과학자」p.776(그림 1(E)).

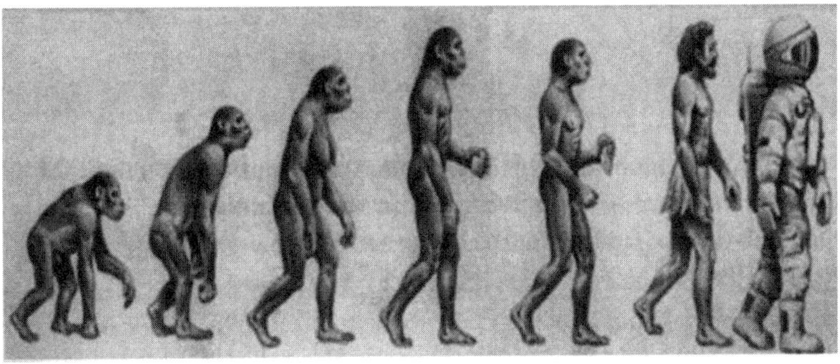

그림 1.3 The evolution of man.

트는 젠더가 모호한 그림을 그렸다. 1990년대에는 과학 분야에서 아시아계가 두드러짐에도 불구하고 놀랍게도 과학자의 96퍼센트는 계속 백인으로 묘사되었다(Rahm and Charbonneau 1997).

또한 우리는 과학의 맥락에서, 이 경우, 인류 진화에 대한 이해에 있어서 젠더 혁신을 볼 수 있다. 우리들 대부분은 인류의 진화를

그림 1.4 라에톨리 발자국(Laetoli footprints)을 남긴 것으로 추정되는 초기 인간을 재구성한 그림으로 뉴욕의 미국 자연사 박물관에서 볼 수 있다. <사실인가 환상인가?>
출처: 이미지#2A19270 (미국자연사 박물관)

'남자의 진화'(그림 1.3)라는 이미지를 통해 인식하면서 성장했다. 진화 이론은 남자들이 인류의 진화를 향해 능동적이고 공격적으로 매진하는 것처럼 묘사해왔다. 찰스 다윈이 말했듯이, 그가 '성품의 동등한 전이'라고 불렀던 것에 국한하여 남성에게서 선택된 성향들이 여성에게도 전이될 수 있다(Hrdy 1999).

1993년, 많이 예고되었던 새 이미지가 발견되어 그 이미지는 수정하지 않을 수 없게 되었다. 그 해 뉴욕의 미국 자연사 박물관이 개최한 전시회 <인간 생물학과 진화>는 라에톨리 부근의 화산재 속에 보존되었던 3,500만 년 전 발자국으로부터 초기 인류를 재구성한 그림들을 전시했다(그림 1.4). 이 투시화는 여성에게도 인류의 진화에서 한 자리를 내주고 있음이 분명하고, 이 이미지에 내재된 가정들은 1960년대 이후 극적으로 변화되었지만 그 과정은 아직 미완결 상태이다. 발자국을 남긴 인간들은 왜소한 체구의 여성 배우자 바깥쪽에 우뚝 서있는, 건장한 남자로 그려져 있다. 그렇지만 우리는 그 흔적을 남긴 두 사람의 성이나 관계에 대해서는 알 길이 없다—발자국은 성을 드러내지 않으니까. 이 초기 인간들의 경우 몸집이 큰 쪽이 남자이고 그 배우자는 몸이 더 작았을 수도 있지만, 어쩌면 그 두 사람은 사춘기 자녀와 그를 달래주고 있는 부모일 수도 있고 또는 화산 폭발을 피해 달아나는 두 친구였을 수도 있다.

이 책의 목적은 과학과 공학 분야에서 이러한 종류의 변화—젠더 혁신—를 분석하는 것이다. 내가 말하는 젠더 혁신gendered innovations이란 개인, 문화, 그리고 과학과 공학 분야에서 젠더 편견을 제거하려는 노력을 통해 성취한 내용의 변화를 가리킨다. 이 책에 집적되어 있듯이, 젠더 편견을 이해하고 제거하는 작업은 특수 과학과 공학의 여러 분야의 전문가들에게 새로운 통찰력을 제공해 주었다. 서두에 내가 강조하고 싶은 것은 젠더분석은 X나 Y 염색체에 국한된 것이 아니라는 것, 달리 말하면, 적절한 훈련을 받기만 하면, 대부분의 연구자들은 젠더분석 이론과 실천을 통달하는 데 성공할 수 있다는 것이다. 젠더분석이 엄밀하고 창의적으로 적용될 때 그것은 새로운 관점, 새로운 문제, 그리고 새로운 사명으로 나아가는 길을 열어줌으로써 인간의 지식과 기술 시스템들을 고양시킬 수 있는 잠재력을 갖고 있다.

어떤 식으로 그 과정이 이루어지는지 독자가 더 잘 이해할 수 있도록, 나는 젠더분석의 상이한 세 층위를 제시하겠다(쉬빈저 1999와 2003 참조).

1. 여성 인력 규모의 변화: 과학과 공학계의 참여 인력. 첫 번째 단계는 과학과 공학계로의 여성 참여를 증진시키는 데에 초점을 둔다. 젠더분석의 이 단계는 과학 제도권에 여성들이 얼마나 참여해왔는가를 주제로 삼는 역사와 사회학을 다룬다. 위대한 여성 과학자들은 누구인가? 그들은 무엇을 성취하였는가? 대학, 산업계, 그리고 정부 실험실에서 여성은 어떤 경험을 하는가? 과학과 공학 분야의 여성 인력을 증가시키기 위한 (올바른 또는 그릇된) 프로그램들은 여성들의 연구 지원을 늘리고, 급여를 협상하는 법을 가르치거나, 보다 일반적으로 말해, 남성의 세계에서 성공하는 법을 가르침으로써 '여성을 적합하게' 만들려고, 즉 여성의 경쟁력을 높이려는 목표를 추구해왔다.

2. 제도 혁신: 과학 공학계 문화 안에서의 젠더. 문화는 제도, 법적 규제, 또는 일련의 학위나 자격증 이상의 문제이다. 문화는 그 구성원들이 갖고 있는 무언의 가정과 가치로 이루어진다. 객관성과 가치중립성을 표방함에도 불구하고, 과학은 오랜 기간에 걸쳐 발전

된 관습과 통념으로 동일시될 수 있는 문화를 갖고 있다. 그러한 관습들 중 많은 것은 역사적으로 여성이 배제된 채 발전되었고, 다른 곳에서 내가 주장한 바 있듯이, 여성들의 참여를 반대하는 가운데 발전되었다(쉬빈저 1989). 성공하기 위해서 매일 준수해야 하는 의례들, 즉 언어를 지배하는 코드, 교류 방식, 복장 양태, 가치와 실천의 위계들을 최소한 어느 정도라도 숙지하고 준수할 것을 요구하는 과학 공학계의 문화는 대다수가 남성인 실무자들에 의해 과연 어떤 식으로 형성된 것일까? 이 접근을 택하면서 여성 참여를 증진시키려는 프로그램들은 '제도를 적합하게 만드는' 일을 시도한다. 예를 들어, 미국과학재단(NSF)의 현행 ADVANCE 사업은 대학 문화의 변화를 모색한다. 그러한 노력은 채용 과정에서의 미묘한 젠더 편견을 파악하는 일부터, 자녀양육 휴가, 종신직 시한 요건 없애기 등을 통해 학계 여성들의 직장/가정 균형을 조정하는 일까지 다양하다.

3. 지식 혁신: 과학 공학의 연구 성과에 나타난 젠더. 학자들은 여성들을 배제하고 결과들을 강조하지만, 더 중요한 것은 그러한 배제가 더 일반적인 차원에서 인간의 지식 획득에 어떤 결과를 초래하였을까 하는 것이다. 이 세 번째 단계에 이르러 필자들은 '지식 혁신'에 초점을 둔다. 이 책의 많은 장(章)들은 젠더분석이 과학과 공학에 적용될 때 심오한 정도로 인간 지식을 어떻게 고양시키는지를 탐색한다. 이것이 바로 오늘 우리가 진술해야 할 중심 이슈이며, 여기서 우리는 미래 연구를 위한 새로운 문제들을 열어 보임으로써 어떻게 젠더분석이 창의성의 불꽃을 피우는지를 보여주는 사례들

을 제시할 것이다. 그 작업은 여성을 채용하고 보존하려는 우리의 노력에 결정적으로 긴요하다. 중요한 성과로, 국립보건원(NIH)이 시행하는 사업 같은 프로그램들이 의료직 여성 인력의 증가를 위한 기획을 의학 연구의 재개념화 기획에 연결시킨 일이 있다.

분석의 세 단계에서 다루는 쟁점들을 구별하는 것이 유익하기는 하지만, 이 관점들이 다른 것과 서로 긴밀하게 연결되어 있다는 것은 쉽게 알 수 있다. 지식 문제(knowledge problem)를 충분히 검토하고 해소하지 않는 한, 여성들이 과학과 공학에서 진정으로 동등한 참여자가 되지 못할 것이라는 것을 보여주는 증거가 속출하고 있다. 학문분과들은 다분히 자의적으로 지식을 구획짓는다. 우리는 여성이 완전한 파트너가 될 때 인간 지식—우리가 아는 것, 우리가 가치를 부여하는 것, 우리가 중요하게 생각하는 것—이 극적으로 달라질 수 있는 가능성을 열어둘 필요가 있다. 과학이란 비판적 사고, 탐험, 그리고 미지의 세계로의 여행 같은 것이다. 이 항해에 동참함으로써 여성이 얻을 것은 대단히 많다.

앞으로의 논의를 위한 무대를 마련하기 위해, 내가 구별하는 젠더분석의 주제들에 따라 장들을 배열할 것이다.

과학 · 공학기술 분야의 여성 참여

많은 사람들은 진보를 믿는다. 그들은 여성들에게 점점 더 나은 세상이 되고 있다고 믿는다. 내 머리를 도닥거리며 '조금만 기다려, 여자들도 정상에 오르게 될거야'라고 하는 말을 나는 얼마나 많이 들어왔는지 모른다. 내가 한 가지 지적하고 싶은 것은 여성에게 진보는 자연의 사실이 아니라 개인, 제도, 그리고 정부 기관들 측의 주도면밀한 개입의 결과라는 사실이다.

왜 우리가 뒤로 물러 앉아 모든 일이 저절로 바로 잡히기를 기다릴 수 없는지를 보여주는 간단한 사례 세 가지를 들어보겠다. 여성들을 위한 기회는 대학 문화의 변화와 더불어 한 사회의 더 큰 사회 · 경제적 구조조정의 결과로 만들어진다. 주지하듯이, 12세기에 근대적인 대학이 설립될 때부터 19세기 말까지 여성들은 대학에서 배제되었다. 그런 의미에서 여성은 대학 실험실의 진짜 신입생이다. 여성들은 1870년대와 1880년대의 여성운동이 그들을 대학으로 몰아넣은 후 비로소 과학계에서 근대적인 직업을 갖기 시작했다. 여성이 대학원에 입학하는 숫자가 늘어남에 따라 —20세기에 과학계에서 본격적으로 일하기 위해 대학원 학위는 필수조건이 되었다—여성들은 모든 분야의 박사과정에 물밀듯이 들어갔다. 1920년대에 미국에서 대학원 여학생의 비율은 대학 역사상 기록적이었고, 여성은 물리학과 생물학 박사학위자의 14퍼센트에 달했다. 그러나 1930년과 1960년 사이에 여성 박사의 비율은 유럽의 파시즘, 냉전,

미국의 매카시즘의 등장으로 인해 급격히 줄어들었다. 충격적이게도 1970년대까지 강단 과학에의 여성 참여 비율은 1920년대 수준을 회복하지 못했다(Rossiter 1982; Zuckerman et al. 1991).

둘째 사례는 사회 구조가 과학과 공학계에서 여성들의 기회에 어떻게 영향을 미치는지를 한층 더 극명하게 보여준다. 17세기 독일에서는 천문학자의 14퍼센트가 여성이었다. 오늘날 독일의 여성 천문학자의 비율은 약 5퍼센트이다(독일 대학의 모든 강사와 교수들을 계수한 것이다). 어떻게 이런 일이 있게 된 것일까? 근대 초기 독일의 매우 상이한 경제 · 사회적 생활 구조는 오늘날 같으면 생각할 수도 없는 방식으로 여성들이 천문학에 참여할 수 있는 기회를 제공했다. 다른 곳에서 내가 주장한 바 있듯이, 이 시기의 천문학은 길드 계보를 중심으로 조직되어 있었다. 길드는 대부분의 상품들이 생산되고 서비스가 제공되는 사회 · 경제적 조직이었다. 길드의 생산 작업은 가정에서 이루어졌다. 천문학자가 있는 가정의 경우, 남편과 아내의 노동은 근대적인 방식으로 구분되지 않았다. 즉 남편은 집 밖의 관측소에서 일하는 완전한 전문직 종사자 같은 사람이 아니었다. 또 아내는 날마다 화덕과 가정에 매인 가정주부가 아니었다. 어느 한 쪽도 각기 천문학의 한 자리를 차지하고 있는 고립된 전문가가 아니었다. 그 대신 그들은 팀으로 일하고 공동의 문제들을 함께 나누었다. 많은 사람들이 순번을 따라 관측을 했고, 따라서 그들의 관찰은 때로는 집의 다락방에서 중단 없이 며칠씩이나 수행되었다. 또 다른 예로, 그들은 업무분장을 하면서 함께 관측했기 때문에 한 개인으로서는 도저히 불가능한 정도로 정확히 관측하곤 했다. 과학 내에서의 길드 전통은 마리아 마르가레타 빌켈만 같은 여성이 과학의 경험적 기초를 견고하게 다질 수 있는 기회를 허용했다(Schiebinger 1989).

메사추세츠 공대(MIT)가 제공하는 마지막 사례는 전통적인 학과별 임용 방식이 항상 예외적으로 뛰어난 여성 후보자를 발굴할 수 있는 것이 아니라는 것을 보여준다. MIT는 총장과 교학부총장이 학과장들과 여성 교수위원회와 협력하여 참신한 임용 방식을 채택함으로써 여성 교수를 늘리는 데에 성공했다. 과학부과 공학부의 이러한 성공은 MIT 여성 교수와 관련된 처참한 1996년 보고서에 대한 대응전략으로 추진된 것이었다. 진취적인 학장들이었던 과학부의 로버트 버지노와 공학부의 토마스 마그난티는 인사위원회와 협력하여 자질을 갖춘 우수한 여성들을 발굴했다. 과학부에 임용된 여성들은 남성 동료들과 같은 조건으로 종신직을 획득했는데, 사실상 영예로운 미국과학원(NAS)에 선출되는 남성들보다도 조금 더 높은 학문적 성공을 거둘 때야 그런 일은 가능했다(Hopkins 2006).

나는 우리가 어떤 특별한 사회 질서나 대학 정책을 채택해야 한다고 주장하는 것이 아니다. 내가 말하려는 것은 사회의 전반적 구조—우리가 가정, 자녀양육, 경제 생산, 도로, 사회봉사, 대학, 학교, 그리고 정부를 조직하는 방식—전체가 과학에서 여성이 누릴 기회에 영향을 미친다는 것이다. 여성이 참으로 평등해지려면 사회와 과학에 대한 근본적인 문제제기와 재조직화가 요청된다. 연구에 따르면 전문직 여성들은 현재 전문직 남성보다 가사 일을 더 많이 한다. 그와 동시에 그 여성들은 일자리와 급여를 보존하기 위해 남성(특히 전문직 배우자를 가진)과 똑같은 기준에 따라 경쟁해야 한다. 남성들 자신도 가사 공간을 조직하고 돌보는 즐거움과 고통의 몫을 대등하게 나눠야 한다고 생각해야만 한다.

스푸트니크[Sputnik. 세계 최초의 구소련 인공위성—옮긴이 주] 시대 이후, 미국과 서유럽 국가들은 시민들이—남성뿐만 아니라 여성도—과학에 참여하는 비율을 증가시키려 애써왔다. 미국에서 그 노력은 1963년의 급여 평등 조항, 1972년의 차별 금지 조항과 9번 법령을 비롯해, 여성의 평등을 보장하기 위한 기초 입법화로 발전했다. 이 책에 실린 글에서 수우 로써는 미국과학재단이 1980년대부터 초과 연구수당으로 여성의 경력을 약진시킴으로써 과학과 기술공학에서 여성 인력을 증가시키기 위해 어떤 노력을 기울였는지를 기록하고 있다. 그 뒤에 수록된 글에서 프랜스 코르도바는 미국학술원 기구들(미국과학원, 미국공학원, 그리고 국립의료원)이 시행한 유사한 사업들을 요약한다. 1991년에 설립된 학술원의 과학공학 여성위원회(CWSE)는 의회와 대학들을 설득하여 여성의 채용을 지원하기 위한 정책을 개발하게 했다. (나는 이 책에서 유럽에서의 혁신들에 관해 한 장을 할애하고자 했으나 EU법률가들이 출판을 허락하지 않았다는 것을 밝혀둔다.)

이러한 솔선수범은—정부와 대학 양 측의—대체로 더 많은 여성을 영입시키는 일에 편중되었다. 그 정도의 노력이 중요하긴 하지만 그것만으로는 충분하지 않다. 근래에 들어 미국과학재단, 과학 공학 여성위원회, 그리고 수많은 대학들은 나의 단계적 분석에서 두 번째에 해당하는 단계에 진입하고, 불평등의 기저에 있는 원인들을 타개할 수 있도록 이해하고 후원하는 일을 시작했다.

과학 · 기술공학 문화와 젠더

학계에서 여성 평등권을 얻기 위한 국가 차원의 노력에는 자유주의 여성주의와 차이 여성주의라는 두 가지 상이한 근본적인 접근이 있어왔다. 매우 이상한 일은 미국과 다른 곳에서 많은 사람들이 여성주의적' 덕목을 실천에 옮기고 있는 반면, 그와 동시에 그들이 자신을 여성주의자'로 부르기를 주저한다는 사실이다. 미국인의 대다수를 여성주의자로 부를 수 있고—그들이 여성의 평등과 직업의 기회균등을 지지한다는 점에서—나는 그들을 적어도 자유주의 여성주의자라고 감히 주장하고 싶다. 그들은 스스로를 여성주의자라고 부르지는 않겠지만. 어느 한 시대와 지역에서 '여성주의적'인 것이 다른 곳에서는 일상적인 일이 될 수 있다는 것을 깨닫는 것이 중요하다. 여성주의적 실천이나 관점이 과학과 공학에서, 또는 보다 일반적인 문화에서 널리 용인될 때, 그것은 더 이상 '여성주의적'이 아니라 '공정한' 또는 단순히 '참'인 것으로 간주된다는 것은 흥미로운 현상이다. 그 결과 '여성주의적'이라는 용어는 계속해서 급진적 경계에 있는 사람이나 정책을 지칭한다. 성감별 유전자 모델에 관한 글에서 새라 리처드슨은 여성주의 원리들이 과학에서 주류가 될 때 어떻게 여성주의가 사라지는지를 보여주는 고전적인 사례를 보여준다. 연구자들이 새로운 통찰력의 원천들을 인식하지 못할 수도 있다는 사실은 그 원천들의 현실성을 떨어뜨리는 것이 아니라, 단지 여성주의를 갓길에 세워두는 데 일조할 뿐이다.

이 책의 저자들은 여성의 평등을 증진시키기 위한 제도적 · 사회적 변화를 모색하려는 노력을 가리키기 위해 '여성주의적 feminist'이라는 용어를 사용한다. 왜냐하면 그 변화 과정에 대한 논의를 해야 할 필요가 있고 '여성주의'는 그 논의를 위해 적절한 용어이기 때문이다. 한 가지 강조해둘 것은 여러 종류의 여성주의가 있다는 사실이다. 수우 로써(2005)는 과학이나 기술과 연관된 여성주의 접근을 적어도 10 종류나 구분해낸다. 이 자리에서 나는 오직 두 가지 근본적으로 상이한 여성주의적 관점, 즉 자유주의 여성주의(liberal feminism)와 차이 여성주의(difference feminism)만을 부각시켜 보겠다. 이 두 접근은 서로 다르지만 상호배타적인 것은 아니며, 어느 것도 다른 것을 대체하려 하지 않는다. 상황에 따라 자유주의 여성주의가 최선의 접근일 수 있고, 실제로 자유주의 여성주의가 가장 잘 이해 받고 있는 곳은 바로 미국이다. 다른 경우에는 내가 차이 여성주의라고 부르는 것에서 개혁을 이끄는 최선의 통찰력을 얻을 수 있다.

영국의 여성주의자 메리 월스턴크래프트가 1792년에 『여성

권리의 옹호』에서 평등을 주장한 이래, 자유주의 여성주의는 미국과 많은 서유럽 국가에서 주류 여성주의가 되어왔다.

자유주의 여성주의는 직업에서의 여성 참여를 위한 좋은 지지 기반이 되었다. 그것은 평등한 교육, 급여, 그리고 기회뿐만 아니라 여성의 권리를 보장하는 주요 입법을 이끌어냈다. 자유주의 여성주의는 나의 분석 체계에서 1단계에 해당하는, 여성 평등을 위한 정부와 대학의 중재를 뒷받침하는 이론이다. 자유주의 여성주의는 대부분의 사람들이 그러한 쟁점들을 '여성주의'보다는 '공정성fairness'의 관점에서 이해하게 만든 교두보이다.

자유주의 여성주의는 직장에서의 여성을 위한 개혁을 뒷받침해준 반면, 다른 몇 가지 문제들도 야기했다. 자유주의자는 일반적으로 여성을 원칙적으로 남성과 평등한 것으로 보고 여성에게 남성 세계에서 성공하기 위한 기술과 기회를 제공하려 한다. 결국 여성을 더욱 경쟁력 있게 만들기 위해 '여성을 고치려' 한다. '남성'의 권리를 여성의 권리로 확장하려 하는 자유주의자는 성별sexual 차이와 젠더gender 차이를 간과하거나 완전히 부정하는 경향이 있다. 자유주의 여성주의자들은 같음sameness과 동일시assimilation를 평등을 위한 유일한 근거로 보는 경향이 있고, 이것은 종종 여성이 남성처럼 될 것을 요구하게 만든다. 오직 여성만이 아기를 낳을 수 있지만, 출산은 주말과 공휴일에만 가능하고 업무 생활의 리듬을 깨뜨려서는 안 되는 것으로 간주된다. 따라서 여성들은 임신을 삼가거나 심지어 임신 '일정을 계획'하기도 한다. 예를 들면, 어떤 생물학자는 그 다음 주 월요일에 있을 지도 학생의 학위논문 심사에 참석하기 위해 사흘 만에 출산할 수 있게 유도분만을 했다. 자유주의 사고방식에 따르면, 여성은 자신이 남성의 조건에 따라 남성과 경쟁해야 한다고 느낀다.

1980년 초, 여성주의자들은 세 가지 기본 교의를 포용하면서 포괄적으로 '차이 여성주의'라고 불리는 것을 발전시켰다. 다른 무엇보다도, 차이 여성주의는 여성과 남성의 같음이 아니라 다름을 강조하는 점에서 자유주의와 다르다. 둘째, 이 여성주의 흐름은 여성이 과학이나 기술공학에서 평등을 누리기 원한다면, 여성만 변해야 할 것이 아니라, 더 중요하게는, 학교와 연구 실험실, 그리고 과학과 기술공학 학과들의 문화가 바뀌어야 한다고 주장한다. 차이 여성주의의 가치는 남성과 여성의 문화적 차이를 조명하고 그 차이들이 과학 공학계 뿐만 아니라 모든 일하는 여성들에게 어떻게 부정적으로 기능해왔는지를 보여준 것에 있다. 문화는 공동체가 가진 무언의 규칙들에 관한 것이다. 문화는 행동, 언어, 교류하는 방식, 복장 양식, 가치 위계, 그리고 실천을 지배하는 무언의 약호 체계이다.

여성에 대한 차별은 더 이상 명시적이지 않다. 1960년대만 해도 벌써, 예를 들어, 화학 교수 임용 공고에서 '여성은 지원할 필요 없음'이라는 문구를 넣을 수 없었다. 오늘날 여성에 대한 차별은 훨씬 더 은밀하고 교묘하다. 간단한 문제는 아니지만, 무의식적인 문화적 편견은 여성에게 적대적으로 작용할 수 있다. 오늘날 대부분의 사람들은 모든 여성들이 평등하게 되었고 지도자의 위치에도 오르게 되었다고 말하곤 한다. 그러나 많은 교수, 학장, 교무처장, 그리고 총장들은, 좋은 뜻으로 하는 말이긴 하지만, 무의식적인 문화적 편견이 학계 여성들과 그들의 성공에 얼마나 역기능적으로 작용하는지를 의식하지 못할 때가 많다. 그러한 젠더 편견은 의도적인 것이 아니지만—여성에게 불이익을 주기 위한 계획된 차별 같은 것이 아니다—엄연히 존재하며 대학과 실험실에서 남성보다 여성이 성공하기 어렵게 만든다(Valian 1998; 과학 기술공학 여성연구자의 잠재력을 최적화하기 위한 위원회. 2006).

그 점을 부각시키기 위해 몇 가지 사례를 들어보겠다. 여성은 남성과 상이한 기준에 의해 평가되곤 한다. 연구 결과에 따르면 박사후 펠로십(PostDoc Fellowship)을 받기 위해 여성은 남성보다 2.5배의 연구업적을 내야 한다(Wenneras and Wold 1997). 미국의 경우, 심사위원들은 단순히 남성이라는 이유로 남성들에게 더 높은 점수를 주는 경향이 있다. 이제는 유명해진 한 실험에서, 어떤 사회 심리학자 집단은 완전히 똑같은 논문에 여러 가공의 이름을 붙여 심사위원들에게 배부했다. 존 T. 맥케이(남성), 조앤 T. 맥케이(여성), J. T. 맥케이(성 중립적인 이름), 그리고 크리스 T. 맥케이(성정체성이 애매한 이름). 그 논문들은 추정적인 저자의 이름을 제외하고 모든 면에서 완전히 똑같았다. 심사위원들은—남성과 여성 모두—존의 것으로 간주되는 논문에 조앤의 것으로 추정되는 것보다 더 높은 점수를 주었다. 그들은 조앤보다 'J. T.'를 선호했지만 J. T.보다는 존을 낮게 보았다. 평가자들은 '크리스'를 여성으로 추측했을 경우 그 논문에 상당히 낮은 점수를 주었다(Goldberg 1968; Paludi and Strayer 1985).

이러한 남성 선호는 교수임용 결정과정에도 작용한다. 또 다른 연구에 따르면, 교수들은—역시 남성과 여성 모두—임용지원 이력서를 볼 때 여성보다 남성에게 더 후한 점수를 주는 경향이 있다(Steinpreis et al. 1999). 이 관행은 성별에 따라 실제 내용이 유의미하게 달라지는 추천서에 의해 더 강화된다. 남성 지원자들을 위한 추천서는 길이도 더 길고 내용도 더 충실하다. 그리고 흔히 남성은 연구자나 전문인으로, 여성은 학생이나 교사로 묘사된다(Trix and Psenka 2003). 젠더 편견은 여성의 지위가 높아져도 계속 따라다닌다. 우리 문화는 여성에게 예의 바른 언행을 기대한다. 경청하고 있다는 것을 표시하기 위해 여성은 고개를 끄덕이고 미소지어야 한다(Hochschild 1989). 그런 예의범절을 지키지 못하는 전문직 여성은 적대적이거나 불친절한 것으로 비친다. 따라서 여성이 지도자의 위치에 오를 때 '잘하면 잘해서 탈'이고 '못하면 못해서 탈'인 경우가 허다하다(Eagly and Karau 2002).

우리는 섬세한 조율이 요구되는 학계 문화뿐만 아니라 그 문화의 면모들을 근본적으로 재구성해야 하는데, 그 세부 내용은 상당히 복잡하다. 역사적으로 대학은—전문직 생활이 대체로 그렇듯이—교수는 당연히 남성 가장(家長)일 것이라는 가정을 축으로 조직되었다. 여성이 전문직을 갖게 되었을 때도 교수직 체계는 전혀 달라진 것이 없고 생활 방식은 이전대로 재생산된다. 이 사실은 지금도 가사노동과 육아를 책임지고 있는 전문직 여성에게 직접적으로 큰 영향을 미친다. 과학과 공학에서 성공하고자 하는 여성들은 독신으로 남거나 자녀를 갖지 않는 경우가 많다. 미국에서 종신직을 가진 여성 과학자는 남성 과학자들에 비해 독신인 경우가 두 배로 많다. 그 뿐만 아니라 결혼하거나 자녀를 갖고 싶다는 단순한 이유로 많은 여성들이 과학과 공학을 포기하기도 한다. 가정생활을 영위하는 많은 전문직 여성들도 전업주부를 배우자로 둔 남성과의 경쟁에서 얼마든지 성공할 수 있다. 그러나 그들 자신이나 건강을 대가로 치러야 한다(Schiebinger 1999; Mason and Goulden 2002). 그 점과 연관하여 앞에서 내가 언급했던 길드 라이프 사례는 매우 흥미롭다. 그 사례는 미국이 과학과 공학 분야에서 여성 인력을 늘리는 문제를 진지하게 고려한다면 반드시 동반되어야 할 사회적 구조조정의 수위를 제시한다. 노동시간은 지금보다 짧아져야 하고, 양질의 아동 노인 보호시설이 설치되고 적정가격에 운영되어야 하며, 뿐만 아니라 고소득 직종 종사자와 개인적인 이유로 휴직했던 사람들의 재진입을 위해 유연한 근무시간 체계를 갖추어야 할 것이다.

남성보다 여성의 경우 직장생활에 더 큰 영향을 미치는 직업문화의 또 다른 비대칭성은 학계에서 맞벌이 부부가 증가하는 현상에서 볼 수 있다. 남성보다 여성이 전문직 종사자를 배우자로 갖는 경우가 많다는 것은 흥미로운 사실이다. 미국의 이성애 부부들 가운데(우리는 동성애 부부들에 관해 그에 필적할 만한 조사결과를 갖고 있지 못하다), 여성들은 하이퍼가미(hypergamy)적으로 사고하는 경향이 있는데, 즉 '자신보다 우월한 배우자와 결혼'하려 한다. 다시 말해, 여성은 자신보다 사회적 지위가 높은(또는 적어도 낮지 않은) 남자와 결혼하는 경향이 있다. 이것은 부분적으로 역사적으로 여성들의 사회적 지위가 결혼을 통해 결정되었던 반면, 남성들의 사회적 지위는 유업(遺業)이나 직업적 성공에 의해 결정되었던 사실에 기인한다. 따라서 오늘날 전문직 여성들이 전문직 종사자와 결혼하는 경우는 남성과 비교할 수 없을 정도로 많다. 설상가상으로, 학술계 종사자들은 같은 분야 내에서 배우자를 만나기가 쉽다. 예를 들면, 미국물리학회 회원 가운데 여성은 7퍼센트밖에 안 되는데, 놀랍게도 그들의 44퍼센트가 물리학자와 결혼한 상태이다. 그 외의 24퍼센트는 다른 전공의 과학자와 결혼하였다. 여성 수학자의 70퍼센트와 여성 화학자의 46퍼센트는 동일 분야의 남성을 배우자로 두고 있다. 대학은 대개의 경우 뛰어난 맞벌이 부부를 함께 채용할 수 있도록 관행을 바꾸기 시작했지만, 그러한 부부 관계의 파트너가 되는 것은 경력관리의 논리에서 볼 때 좋은 기회를 포착하기 어렵게 만들 수가 있다(Blondin 1990, McNeil snd Sher 1998, Wolf-Wendel et al. 2003, Clayman Institute 2006).

과학 기술공학계 문화에서 젠더 불균형의 문제를 해결하는 일은 간단하지 않다. 문화적 변화는 입법을 통해 해소할 수 없는 문제다. 학계의 문화는 문제를 야기했던 것과 동일한 성격의 합의 과정을 통해 인지되고 변화되어야 한다. 근래에 미국과학재단(NSF)은 학계 여성들이 고위자 지위에 오르는 일이 드문 것은 학계 문화의 구조적 결과일 수 있다는 것을 인정하면서 ADVANCE 프로그램을 개시했다(이 책에 실린 로써의 보고서 참조). 2001년 이후 NSF는 미국 전역의 선도적인 19개 대학에 5년 간 각각 최고 375만불까지 지원함으로써 교수임용 방식을 검토하고 개선하게 하였다. 이 대학들 중 몇 개는 특히 성공적이었고 이 책에서는 그 중 두 학교가 중점적으로 조명된다. 수우 로써는 승진과 종신직 결정과정에서 미묘한 젠더 편견과 인종 편견을 제거하기 위해 조지아 공대가 시도한 개혁안들에 대해 보고한다. 대니엘 라바크-맨티와 아비가일 스튜어트는 교수 임용에서 다양성과 수월성을 향상시키기 위해 미시건대가 시도한 성공적인 전략과 작전(STRIDE)에 대해 보고한다. 미시건대는 자연과학부와 공학부에서 여성교수 비율을 STRIDE 프로그램 이전의 14퍼센트에서 그 이후 35퍼센트로 끌어올렸다. 이 프로그램은 석좌교수급 과학부 · 공학부 교수들(남성 5명, 여성 4명)에게 임용 관행의 젠더 편견에 관한 구체적인 문제들을 계도하는 일부터 시작한다. 이 STRIDE 위원회는—이들의 참여 시간에 대해서는 학교 측이 보상해준다—학술기관에서 여성들이 직면하는 편견과 다른 장해에 대한 평가를 내용으로 하는 워크북을 만들어 각 학과 인사위원들에게 강의한다. 이 프로그램의 탁월성은 이 고참 교수들 모두가 정규 학과의 교수들이라는 사실에 있다(그들은 한 번 왔다가 어떤 격렬한 반향을 일으키고 사라지는 유형의 컨설턴트가 아니다). 새롭게 훈련 받은 젠더 전문가들이 늘 가까이서 알고 지내는 과학 · 공학부 교수들이라는 사실 덕택에, 미묘한 젠더 편견에 관한 지식은 이 학과들에 급속히 확산되었다. 이 고위급 교수들의 캠퍼스 행동반경 내에서 젠더에 대한 견해는 자연스럽게 변화되기 시작했다.

다른 선제적 발의안들도 진행 중이다. 2005년 봄, 정부회계감사원은 상원의원 론 와이든과 바바라 벅서에게 보고서를 제출했는데, 보고서의 주제는 과학계에서 여성과 소수집단들의 수를 증가시키기 위해 1972년 미국교육수정조항 9번(미국 정부 회계감사원 2004)을 어떻게 조정할 것인가 하는 것이었다. 2006년 봄, 스탠포드 클레이먼 젠더 리서치 연구소는 어떻게 대학들이 전국적으로 협력하여 이 분야의 프로그램을 개발할 수 있을지를 모색하는 모임을 개최했다. 스탠포드 클레이먼 연구소는 미국의 선도적인 연구중심 대학에 근무하는 맞벌이 교수 부부에 관한 다년 연구 과제를 개시했다. 이것을 비롯하여 다른 연구들의 목표는 대학의 운영 방식을 변화시키고 여성 교수들의 성취도를 높일 수 있도록 학계 문화를 향상시키는 것이다.

과학 · 공학계 문화에서의 젠더에 관해 많은 것이 시도되고 있다. 그럼에도 성취해야 할 것이 많이 남아있다. 최근 미국의 주요 9개 대학 총장들이 젠더 평등에 대해 발표한 연합선언은 그 점에서 매우 환영할 만한 일이다("University Leaders" 2005). 이들 명문 대학들은 계속 협력하면서 여성이 학술연구에 전력투구하는 것을 가로막는 장해물들을 제거하기 위해 최선의 실천과 구체적인 제도들을 서로 공유하기로 했다. 그들의 목표는 모든 교수가 최고 수준에 이를 수 있는 환경을 조성하는 것이다. 이러한 유형의 노력은 중요한 것이긴 하지만, 3단계 수준—즉 젠더를 인간의 지식이나 기술과 연관된 것으로 다루는 것—에서 변화가 일어나지 않는 한 성공적인 것으로 볼 수 없다.

과학 · 공학의 연구 성과와 젠더

많은 사람들은 여성이 공정한 대우를 받아오지 못했다는 것, 사회적 태도와 제도가 개혁될 필요가 있다는 것에 기꺼이 동의할 것이다. 또한 그들은 여성이 교묘하고 흔히 눈에 보이지 않는 방식으로 배제되고 있다는 것에도 동의할 것이다. 그러나 그들은 젠더 실천과 이데올로기가 어떻게 지식을 구조화하는지를 좀체 분석하지 않는다. 여성이 과학과 공학에서 배제된 것이 앞에서 논의한 문제들의 범위를 넘어서는 결과들을 초래하는가? 과학과 공학에서 젠더 문제는 단지 여성을 위한 제도와 기회의 문제일 뿐인가, 아니면 이들 전문분야의 내용에도 영향을 미치는 것인가?

계몽주의 이후 과학은 정치적 삶의 조야함과 척박함을 초월하는 약속과 '중립적이고' 특권적인 조망점을 제시함으로써 사람들의 감성과 지성을 흔들어 놓았다. 남녀 모두 과학의 유혹에 반응했다.

그것은 '세계의 가장 내밀한 부분을 건드리는 약속, 순수 사고의 힘으로 실현되는 접촉'(Keller 1992)이었다. 서구 과학의 힘—방법론, 기술, 그리고 인식론—은 문화적 제약을 초월하고, 객관적이고 보편적인 지식을 생산하기 때문에 찬사의 대상이 되었다. 그러나 젠더와 인종, 그리고 다른 것들에 대해 과학은 가치중립적이지 않다. 학자들은 과학의 제도 내부에 뿌리 깊은 젠더 불평등이 그 제도 안에서 산출되는 지식에 어떻게 영향을 미치는지를 해부하기 시작했다(Gero and Conkey 1991; Harding 1991; Schiebinger 1993, 1999, 2003, 2004; Rosser 1994; Spanier 1995; Hager 1997).

이 책의 장들은 젠더 편견이 제거될 때 어떻게 과학과 공학이 새로운 이론적 관점과 연구 주제로 향할 수 있을 것인지를 보여주는 모범적인 사례연구들을 제시한다. 그 사례들을 검토하기 전에 먼저 나는 그와 연관하여 차이 여성주의에 관해 한 마디 언급하고 싶다. 차이 여성주의는 여성들을 수용하기 위해 제도와 문화가 어떻게 달라져야 하는지를 이해하는 데 도움을 줄 수 있다. 그러나 지식 문제에 관해 차이 여성주의는 특별한 도움이 되지 못한다. 1980년대에 차이 여성주의는 여성이 상이한 가치관을 갖고 있고 사고방식도 다르기 때문에 과학과 공학에 크게 기여할 수 있다는 생각을 고취시켰다. 그러나 흔히 여성에게 귀속되는 젠더 특징들—협동, 배려, 생명체에 대한 감수성의 배양능력 등—은 18세기로 거슬러 올라가 여성을 과학과 공적 영역으로부터 배제하기 위한 노력의 산물들이었다(Schiebinger 1989). 전통적인 여성성을 신비화하는 차이 여성주의는 남성과 여성의 전형성을 전복시키는 데 무력하다. 역사적으로 여성적인 것으로 간주되었던 젠더 차이들은 과학에서 새로운 이론과 실천을 위한 인식론적 토대로 기능할 수 없다. 실험실 벤치나 진료실 침대에 즉시 적용할 수 있는 '여성적 스타일' 또는 '여성의 인식 방법' 같은 것은 없다. 여성—동일한 인간 종에 속한 여성 개체들—이 다른 식으로 과학을 하는 것은 아니다. 과학은 반드시 '여성을 위해, 여성에 의해, 여성에 관한' 것이 되어야 할 필요는 없다. 차이 여성주의 또는 흔히 입장 이론(position theory)으로 불리는 접근은 실제로 젠더가 작동하는 방식을 이해하지 못하게 남성을 배제하기 쉽다. 모든 사람—남성과 여성—은 지식 혁신에 기여할 수 있어야 한다.

그러나 이렇게 말한다고 해서 젠더 편견이 과학과 공학에 심오한 영향을 미치지 않았다는 뜻은 아니다. 그 편견들을 간과하는 것은 과거는 물론이고 미래에도 오류의 원천이 될 수 있음을 간과하는 것이다. 여기서 젠더분석이 엄격한 훈련을 요구한다는 것을 강조할 필요가 있다. 젠더분석이 대뜸 어떤 연구 프로젝트 기획에 끼어들 수 있는 방책 같은 것은 없다. 젠더분석을 위한 도구는 여성주의, 과학, 그리고 공학의 분파들만큼이나 다양하다는 사실은 반드시 강조되어야 한다. 다른 어떤 도구와 마찬가지로, 상황이 변함에 따라 젠더분석의 새로운 도구들이 만들어지고 다른 것들은 버려진다. 어떤 것은 과학에서 과학으로 쉽게 이동하지만 다른 것들은 그렇지 못하다. 다른 연구 방법들과 마찬가지로, 젠더분석의 도구들이 훌륭하게 수행되는가 여부는 연구팀의 창의성에 달려 있다. 젠더분석을 위한 훈련은 과학 · 공학부의 학부생과 대학원생을 위한 교육에 반드시 편입되어야 한다. 젠더분석은 비판적 엄밀성을 높이기 위한 또 하나의 실험 제어장치로 기능해야 한다.

아마도 젠더분석이 어떻게 작동하는지를 이해하는 최선의 길은 이런 유형의 분석이 편견들에 대해 어떻게 중요한 비판을 하고 특수 영역에서 새로운 관점이나 통찰을 제시하는지를 사례들을 통해 연구하는 것이다.

젠더분석이 과학을 변화시킨 가장 좋은 사례는 1960년대 이후 미국의 여성 건강 연구에서 혁명이 일어났던 생의료과학에서 발견된다. 지금은 잘 알려져 있지만, 1993년 이전에 의약품들은 주로 남성에게 테스트되었고 그 결과를 일반화하여 여성에게 적용했다. 그 결과 약물 부작용은 남성의 경우보다 여성의 경우 두 배나 많이 발생했다. 예를 들어, 최근까지 아스피린이 여성의 심장병에 미치는 효과에 관해서는 별로 알려진 것이 없었는데도, 해당 연령의 여성들은 매일 아스피린을 복용하는 것이 권장되었다(Rosser 1994; Ruzek et al. 1997).

중요한 것은 그러한 편견들이 과학 연구가 약속하는 자기보정(自己補正) 메커니즘을 통해 개선되지 않았다는 사실이다. 대표성이 적은 개체군을 위해 의약품을 연구하는 것이 단순히 나쁜 과학이라는 것은 너무나 자명한 듯이 보인다. 그러나 이런 경우 보정작업은 행정부 수뇌부에서의 정치적 개입을 필요로 한다. 1990년대에

NIH(미국 국립 보건원)는 여성 보건 연구청(Office of Research on Women's Health)을 설립했다. 이 기관의 주요 임무는 두 가지이다: (1) 의료 전문직에서 여성 인력을 증가시키는 것. 그리고 중요한 것으로 (2) 의료 연구를 재개념화하는 것이다. 뿐만 아니라 NIH는 여성 보선 발의권(發議權)을 개시했는데, 이것은 NIH가 발주한 사상 최대의 연구 프로젝트였다(Haseltine and Jacobson 1997). 이 개혁을 총괄했던 전 NIH 소장 버나딘 힐리는 이렇게 말한다. "솔직히 말해서, 과학자들을 어떤 연구 분야에 뛰어들게 만드는 지름길은 그 분야에 연구비를 지원하는 것이다"(Gura 1995). 1993년에 연방법은 임상 의약품 실험에 여성이 포함되어야 한다는 것과 여성 배제를 합리화하기 위한 어떤 경비도 지출될 수 없다는 조항을 통과시켰다.

의학 다음으로 젠더분석에 의해 많은 변화를 겪은 분야는 생물학이다. 생물학에서의 혁신은 정부 정책이나 연구비 지원 기관에 의해서 진척된 것이 아니라, 젠더 편견을 제거하는 것이 과학을 향상시킬 수 있다는 의식이 고취됨으로써 이루어졌다. 생물학은 성과 젠더를 다루고, 그리고 생물학은 여성들에게 개방적이기 때문에(현재 Ph.D 학위자의 45퍼센트가 여성이다) 생물학자들은 다른 전공자들보다 훨씬 신속하게 문화적 편견을 뚜렷이 제거해왔다. 뿐만 아니라, 교재들을 개편하여 여성 과학자들의 업적을 포함시키고, 시대에 뒤떨어지고 성차별적인 은유들(예를 들면, '새침하고 수동적인 난자'를 포획하는 '용감한' 정자 같은 은유)을 제거했다.

이 책에서 새라 리처드슨은 재생산 생물학 연구를 주도하는 성 결정 이론을 철저히 검사하는 맥락에서 젠더분석이 어떻게 기여하는가 하는 놀라운 이야기를 들려준다. 1980년대에 유전학자들은 성 결정에 관한 '마스터 유전자' 모델에 의해 학계를 평정했다(이것은 하나의 유전자가 유기체 시스템 전체의 발달을 제어한다는 개념이다). 더 나아가 그들은 성 이형성(二形性)을 설명하는 (성 호르몬을 따르는) 촉매제로 Y 염색체를 지목했다. 이 모델에 따르면 남성의 성은 성염색체에 의해 적극적으로 결정되고, 여성은 소극적으로 발달할 뿐이다. 리처드슨은 1990년대의 젠더분석의 발전이 일반 사회와 전문 과학을 포괄하는 능동적인 여성 운동과 합세하여 마스터 유전자를 폐위시키고, 그 대신 성 이형성(sexual dimorphism)를 협동적으로 생산하는 정소와 난소의 상호작용을 설명해주는 대안적 성 결정 모델을 앉히게 되는 과정을 보고하고 있다.

계속해서 리처드슨은 유전학자들이 점차 젠더 이슈에 민감해지기 시작했지만, 그들은 여성주의가 제공하는 많은 통찰력들을 인정하지 않았다는 중요한 사실을 지적한다. 연구 프로그램에서 젠더 비평이 여러 분석 도구의 하나가 될 때조차 그 여성주의적 근원이 간과되는 것은 흔히 볼 수 있는 현상이다. 앞에서 언급했듯이, 한 시대와 장소에서 여성주의가 주류 맥락에 영입될 때 그것은 당연한 것으로, 즉 '좋은 과학'으로 변환된다.

이와 대조적으로, 고고학자들은 젠더분석을 더 의식적으로 활용하는 편이며, 그리하여 마가렛 콩키는 글의 서두에서 선사시대 연구에 대한 여성주의 접근의 용어법을 소개한다. 그 접근을 구체적인 용어로 풀어내기 위해 그녀는 현재의 체코 공화국 터에서 발굴한 구석기시대 작은 비너스 입상(立像)에 관한 올가 소퍼의 연구를 분석한다. 이 비너스 입상을 올바로 연구하기 위해 선사시대 사회를 공부하는 학생들이 극복해야 할 몇 가지 장해물이 있다. 첫째, '자연은 모든 것을 보존한다'는 편견이다. 내구성이 강한 물건들(돌도구, 금속물 같은 것)은 잘 보존되지만, 섬유를 바탕으로 하는 기술(천짜기나 끈 꼬기)은 시간의 격랑에 쉽게 스러진다. 둘째, 고고학자들은 흔히 선사시대 사회에서 얻은 물질적 증거를 노동의 성 분업에 관한 현대적 가정들에 억지로 끼워 맞추곤 한다. 소퍼는 기본적인 배경 가정들에 대해 기꺼이 문제를 제기하고 자신의 발견물들을 새로운 문제와 관점에 비추어 조망했기 때문에, 직물의 존재를 입증하는 새로운 형태의 증거를 발견할 수 있었던 것이라고 콩키는 설명한다.

동료 연구자 제임스 어도바지오의 도움으로 소퍼가 발견한 것은 그 비너스 입상들이 유실된 기술—실 감기, 끈 꼬기, 그물 짜기 등—에 관한 증거를 갖고 있다는 사실이다. 간단히 말해서, 소퍼는 인간의 역사에서 직조법의 가장 오래된 증거를 찾은 것이다. 과학에서의 젠더 혁신에 관하여 그녀의 업적이 갖는 유의미성은 두 가지로 말할 수 있다. 첫째, 소퍼는 그 비너스 입상들을 생물학의 영역으로부터 다른 곳으로 옮겼다(그 두터운 유방과 엉덩이는 흔히 다산성의 상징으로 간주되곤 한다). 더 나아가, 그녀는 오늘날 여성과 연관된다는 이유로 고고학자들이 과소평가해온 직조 기술에 대한 확고한 물리적 증거를 제시했다. 소퍼의 작업은 선사시대 사람들과 그들의 문화에 관한 우리의 견해를 유의미한 방식으로 확장시키고 수정한다.

고고학자 로리 헤이저는 그와 유사한 검증되지 않은 가정들이 유골—인간의 기원에 관한 탐구에서 이루 말할 수 없는 값진 '발견물'—의 '성 감별에 내재하는 성차별주의'에 기여해왔다는 점을 지적한다. 무비판적으로 접근할 때 화석은 우리 인간 선조들에 관한 것보다 현대 연구자들이 갖고 있는 가정에 관해 더 많이 들려주는 경향이 있다. 부분적이고 파편적인 유골을 연구하는 고고학자들은 종전까지 크고 건장한 측을 남성으로 그리고 연약한 측을 여성으로 구분해왔다. 이 편견은 그 자체로 매우 그럴듯한 것이었으므로 호주 원주민의 유골 잔해의 90퍼센트 이상이 남성으로 판정되었는데, 그것은 예상 성비 50퍼센트를 훨씬 뛰어넘는 것이었다. 헤이저는 동시대의 크고 작은 화석들이 성에 있어서 동질이형이 뚜렷한 동일종의 어느 한 쪽에 남성이나 여성이 속할 수도 있고, 또는 하나는 건장하고 다른 하나는 왜소한, 서로 다른 종에 속한 개체들을 표상할 수 있다는 것을 더 잘 식별해낼 수 있도록 젠더분석이 어떻게 기여했는지를 들려준다.

환경과학을 연구하는 루이즈 포트먼, 하이디 발라르드, 그리고 루이즈 스펄링의 작업 역시 젠더분석이 고립적으로 수행될 수 있는 것이 아니라 다른 방법론들과 함께 사용될 수 있고 그와 동시에 그 방법론들을 강화시킬 수 있다고 역설한다. 그들이 강조하는 '참여적 연구 방법"은 여성주의보다 넓기는 하지만 여성주의와 일관적이다. 그들은 '과학'이 무엇인가 하는 개념의 확장을 통해 여성들의 업적을 조명할 수 있고, 더 중요하게는, 환경과학을 재개념화하도록 이끈다는 것을 보여준다. 포트먼, 빌라르드, 그리고 스펄링이 드는 여러 사례들은 농업과 임학(林學) 분야에서 얻은 것이다. 농산물 생산체계에 관한 제1세계의 연구는 남성은 농부와 나뭇군인 반면 여성은 가정주부였다는 가정을 토대로 수십 년 간 계속되어왔다. 그러나 세계 각지의 여성들은 생계를 위해 농사일과 산림관리의 대부분을 도맡아왔고, 그 결과 묘목과 종자(種子)에 관한 전문 지식을 획득했다. 연구에서 참여의 폭을 넓히는 것—교육을 덜 받았지만 숙련된 재배자, 수확자, 그리고 종자 식별전문가들의 지식을 통합하는 것—은 수확량을 증진시키고, 품종의 다양성을 더 잘 보존하고, 그리고 지속가능한 수확을 보장한다. 포트먼, 발라르드, 그리고 스펄링은 여성의 업적들을 인지할 때, 몇몇 사례들이 보여주듯이, 환경과학의 관리 방법과 정책에서 방법론적 혁신을 도모할 수 있게 한다고 주장한다.

지리정보체계(GIS)에 관한 글에서 메이포 콴은 조금 다른 접근을 하면서, 전통적으로 지리학적 자료의 관리와 지도제작에서 순전히 기술적인 방법을 총괄하는 것으로 여겨졌던 GIS가 여성의 삶을 더 잘 이해할 수 있게 하는 도구로 어떻게 쓰일 수 있는지를 강조한다. 콴은 매우 흥미로운 세 가지 사례를 보여준다. 특별히 주목할

만한 것은 GIS가 공간의 젠더적 사용 방식에 대한 이해를 어떻게 돕는가 하는 것이다. 오레건주, 포트랜드의 표본 가구집단에 속한 아프리카계 미국인 여성들의 일상 경로를 추적하는 데 GIS를 이용함으로써 콴은 그들의 생활이 단순히 경제 · 사회적으로 뿐만 아니라, 공간적으로도 어떻게 제약되는지를 양화(量化)할 수 있었다. 도시설계의 이러한 차원을 이해하는 것은 보다 공정한 방식으로 도시를 설계할 수 있도록 정부를 도울 수 있다.

또한 여성 변수를 고려하는 것은 공간 설계를 향상시켜준다. 여러 해 전, 역사가 레이철 웨버는 1990년대에 미국 공군이 여성을 받아들이기 시작했을 때 어떻게 전투기 조종석을 재설계해야 했는지를 탐구했다. 흔히 있는 일이지만, 여성을 염두에 두고 변화를 모색하는 것은 남성의 상황도 향상시킬 수 있게 한다. 새 조종석은 평균 체격의 여성뿐만 아니라 키 작은 남성들—종전에는 조종사 직업을 선택할 수 없도록 배제되었던 그룹—의 앉은키에도 잘 맞게 바뀌었다(Weber 1997). 이 책에 수록된 글에서 타티아나 템은 볼보 자동차회사에서 완전히 여성만으로 구성된 설계팀이 특별히 여성을 위한 컨셉카를 어떤 방식으로 설계했는지를 설명한다. 그러나 그녀는 많은 혁신들—키 작은 사람들을 위해 가시성을 높이고 도어를 더 쉽게 여는 방법을 모색하는 것 등—은 여성들을 위해 설계되었지만 남성의 운전 경험도 함께 향상시켜준다는 점을 강조한다.

과학계의 여성 인력 문제부터 과학 지식의 젠더 편견까지 다양한 주제들에 관해 여러 연구자들이 함께 이 책을 만든 것이 사실이지만, 채리스 톰슨은 그 영역들에 관한 정책은 이론적으로 그리고 경험적으로도 '빈혈증' 수준이라고 주장한다. 그녀는 젠더 정책 분야의 연구자들이 과학계에서 여성과 소수계층의 (미흡)대표성 문제에 치우친 나머지, 더 복잡한 다른 이슈들을 간과하는 경향이 있다고 지적한다. 그 점과 연관하여 줄기세포 연구에서 그녀의 입적은 여성, 난자, 그리고 태아에 관한 사고에서 혼란스럽게 엉킨 부분들을 풀어내기 시작하는 데에 있다. 젠더와 과학의 정치에 관한 역사 연구와 현대적 연구에 박차를 가하고, 상이한 인종과 계층의 여성을 위해 상이한 접근방식으로 줄기세포를 연구함으로써 상이한 결과들 얻을 수 있는 가능성에 대해 보다 명료하게 이해해야 할 때가 되었다고 그녀는 주장한다.

앞으로 나아가기 위해

신체노동과 정신노동에서 성 분업은 우리 사회에서 제도, 지식, 그리고 일상적 사물들까지 틀 짓는다는 것은 너무도 명백하다. 또한 젠더분석이 과학과 기술공학의 여러 분야에서 대등한 결과를 낳는 것이 아니라는 것 또한 분명하다. 생의학, 생명과학, 고고학, 영장류학, 그리고 그 밖의 여러 영역에서 젠더 요소가 어떻게 새로운 통찰을 가져왔는지를 보여주는 사례가 풍부한데 비해, 물리학, 화학, 또는 전기공학 같은 분야에서는 필적할만한 예를 찾아보기 어렵다. 이 책에 수록된 글에서 멕 유리는 광자(光子)가 젠더를 갖지 않는다고 주장하는데, 이것은 물리학 지식, 즉 물리학자들에 의해 생산된 지식에는 젠더 편견이 없으므로, 젠더 혁신의 가능성이 존재하지 않는다는 것을 뜻한다. 물리 과학은 대체로 젠더분석에 저항해온 것이 사실이다(그러나 물리학 문화는 대단히 젠더적이라고 유리는 강조한다). 왜 그러한지에 대해서는 몇 가지 이유가 있다. 첫째, 여성 전문인들이 많이 종사하는 생의학과 생물학 같은 분야의 경우, 지식 문제에서 많은 진보가 이루어졌음을 볼 수 있다. 그러나 최초의 진전—이들 분야에서 새로운 지적 통찰에 대해 개방적인 태도를 갖거나 더 많은 여성 인력을 확보한 것—은 연구 주제를 넓혔을 때 비로소 이루어졌다. 한 가지 분명한 사실은 물리학(또는 화학)과 젠더분석을 함께 연구하는 전문 인력이 대단히 적다는 것과 이 상태를 개선하기 위한 대책이 필요하다는 것이다. 둘째, 물리 과학에서 젠더분석에 대한 관심의 결여는 물리 과학이 다루는 대상들과 과정이 눈에 띄게 젠더적이지 않다는 사실 때문일 수도 있다. 그러나 물리학이나 화학에서 젠더 차원이 존재하지 않는다는 것은 현재까지 신봉되어 온 가설일 뿐이다. 우리는 조사연구를 더 해야 한다.

자연 과학에 쓸모 있도록 젠더분석을 발전시키게 된다면, 그때 우리가 모색해야 할 것은 과학과 공학의 정규 업무에서 그러한 유형의 분석을 어떻게 주류화시킬 것인가 하는 것이다. 취할 수 있는 단계는 다음의 두 가지이다. 첫째, 자신의 전공 연구에 젠더분석을 접목시키는 길을 찾아낼 수 있도록 교수들이 직접 학생들—학부생과 대학원생 모두—을 훈련시키는 것이다. 대부분의 사람들은 분자 생물학이나 입자 물리학 같은 전공 분야에서 탁월하게 되려면 학생들이 고도의 훈련을 받아야 한다는 것에 동의하면서도, 젠더에 대한 이해는 도중에 잠깐이면 '구할 수' 있는 것처럼 생각한다. 그러나 젠더를 이해하기 위해서는 다른 어떤 지적 탐구 분야와 마찬가지로 조사와 개발, 그리고 훈련을 필요로 한다. 예를 들면, 앞에서 내가 언급한 NIH 프로그램들이 성과를 거둔 것은 미국 전역에 걸쳐 선도적인 많은 연구 기관으로부터 의료 문제들에 관한 견고한 젠더 연구 성과들을 접할 수 있었기 때문이다.

둘째, 이 시점에서 정책 문제가 관건이 된다. 이 책이 목표로 삼는 것들 중 하나는 연방 정부 차원에서 지원을 받는 과학 연구의 적절한 시점에서 젠더분석을 연구 기획에 포함시킬 것을 요구하도록 과학연구재단을 촉구하는 것이다. 이 점에 있어서 과학연구재단은 다른 연방 기관이나 국제기구들보다 뒤쳐져 있다. 앞에서 언급했듯이, 미국국립보건원(NIH)에 속한 여성보건연구청은 의료 연구에서 성별 차이를 적절히 고려하도록 요구한다. EU 집행위원회에도 연구를 위한 일반 규칙을 두고 연구 프로젝트 기획안에 "연구 목표와 방법론에 있어서 성과 젠더가 연관되는지, 그리고 어떤 의미에서 그러한지를 체계적으로" 밝힐 것을 요구한다(Europe Commission 2006). 이 요건을 삭제해야 한다는 논의가 있었다. 제7 프로그램의 경우 연구에서 젠더분석을 사용하도록 계속 요구하고 있기는 하지만, 준수가 강제되는 것은 아니다. http://ec.europa.eu/research/science-society/index.cfm?fuseaction =public.topic&id=142 수정 2007년 8월 20일). 뿐만 아니라, 스웨덴을 비롯한 많은 유럽 국가들은 젠더분석을 국가 과학 정책의 연구 기획 안에 융합하는 동시에 여성 인력을 증가시키고 있다. 그러나 이와 같은 상황에서도 젠더분석을 과학과 공학 연구에 통합시키는 방법은 많은 훈련을 필요로 한다. 얼마 전에 스웨덴을 방문했을 때 나는 국가 정책이 그와 같음에도 불구하고 정확히 어떻게 젠더분석을 실행해야 하는지를 알고 있는 연구자는 거의 없다는 말을 들었다.

나는 해야 할 일이 많이 남아있다는 말로 글을 마치려 한다. 시급히 실행해야 할 많은 과제들 중 한 가지는 젠더분석이 과학과 공학의 하부 분과들에서 이론이나 실천을 어떻게 진척시키고 있는지를 보여주는 경험적 데이터를 계속 축적하는 일이다(Schiebinger 1999 & 2003 참조). 또한 우리는 젠더가 지식 문제에서 중요한 역할을 하는 것처럼 보이지 않는 물리학과 화학 같은 학문에서도 그런 문제들을 다룰 수 있도록 젠더분석의 틀을 계속 발전시켜 나가야 한다.

나는 그러한 작업이 여성 채용을 늘리고 또 안정된 직위를 보장하고자 하는 우리의 노력에 매우 긴요하다는 것을 강조하고 싶다. 지식 문제를 해소하기 전에는 우리가 그 문제들을 해결할 수 없을 것이기 때문이다. 젠더분석이 일취월장하고 있는 생의학, 영장류학, 고고학, 그리고 생물학 같은 학문들이 상대적으로 많은 여성

인력을 확보하고 있다는 것은 흥미로운 사실이다. 이 분야들과 인문학의 많은 분야들에서, 젠더분석의 적용은 새로운 문제를 제기하고 새로운 연구 영역을 개척함으로써 열기와 창의성을 드높이고 있다. 우리는 그러한 기회를 놓쳐도 좋을 만큼 여유 있는 형편인가?

• 제1장 주석

1) 이 서론의 일부는 *Harvard Journal of Law and Gender*에 실렸던 것이다.

제2장

젠더 비평이 표준적인 과학 실천이 될 때

-성 결정 유전학의 사례

| 새라 S. 리처드슨* |

이 장은 젠더분석이 성 결정 유전학 분야에 기여한 바를 기록한 것이다. 1990년의 SRY(Y염색체에서 성을 결정하는 영역) 유전자 복제는 오랫동안 견지되어온 유전적 성 결정 모델—즉 남성 정소(精巢) 발달을 주관하고 그럼으로써 성을 결정짓는 Y염색체에 대한 단일한 '마스터 유전자' 모델—을 확증해 주는 것처럼 보였다. 그러나 1990년대 후반에 들어와 이 모델은 젠더 비평을 비롯하여 사방에서 가해진 도전의 결과로 무너졌다. 오늘날 SRY 유전자는 정소와 난소(卵巢)를 결정하는 유전자 경로에 들어있는 포유류의 근본적인 많은 성 결정 요소들 중 하나일 뿐이라고 알려져 있다. 포유류는 남성과 여성의 정소 기능을 산출하기 위해 적절한 양과 정확한 시간에 만들어진 유전자 산물의 캐스케이드[폭포 모양의 단계적 연쇄과정: 옮긴이 주]를 필요로 한다. 그리고 연구자들은 인간에게서

매우 다양하고 건강한 성 표현형과 성 결정 경로들을 발견하고 있다.

성 결정 모델들의 이 놀라운 변화에서 젠더분석이 기여한 점은 무엇일까? 아래에서 나는 1990년대 동안 성 결정 유전학 분야에서 젠더 비평이 어떻게 인지적 자원이 되었는지 그리고 성 결정 유전학 이론의 전격적인 수정 과정에 어떻게 기여했는지를 기록할 것이다. 젠더 비평의 공헌은 적어도 세 가지로 말할 수 있다. 첫째, 여성주의 생물학자와 과학 분석가들은 다른 이들보다 앞서 수정된 모델을 예견했다. 둘째, 성과 젠더에 관한 여성주의 이론들은 모델을 재구성하려는 노력에 지적 자원을 제공하였다. 셋째, 젠더 비평은 성 결정 유전학 분야의 인식적 도구들을 첨예화시켰다. 젠더 비평은 그 분야의 근간을 이루는 가정들, 언어, 그리고 해석 모델에 관한 비평적 담론의 수준을 향상시키고, 과거에 주목하지 못했던 지식의 간격들을 밝히고 가시화할 수 있는 분석적 틀을 제공했다.

성 결정 유전학 분야의 내적 그리고 외적 전개양상은 성 결정의 표준적인 비평적 실천에 있어서 젠더 비평이 유연하게 수용될 수 있게 하였는데, 나는 그 과정을 '젠더 비평의 정규화'(normalization of gender criticism)라고 부르겠다.[1] 나는 젠더 비평이 성 결정 유전학에 점진적으로 융합되는 과정을 세 단계로 구별한다. 첫째, 성 결정 유전학 분야의 내부와 주변에서 일어나는 문화적 변화는, 이전에는 그 분야의 외곽에 위치했던 여성주의 비평을 포함하여, 젠더 비평이 수용될 수 있는 조건들을 조성했다. 둘째, 이 분야의 명망 높은 여성 과학자 제니퍼 그레이브스(Jennifer Graves)는 자신의 연구에서 명시적으로 여성주의적 틀을 사용하기 시작했다. 그레이브스는 성 결정 유전학 연구에 여성주의 비평을 도입하고 성 결정 유전학을 위해 깜짝 놀랄만한 젠더 비평적 대안 모델을 발전시켰다. 셋째, 성 결정을 연구하는 더 큰 공동체의 구성원들은 젠더 비평을 그들 자신의 사고에 유익한 것으로 보게 되었고, 뚜렷이 명시화하지 않을 때조차 여성주의적 통찰을 융합하곤 한다. 이러한 방식으로 젠더 비평은 성 결정 유전학 분야의 주류 비평적 실천의 일부가 되었다.

SRY, 성 결정 유전자

1959년, 중간성(intersex) 인간의 분석을 통해 남성으로 성이 결정되는 유전자 변환이 Y염색체에서 일어난다는 것이 입증되었다. 그러나 1980년 중반에 채 이르기도 전에 인간 제놈의 복제, 염기서열(sequencing), 그리고 분석 기술은 더 값싸고 빨라졌고, 그리고 더 유비쿼터스적이 되었는데, 그즈음 '성 결정 유전자'를 찾기 위해 본격적인 유전자 발견 프로그램이 시행되었다. 그 당시 미국 MIT, 미국의료연구원, 의료연구 희의소, 그리고 런던의 임페리얼 암 연구 재단과 호주의 라 트로브 대학의 연구팀들은 앞 다투어 Y염색체를 분석하고 성 결정 유전자를 복제하기 시작했다.

성 결정 유전자는 몇 가지 이유로 인간 유전자 염기서열의 형성 초기에 최우선순위 표적이 되었다. 첫째, 성 결정은 단 하나의 '마스터 유전자'가 전체 기관 체계의 발달을 제어한다는 모델을 제시하는 것처럼 보였다. 유전학자 에드워드 서던(Edward Southern)은 1987년에 이렇게 말했다. "성 결정은 포유류 발달 과정의 모델로서, 의심의 여지없이 Y염색체를 집중적으로 연구해야 하는 주된 이유이다"(Goodfellow et al. 1987, 75).

또한 성 결정 유전자는 소출이 적은 과일이라고 말할 수 있다. Y염색체는 다른 23개 크로모좀보다 몇 배나 작고 소수의 유전자를 적재하고 있을 뿐이다. 그것은 유전자 분석에서 비교적 쉽게 추적할 수 있는 표적이 된다. 1970년대의 재조합 테크놀로지와 유전자 삭제 분석을 통해, 연구자들은 이미 성 결정 유전자를 Y염색체의 작은 구역으로 분리해냈다. 중간성 생쥐와 인간의 Y염색체를 다루는 가속화된 염기 서열 기술과 마이크로 수준의 직접적인 유전자 삭제 분석은 결정적인 성 변환이 일어나는 위치를 밝혀줄 터였다. 영국 임페리얼 암 연구 재단의 선도적인 유전학자 피터 굿펠로우는 1987년에 이렇게 말했다. "드디어 포유류의 성 결정 유전자를 복제하기 위한 무대가 마련되었다"(Goodfellow et al. 1987, 1).

마침내 남성 성 결정 유전자는 성차 연구의 성배(聖杯)를 상징하게 되었다. 지배적인 이론에 따르면 성차를 제어하는 것은 두 요소이다. 즉 하나의 유전자가 생식선(生殖腺)의 차별화를 유도하고, 성 호르몬은 고환과 이차 성징의 발달을 조정한다. 1970년대에 이르러 성호르몬의 특징은 잘 밝혀져 있었으므로, 성 결정 변환과정은 인간의 성차 생물학에 대한 설명을 완결할 것처럼 생각되었다. 그러므로 남성 성 결정 유전자는 최고 트로피나 다름없고, 남성과 여성의 성차에 관한 해묵은 의문들을 해소하고 새로운 연구 분야를 확립해줄 이론적 타개책이었다.[2)]

남성의 '성 결정 요소'를 찾는 유전학 연구는 1986년에 뜨겁게 시작되었다(Wilkie 1991). 연구자들은 중간성(中間性) 환자의 핵형(核型)에서 분리해낸 Y염색체의 성 결정 구역을 탐색하기 위해 생쥐 모델을 이용했다. 1987년에 MIT와 보스톤 화이트헤드 연구소 연구원이었던 데이비드 페이지는 ZFY라고 불리는 유전자가 성 결정 유전자의 기준을 충족시킨다고 발표했다(Page et al. 1987). 일 년도 못되어 호주 연구자 제니퍼 그레이브스와 앤드류 싱클레어는 그 발견을 무너뜨렸다. 이어서 싱클레어는 1990년에 남성 생식선을 형성하는 SRY 유전자를 발견했다(Berta et al. 1990). 1991년, 「네이처」지 표지에 '막대기를 저으며 점수를 올리기 위해 거대한 고환을 갖고 운동하는 스타 생쥐'가 소개되자, 굿펠로우와 피터 쿠프먼, 그리고 로빈 로벨-배지는 만일 SRY를 X염색체 중 하나에 부착시킬 경우 XX로 유전자 변환을 일으킨 생쥐가 남성으로 성장할 것이라는 것을 보이면서 SRY의 성 결정 역할을 확증했다(Koopman et al. 1991; Sykes 2003. 71). 이러한 상황전개에 뒤이어 1992년에 페이지는 최초의 Y염색체 유전자 지도를 발표했다(Vollrath et al. 1992).

성 결정의 SRY 모델은 성 결정의 예견된 모델이 Y염색체에 있는 단 하나의 '마스터 유전자'에 의해 제어되는 것을 확증해 주었다. 대중매체는 SRY의 발견을 집중적으로 취재했고 "바야흐로 과학자들은 무엇이 남성을 남성으로 만드는지 알게 되었다고 생각하는 것 같다"라고 「뉴욕 타임즈」는 나팔을 불어댔다. 「가디언」지는 '과학자들은 그들이 마침내 무엇이 남성을 만드는가 하는 비밀을 밝혀냈다'(Angier 1990; Williams 1990)고 보도했다. 과학 공동체는 SRY를 '생물학의 경계를 넘어서는 결과를 초래할, 해묵은 난제들을 해결하는 현대 분자학 기술의 놀라운 힘의 사례로 치켜세우며 경축했다'(Williams 1990). 유전학 교재는 즉각 SRY를 성 결정에 관한 설명에 포함시켰다. 1992년 국제 올림픽 위원회는 여성 운동선수들을 위한 '젠더 검사' 프로그램에 SRY 유전자 테스트를 첨가했다.

젠더와 과학에 관한 대중 담론의 변화

1980년대는 젠더와 과학에 관한 대중 담론이 집중적으로 시작된 시기였다. 여성건강을 연구하는 NIH 사무국은 1990년대 초반에 문을 열고 미국 과학계의 여성과 젠더 이슈들을 개괄하여 제시했다. 이 시기는 또한 학계 안에서 여성주의 과학연구 교수법과 여성 연구인력이 괄목할 만하게 신장되었던 때이기도 했다. 조사 생물학, 특히 유전학과 발달 생물학 분야에서 여성들은 숫자상으로 최초로 남성과 대등한 비율에 가깝게 취업하였다.

대체로 이러한 전개 양상의 결과, 1990년대에는 성과 젠더의 주류 생물학 모델에 대한 도전이 점점 증폭되었다. 중간성과 동성애에 관한 생물학적 주장들이 특히 면밀하게 검토되었다. 여성주의 과학 분석가들은 그 현상들을 인간의 성과 젠더의 정상 스펙트럼의 일부분으로 재개념화하였다. 10여년에 걸친 이 연구는 다양한 채널을 통해 성 결정 유전학과 대면한다. 여성 올림픽선수들의 '젠더 검사'를 위해 실시되었던 성염색체 검사를 놓고 오가던 1990년대 중반의 논쟁은 결국 그 관행을 종결짓게 만들었는데, 전문성이 관건이었던 성염색체 연구자들은 성과 젠더에 관한 과학적 정의가 사회에 미치는 여파에 대해 설명하는 대중 교양 강좌를 들어야 했다(Puffer 2002). 중간성 운동도 1990년대에 점차 가시화되었고, 1993년에 북미 중간성 협회의 창립은 그 운동의 상징이 되었다. 중간성과 젠더 불안증 환자를 연구하고 돌보는 성염색체 연구자들은 젠더 비평적 관점들을 접하게 되면서 이 공동체를 정치적 · 의학적으로 옹호하기에 이르렀다. 또한 '유쾌한 90년대'는 생물학에서 성과 젠더에 관한 논증적 담론과 조건들을 변화시켰다. 예를 들면, 1990년대에 들어와 자연계의 성생활의 풍요로움을 강조하고 다양성을 옹호하는 과학 저술이 물밀듯이 쏟아졌는데, 부분적으로 그것은 동성애가 '비자연적'이라는 지배적인 가정에 대한 반작용이었다(Bagemihl 1999, Roughgarden 2004 참조).

남성 중심적 성 결정 '마스터 유전자' 모델

1980년대에 성 결정 유전학은 내분비학으로부터 '남성중심적' 성 결정 이론을 계승했다. 1953년에 처음으로 알프레드 조스트[3]에 의해 정식화된 그 이론에 따르면, 인간은 수태 후 6주까지 양성 잠재성을 갖는데, 그 시점에 이르러 두 개의 생물학적 스위치가 성적 동질이형(同質異形)을 개시한다. 첫째, Y성염색체의 한 유전자는 정소(精巢)의 발달을 유도한다. 둘째, 정소는 두 가지 호르몬, 즉 MIS(뮐러 억제 요소)와 태아의 '남성화'와 호르몬에 의해 성적 발달을 제어하는 테스토스테론을 만들기 시작한다. 1950년대 조스트의 연구는 유전적 남성의 발달 과정에서 호르몬 수준이나 유전자 수준에서 오류가 발생할 때 생쥐가 여성 발달 경로로 '전환'한다는 것을 보여주었다. 이 증거를 토대로 그는 여성 생식선과 이차 성징의 발달은 신체의 '자동선택' 플랜을 따른다는 가설을 세웠다. 두 개의 변환 스위치가 없을 경우, 태아는 난소가 발달하여 표현형적 여성이 된다. 1959년, 찰스 포드가 이끄는 중간성 환자들에 대한 세포유전학 연구는 성 발달에 관한 조스트의 견해를 뒷받침하는 증거를 제시하고 확장시켰다. 포드의 연구는 X의 숫자가 얼마나 되건, 단 하나의 Y의 존재가 남성 생식선을 발달시킨다는 것, 그리하여 성 결정 스위치가 Y염색체 안에 있다는 것을 입증했다.

성 결정 유전학 분야는 조스트와 포드로부터 성 결정 연구를 위한 남성중심적 틀을 계승받았다. 즉 Y염색체에 있는 하나의 유전자가 정소 형성을 개시하고, 정소의 형성은 성 결정 사건에 결정적이라는 것, 그리고 여성의 성 발달은 그 유전자의 부재시에 '자동선택'으로 진행된다는 것이다. 이 이론은 1980년대 초반의 연구자들로 하여금 Y염색체에 있는 '남성 성 결정 유전자'를 분리하는 데 열중하고, 성 결정의 문제를 남성 생식선 결정의 유전학의 문제로 간주하도록 이끌었다.

발달 유전학에서 '마스터 유전자' 이론은 1980년대 성 결정 모델을 위한 두 번째의 주요 원천이었다. 1980년대의 성 결정 유전자를 찾는 탐색은, 누구나 쉽게 예상할 수 있듯이, 의료적 목적이나 '젠더 검증' 같은 응용 목적을 위한 것이 아니었다. 오히려 발달 유전학의 일반적인 문제들을 새롭게 접근하여 인증을 받을 수 있을 것이라는 전망이 성 결정 유전자에 대한 초기 관심의 대부분을 차지했다. 학술대회 좌장을 맡았던 피터 굿펠로우는 성 결정 유전학에 관한 심포지엄 기획본의 서문에서, 이 당시에 SRY에 관한 관심은 주로 '포유류의 발달을 유전적으로 제어하는 모델'에 있었다고 말한다(Goodfellow et al. 1987, 1).

1980년대의 성 결정 연구는 발달 과정이 제놈의 '마스터 스위치'에 의해 제어되는 유전적 위계를 모델로 삼았던 발달 생물학의 특정 학파와 유사하다. 굿펠로우는 유전자에 의한 발달 제어를 설명하는 당시의 주도적 패러다임은 '규제적 유전자의 위계', '원형적인 규제 조직망'을 가정한다고 말한다. "가장 단순한 경우, 마스터 제어 유전자는 다른 유전자들의 표현을 제어하는 이차적 유전자들을 직접 제어한다”(Goodfellow et al. 1987, 1). 일단 이 위계를 유도하는 ‘마스터 유전자’가 발견되면, 그 위계에 포함되는 다른 유전자들의 확인은 비교적 쉽다. 정소 결정에 관여하는 유전자들을 중대하고 근본적인 발달 과정으로 가정하면서, 즉 모든 포유류는 하나의 대단히 압축적인 발생론적 경로를 공유하는 것으로 가정하면서, 연구자들은 SRY를 이 위계적 체계의 완전한 ‘원형’으로 간주했다. 이 연구 기획의 목표는 발달 유전학의 일반 이론들을 세련화하는데 필요한 단순한 모델 체계를 구축하기 위해 SRY를 복제하는 것이었다.

그리하여 유전적 발달의 마스터 유전자 이론은 성 결정 연구자들에게 잠재적 배경이라 부를만한 기대감을 심어주었다. 연구자들은 그 이론에 강한 전문적 충성심을 보여주었고 신흥 분야와 리서치 기획을 위한 원리적 증거로서 SRY모델에 집중했다.

성 결정 모델에 대한 초기 젠더 비평

앤 파우스토-스털링의 「XY 울타리 안의 생명」(Life in the XY Corral, 1989)은 1980년대의 성 결정 유전학에 대한 여성주의 비평을 대표한다. 이 논문에서 파우스토-스털링은 생물학자이며 여성주의 과학 비평가, 그리고 중간성 환자를 위한 운동가로서 성 결정 이론에 내재된 젠더 신념들을 분석하고, 연구자들이 자신들의 이론에서 설명적 간격을 간과함으로써 결국 성 결정에 대한 건강한 대안적 모델들을 고려하지 못하게 되었다고 주장한다. 그녀의 비판점은 세 가지이다. 첫째, 정소 결정 유전학을 성 결정 유전학과 동일시함으로써 연구자들은 난소 발달 유전학을 대등한 정도로 심도 있게 탐구하는 일을 등한히 했다. 둘째, 연구자들은 '현전으로서의 남성과 부재로서의 여성'(male as presence and female as absence)이라는 매우 영향력 있는 은유를 수용함으로써 여성의 경험 과정보다 남성의 경험과정을 더 우위에 두었다. 남성의 성 발달 과정은 여성의 그것보다 더 흥미롭고, 복잡하며, 그리고 역동적인 탐구 대상으로 간주되었다. 셋째, 연구자들은 성이 유전 검사에 의해 전혀 모호성 없이 결정되는 방식으로 '확정적인' 2가 체계로 나뉘어 조직되는 것으로 가정했다. 파우스토-스털링은 그러한 성 개념들과 여성주의-사회과학적 성과 젠더 개념을 대조했다. 성의 2가적 개념을 무비판적으로 받아들일 때, '연구자들은 섹슈얼리티의 중간 상태의 존재를 인정하는 접근에 의해 훨씬 낫게 설명될 수 있는 자료들을 무시하기 쉽다'고 그녀는 주장한다(326-327, 330).

파우스토-스털링은 젠더에 대한 그러한 가정들이 성 결정에 관한 '정합적인 이론의 정립을 방해'한다고 결론짓는다. 그녀는 남성과 여성의 상이한 발달 경로들을 포괄하고 '중간성 상태의 존재를 허용하는' 성 결정의 대안적 모델을 제안한다(329). 파우스토-스털링은 그동안 주목 받지 못했던 에바 아이허와 린다 워시번이 제안했던 성 결정 모델 한 가지를 인용하는데, 그 모델은 난소의 발달을 다루고 있고 남성과 여성의 생식선이 형성되기 위해서는 복잡하고 중첩적인 경로들 사이에서 많은 유전자들이 서로 상호작용해야 한다는 것을 보여준다(1986). 파우스토-스털링은 성 결정 유전학자가 아니었기에 그녀의 비판은 전문가들에게서 유의미한 반응을 별로 얻지 못했다. 그럼에도 그녀의 대안적 모델과 아이허와 워시번의 모델은 성 결정에 관한 초기 젠더 비평 모델의 상징이 되었다.

1990년대; 성 결정의 SRY 모델의 난점들

1990년대 동안 성 결정의 SRY 모델은 심각한 개념적 · 경험적 도전을 받았다. 제니퍼 그레이브스와 로저 쇼트는 SRY의 확인이 발표된 직후 강한 비판조로 주어지게 될 그 도전들을 이미 예상했었다. "성 결정의 모든 신비들이 드디어 밝혀질 것인가? 그럴 것 같지 않다"고 그레이브스와 쇼트는 예측했다(1990, 731).

그레이브스와 쇼트는 성 결정 SRY 모델에 대해 몇 가지 비판점을 제시했다. 첫째, SRY는 완전히 성이 전도된, 수정(受精)된 성 전환 생쥐를 만들기에 불충분하며, X와 연결된 유전자는 정소 결정에 있어서 SRY의 효과를 억제하는 것으로 알려져 있었다(이것은 SRY 패러다임에 맞지 않는 많은 경험적 이상 징후들의 하나일 뿐이다). 성적 운명을 결정하는데 성공하기 위해, 아마도 개별적인 경로들을 따라, 훨씬 더 많은 유전자들이 서로 상호작용해야 한다. 그레이브스와 쇼트는 Y염색체의 성 결정 메커니즘을 선호할 경우, 성 결정에서 X염색체의 역할을 경시하게 되고 성을 결정하기 위해 X 조제 메커니즘이 SRY 경로와 상호작용할 것으로 가정하게 된다고 지적했다.

둘째, 정소 형성의 초기 단계에서 SRY를 타깃으로 삼는 유전자가 존재한다는 증거가 없고, 결국 '마스터 유전자'와 '유전자 위계' 이론들이 추정하는 것과는 달리 성 결정에서 SRY의 역할은 상당히 정황적임을 암시한다. 널리 알려진 것처럼, SRY는 정소 형성의 직접적이고 능동적인 유도자여야 할 이유가 없다. 성 결정에 관해 더 복잡하고 상호작용적인 모델만이 SRY에 대한 유전학적 표적의 부재에 대해 설명해줄 수 있을 것이다. 그레이브스와 쇼트는 예상과는 달리 증거는 SRY의 이중 금지 경로를 함축한다고 주장했다. 즉 SRY는 활성화 스위치로서 기능하기보다 오히려 정소 발달에 관여하는 다른 유전자들을 차단한다.

셋째, 그레이브스와 쇼트는 성 결정이 매우 경제적이고, 보편적이며, 비잉여적어야 한다는 발달 생물학자의 예상에 도전했다. 그들은 성 결정 유전학자들에게 성 결정 과정이, 심지어 포유류의 경우에도, 매우 다양할 수 있음을 상상해볼 것을 권유했다.

1990년대 초반에 과학자들은 조사 발견한 것들을 성 결정의 SRY 모델과 일관되게 해석하느라 고군분투했다. 제니퍼 그레이브스가 사회를 맡았던, 성 염색체와 성 결정 유전자에 관한 1992년 보덴 학술대회는 전술한 문제점들을 인식하게 되었을 때 과도기에 접어드는 한 분야를 들여다볼 수 있는 창문의 역할을 했다. 학술대회 발표논문집과 그 책의 서론에서 리드와 그레이브스(1993)는 다음과 같이 말한다:

> 우리는 점차 [조스트가 제시한 성 결정의 초상화에] 뭔가 결함이 있다는 불편감을 느끼고 있다. 성 결정 연구의 역사는 '단순성을 발견하고, 그 다음에는 그것을 의심하라'는 공리를 뚜렷이 보여준다… 우리는 교란적인 표현형에서 SRY의 역할을 해석하고자 할 때 그리고 캐스케이드 기능을 그 유전자 산물에 귀속시키려 할 때 뒤따르게 될 애매성과 난관들에 대처할 준비가 되어 있지 않았다.(1993, x, 인용자의 강조).

또한 SRY에 관한 연구는 성의 동질이형(dimorphism)이라는 생물학적 현상에 관한 연구자들의 예상을 여러 측면에서 좌초시켰다. 그 중 하나는 정소의 직접적인 유도과정에서 SRY가 하는 역할이다. 학술대회 기록을 보면 성 결정 SRY 모델과 데이터가 서로 잘 맞지 않는다는 사실을 연구자들이 깨닫게 되었을 때, 모델-이론적 가정들과 데이터의 기술과 해석이 완전한 혼란에 빠졌다는 사실을 알 수 있다.

> 좌장: 그렇지만 유전자를 변환시킨 쥐는 SRY가 정소 결정에 개입하는 유일한 유전자라는 것을 보여주는 것이 아닙니까?

굿펠로우: SRY가 성 결정 유전자일 수 있는가 하는 물음은 케케묵은 것입니다. 왜냐하면 우리는 캐스케이드 경로에 다른 유전자들이 있음이 틀림없다고 생각하기 때문인데, 따라서 SRY가 유일한 유전자일 수는 없습니다… 남성을 만들기 위해 필요한 모든 유전자 정보가 [Y염색체의] 그 14kb 안에 들어있다고 강하게 믿습니다.

몽크: 그것은 때때로 남성을 만들기도 합니다.

버고인: 그것이 남성을 만드는 것은 어쩌다가 일뿐입니다. 그나마 표현되지 않을 때도 있습니다.

굿펠로우: 나는 두 손 들었습니다!

(발표집 375. 좌장이 누구인지는 밝혀져 있지 않다)

또 연구자들은 생쥐의 성 결정 과정이 인간이나 다른 종으로까지 쉽게 일반화될 수 있을 만큼 포유류의 성 결정 유전자가 상당히 단순할 것이라고 예상했었다. 이 예상은 (분자 생물학에서 모델 유기체를 갖고 작업할 경우 갖게 되는 흔한 가정이다) 포유류의 경우 견지될 수 없는 것으로 드러났다.

좌장: 충격적인 사실 하나는 인간과 유대류(有袋類) 사이에 SRY가 얼마나 허술하게 보존되어 있는가 하는 것입니다.

포스터: 그렇습니다. 우리는 SRY가 중무장되어 보존되어 있으리라고 예상했지요… 그리고 우리는—지금까지 줄곧—그

> 것이[SRY] 다른 평균적인 가사도우미 유전자들보다 훨씬 더 중요하고 성 결정에서 더 압력을 행사할 수 있는 선택권을 갖고 있으며, 그것이 갑자기 용수철처럼 튀어 오르기만 하면 우리가 유대류의 Y염색체에서 그것을 발견하게 되리라고 예상했습니다.(발표집 384)

예상과 관찰 사이에 이 비슷한 비일관성은 1992년에 이르러 성 결정에 관한 확립된 모델을 불신하게 만들기 시작했다. 그러나 학술대회 발표자들은 이 단계에서 성 결정의 대안적 모델을 구성한다거나 그 분야의 연구의 틀을 이루는 광범위한 가정들을 검토해볼 생각을 미처 하지 못했다.

1990년대 중반기 동안 연구자들은 SRY 모델의 더 많은 이상 현상들을 축적하고 성 결정 경로에서 다른 중요한 유전자들을 확인했다. 초기에 기여도가 높았던 켄 맥얼리비, 에릭 빌레인, 그리고 프랑스 파스퇴르 연구소의 연구팀은 SRY에 의해 그 표현형을 충분히 설명할 수 없는 중간성 환자들의 사례를 백 여 개나 검토했다(McElreavey et al. 1993). 그들은 이 사례들을 토대로 성 결정에는 주요한 다른 요소, 즉 SRY가 억압하는 '반-정소' 요소가 있음이 틀림없다는 가설을 세웠다. 성 결정에 대한 '유전자 위계' 개념에 반대하는 그들은 '규제적인 유전자 캐스케이드'를 제안했는데, 그것은 남성이나 여성 어느 한 쪽을 선호하여 성 결정의 균형을 무너뜨리는 데에 많은 요소들이 개입한다는 가설로, 폭넓게 관찰되는 중간성 표현형들의 스펙트럼을 설명해준다.

성과 젠더의 생물학에 관한 비이분법적 관점을 상술하는 맥얼리비와 빌레인의 가설은 또한 1990년대에 있었던 생물학의 광범위한 개념적 선회에 기초한다. 유전자 결정론과 유전자 작용 같은 단순한 개념들은 점차 분자 차원의 현상들을 적절하게 설명하기에 역부족임이 드러났다. 1990년대 후반에 들어 생물학자들은 '마스터 유전자'와 '유전 프로그램' 같은 은유에서 벗어나 생물학적 설명에 있어서 비환원적이고 복잡한 규제적 연결망 접근으로 선회하기 시작했다(Podolsky & Tauber 1997; Keller 2000; Sarkar 2006).

1990년대 중반의 또 다른 유의미한 발견의 하나로, 연구자들은 SRY를 갖지 않지만 여전히 수정된 남성 표현형을 생산하는 들쥐 두 종류를 찾아냈다. 이 발견은 SRY가 모든 포유류에게서 남성 표현형을 생산하기 위한 필요조건도 충분조건도 아니라는 사실을 확증해주었다. SRY의 방어벽이 느슨하다는 것, 또는 생쥐나 침팬지, 그리고 인간 사이에서조차 배열과 표적이 매우 가변적이라는 것, 그리고 SRY가 비교적 근래에 진화된 유전자라는 것을 입증하는 비교 제놈 증거는 그 견해를 뒷받침해주었다. 이러한 발견들은 SRY가 종마다 다르게 기능할 수도 있으며 또한 제놈 안에서 성을 결정하는 다른 메커니즘과 상호작용할지도 모른다는 것을 시사했다.

DAX1, SOX9, DMRT1, 그리고 WNT4 같은, SRY를 억제하여 성 전환을 일으킬 수 있는 모든 비-Y염색체 유전자들의 특성을 분석한 일은 1990년대 후반에 성 결정 모델을 수정해야 한다는 압박감을 가중시키는 데 크게 기여했다. 이 유전자들을 비롯하여 성 결정에 개입하는 유전자들의 확장된 명단에 올라온 다른 유전자들은 SRY 유전자의 작용에 관한 '마스터 유전자' 모델에 강력하게 도전했다. 서로 규제하는 복잡한 관계를 이루며 작용하는 유전자들이 하나의 '캐스케이드' 또는 여러 개의 캐스케이드를 이루는 성 결정 모델 쪽으로 기울어지면서, SRY가 실은 예상보다 훨씬 더 '평범한' 것이라는 견해에 대한 합의가 이루어졌다.

성 결정에 관한 제니퍼 그레이브스의 '여성주의적 관점'

제니퍼 그레이브스는 선도적인 과학자이며 호주의 대중 유명인사로서, 최근에는 캥거루의 유전자 서열을 찾는 호주의 주요 기획을 지휘하는 책임을 맡은 바 있다. 호주 고등과학원의 회원이기도 한 그녀는 '국가문화재'로 불리기도 했다(White 2000). 또한 그레이브스는 생쥐 모델 세계의 유대류(有袋類) 연구자이며, 연구비가 넉넉한 영미권 실험실에서 비교적 열악한 공적 기금으로 연구하는 호주인일 뿐만 아니라, 남성 주도적인 분야에서 보기 드물게 빼어난 여성연구자이기도 하다. 결과적으로 그레이브스는 그녀의 경력 대부분을 성 결정 유전학 분야에서 다분히 이방인으로 지냈다.

그레이브스의 전문분야는 포유류와 유대류의 비교 제놈학과 성 염색체와 성 결정 유전학이다. 그녀는 포유류의 성 결정 유전자로서 데이비드 페이지가 제안한 성 결정 유전자 후보를 좌초시킨 1988년 실험으로 가장 잘 알려져 있다(Sinclair et al. 1988). Y염색체 중심적인 성 결정 모델에 대한 그녀의 비판과 그녀의 'Y염색체 비발생 이론'은 그녀를 약간의 논란거리와 대중매체의 주목 대상으로 만들었다.(Jones 2002; Sykes 2003).[4] "나는 예기치 않게 Y염색체를 분쇄하는 괴력의 여성주의자가 되었다"(White 2001).

그레이브스는 1999년에 호주고등과학원에 임명되기 전까지 공공연히 여성주의자로 자처하지 않았다. 그 이후의 논문과 발표, 그리고 인터뷰에서 그레이브스는 자신의 생각을 여성주의적 틀로 표현하기 시작했다. 2001년 프로필에서 그녀는 자신이 "비여성주의적 견해가 과학의 연구 방식, 특히 어떤 유전자가 성과 성 연관적 특징들을 결정하는가 하는 주제를 다루는 그녀의 전문분야에 [유해한] 영향을 미칠 수 있다는 사실을 염려하는" 사람으로 묘사하였다(White 2001). 국외자로서의 그레이브스의 위치, 자유분망함, 고령, 그리고 고등과학원과 다른 명예직에 뒤따르는 적합성의 문제, 성 결정 연구에서 젠더 의식을 고양시킨 일, 그리고 그녀의 이론이 '성 전쟁'에 기여하는 것으로 몰아세우는 대중매체의 조명을 받으며 자신의 이론을 설명하고 방어하는 고단한 경험들은 그녀로 하여금 여성주의적 입장에서—여성주의자로서 정체성을 공적으로 밝히는 것이 곧 죽음과의 입맞춤이 될 수 있는 2000년 당시의 전문직 종사자로서—발언하고자 하는 능력과 욕구에 불을 붙인 초기 조건이었을 것이라고 추정해볼 수도 있다.

「인간의 Y염색체, 성 결정, 그리고 정자발생학: 여성주의적 관점」이라는 제목의 2000년 논문은 성 결정의 SRY 모델에 대한 그레이브스의 여성주의적 비판을 가장 명료하게 표현하고 있다. 그레이브스는 연구자들이 SRY에게 아무런 성찰 없이 남성적 특질들을 배정한 일은 그들로 하여금 모순적인 증거를 간과하게 만들고 다른 모델보다 Y염색체가 성을 결정한다는 견지될 수 없는 모델을 선호하게 만들었다고 주장했다. 그 입장을 포기하게 만들 만한 반대 증거들이 있음에도 불구하고 연구자들은 그 모델을 고수했다. 그레이브스는 이것을 가리켜 '지배적인 Y' 이론(Dominant Y theory)이라고 명명했다(667-668). 그 논문에서 그녀는 이 '마초적' SRY 개념이 성 결정 연구를 세 가지 방식으로 오도하였음을 지적하였다(673). 그리고 이어서 그녀는 대안적인 Y염색체 모델과 성 결정에서 Y염색체가 맡는 역할을 제시했다.

첫째, 그레이브스는 지배적인 Y 모델은 SRY를 초월적인 '남성성' 유전자로 인식하도록, 즉 그것이 남성의 성 결정의 고도의 정교함을 반영하고 자연계에 편재적인 것처럼 인식하도록 연구자들을 오도하였다고 지적한다. 그 결과 연구자들은 SRY가 잘 보존되어 있을 것이고, 정소 형성의 첫 단계에서 고유한 기능을 수행할 것이라고 예상했다. 그러나 경험적 연구는 그와 정반대의 결과를 보여주었다고 그레이브스는 주장한다. SRY는 허술하게 보존되어 있고, 취약하고 비일관적인 변환 패턴을 보여주며, 다른 종들에서는 상이한 기능을 한다는 것이 밝혀졌다. 유전자변환 실험을 통해 SRY의 기능이 제놈에서 비슷한 구조를 가진 다른 유전자(예를 들면, DAX1)에 의해 대체될 수 있음이 증명되었다. 그 대신 그레이브스는 SRY가 성 결정에서 중요한 스위치로 기능하는 것은 오직 분자 진화의 우연에 의해서일 뿐이며 특수 기능을 하는 고유한 특질을 갖고 있는 것은 아니라고 주장했다. SRY는 Y염색체가 진화했을 때 우연히 성 결정 경로 안으로 영입된 주변적인 보통 염색체 유전자로 보아도 무방하다. 증거를 토대로 할 때 SRY는 "어쩌다 다른 유전자를 방해하게 된 보통 유전자의 낙후한 유물"로 보는 편이 낫다고 그녀는 제안한다.

둘째로, 그레이브스는 지배적인 Y 모델은 SRY에게 공격적이고 행위 주체적인 특질을 무비판적으로 귀속시킨다고 비판한다. 예를 들면, 연구자들은 SRY가 오랜 시간에 걸쳐 남성 호혜적이고 여성 적대적인 유전자로 '전문화'되었다는 식의—유전적 성 전쟁의 결과—Y염색체 진화 모델을 가정한다. 이런 견지에서 SRY를 보려하기 때문에 연구자들은 Y염색체에 있는 유전자들이, SRY를 포함해서, 미성숙한 상태일 경우가 많은 X염색체와 상동기관을 갖고 있다는 사실을 간과하기 일쑤이다. 행위 주체로서 지배적인 Y모델은 또한 성 결정 유전학자들로 하여금 SRY가 선형적 위계의 정점에 있는 '활성체'로 가정하게 했다. "이 지배적 행위는 전통적으로 다른 유전자들이 남성을 결정하는 경로로 변환하도록 유도하는 모종의 활성체를 위해 [SRY가] 약호화하는 것을 의미한다고 해석해왔다"(669)고 그레이브스는 말한다. 그녀는 '능동적인' 남성적 특질을

SRY에 귀속하는 것은 연구자들로 하여금 SRY 유전자가 방해꾼으로, 즉 "유전자들을 차단하는 스포일러"(674)처럼 행동하는, 더 복잡한 모델 또는 모델들—최근의 연구에 의해 강하게 옹호되는 모델—을 상상하지 못하게 막았다고 주장한다. SRY의 작용에 관한 어떤 모델들은 한 걸음 더 나아가 난소 결정 경로에서 유전자들을 '파기하는' 능력을 SRY 유전자에 귀속시킨다. 다시금 그레이브스는 이 가정은 나중에 SRY의 역할에 반격을 가하고, 정상적인 XY 개체들의 성 전환을 야기할 수 있는 많은 유전자 사례를 관찰한 경험적 연구에 의해 전복되었다고 지적한다.

셋째로, 10년 먼저 파우스토-스털링이 지적했듯이, 그레이브스는 지배적인 Y모델이 여성의 생물학적 발달 과정을 가치절하하고 경시하여, 결국 성 결정 이론의 설명적 간격에 귀착하게 하는 남성중심적인 것으로 동일시했다. 예를 들면, 성 결정에서 Y염색체의 역할을 무조건 강조함으로써, 다른 많은 종들의 경우 성 결정의 X염색체의 조제 메커니즘이 현저하고 또 X염색체에서 결정적인 성 결정 유전자가 발견되었음에도 불구하고, 연구자들은 X염색체의 잠재적 기여도를 간과하거나 폄하하였다. 또한 난소 결정의 유전자 경로도 등한시되었다. 그레이브스가 지적하듯이, 난소 발달이 '불이행 경로'(default pathway)라는 가정을 뒷받침하는 어떤 생물학적 논증도 없다. 분명히 난소 발달은 정소 발달 못지않게 흥미롭고, 우연적이며, 복잡하다. "난소 차별화와 난자 발달에는 대단히 많은 유전자가 요청되는 것이 확실하며, 지금까지 그 유전자들에 관해 또는 정소 발달이 부재하는 상태에서 어떻게 그 유전자들이 변환되는지에 대해 우리는 거의 아는 바가 없다"(667)고 그녀는 말한다.

그레이브스의 제안에 따르면, 단순하면서도 강력한 설명력을 가진 한 가지 모델은 성 결정에서 유전자 스위치의 역할을 맡은 X염색체의 어떤 유전자의 낙후한 상태가 바로 SRY라는 것을 보여주는데, 왜냐하면 우연히도 그 유전자는 오로지 남성 염색체에서 발견되기 때문이다. 그레이브스는 그 유전자가 X염색체를 포함하거나 SRY 경로와 상호작용하면서, 중복적일 수도 있는 대안적인 성 결정 메커니즘뿐만 아니라 SRY에 잉여적인 많은 유전자를 갖고 있을 것이라고 강조한다. 그레이브스가 보기에 성 결정이란 매우 우연적이고 오류 가능성이 높고, 늘 진화하는 메커니즘이다. 논쟁적인 견해이지만(그러나 젠더 이데올로기가 SRY 유전자의 행동을 남성주의적으로 해석하게 만든다는 자신의 견해를 강조하면서) 그레이브스는 자신의 대안을 Y 염색체의 성 결정에 대한 '무기력한 Y' 모델(Wimp Y model)이라고 부른다.

이 논문에서 그레이브스는 1990년에 처음으로 성 결정의 SRY 모델을 비판했던 때 이후로 그녀의 후속 작업의 단초가 되었던 논증들을 재서술하고 확증했다. 그러나 그것은 그레이브스가 성 결정의 지배적인 SRY 모델에 대한 비판을 여성주의적인 것으로 특징지었던 최초의 사례이기도 하다. 그레이브스의 여성주의적 동일시의 정확한 성격과 원천은 분명하지 않다. 그럼에도 '여성주의'는 그레이브스로 하여금 자신의 다면적인 비판을 체계적인 비평적 관점 안에 위치할 수 있게 해주었다. 체계적인 비평적 접근은 생물학적 현상을 끈질기게 젠더화하고 성 결정의 SRY 모델에서 여성적 과정보다 남성적 과정을 높게 평가하는 경향을 드러내 보여준다. 그리고 그 모델의 구조에서 그리고 부적합성에도 불구하고 그 모델이 갖는 광범위한 호소력의 한 요소가 곧 젠더였다는 사실을 노정한다. 그레이브스가 서술하듯이, '여성주의적 견해'는 최소한 10년 동안 성 염색체와 성 결정에 관한 그레이브스의 접근을 이해하기 쉽게 조직화하는 틀을 갖추도록 다양한 유형의 비평적 통찰력을 제공해주었다. 그러므로 그레이브스의 '여성주의적 견해'는 성 결정 연구자들이 과학적 모델을 평가하고, 편견의 잠재적 원천들을 탐색하며, 대안적 가설들을 창안할 수 있게 하는, 적합하고 뚜렷한 동기를 가진, 그리고 통찰적인 비평적 관점으로서 효과적으로 제시될 수 있다. 1990년대 후반에 이르러 성 결정 유전학에 대한 여성주의적 또는 젠더 비평적 감수성을 갖는 여러 접근들 중에서 그레이브스의 경우는 가장 강력하고 직접적이며 유망한 것으로 부각되었다.

젠더 비평의 정규화

2000년쯤부터 성 결정 유전학 문헌에서 뚜렷한 논조의 변화가 일어났다. SRY 마스터 유전자 모델은 인기를 잃기 시작하고, 젠더 비평적 접근을 비롯해 과거에는 주변에 위치했던 문제와 아이디어들이 사방에서 물밀듯이 밀려들었다. 그 변화는 비정형적이었고 특별히 여성주의적 의식에서 비롯된 것이 아니었다. 오히려 남성 중심적이고 젠더 이원론적 사고의 함정에 대한 일반적인 의식—전에는 불분명했던—이 성숙해진 덕택이었다. 연구자들은 귀중한 여성주의적 통찰력을 흡수했고, 그들 자신은 그 사실을 깨닫지 못하는 일이 허다했다. 이 젠더 비평적 의식은 유전학 분야의 지적 작업에서 당연한 일처럼 움직이기 시작했다. 나는 이것을 젠더 비평의 정규화(normalization of gender criticism)라고 부르는데, 이는 여성주의적인 비판적 관점이 과학 분야에서 어떻게 수용되고 뿌리를 내릴 수 있는지 보여주는 하나의 모델이다.

젠더 비평의 성장과 결과는 과학계의 신흥 연구 주제들, 성 결정 모델 자체의 변화, 그리고 현대의 성 결정 유전학자들이 자신들의 연구를 설명할 때 그리고 연구 성과가 생물학과 사회 일반에 기여하는 방식을 기술할 때 사용하는 이론적 틀에서 얼마든지 찾아볼 수 있다. 1990년대 성 결정 관련 문헌에는 '젠더 비평적' 접근이 없었던 반면, 2005년 이후 성 결정 모델들을 비판한 파우스토-스털링의 1989년 저술의 여파는 뛰어난 연구자들이 쓴 성 결정 분야의 주류 문헌에서 반향을 얻기 시작했다(그러나 파우스토-스털링의 이름이 명시적으로 인용된 적이 없었다). 연구자들은 여성의 성 결정 생물학에 관한 연구가 홀대받아 온 것은 성 발달과 성별 차이에 관한 과학 이론의 취약성에 기인하는 것으로 인정한다. 뿐만 아니라, 연구자들은 남성의 생물학적 과정이 능동적이고 지배적인 반면 여성의 그것은 수동적이고 타성적임을 함의하는 언어를 사용하지 않기 시작했다. '성'과 '젠더' 같은 개념들을 사용할 때 연구자들은 생물학적 성이 성과 젠더의 사회적 개념들에 단순히 대응하는 것처럼 다루는 방식에 저항한다. 최근의 성 결정 문헌들은 성적 표현형의 다자성과 정상적인 성 발달의 다수 경로를 강조한다. 학문적 연구와 대중 연설, 그리고 교수법에 있어서 성 결정 연구자들은 성 결정의 SRY 모델에 대한 여성주의적 비판을 그들이 의식하고 있다는 사실, 그리고 성과 젠더 차이에 관한 과학적 이론들이 가져올 사회적 결과에 대한 그들의 민감성을 매우 다양한 방식으로 표현한다.

2001년 노발티스 재단 심포지엄에서 발표된 논문을 모은 「성 결정 유전학과 생물학」(Novartis Foundation 2002)과 2004년에 온라인 생물학 교육을 위해 아넨버그 재단이 위임했던 선도적인 성 결정 유전학자와의 인터뷰(Annenberg Foundation and Oregon Public Broadcasting 2004), 이 두 자료는 이 분야에서 젠더 비평의 표준화가 낳은 괄목할만한 성과를 보여준다.

2001년 노발티스 학술대회에서 논의된 것 중 세 가지가 주목할 만하다. (1) 성 결정에 관한 어떤 건전한 모델이든지 난소 결정이 중요하다는 사실에 대해 새롭고도 폭넓은 합의가 이루어졌다. (2) SRY의 마스터 유전자 개념은 성 결정의 다원적 모델로 대체되었다. (3) 성-젠더 체계의 차별성과 복잡성이 종마다 다르고 인간의 성과 젠더 생물학 연구에 특별한 감수성이 필요하다는 사실을 인정하는, 인간에게 고유한 성 결정 모델의 필요성이 인지되었다.(Novartis Foundation 2002).

난소 결정에 관한 이론적 격차는 1990년대에 여기저기서 파편적으로 부수적인 문제로 언급되었던 반면, 2001년에 와서 그 문제는 논문과 토론에서 거듭해서 그리고 긴급한 문제로 제기되었다. 로벨-배지와 공저자들은 다음과 같이 말한다(모든 인용의 출처는 2002년 노발티스 재단 학술대회 자료집이다).

> 지난 11년 동안 괄목할 만한 진척이 있었는데, 즉 이제는 적어도 포유류에게서 성 결정이 이루어지는 방식에 대한 모델을 정식화할 수 있게 된 것이다…. 그러나 의심의 여지 없이 우리는 여전히 연관된 많은 유전자들, 특히 여성 경로에 대해 모르는 것이 많다. 다시 말해, 정소 억제 유전자로 간주될 수 있는 것과 난소에 특징적인 세포 유형을 세분하기 위해 적극적으로 요구되는 것들이 그것이다.(15)

성 결정 유전학의 미래 목표들에 관해 마무리짓는 토론에서, 종전에 정소(精巢)를 총체적으로 강조한 탓에 초래된 지식 격차를 인정하면서, 쿠프먼은 난소 발달을 이 분야의 긴급한 연구 주제로 지목한다.

> 앞으로 10년 후 우리는 발달 생물학의 거대한 블랙박스들 중 하나, 즉 난소 발달에 관한 분자 유전학과 세포 생물학에 관한

이해에서 진전을 보게 될 것이다. 난소 발달을 조명하려는 노력은 정소 결정과 차별화에 대한 연구 성과에 의해 다소 가려져왔다.(247)

남성 정소 형성은 성 결정 연구의 첫째가는 설명의 대상이며 '성배' 같은 것이었다. 2001년에 이르러 뚜렷한 변화가 일어났다. 연구 기획은 이중적 잠재성 상태로부터 정소(精巢) 차별화가 이루어지는 데 개입하는 수많은 요소들을 확인하기 위해 재조정되었다. 예를 들어, 학술대회 토론 자료에서, 현재 UCLA의 임상 유전학자인 에릭 빌레인은 '남성 친화적' 요소는 오직 하나의 연구 목표일뿐이라는 것을 유념하도록 연구자들에게 촉구한다(47, 49). '난소 친화적' 그리고 '정소 친화적' 요소들(중요한 의미에서 구별될 수 있는)은 궁극적으로 그 특징이 밝혀져야 한다. 그러한 요소들 없이는 성 결정 유전학은 제대로 이해될 수 없다고 빌레인은 주장한다. 이 관점은 쿠프먼, 그레이브스, 로벨-배지, 그리고 프랜시스 풀라(프랑스 인간유전학 연구소)가 학술대회 자료집 여기저기에서 거듭 강조했던 것으로서, 성 결정이라는 연구 주제에 관해 개념 전환이 보편화되었음을 보여준다.

이와 일관된 것으로, 노발티스 토의 기록은 또한 성 결정에서 SRY 유전자의 중요성에 대한 평가가 많이 달라진 것을 보여준다. 전능한 주인(主人) '남성'에 집착했던 과거의 태도는 이제 사고의 사각 지대로 분명하게 드러났다. (익명의) 한 토론자는 경험적 반대 증거와 진화 이론의 기본 원리의 관점에서 볼 때 그 모델의 문제점은 이제 너무나 명백하다는 것을 지적하면서, 연구자들이 그 간과된 부분을 깨닫게 되는데 왜 굳이 그레이브스의 중재 노력이 필요했었는지 이해할 수 없다고 힘주어 말했다.

> 유전 검사가 포함된 모델 시스템에서, 우리는 특수한 유전자를 떼어내어 확인한 다음 그것에 일정한 역할을 배정하곤 한다. 그 다음에 우리는 이렇게 생각하는 경향이 있다. '이 유전자는 여러 종류의 유기체들에서 정확히 똑같은 바로 이 기능을 수행하는 것이 분명하다.'… 그리하여 우리는 실제로 모든 진화의 공통 주제일 뿐인데도, SRY가 성 결정의 요체(要諦)가 아니라는 것을 보여주는 제니퍼 그레이브스의 증명 같은 연구 결과를 마주할 때 깜짝 놀라고 만다.(99)

1992년에 SRY 유전자에 '남성을 만드는데 필요한 모든 유전 정보'가 들어있다고 주장했던 굿펠로우는 2001년에 와서 SRY는 다른 유전자와 상호작용하는 것이 틀림없고, 이 상호작용 자체는 공통 인자들의 협력을 필요로 하는 것 같다고 진술했다.

> 내가 말하고자 하는 것은 우리가 공통 인자가 되는 분자들을 간과해왔다는 것이다… 너무 오랫동안. 우리가 다른 유전자의 표현에 필요한 공통 인자가 떠오르는 것을 보게 될 가능성을

강조하는 것은 바로 그 때문이다.(40)

2001년에 이르러 연구자들은 SRY 유전자에게 성 결정 과정에서 한층 더 수수한 역할을 배정한다. 풀라는 SRY를 상호교환할 수 있는 규제적 요소로 특징짓는다. “우리는 SRY가 상자 같은 것에 불과하다고 본다. 우리는 이 상자를 다른 상자들과 바꿀 수 있다…. 근본적으로 우리는 절단된 SOX9 단백질을 갖고 있는데, 그 또한 일종의 상자라고 말할 수 있다. 그럼에도 이 경우 우리는 성이 전도되는 것을 보게 된다”(36). 이와 마찬가지로 로벨-배지와 공저자들은 SRY가 “단지 하나의 건축술적 요소로서 작용할 뿐” 이라고 기술한다(12). 남성과 여성의 정소 결정을 포함하는 비이원적이고 다자적인 인자 모델로의 선회, 그리고 생물학에서 유전자의 행동에 관한 복잡한 규제적 망조직 모델로 나아가는 경향 모두를 반영한 결과, 이제 ‘마스터 유전자’라는 언어는 사라지고 없다.

끝으로, 2001년 학술대회 토론자들은 인간 성 결정 유전학의 특수성을 새롭고도 예리하게 간파하고 있었다. 초기에 열광주의자들은 SRY를 올림픽 선수들의 젠더 검사를 위한 도구로서 그리고 ‘남성을 남성으로 만드는’ 결정소로서 숭배하였다. 2001년 무렵, 연구자들은 훨씬 더 조심스러워졌다. 예를 들면, 빌레인은 “비정상적인 정소 발달 장애를 가진 환자들의 대다수는 여전히 유전학적으로 설명할 수 없다”(51)는 사실을 동료들에게 상기시켰다. SRY가 인간의 성 결정을 완벽하게 설명하지 못한다는 사실은 부분적으로 성별 차이를 지나치게 단순한 이원론적 개념으로 이해한 것 때문이고, 또 부분적으로는 생쥐 모델과 인간 사이에 존재하는 불일치 요소들 때문이라는 것을 연구자들은 인정한다. 불일치 요소들을 간과하고 성 결정 연구에서 생쥐 모델 체계의 일반화가능성을 인준함으로써, 처음에 연구자들은 성 결정 이론을 근본적이고 따라서 잘 보존된 포유류의 발달 경로로 간주했던 것이다. 그 모델이 와해되는 사태에 당면하자 2001년에 연구자들은 성과 젠더 결정의 생쥐 시스템과 인간 시스템 사이의 구별에, 그리고 성 결정에 관한 통속 개념들을 단순한 이분법적 생물학 이론으로 전이시키는 식으로 성별 차이를 설명할 경우 발생할 수 있는 특별한 위험에 더욱 민감해졌다. 2001년에 우리는 인간의 성 결정 유전학이 차별화된 전문 분야로 발전하는 모습과, 인간의 성 표현형의 구체적인 측면들을 유념할 것을 동료들에게 주지시키는 전문가들을 보게 된다. 예를 들어, 빌레인은 "엄청나게 다양한 표현형의 가능성에 대한 이해를 기반으로 하는" 인간 성 결정 모델을 요청했다. "우리는 환경에서 유전적 배경에 이르기까지, 온갖 유형의 영향소들을 가볍게 보기 쉽다"(253). 쇼트는 "우리가 [인간의] 성 결정이 정소에서 시작하여 정소에서 끝난다는 사고방식에 고착되지 말아야 한다"고 덧붙인다(253).

토의 기록을 보면 이 새로운 젠더 비평은 중간성 공동체가 제기한 사회 · 정치적 쟁점들에 대한 연구자들의 의식 전환과 직접적으로 연관되는 것이 분명하다. 끈기 있는 옹호자들에 대한 응답으로, 연구자들은 '정상적인' 성 표현형에 대한 그들 자신의 가정들에 대해, 그리고 남성-여성 이분법의 자연스러움과 필연성에 도전하기 시작했다. 그들은 성 결정 연구에서 연구 기획과 언어 사용이 사려 깊음과 정밀함을 필요로 한다는 것을 깨달았다. 예를 들면, 인간의 성 결정 유전학의 최근 연구에 관한 토의기록에서 굿펠로우는 이렇게 말한다.

> 의료진과 환자 집단들 사이에서 일어나는 대화는 의료진이 경청해야 할만한 것이다. 매우 민감한 이 영역뿐만 아니라 일반적인 영역에 대해서도 그러하다. 진료는 진료자의 사회적 편견들을 반영할 수 있다. 특수한 치료가 그 진료를 담당하는 사람들의 편견에 기인하여 선택될 때, 상호적인 대화가 있어야만 한다. 내 평생 동안 영국에서 환자의 진료에 대한 책임에 대한 이해는 계속 변화되었다…. 분명히 이 문제에 대한 쉬운 해결책은 없다. 사회적 태도가 극적으로 변하지 않는 한 우리는 사회적 규준에 부합하지 않는 개인들을 다루게 될 것이기 때문이다…. [우리가] 진료 받을 사람과의 대화에 참여하지 않는다면 우리는 오류를 범하는 것이다.(55)

'편견'이 과학 실천에 영향을 끼칠 수 있는 잠재성에 관한 굿펠로우의 경고, 중간성 공동체에 대한 그의 책임감, 젠더에 관한 사회적 규준의 힘과 우연성에 관한 그의 인식, 그리고 이 쟁점들이 성 결정 모델에 대한 이론적 논의에 쉽게 수용된 것은 중간성 공동체에 의해 개진된 스펙트럼으로서 젠더 개념과 성 결정 연구 분야의 인지적 작업 사이의 상호 대화를 증명한다.

2004년에 아넨버그 재단이 주관한 선도적인 성 결정 유전학자 홀리 잉그래험, 데이비드 페이지, 그리고 에릭 빌레인과의 인터뷰는 성 결정 연구 분야에서 젠더 비평적 접근의 표준화를 영상기록화한 2차 자료가 되었다. 그 인터뷰들은 2001년 노발티스 컨퍼런스의 주제들을 반영하고 상술하는 반면, 젠더 비평이 이 분야의 모델과 인식적 실천 안에서 융합되는 양상을 더 정교하게 그려 보여준다. 이 연속적인 일인칭 서사는 성 결정에 관한 연구자 자신의 진화된 이해와 그러한 변화들에 대해 다른 전문가들이 갖게 된 보다 넓은 지적 틀의 존재를 생생하게 입증한다.

그 인터뷰들은 오늘날의 섹슈얼리티 스펙트럼과 성 결정의 유전자 조제(dosage) 모델이 인간의 성과 젠더에 대한 젠더 비평적 관점에 의해 폭 넓게 뒷받침되고 있음을 보여준다. 연구자들은 이 새로운 모델을 이 분야에서의 변화되고 더 복잡해진 젠더 이해에, 그리고 옛 모델을 성의 생물학에 관한 편파적인 가정들에 공공연히 서슴지 않고 연결시킨다. 예를 들면, 빌레인은 1980년대와 1990년대의 성 결정 개념을 '남성이 형성되는 전체 경로에 남성 친화적 유전자들이 즐비하게 늘어선 가장 단순한 메커니즘'으로 묘사한다(Annenberg Foundation and Oregon Public Broadcasting 2004). 그 모델은 남성을 결정짓는 유전자가 양성잠재적인 정소에 남성화를 '부과'하는데 필요한 모든 것을 포함하고 있는 것으로 가정했다고 페이지는 말한다. 페이지는 이 모델이 '특별히 남성 편향적'이고 '남성 선호적 편견이 지극히 강하며' '해부학적 차이의 발달에 대한 우리의 이해가 갖는 가장 뚜렷한 공백'이라고 특징짓는다.

잉그래험, 빌레인, 그리고 페이지는 모두 성 결정의 마스터 유전자 SRY 모델의 역사를 가리켜 과학 이론 안에 젠더에 대한 비성찰적 가정들을 세울 때 초래되는 위험들을 깨우쳐주는 교훈으로 말한다. 페이지는 "생물학자들은 여성의 발달이 모든 인간 또는 포유류의 배아가 처음에 여성이었다가 나중에 남성성이 부과되는 식의 불이행의 결과물이라고 반세기 동안 말해왔다. 그러나 나는 그 생각을 뒷받침하는 경험적 증거가 있는 것으로 생각하지 않는다"고 말한다. "우리는 여성이 불완전하고 수동적인 성 결정 경로의 결과라고 생각했지만 지금 우리는 그것이 사실이 아니라는 것을 잘 안다"고 빌레인은 설명한다. 잉그래험은 한 걸음 더 나아가 옛 모델은 '여성에게 존재하는 능동적인 과정들을 구별하는 일에 덜 헌신했던' 남성 연구자들의 편향적 관심을 반영한다고 지적한다. 그녀는 "나는 여성이기 때문에 내가 여성 발달에 대해 이해할 수 있기를 바라며, 왜 내가 여성인지 그리고 어떤 능동적인 요소들이 내게 여성 젠더를 배정하는지를 알기 원한다" 털어놓는다.

오늘날의 모델을 기술할 때 연구자들은 여성의 발달 과정과 성에 대한 역동적이고 비이분법적인 이해를 포용할 것을 강조한다. 예를 들어, 빌레인은 이렇게 말한다.

> 우리는 성 결정 분자 생물학의 새 시대를 맞이하고 있고, 남성 친화적인 것과 여성 친화적인 것, 남성 적대적인 것, 여성 적대적인 것, 이 모든 것들은 차례로 늘어서 있는 선형적 경로가 아니라 서로 상호작용하는, 더 섬세한 방식으로 유전자들은 조합된다.

비슷한 취지에서 페이지는 다음과 같이 말한다.

> 남성 경로와 여성 경로는 하나 같이 매우 능동적이고 매우 조직적이며, 사건들은 매우 복잡하게 연결되어 있고, 우리가 이제 겨우 이해하기 시작한 대단히 복잡한 생화학적 캐스케이드로 이루어져 있다.

성 결정의 유전자 모델에 대한 이러한 기술들에서, 연구자들이 한결 같이 성 결정의 복잡성, 남성 과정과 여성 과정의 능동성, 남성 유전자와 여성 유전자의 성 결정 기여도의 차이, 그리고 남성 인자와 여성 인자들의 상호작용을 강조하는 것은 모두 성과 젠더에 대한 젠더 비평적 이해가 한층 더 심화되었음을 반영한다. 빌레인은 "성을 정의하는 많은 방식들이 있으며 그것들은 각기 다른 것들과 대등한 정도로 중요하다"고 말한다. "우리가 부과하고자 하는 정의들의 한계 때문에 우리 스스로 넘어지는 일이 빈번하다"고 페이지는 말한다. "[젠더에 관한: 옮긴이 첨가] 간단한 정의 같은 것은 존재하지 않으며 과학적 맥락에서조차 성이나 젠더는 많은 상이한 층위에서 정의되어왔다"고 그는 덧붙인다. 잉그래험은 인간의 젠더 정체성의 다양성을 강조하면서, 생쥐 연구가 이상화된 젠더 개념을 연구 주제에 부과했지만 인간의 성 결정은 성 정체성의 표현형적 다양성에서 맥락화되어야 한다고 말한다. "성전환 생쥐를 어떻게 찾을 것인가? 생쥐에게 물어볼 것인가?"

오늘날 젠더 비평은 성 결정 연구 분야에서 1980년대와 1990년대에는 없었던 특수한 담론에 속한다. 1990년에 SRY를 발견했던 싱클레어는 한 인터뷰에서 이렇게 말했다. "나는 인간도 사물처럼 질서정연해야 한다고 생각하고, 경계가 흐릿해지는 회색 지대가 생길 때마다 사물들에게 문제가 생기는 것이라고 이해했다. 그러나 지금 나는 남성과 여성에 관해 흑백 논리로 생각하지 않는다. 이제 나는 모든 것이 스펙트럼을 갖는 것으로 이해한다"(Beale 2001).

이러한 젠더 비평적 관점은 성 결정 연구의 인지적 내용에 명시적으로 연결시킬 수 있다. 이제까지 우리는 젠더 비평이 성 결정, 성 결정을 기술하는 언어, 그리고 가설을 평가하고 데이터를 해석하는 매일의 업무에 관해 사고하기 위해 연구자들이 사용하는 보다 큰 체계적 개념에서 젠더 비평이 수행하는 역할을 관찰했다. 그들 자신의 진술을 통해(뼈아픈 일이지만, 여성주의가 그들의 작업에 기여한 바에 대해 그들이 별로 의식조차 못할지라도) 우리는 젠더 분석이 이 분야에서 비판과 분석을 위한 표준적인 인지적 전략으로 부상하고 있음을 목격한다.

이 장은 1990년대에 젠더 비평이 성 결정 연구 분야에서 촉발한 사회적 · 인식론적 진보를 개괄하였다. 성 결정 연구의 젠더 차원에 내가 초점을 둔 것은, 말할 필요도 없이, 젠더에 대한 믿음이 성 결정의 SRY 모델을 형성하는 유일한 요소였다거나, 또는 젠더 비평이 새로운 모델의 개발에서 유일한 추동력이었다고 암시하기 위해서가 아니다. 젠더 비평은 기술의 발전, 새로운 유전자 발견, 그리고 지난 25년 이상 발달 생물학에서 '마스터 유전자'에 대한 폭넓은 재검토를 포함하는 다른 요소들과 상호작용해왔다. 그럼에도 불구하고 젠더 비평이 기여한 바는 특히 유의미한 것이었다.

• 제2장 주석

1)'주류화'(mainstreaming)라는 용어는 어떤 분야의 지배적인 실천들에 여성주의적 개념과 방법을 융합시키는 것을 기술하기 위해 사용되곤 한다. 그러나 이 글의 경우 '정규화'(normalization)가 더 적합하다. 성 결정 유전학 분야는 인식론적 실천에서 조용하고 가장 은밀한 변화를 겪었다. '정규화'라는 용어는 이 분야에 젠더 비평이 영입되는 면모를 강조하기 위해 의도적으로 쓰였다. 그와 대조적으로, '주류화'는 고용과 다양성의 실천, 커리큘럼, 또는 한 분야에서 일급 수준의 연구로 인정되는 경우에서 보듯이, 일반적으로 젠더가 분석의 범주로서 체계적으로 인지되는 사회 · 제도적 실천에서의 변화를 가리킨다.

2) 초기에 남성 성 결정 유전자에 집중적인 관심을 갖게 된 또 다른 이유는 남성 연구자들이 그 분야를 지배하였기 때문이었을 것이다. 아마도 그 사실은 연구 의제와 연구와 발견의 문화 모두에 영향을 미쳤을 것이다. 예를 들면,

브라이언 사이키스는 1980년대 후반의 남성의 성 결정 유전자 탐색을 가리켜 '일등이라는 영예 자체가 승자에게 수여하는 상이 되는 관람 스포츠'인 '사냥'과 '경주'로 묘사한다. 또한 사이키스는 데이비드 페이지가 그가 제안한 성 결정 유전자를 'DP1007'로 명명했던 사실을 언급한다. "그 이니셜들과 마지막 세 개의 숫자에서 어떤 남성적 반향을 감지한 사람이 나뿐만이 아닐 것이라고 확신한다"(2003. 60-66).

3) Alfred Jost(1916-1991). 1940년대 초반에 그는 토끼의 수컷 태아에서 생식선(精巢)을 제거했을 때, 수컷 태아가 암컷으로 분화한다는 것을 실험을 통해 발견했다. 알프레드 조스트는 오늘날 뮐러 호르몬 억제 물질(Mullerian inhibiting substance: MIS)로 알려진 항 뮐러 호르몬을 발견한 것으로 유명하다. 그는 정소 호르몬인 테스토스테론과 항 뮐러호르몬 억제물질에 의해 남성 성징들이 태아에게 부과된다는 것을 증명함으로써 성의 신체적 차별화 메커니즘을 둘러싼 논쟁을 해소했다. 테스토스테론은 볼프관(Wolffian ducts), 요생식동(urogenital sinus), 그리고 외부생식기를 남성화하고, MIS는 뮐러관을 퇴화시키는 호르몬이다. 이 호르몬들이 결핍되거나 불활성 상태일 경우, 태아는 표현형적으로 여성이 된다. (옮긴이 주)

4) 다음 천만 년 후에 포유류의 Y염색체가 사라질 것이라고 예측하는, 그레이브스의 Y염색체 퇴화 가설(Graves 2006)은 여성주의와 남성의 사회적 지위를 둘러싼 문화적 불안의 흥미로운 도화선이 되었다. Y염색체의 퇴화를 여성주의의 면전에서 남성의 사회적 지위가 추락하는 것과 상징적으로 연결하는 대표적인 예로, 스티브 존스의 『Y: 남성의 후예』(2002)와 브라이언 사이키즈의 『아담의 저주』(2003)가 있다.

제3장

꼬리에 꼬리를 물고
–고고학의 젠더 연구

| 마가렛 W. 콩키 |

만일 우리가 인류학적 고고학에서 일어난 젠더 혁신에 대해 말해야 한다면, 이상적으로 볼 때 서로 연관된 세 가지 주제를 고찰해야 할 것이다. 첫째, 적어도 젠더 인류학과 고고학의 여성주의적 실천에서 그동안 있었던 일을 개괄해야 할 필요가 있음이 분명하다. 어떤 분야의 경우 개괄적이라는 것은 말할 것이 있다는 것 정도로 충분하다. 그러나 다행히도 고고학은 시시콜콜한 폭발을 겪었기 때문에, 간략하게 말하는 것이 쉽지 않다. 둘째로, 우리는 고고학에서 혁신으로 '간주'하는 것이 무엇인지를 탐구해야 할 것이다. 대다수 분야의 경우 계속해서 선회와 변화가 일어나고 있으므로, 한 분야에서 혁신적인 것이 다른 분야에서는 그렇지 않을 수 있다. 어쨌거나 이른바 젠더적 혁신이라 부를 만한 것이 있다고 할 때, 그 혁신들이 과연 효과적이었는지, 어떤 방식으로 영향을 미쳤는지, 그리

고 과연 혁신에 관한 공인된 학문적 표준에 영향을 미쳤는지를 서술하자면 훨씬 더 많은 지면이 필요할 것이다. 셋째, 우리는 적어도 하나의 사례 연구를 필요로 한다. 이 장은 바로 그것에 초점을 두고, '꼬리에 꼬리를 무는' 식으로 어떻게 연구 기획이 수정되고 비환원적으로 젠더화되는지를 보여주는 사례로 한 개별 학자와 그녀의 연구를 검토할 것이다. 이 장에서 나는 어떤 비전을 갖고 전문경력을 시작한 연구자, 그럼에도 자신의 강의가 젠더 고고학과 여성학의 교차 과목으로 연계될 것이라든가, 또는 자신의 연구가 특수한 고고학 자료들에 대한 방법과 해석, 그리고 계시적인 새로운—매우 젠더적인—이해를 통해 유의미한 혁신을 가져오리라고 꿈에도 생각하지 못했던 한 고고학자에 대해 이야기하고자 한다.

인류학적 고고학, 젠더, 그리고 여성주의적 실천

나는 '여성주의 고고학'이라는 개념이 언급될 때 사람들—교육 받은, 성찰적인, 그리고 심지어 젠더에 민감한 사람들—의 얼굴에서 의아스러워 하는 표정을 얼마나 자주 보게 되는지 놀라움을 금할 수 없다. 그런 것이 어떻게 존재할 수 있는 것인가? 그게 도대체 무엇이란 말인가? 모든 (또는 많은) 위대한 일들을 여성이 해냈다고 주장하려는 것인가? 많은 사람들은 과거에 여성들이 어떤 일을 했는지를(물론 여성주의 인류학을 여성의 역할과 활동으로 동일시할 경우) 눈으로 직접 '목격할' 수 있다고 감히 상상도 못하는 것 같다. 많은 사람들은 대부분의 고고학적 재구성물을 통해 어떻게 과거가 남성들의 행위와 권력의 결과임을 그토록 확신할 수 있는지 물을 생각도 못하는 반면, 상당히 생각 깊은 질의자들은 '물질적인' 고고학 증거물로부터 여성이 구체적으로 어떤 일을 했는지 또는 어떤 역할을 수행했는지를 어떻게 알 수 있느냐고 묻곤 한다.

그러나 고고학은, 특히 지난 20년 동안, 풍부하고 다양한 방식으로 그리고 괄목할만한 정도로 젠더 연구와 여성주의 이론과 실천에 참여해왔다. 나는 그것에 대해 여기서 자세히 설명할 수 없지만—물론 보고할 수 있다면 즐거울 것이다—독자들이 참고할만한 문헌과 편집서들(예를 들면, Gero and Conkey 1991, Gilchrist 1999, Crown 2000, Joyce 2001, Pyburn 2004), 여러 리뷰 논문(예들 들면, Wylie 1992, Conkey and Gero 1997, Wylie 1997, 2001, Conkey 2003, Joyce 2004), 그리고 국제적인 관심 영역에 관련된 것 (예를 들면, Bertelsen et al. 1987, 노르웨이, Du Cros and Smith 1993, 호주, Wadley 1997, 아프리카) 등을 얼마든지 소개할 수 있다.

지난 20년을 돌아보면 다양한 종류의 참여가 있었다고 생각된다. 기초적인 비판에서 특수한 주제에 대한 심화된 분석에 이르기까지, 주도적인 남성중심주의에 대해 다각적인 차원에서 비판적 참여를 통해 연구한 것들이 축적되어 있다. 그와 동시에 지속적인 평등성 비판도 있다(Nelson et al. 1994). 젠더 연구의 다른 분과는 이른바 관행들과 관련된 주제—상거래, 매장과 유골 분석, 건축물과

장소, 권력과 연관된 각종 활동과 역할, 그리고 기술 혁신 등—에 건설적인 방식으로 중요한 기여를 하고, 또 변화를 일으키기도 했다. 고고학 연구에서 가장 관습적인 틀에 대해서도—종교(예를 들면, 미국 남서부)나 시대(신석기 시대 같은), 또는 '유의미한 전이'(예를 들면, 농경으로 또는 국가에로의 전이)—젠더와 여성주의적 설명들을 볼 수 있다('국가'에 대한 연구, Brumfiel 1991, Pyburn 2004; 미국 남서부에 관한 연구, Crown 2000; 농경의 기원에 관한 연구, Watson and Kennedy 1991, Peterson 2002 참조).

그 뿐만 아니라 젠더와 여성주의 이론은 젠더적 사회화(Joyce 1998, 2000), 아동 문제(Baxter 2005), 섹슈얼리티(Schmidt and Voss 2000), 그리고 친밀한 인간관계(Meskell 1998), 자녀양육과 산파술(Wolkie 2003) 같은, 완전히 새로운 주제에 고고학 연구가 참여하도록 고무시켰다. 정도는 다르지만, 젠더 연구는 영미 고고학의 거의 모든 영역에서 '젠더 견인력'(Wylie의 표현을 따라)을 행사하고 있다. 우리는 가족과 가정 사회들(Joyce and Gillespie 2000), 그리고 기술(Dobres 2000) 같은, 젠더에 민감하고 여성주의적인 참여에 의해 활성화된 과거 인간의 삶의 핵심 측면들을 이해할 수 있게 해주는 새로운 개념적 · 이론적 틀이 등장하는 것을 보아왔다. 마찬가지로 흑인 여성주의(Franklin 2001)와 원주민 고고학(Conkey 2005) 같은 여성주의 고고학과 인접해 있는 다른 이론적 관점들의 상호교차점들에 대한 고찰도 있다. 그리고 실천, 교수법, 조사 보고, 공동체 고고학, 그리고 특히 차세대 공동체에 대한 책임(예를 들면, Conkey and Tringham 1996; Watkins et al. 2000)에 관한 연구도 있다.

그렇다면 독자들은 '무엇이 문제인가?' 라고 물을지도 모른다. 이 모든 작업과 새로운 통찰력들은 결코 과소평가될 수 없는 것이지만, 우리 고고학자들 중에는 어떤 상(償), 즉 고고학의 실천에 변화를 일으킬 만한 영향력 같은 것을 추구하는 사람들이 있다. 고고학에서 젠더를 '연구'하는 일은 여전히 다분히 주변화되고 심지어 게토화되기도 하였으며, 거의 전적으로 여성 고고학자들에 의해 '수행'되었다. 젠더 또는 여성주의 접근을 강조하는 학술지 논문은 여전히 보기 드물다. 대부분의 연구 작업은 편집서를 통해 결실을 맺는다. Ph D 학위를 수여하는 주요 교육기관들 모두가, 인력은 얼마든지 있는데도, 여성 고고학자를 채용하고 있는 것도 아니며 임용과 승진에서 '젠더 트러블' [1]은 비일비재하다. 여성주의 접근을 병합하는 최고 수준의 이론가들도 교편을 잡기 어렵고, 명시적으로 여성주의 고고학을 내거는 구인 광고는 이제까지 단 하나 밖에 없었다. 그리고 이론을 전공하는 사람들의 젠더는 여전히 압도적으로 남성들이 많다. 연구 실천에서 많은 여성주의적 덕목을 채택하는 것은(Longino 1994와 Wylie 1995를 본받아) 여전히 은밀하게 이루어지고, 흔히 과거 또는 오늘날의 살아있는 공동체의 후손들 같은 인간 주체들에 대한 존중이나 책임감도 없이, 종종 과거에 관해 획일적인 관점을 천명하는 권위주의적이고 절대주의적인 담론에 의해 배격되기도 한다(원주민 고고학 정치나 운동은 후자를 덜 온당한 것으로 지적하기도 하지만). 하늘을 향해 손들고 기도하는 길도 있겠지만, 우리들 상당수는 충분히 성찰적이고 개선에 대해 훨씬 더 개방적인 고고학을 원한다.

많은 문제 영역들이 건재하고 있고, 특히 '심원한 인간의 과거'에 대한 해석들이 그러하다. 그 해석들은 아직 여성주의 비판에 의해 거의 영향을 받지 않았고 가장 문제가 심각한데, 그 까닭은 '인간이 된다는 것이 무엇을 의미하는가' 하는 물음에 대해 그런 해석들이 중심적인 것으로 추앙되고 있으며, 현대 문화의 심각한 문제를 안고 있는 가부장적(성차별적, 인종차별적, 그리고 계층차별적) 차원을 자연화하고 합법화하는 근간이 되어왔기 때문이다. 더 나아가 인간의 진화와 심층 선사시대의 고고학은 빈번하게 대중과의 접속장치—'비전문가'를 위한 잡지, 광고, 그리고 신문과 텔레비전 다큐멘터리 등—에 노출된다. 그러나 '심원한 과거'에 대해서조차 중요한 변화를 가져올 수 있는 방법을 제시하기 위해 사례 연구를 시작하기에 앞서, 여성주의적 개입이 어떤 것일지 독자가 예상할 수 있도록 고고학에서의 '혁신'에 관해 몇 마디 첨언하는 것이 필요할 것이다.

고고학에서 무엇이 혁신으로 간주되는가?

지금 나는 역사와 인문학 전통에 더 뿌리를 둔 고전적인 학자들보다, 기본적으로 고고학적으로 훈련 받은 고고학자들이 실천하는 고고학에 대해 말하고 있다. 그렇다고 해서 과거의 젠더에 대한, 또는 다른 전문분과의 실천과 선호에 대한 다른 많은 접근들을 전적으로 배제하는 것은 아니다. 그러나 영미권의 인류학적 고고학은 14번 탄소 측정으로 시기를 결정하거나 흙을 화학적으로 분석하는 것 같은 과학적 방법을 단순히 '적용'하는 식의 탐구가 아니라, 과학적 실천으로서의 고고학이라는 정의를 스스로 부과해온지 오래이다. 잘 알려진 대부분의 혁신들은 탐구와 직접 관련된 테크닉, 방법, 또는 방법론 영역에서 이루어졌고, 개념적이고 이론적인 작업(굳이 방법과 이론을 구분해야 한다면)은 고고학 외부의 다른 원천으로부터 얻은 것이거나 유명한 일반 이론(예를 들어, 진화론이나 실천 이론 등)을 고고학 데이터나 문제에 성공적으로 또는 유망한 방식으로 적용하는 것에 달려있다.

우리는 한때 혁신적인 것으로 간주되었던 트럼프 카드에 '발견'이라는 말이 여전히 적용되고 있음을 본다. 고고학의 중심적인 실천이 탐색이고(새로운 증거나 새로운 패턴의 발견) 학문적 정체성과 가치 체제에서 원정탐사(여성주의 분석이 문제시하는)가 강력하고도 주도적인 역할을 맡고 있는 것으로 볼 때 그것은 놀라운 일이 아니다. 어떤 발견이든지 만일 문제의 그 발견이 '최고(最古)의' 또는 '최초의' 출현으로 입증될 수 있다면—가장 오래된 돌 도구, 벼농사를 뒷받침하는 가장 오래된 증거, 가장 오래된 가옥 구조 등—훨씬 더 좋은 것이 된다. 많은 이들이 자신들의 발견을 기원의 수사학에 맞추기 위해 고군분투한다. 그러한 기원 주장이나 발견 주장의 대부분은 직접적으로 남성적으로 젠더화되거나(Watson and Kennedy 1991; Conkey and Williams 1991) 또는 발견의 사회적 함의나 사회적 맥락이 고려되지 않은 상태일 경우 젠더적 함의(연령, 족벌, 계층 등)는 언급되지 않거나 무시되기 일쑤다(Brumfiel 1992). 그러나 혁신과 과거의 활동을 지배적으로 남성적인 일로 표상하는 오랜 역사의 맥락에서(그러한 주요 혁신과 활동의 획을 그은 사람들이 젠더적으로 오직 남성일 뿐 인양—예컨대, 수령들의 등극과 그들의 통치, 정치적 팽창주의, 새로운 내구성 무기 제조기술, 금속학 등), 기원에 관한 서사들이 뚜렷이 젠더적이 아닐 때조차, 혁신은 남성행위의 결과인 것처럼 가정되는 것이 보통이다.

그 뿐만 아니라 새로운 방법과 테크닉은 흔히 혁신으로 간주된다. 이론적 성향이 강한 고고학자들조차 우리가 법정 변론에 강하다고—그리고 강해야만 한다고—생각하며, 따라서 보다 문화적인 통찰력이나 '돌에 묻은 피'를 왜곡하는 새로운 방법들도 높이 평가된다. 많은 혁신적 테크닉은 흔히 인접 분야로부터 수입된다. 예를 들면, 남서부 유럽의 빙하기 동굴 미술의 이미지들이 어떻게 그려졌는지를 밝히는 흥미진진한 획기적인 방법은 사용된 안료의 성분을 알아내고 어떤 안료이든지 구성 비율의 차이를 분석해내는 능력(과 테크닉과 방법)에 탁월한 루브르 전문 연구원들에게서 배운 것이다. 상이한 '배합법'을 확인할 수 있게 되면, 같은 배합법이 쓰인 것으로 보이는 지역의 다른 여러 지점들 간의 연관성을 추론할 수 있다. 그 뿐만 아니라 안료들이 실제로 만들어진 방식의 차이와 복잡성을 자료화함으로써 선사시대 사람들의 생태적 · 물질적 지식 체계들에 관해 주장할 수 있는 경험적 토대를 획득할 수 있고 (망간, 황토, 흑운모 등, 천연 재료를 개서 벽에 '부착시키는' 이용 가능한 안료로 변모시키는 특수한 방법을 증명하는 것), 그리하여 생산의 사회적 관계에 관해 보다 폭넓게 추론할 수 있다. 그리고 물론 다른 곳에서 서술된 바 있듯이(예를 들어, Russell 1991; Conkey 1997) '예술 제작'의 실천은 압도적으로 남성 젠더적이다.

고고학에서의 혁신은 부분적으로, 흔히 새롭게 확증된 경험적 증거를 기초로, 문화사의 서사를 재기술하는 형태가 된다. 이에 해당하는 사례로 동남아시아의 경작 시스템의 발전에 관한 킬 호퍼(Kealhofer 2002)의 수정 궤도(벼가 토지에 순응하는 식의 단일한 선형적 경로에서 두 단계 경로로 수정되었다)라든가 하와이의 족장들의 권력 강화가 (점진적 방식이 아니라) 급진적인 방식으로 일어났다고 하는 커크(Kirch & Sharp 2005)의 제안이 있다. 놀라울 것도 없이 그러한 '새로운' 판본의 역사(또는 진화) 서사들은 새로운 발견으로 간주되는데, 즉 계시적인 것, '뜻밖의 횡재', 또는 물질과 증거의 새로운 종합, 그것에 토대한 것, 혹은 그것이 계기가 된 것을 가리킨다. '새로운 발견' 접근과는 대조적인 것으로, 현존하는 고고학 자료들을 사용하되 새로운 방식으로 관찰할 수 있을 뿐만 아니라 새로운 설명, 완전히 다른 이야기를 산출할 수도 있는, 젠더에 민감한 관점을 택할 수 있다. 그러한 예로 아즈텍 직조법과 조리법에 대한 브럼피일의 분석(Brumfiel 1991)이 있는데, 그것은 아즈텍 제국을 뒷받침하는 많은 증거들이 여성 노동에 기반하였음을 보여준다. 또는 신체 활동과 육체노동이 어떤 '흔적'을 남기는지를 보여주고 여성의 역할—그리고 노동—에 대한 새로운 통찰력을 제공하는, 젠더적 관점에서 '농사의 기원'으로 부를만한 중대한 변화를 다룬 피터슨의 재기술(Peterson 2002)이 있다.

끝으로, 고고학에서 이론적인 혁신들이 있다. 예를 들어, 영미 고고학에서 가장 괄목할 만하고 경이로운 일 중 하나가 1960년대에 있었는데, 그것은 오늘날 '신고고학' 또는 과정 고고학(Processual archaeology)이라 불린다. 이 혁신은 '문화'의 핵심 개념에 일어난 뚜렷한 변화였고(규범 체계로서의 문화에서 적응 체계로서의 문화로) 그 후속 작업으로 조사 목적과 조사 설계에 대해 재정의가 이루어졌다. 거의 언제나 그러한 이론적 혁신은 고고학적 상황, 데이터 집단, 또는 작업 방식에 대한 구체적인 적용이 동반되어야 한다. 이론적 정식화에 대한 이 특별한 요건이 어떻게 젠더와 여성주의적 쟁점들이 끼어들지 못하게 가로막아 왔는가하는 논의가 있었다(Wylie 2001). 젠더에 대한 건강하고 조직적인 고고학적 고찰을 명시적으로 독려했던 초기의 유명한 논문(Conkey and Spector 1984)의 저자들은 젠더 이론이 고고학에 기여할 수 있는 적용 사례, 방법론, 새로운 연구 방법을 제시할 것을 논문 심사위원들로부터 요구받았다. 물론 1960년대와 19070년대 이후로 이론적 발전이 있어왔다. 가장 강력한 젠더 고취적인 비판들 중 하나는 브럼피일의 것인데(1992), 그는 생태시스템을 침범하고 뛰어들 것을 주장했다. 젠더, 계층 그리고 족벌이 무대를 점령해야 한다는 것이다! 그 밖의 다른 혁신에는 여성주의 고고학에 보다 포용적이고 양립 가능한 견해들(영미 고고학에서 전개된 후기-과정 고고학이라는 이름 아래 포섭되는 것들. Johnson 1999)이 포함된다(Engelstad 1992). 그러나 이 연합은 양날 칼이 되었는데, 왜냐하면, 심지어 오늘날조차 그렇듯이, 젠더와 여성주의 연구를 후기-과정적인 관점의 이론과 연합한 것은 많은 사람들의 눈에 여성주의 고고학을 (왜곡된 시각이지만) 상대주의적이고 '비과학적인' 견해로 비치게 했다(Wylie 1992 참조).

물론 고고학에서 무엇이 혁신으로 '간주'되는지에 대해, 그리고 젠더 친화적인 모든 혁신들이 어떤 함의를 가지며 그것은 어떤 것이었는지에 대해 말할 것은 얼마든지 있다. 한 편으로, 여성주의 이론과 고고학적 혁신들에 관한 논의는 상대적으로 별로 많지 않다(그러나 참조할 만한 것으로 Franklin 2001, 또는 Conkey and Gero 1997). 다른 한 편으로, 젠더(특히 여성과 아동의 젠더)를 고고학적으로 한층 '가시화'하는 테크닉, 방법, 그리고 방법론에 관한 토론과 논의는 괄목할 만하다. 놀라울 것도 없지만, 여성주의자들 중에는 여성주의 고고학이 갑자기 여성과 젠더를 가시적인 것으로 만드는 '방법론적 돌파구'의 발견으로 환원될 수 없다고 외치는 이들이 있다. 종종 방법이나 테크닉에 대한 요청은 '젠더 귀속'의 중요성이나 필연성, 즉 특정 젠더에게—대개의 경우 여성을 의미하지만—특수한 인공물, 구조, 특징, 활동, 그리고 역할을 과연 귀속시킬 수 있는 것인가에 관한 논의로 이어졌다(Dobres 1995, Costin 1996).

젠더의 고고학에 요청되는 이른바 결정적 증거에 대한 요구는 오래 전부터 있어왔다. 이를 테면, 무덤(매장된 사람의 성을 확인할 개연성이 대단히 높다), 기념비나 벽화에 그려진 (남성이나 여성의) 형상들, 그리고 작은 입상(立像) 같은 것들이다. 많은 고고학적 기록들을 남성에게 귀속시키는 것(많은 돌 도구들, 거창한 사냥대회, '예술품' 제작, 권력 정치의 발달, 피라미드와 고분(古墳) 건설, 사제나 사찰 회계사에 의한 문자 발명, 무당굿에 사용하기 위해 호리병박을 재배하는 것 등)에는 아무런 문제가 없었던 것처럼 보인다. 어쩌면 고고학은 굳이 젠더화될 필요가 없을지도 모른다. 고고학은 젠더로 '포화상태'이다. 물론 남녀 양성 이분법 또는 순수한 남성과 여성에 한정된 젠더 개념을 문제로 삼으면서 재-젠더화를 시작해야 한다고 말해야 할지도 모른다. 생각이 깊은 몇몇 고고학자들은 주거지(촌락, 주택, 집회장소) 같은 고고학적 장소와 풍부한 고고학 자료들(예를 들면, 자기제품)이 남성이나 여성, 그리고 아동들이 '일하는' (그리고 노는) 곳이었으며 젠더화된 노동의 산물이었을 개연성이 매우 높다고 말한다.

젠더 혁신의 가능성 또는 현실성을 검토해볼 수 있는한 지점은 고고학자들이 새로운 발견물, 유적, 새로운 테크닉, 또는 사물을 보는 새로운 방식들을 해석할 때 실제로 '어떤 일을 하는지를' 관찰하는 것이다. 그 사례로 아래에서 나는 한 동료의 '사례 연구'와 지난 20년 동안 그녀가 해온 작업을 소개하고자 한다. 그녀는 우리가 빙하기라고 부르는 25,000년 전의 '심층 시기'—해석을 위한 중대한 단서가 될 수 있는 역사적 또는 민속지적 자료가 전무한 시대—에 대해 연구하는 학자이다. 그렇지만 이 시기는 매우 오래되고, 깊이 고착된, 벗겨내기 힘든 남성 중심적인 고생대 인간관이 지배하던 때였다(Gifford-Gonzalez 1992, Moser 1998, Dobres 2004 참조).

앞에서 언급한 고고하저 혁신들의 목록을 고찰히고, 이이시 특정 고고학자에 관한 다음의 이야기를 읽을 때, 발견 과정을 실제로 '수행'하고 '신기록'과 새로운 테크닉에 대한 공로를 인정받기도 하고, 이론들을 의인화하는 것 같은 일(예를 들어, 빈포드 고고학 같은)이 흔히 개인들에 의해 이루어지는 것처럼 보임에도 불구하고, 고고학의 실천은 결코 한 개인의 실천에 머문 적이 없었다는 것을 유념하는 것이 중요하다. 고고학에서의 혁신을 평가할 때 실제로 중요한 것은 구조적 틀, 발견을 둘러싼 제도적 · 재정적 배경, 그리고 고고학 지식이 산출되는 방식의 분산적 성격이다. 고고학은 근본적으로 협동적이고 공동작업 의존적이며 다학제적이기 때문에 혁신들은 특정 개인의 작업에서 나올 수가 없다. 나는 한 사람의 고고학자와 그녀의 작업에 초점을 둘 것이지만, 나는 그녀의 작업이 필연적으로 협동과 선행 연구의 네트워크와 어떻게 얽혀있는지를 함께 고찰할 것이다. 또한 나는 그녀가 상호의존적 관계에 있는 다른 동료들과 전문가들에 비해 특별히 그녀를 '부각시키고' 그녀에게 영예를 돌릴 수밖에 없는 이유에 대해서도 고찰할 것이다.

올가 소퍼: 빙하기에 대한 사고 전환, 젠더의 재개념화, 비너스에 대한 재고찰

올가 소퍼(Olga Sofer)는 일리노이대 인류학 교수이며, 그 학과의 여성 고고학자 두 명 중의 한 사람이다. 처음에 그녀는 뉴욕의 한 백화점에서 패션 코디네이터와 이벤트 매니저로 사회 경력을 시작했고, 1970년대에 뉴욕시립대 대학원을 다니며 러시아어와 세르비아어 등의 다국어를 구사하는 실력자로 활약한 후에 고고학자가 되었다. 소퍼의 학위논문(1984년)은 약 10,000년 전의 완신세(完新世, Holocene)—오늘날 우리가 후기 구석기 시대(또는 구석기 시대 후반부)라고 부르는 시기—에 기후 변동이 있기 전 3만 년 동안 러시아 평원에 살았던 사람들의 생활 방식에 대한 경험적 증거와 탁월한 해석을 총망라한 것이었다. 책으로 출판된 그 논문으로 그녀는 학술상을 수상했는데, 그녀의 접근방식은 1980년대 전반기 영미 고고학계의 구석기 연구에서 주류가 되었다. 자신의 언어 구사력을 발휘하고 구석기 시대 후반부(남서부 유럽)의 이른바 핵심 지역에서 벗어난—러시아 평원에 관한—고고학적 기록을 활용하면서, 그녀는 유동적인 수렵-추수 인구의 사회적 조직이 점점 복잡해지는 양태를 자료화하고 해석하는데 초점을 두었다. 그녀의 주장에 따르면, 우리가 갖고 있는 현존하는 모델들은 지나치게 단순하고, 마치 수렵하고 추수하는 사람들이 평등주의자인 것 같은 낭만적인 관념을 지나치게 강조하는 경향이 있다.

당시에 이미 소퍼는 고고학에서 여성주의적 접근의 주요 원리들이라고 부를만한 지점에 이르렀던 것이었다고 회고적으로 평가할 수도 있다. 그것은 단순하고 통념적인 모델들에 대한 비판으로서, 증거와 해석에서 복잡한 요소들을 찾아내고 사회적 차별화에 대해 사고하며 빙하기 생활을 모델화하는 패러다임을 규정짓는, 선호되는 연구 영역들의 '주변부'에서 얻은 문헌 증거와 (대안적) 시나리오를 구성하는 것을 가리킨다.

그러나 이것은 1970년대와 1980년대 영미권 틀 안에서 이루어진 연구이다. 그녀의 분석은 환경 조건(그리고 기후 변동)을 사회적 긴장이 작동하는 정당한 맥락으로 간주하면서 시작되는데, 그 맥락 자체는 사회적 상호작용의 강화를 유도하는—예술의 등장과 제의적 행동의 양적 증가와 연관되는—집단들 사이의 정보 교류의 증진을 요구하거나 육성한다. 다시 말해, 이것은 거시적 관점의 시스템 모델로서, 역사적 구체성이나 우연보다는(트링햄이 '얼굴 없는 물방울'이라고 불렀음직한 연구이다; Tringham 1991) 환경적 요소를 초기조건으로 삼는다. 개별 사회기구나 사회 관행에 대한 어떤 관찰이든지 상당히 거대한(그리고 이제까지 알려지지 않았거나 주목받지 못했던) 코끼리뼈로 집을 짓는데 얼마나 많은 노동력이 투여되었는가 하는 식으로 설명된다.

소퍼의 연구에서 젠더적 함의를 찾아볼 수 있는 것은 물질문화와 이른바 비너스 입상이라 불리는 것에 관한 후속(그리고 최근의) 연구인 까닭에, 여성 또는 '비너스' 입상을 포함하여 1980년대

중반의 스타일과 물질문화에 대한 그녀의 접근은(Soffer 1985b) 그것이 표상하는 사회적 지위에 관한 논의가 된다. 즉 계층 간의 긴장을 제어하고 관리하는 방식, 자원 접근성에서의 차별화, 노동력 투여, 특정 물품의 생산방식의 표준화, 그리고 현재의 비엔나에서 러시아 평원에 이르는 넓은 지대를 통틀어 사회적 위계의 상이한 양태와 그것이 물질 문화와 갖는 연관성을 살펴본다. 소퍼의 경우, '사회적인 것'에 대해 특별히 강조하지 않지만, 그 사실 자체는 문화를 사회 · 환경적 요소들(과 긴장관계)에 대한 적응이자 물질적 '타개책'으로 보는 표준적인 고고학적 설명 방식이다. 그 접근이 반드시 젠더나 여성주의적 관심을 배제한다고 볼 수는 없지만, 그것은 젠더는 물론이고 인간의 사회생활의 다른 보다 미시적인 차원의 역동적이고 생생한 측면을 '사라지게' 만드는 경향이 있다.

오늘날의 체코 공화국이나 모라비아에 있는, 24,000년에서 29,000년 전으로 추정되는(이것은 최대로 잡은 것이고, 대략 26,000년 전) 몇 군데 고고학 발굴터를 중심으로—중요한 비교 연구의 준거틀이 되곤 하는, 그보다 4,000년 이후로 추정되는 러시아 평원의 주요 발굴터(예를 들면, 코스텐키의 아프디보)에서 수집한 매우 유사한 고고학적 자료를 통해 이해된 것이긴 하지만—나는 소퍼가 어떻게 그 이후의 연구 프로젝트들에 뛰어들게 되었는지를 추적해보려 한다. 그녀 자신의 문화 · 언어적 지식을 배경으로 삼아, 그리고 인구가 조밀한 도르도뉴(프랑스 남서부 지역)보다 비교적 인구가 적은(고고학자의 견지에서 보기에) 지역에서 구석기 고고학 연구를 '수행'하기로 결정한 그녀 자신의 '진짜 정치적인' 결정(나이 많은 학생에다 한 부모 자녀를 둔 입장에서)은, 그것이 와르샤바 협정 세계 이전이었든지 이후이었든지 간에, 그녀로 하여금 이 지역과 그 유적지에 초점을 두게 만들었음이 분명하다. 그러나 지역의 규모가 관건인 구석기 선사 시대의 사람들의 고고학, 물질문화, 그리고 사회 세계의 관점에서 볼 때, 러시아 평원에서 당시의 체코슬로바키아로 전환한 것은 큰 의미를 가진 전환은 아니다.

근본적으로 소퍼는 그 자체로 기술적 혁신으로 간주될 수 있음에도, 그렇게 온당하게 다루어진 적이 없는 고고학 자료—불에 구운(또는 '도자기') 인공품들—에 초점을 두게 되었다. 그 때까지 그런 자료들에 분석적 테크닉을 적용한 적도 없었고(예를 들면, 제조 방법과 점화 온도를 결정하기 위해), 야심에 넘치는(그러나 보장성 없는) 한 묶음의 해석적 함의들을 이끌어낸 적도 없었다. 브르노(체코 공화국) 남부의 파블로프 구릉지대의 돌니 베스토니체(Dolni Věstonice) 지역에서 이루어진 20세기 초반(1920년대)의 발굴 이래, 도자기(항아리, 접시, 보존용기)가 아닌 도예 물품들이 알려지기 시작했는데, 그것들은 신석기 시대 후반기와 농경 촌락의 발달과 연관된 것이다. 그리고 돌니 베스토니체 제1구 유적지에서 화로로 사용되었던 두 개의 벽으로 이루어진 구조물을 발굴했는데, 이것은 기술적 정통성이나 혁신의 증거임에도 불구하고 그동안 기술사에서 정당한 위치를 부여받은 적이 없었다. 실제로 이것은 도예 기술과 화로로서는 수천 년이나 '앞선' 것이다! 그러한 뜻밖의 횡재들은 비표준적인데다, 좋게 말해서, 특히 그 분포도에 있어서 상대적으로 독특한 것이다(유라시아 전역에 걸쳐 수천 년의 기간 동안 오직 여섯 개의 사례만이 보고되었다).

대략 10,000개의 도예 물품을 다룬 소퍼의 연구에는 의미있는 두 가지 측면이 있다. 첫째, 스미소니안 박물관의 도예 자료 분석가(마멜라 밴디버)와 함께, 소퍼와 그녀의 체코 동료들(Vandiver et al. 1989, 1990)은 이 '구운 흙' 물품들이—동물 입상과 그 유명한 비너스 입상들(그림 3.1)을 포함하여—정확히 어떻게 만들어졌는지를 밝혀낼 수 있었다. 화로의 점화 온도와 주로 화로 안에 넣어 굽는 상당수의 물품들에 가해지는 후속 열 충격의 근본적인 특성을 파악했던 것이다. 이어서 이것을 만든 사람들은 점토로 만든 내구성 있는 형상들을 생산하려 했다는 것, 그리고 그들의 노동의 목표는 그 자체로 바람직한 물품이거나 문화적으로 가치 있는 완성품을 생산하는 것이었다는 식의 현대의 지배적인 가정에 도전하는 경험적 기준선이 되었다. '대상'(the object)이라는 개념이 도전의 표적이 될 수밖에 없었던 것은 그것들 대부분이 부서질 수 있게 (튀기거나 구워서!) 의도적으로 발사되었고, 흔히 비행 도예 물품으로서 쪼개지기도 했기 때문이다. 높은 분절율(그리고 분절들의 구조적 성격: Vandiver et al. 1989)이 관찰됨으로써 관건은 최종적인 내구적 생산품—예술 작품 같은 것—이 아니라 대상을 제작하고 발사하는 과정이었다고 추론할 수 있었다. 다시금 우리는 오랫동안 알고 있었으나 주변에 머물러 있었던 물질 재료들과 장소에 관한 소퍼의 연구,

그리고 인간 여성의 입상(立像)을 포함하여 도예 입상들을 만든 과거 인간들의 의도에 관한 근본적인(그러나 의심쩍은) 가정에 기꺼이 도전하려는 그녀의 의지가 어떻게 그녀의 접근을 독특한 것으로 만들게 되었는지를 짐작할 수 있다.

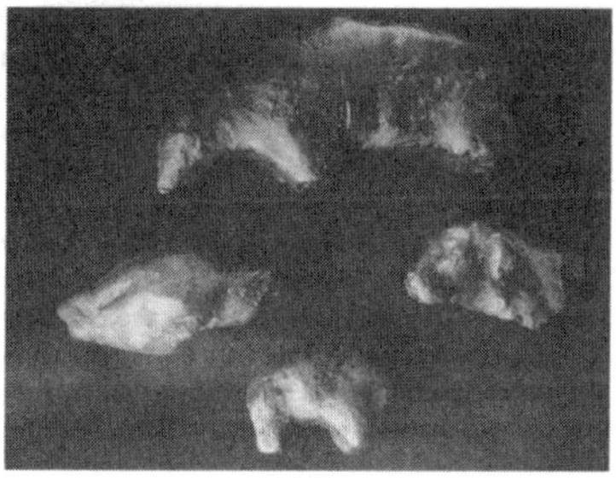

(a)

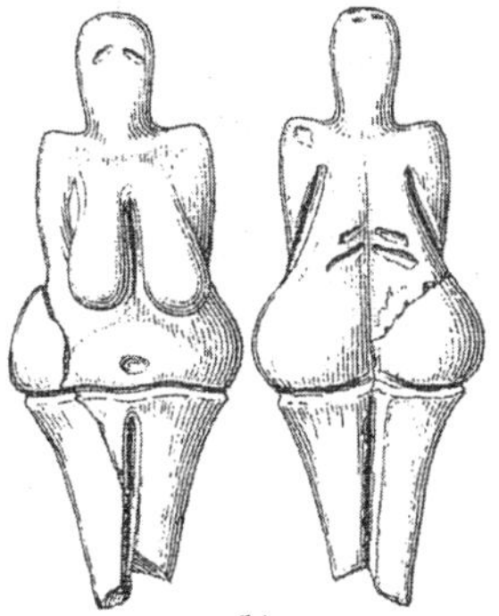

(b)

그림 3.1 구운 진흙으로 만든 모라비아 유적지의 초기 발견물.
(a) 진흙으로 구운 동물 형상. 돌니 베스토니체, 모라비아. (b) 여성 입상. 돌니 베스토니체, 모라비아.O. Soffer, J.M. Adovasio, and D.C. Hyland(2000). "The Venus Figurines: Textiles, Basketry, Gender and Status in th Upper Paleolithic", *Current Anthropology* 41: 511-537. 516쪽 그림 3. Klima 1991, 그림 15를 따라 그린 것. University of Chicago Press © 2000 웨너-그렌 인류학 연구재단.

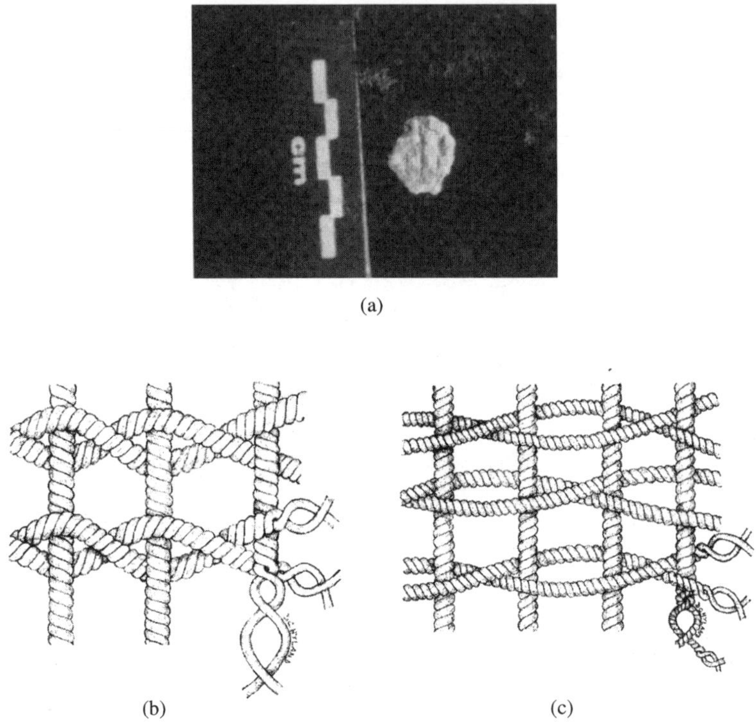

그림 3.2 진흙 알갱이와 노끈 꼬기 기술의 사례(모라비아의 파블로프 발굴터). (a) 유형 1은 직물 흔적이 새겨진 구운 진흙 알갱이 표본이다. 촬영: 올가 소퍼. J.M. Adovasio, B. Klíma, and O. Soffer(1996), "Paleolitic Fiber Technology: Data from Pavlov 1, ca. 26,000 B.P.", *Antiquity* 70: 526-534에서 복사한 것. Antiquity Publications Ltd의 허락으로 개제함. (b) 파블로프 발굴터에서 발견한 직물 흔적유형 1 표본을 도형화한 것. D. Hyland의 드로잉. J.M. Adovasio, B. Klíma, and O. Soffer(1996), "Paleolitic Fiber Technology: Data from Pavlov 1, ca. 26,000 B.P.", *Antiquity* 70: 526-534에서 복사한 것. Antiquity Publications Ltd의 허락으로 개제함. (c) 개방 대각선 노끈 꼬기, S형 꽈배기 꼬기, 파블로프 발굴터. D. Hyland의 드로잉. J.M. Adovasio, B. Klíma, and O. Soffer(1996), "Paleolitic Fiber Technology: Data from Pavlov 1, ca. 26,000 B.P.", *Antiquity* 70: 526-534에서 복사한 것. 531쪽의 그림 4a. Antiquity Publications Ltd의 허락으로 개제함.

둘째로, 본디 그들의 연구는 돌니 베스토니체 제1구에서 얻은 3,700개의 부러진 입상(거의 동물들의 입상) 조각에 초점을 두었지만, 그들은 후에 소퍼가 관심을 갖게 된 2,000개의 불규칙한 모양의 작은(4~10mm) 회색 탄알 목록을 만들었다(그림 3.2). 물론 좋은 이야기에는 악긴의 뜻밖의 행운이 없을 수 없듯이, 다음 사건은 이 이야기에서 바로 그런 행운에 해당한다. 고고학 동료 한 사람이 타지에서 그녀를 방문했을 때 있었던 일을 소퍼는 들려준다. "우리가 볼 비디오 테입이 바닥났기에 때문에 나는 짐[Jim Adovsio]에게 모라비아 원정에서 가져온 작은 도기 파편들을 찍은 슬라이드를 보여주기로 했다." 알고 보니 아도바지오는 오랫동안 바구니짜기, 실꼬기, 천짜기, 그리고 그 밖의 다른 인간 문화의 '소모품들'을 연구해 온 터였다. 그 작은 돌멩이들을 보았을 때 그는 섬유 압착 기술의 흔적—즉 식물 섬유로 만든 깔개, 바구니, 또는 다른 '짜서 만든' 물건들—을 분명히 알아볼 수 있다고 생각했다.

나는 이 이브닝 슬라이드 쇼 이야기를 끝마치고 소퍼와 동료들이 이 일을 통해 성취했다고 생각되는 것으로 넘어가고자 한다. 그것은 '일이란 꼬리에 꼬리를 물고 일어난다는 것', 그리고 그 슬라이드는 선사시대 인간들이 섬유로 뭔가를 만들었다는 사실을 입증하는 것에 그치지 않고, 젠더에 민감한 탐구의 맥락에서, '비너스' 입상에 관한 오랜 주류 해석에 도전하는 경험적인 동시에 유비적인 증거들을, 그리고 후기 구석기 시대 연구에 젠더가 연관되는 흥미진진한 방식들을 우리 눈앞에 보여주었다는 것이다. 가옥이나 일터의 진흙 마루 바닥재 유적으로부터 도예 조각들 위에 섬유를 압착시키는 기술의 존재를 추론하는 노선을 추적하면서, 소퍼와 아도바지오는 데이빗 하일랜드와 함께 후기 구석기 시대에 인간 형상을 묘사한 유물에서, 즉 '비너스'(와 그 밖의 다른) 입상에서 여성들이 '직물 옷'을 입었다는 사실을 입증하는 증거를 포함하여, 다른 고고학 영역에서 확증적인 증거 계보를 찾아냈다.

" '비너스 입상': 후기 구석기 시대의 직물, 바구니, 젠더와 지위"라는 논문의 서두에서 소퍼와 아도바지오, 그리고 하일랜드(2000)는 후기 구석기 시대의 생활, 젠더 역할, 그리고 활동에 대해 대중적이거나 전문적인 표상할 것 없이 모든 표상들에 내재하는 뿌리 깊은 남성 중심적인 편견을 비판한다. 불행히도, 이 상황은 고고학, 특히 구석기 연구에서는 거의 절대적이다. 연구팀은 또한 젠더 고고학의 중심 쟁점들 중 하나, 즉 '가시성'(visibility)이라는 쟁점 자체를 여지없이 분쇄했다. 그 주제에 관해서는 별도의 논문을 써야 할 테지만, 앞에서 암시했듯이, 대부분의 고고학 연구에서, 특히 '심층 과거'에 관한 연구에서 여성과 젠더와 연관된 추론에서 지난한 도전점 한 가지는 여성의 활동과 역할들(!)이 가시적이지 않다는 것이다. 물론 이것은 뼈와 돌(가장 잘 보존되는 물질 자료)로 축적되는 모든 활동이 남성들의 활동들이라는 의심쩍은 가정에서 추론된 것이다. 그러나 우리는 여성들이 육류를 다듬고 자르는 일을 했고(Gifford-Gonzalez 1992) 돌 도구를 제작했다는 사실을 잘 알고 있다

(Gero 1991; Brandt et al. 1996). (구석기 시대 남부 독일의 젠더화된 노동에 관한 상세한 기록을 보려면 Owen 2005를 참조할 것.) 직조나 실꼬기 같은 섬유 관련 기술까지 망라하는 식물 섬유 유적의 경우, 보존과 연관된 편견이나 '유실된' 증거가 문제되는 것이 아니라 '복원 기술의 결핍'이 문제라고 그들은 지적한다(Soffer et al. 2000). 그런 문제는 남성주의적인 우리의 영웅 선조들의 활동이나 기술과 직접 연관되지 않는다는 이유로 (증거를 찾고자) '들여다보려는 생각조차 하지 않는' 이중 위험에 기인하는 것인지도 모른다. (가장 오래된 바느질 유적을 찾았다고 주장하는 헤드라인에 주목할 사람이 과연 있을까?) 이런 것들은 아마도 지극히 평범해 보이는, 별로 눈에 띄지 않거나 아예 보이지도 않는(너무 당연한 것이므로) 혁신에 해당하는 종류의 발명들일 수 있다(Suchman 2005).

고고학은 '잘못 놓인 구체적 증거의 오류'를 오랫동안 겪어왔다. 여성주의 고고학의 여러 목표들 중 하나는 목표물에 초점을 두고 고고학적 흔적을 물자체 같은 것으로 물신화하는 함정에서 고고학을 구해내고(Byrne 2003), 가시성의 문제를 다음의 두 가지 의미로 풀어내는 것이다. (1) 여성과 젠더(그리고 그 밖의 은폐되거나 저지된, 또는 제거된 다른 사람들이나 맥락들)의 현상적 비가시성. (2) 가시성의 시각적 환영. 다시 말해, 여성과 남성, 그리고 아동들이 엄연히 존재하지만, 다시 자세히 보면, 그들은 오늘날의 시각에서 볼 때 전형화하거나 문제시되는 것을 단순히 연장한 것에 불과한 역할과 태도와 관계의 관점에서 묘사되어 있다.

다른 것들은 생략하고 소퍼와 아도바지오, 그리고 하일랜드의 연구(Advasio et al. 1996; Soffer et al. 2002 참조)의 '성과들'로 직행하면, 2000년의 발표 논문의 내용은 다음과 같이 요약된다:

> 1. 그들은 소모적인 기술들이 존재했다는 것뿐만 아니라 천짜기와 실잣기, 실꼬기, 바구니 엮기, 밧줄과 그물을 제작하는 복잡하고 다양한 방법들을 입증하는 증거들을 축적하고 요약한다. 이것은 돌니 베스토니체 제1구와 파블로프 제1구에서 얻은 압착된 78개의 진흙 파편의 무늬에서 볼 수 있다. 그 범위와 변양은 참으로 포괄적이다. 한 올, 여러 올로 꼰 끈, 매듭 있는 그물, 고리 버들 스타일의 바구니, 단면으로 짜거나 대각선으로 짠 것을 포함하여 잉아[8] 없는 베틀로 짠 천, 그리고 평직으로 짜거나 능직으로 짠 품목들(그림 3.2)까지 매우 다양하다. 즉 엮어 짠 천이나 바구니, 그리고 그물이 대표적이며, 솔기 부분은 옷이나 가방 같은 복잡한 구조물을 만들기 위해 천들을 함께 꿰맸다는 것을 암시한다. 이런 것들은 '원시적인 공예 습작'이 아니라 매우 정교하게 만들어진 완성 품목들이다. 유적터에 대한 고(古)식물학적 분석은 섬유 기술 같은 기능적인 많은 종류의 기술이 존재했던 특수한 기후 환경을 입증하며, 그러한 종류의 기술이 실제의 식물 유적들에 의해 검증될 수 있음을 보여준다(Mason et. al 1994).

2. 이른바 비너스 입상(과 다른 인체 형상들)을 체계적이고 상세하게 검사함으로써 이 연구자들은 여러 가지 유형의 모자, 다양한 종류의 머리띠, 그리고 최소한 한 가지 유형의 치마를 비롯하여, 직조된 옷이 존재했다는 많은(그러나 이것은 전부가 아니다!) 도상학적 증거를 제시한다. 이 식물 심유 복장은 매우 세련되게 재단되고 정교한 표상을 위해 선택된 것이므로, 후기 구석기 문화에서 직물이 수행했던 중요한 사회적 역할을 추론할 수 있다고 그들은 주장한다. 뿐만 아니라, 이러한 '복장'의 표상 방식은 유럽 전체에 걸쳐 매우 다양하므로—'비너스' 입상 같은 물질문화의 동질적인 계층을 가정하는 모델을 교란시킨다—다산성이나 성애적 믿음을 지칭할 수도 있다('비너스'의 다양성에 관해서는 Nelson 1990; Dobres 1992를 참조).

3. 그러한 섬유 기술이 어떻게 이루어졌고, 어떤 기능들을 수행했으며, 그리고 누가 그것을 창안하고 사용했는가 하는 물음을 던지면서, 그들은 그 기술들을 여성과 연결 짓고 권력과 특권, 그리고 가치와도 연관시킬 수 있는 토대에 대해 논의한다.

그 뿐만 아니라, 소퍼와 동료들은 과거에 단순히 '장식 미술'이나 '사냥용 무기' 같은 품목으로 동일시되었던 종류가 다른 인공품 무더기로 돌아가, 기능적 관점에서 그 품목들이 그물 코잡기, 베틀 추, 물레바퀴, 또는 소면기(梳綿機)로 과연 온당하게(더 낫게는 아니더라도) 설명될 수 있는지를 보여준다. 그리고 그들은 이 연구를, 민속지적 자료였던 천짜기, 바구니 엮기, 그물 만드는 기술에서 사용되었던 뼈와 뿔로 만든 품목들을 연구하기 위한 기본선으로 삼고, 또한 이와 유사한 모라비아 고고학 잡동사니에 포함된 대상들의 기능과 용도를 재평가하기 위한 비교 기준선으로 삼았다(Soffer 2004). 그들은 여러 지역에서 발굴된 모라비아 유적에서 발견되는, 오랜 사용으로 인해 생긴 무늬들이 민속지적 맥락에서 천짜기를 위해 (예컨대, 나바호 직조자들에 의해) 사용되었던 것이라고 알려진 유사한 품목(예를 들면, 누름대)에 나타나 있는 무늬와 매우 흡사하다는 것을 입증할 수 있었다.

몇 가지 결론적 고찰

여기서 언급해야 할 세 가지 층위의 요점들은 다음과 같다. 첫째, 유라시아의 인간 선조들에 대한 구체적인 젠더적 이해(그리고 인종적 이해. Conkey 1997; Dobres 1992; Mack 1992 참조)를 생성하고 유지하며 지속적으로 활성화하는 데에 비너스 입상들이 매우 강력한 역할을 한다는 것을 주지하는 것이 중요하다. 우리는 다른 수많은 인공품들 중에서, 그리고 심지어 다른 입상들에 비해, 다양한 사회정치 · 문화적 목적을 위해 과거를 원용하는 온갖 종류의 이해 당사자들이 창조한 각종 지배적인 거대 서사들을 통해 그 입상들에게 부과해온 편향적인 관심을 결코 무시해서는 안 된다.

그러므로 '비너스' 입상들에 대한 해석에 관한 한, 소퍼와 그녀의 동료들의 연구는 여성에 관한 그러한 서술에 대한 길고도 지배적인, 그리고 거의 언제나 생물학에 기초한 해석들을 교란시키는 중대한 중재 작업이다. 과거의 해석들은 변양(變樣)들을 최소화하거나 (그리고 변양들이 문화적으로 의미 있는 방식의 패턴을 가질 수 있다는 생각을 거의 하지 않는다) 신체 부분들의 변양만을 강조하는 경향이 있다. 그 해석들은 그 변양들을 다산적(多産的)인 인물, 또는 모성 여신을 구석기-성애론(남성에 의해, 남성을 위해 만들어진 것. Guthrie 1984), 산부인과학 입문서(Duhard 1989), 자화상(McDermott 1996), 또는 집단 사이의 동맹을 상징하는 기표로 다루는 본질주의적 해석을 추구해왔다. 그러나 비만증을 어떻게 설명할 것인가 하는 문제는, 특히 (곤궁했을 것으로 추정되는) 빙하기(예를 들면, Trinkaus 2005)의 비만한 사냥꾼과 추수꾼들의 형상들은 상당히 많은 혼란을 초래했다.

그러나 소퍼와 동료들은 그 형상들을 체계적인 방식으로 구별할 수 있게 하는 것은 그 인물들의 해부학적 면모들(유방, 뚜렷한 다리 형태가 없는 것, 얼굴이나 외음부가 없는 것 등)이 아니며, 표상적 초점과 문화적 유의미성을 해독할 수 있게 하는 열쇠는 그들의 복장의 세부적인 측면들이라고 주장한다. 소퍼와 그 동료들은 물질문화에 관한 현대 이론을 토대로, 작은 입상들이 '사회 정체성의 능동적 구성을 위한 매체'로 작용할 수 있는 여러 가능성들을 추

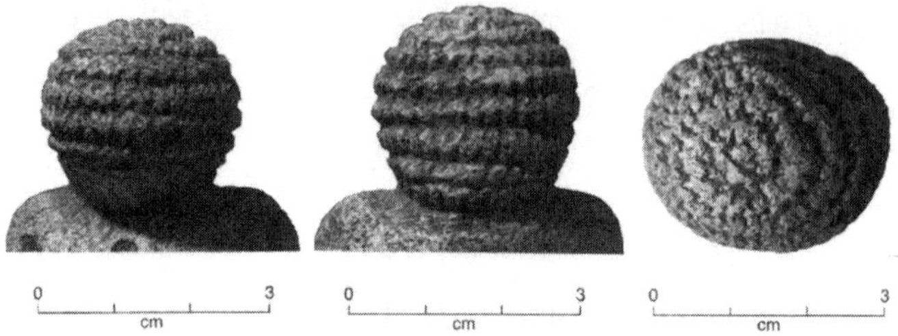

(a)

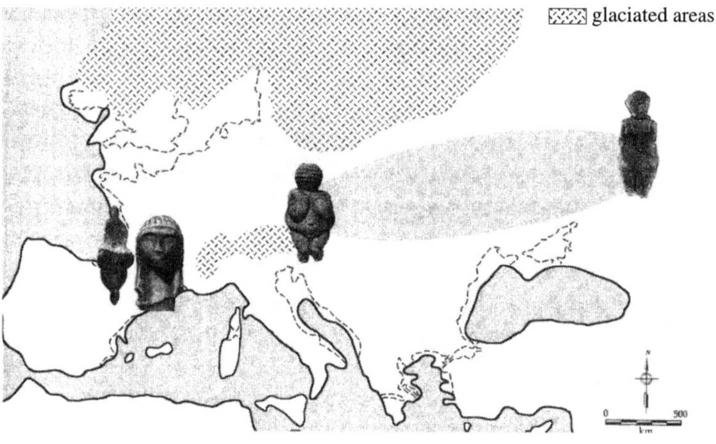

(b)

그림 3.3 비너스의 복장: 빌렌도르프(오스트리아)와 그 외 지역. (a) '빌렌도르프 비너스'에 씌운 나선형으로 짠 모자. O. Soffer, J.M. Adovasio, and D.C. Hyland(2000). "The Venus Figurines: Textiles, Basketry, Gender and Status in th Upper Paleolithic", *Current Anthropology* 41: 511-537. 517쪽 그림4의 사본. University of Chicago Press © 2000 웨너-그렌 인류학 연구재단. (b) 비너스 복장 지도: 서부 유럽에서는 매듭 머리 망과 치마, 동부와 중앙 유럽에서는 노끈으로 꼰 모자와 머리띠가 발견되었다. Soffer et al.(2000), "Distribution of the different types of clad Venus figurines", *Current Archaeology*. 522쪽, 그림 11에서 복사. University of Chicago Press © 2000 웨너-그렌 인류학 연구재단.

론해낸다(Lesure 1997, p.229를 따른 것; Joyce 1993, p.256 참조), 그리고 표상 목적으로 선택된 것이 어쩌면 당시의 사회생활에서 '유행했던 것'이 무엇인지를 알 수 있는 중요한 단서일 수도 있다고 추정했다. 여성주의적 관점에서(Joyce 2005) '신체'가 고고학적 탐구의 중요한 영역이라는 것, 특히 문화적 신체란 사회적 피부를 의미한다는 생각을 받아들이게 되면, 생각할 수 있는 모든 종류의 새로운 관점에서 그 입상들을 볼 수 있게 된다. 그 뿐 아니라 연구팀은 잘 알려진 빌렌도르프의 '비너스'의 모자(그림 3.3) 같은 사례들에서, 그들이 눈으로 (현미경을 사용하고 직조 기술에 관한 이해를 바탕으로) 볼 수 있는 정교한 상세부에 재현된 것은 단지 머리 장식 같은 것이 아니라 나사 모양이나 방사형으로 디자인된 특수한 모자였다(코스텐스키 제1구에서 발견된 두상. Soffer et al. 2000 참조). 기술적인 세부적 면모를 보여주는 이 모자의 묘사로 보아, 그것은 실제로 직조법을 알고 있던 사람이 그린 것으로 생각된다. 다시 말해, "진흙 비너스 입상들을 깎은 사람이 누구이건 그는 섬유 기술을 속속들이 잘 알고 있었음이 분명하다"(Soffer et al. 2000, p.525). 직조법과 젠더에 관한 민속지로부터, 남성(또는 태반의 무성적인) 입상들 중에는 복장이 묘사된 예가 거의 없으며, 다른 많은 증거들을 통해 소퍼는—전혀 근거 없는 것이 아니다—이 해석을 젠더화된 노동, 행위성, 그리고 그런 노동이 갖는 가치에 대한 논의 속에 융합시킨다.

또 다른 노선—이 역시 꼬리에 꼬리를 물고 이어지는 좋은 예이다—은 그들이 그물을 사용했다는 개연성과 심지어 사냥까지 뒷받침해주는 것으로 보이는 증거로부터 발전된 것이다. 풍부한 민속지적 자료에서 보듯이(예컨대, Satterthwait 1987), 공동으로 소유한 그물을 사용하여 큰 시합도 얼마든지 열 수 있었다. 그러한 기술의 존재 자체가 '남성 사냥꾼'(투창을 손에 든)이라는 구태의연한 전형화된 그림 안에 어떻게 스며들게 되었는지를 결코 과소평가해서는 안 된다.

둘째, 이 특수한 사례를 통해 고고학 연구의 분산적 성격을 강조할 필요가 있다. 소퍼와 동료들이 보여주는 혁신들은 전문적인 많은 후속 분석들(특히 Vandiver Adovasio, Hyland, 그 외의 고고식물학자들[Mason et al. 1994]의 분석들)을 위한 자료를 제공하는 유적 발굴, 그리고 그러한 제도적 배경과 기술적 분석을 뒷받침하는 데 필요한 모든 것에 최소한도의 근거를 두고 있다. 그 밖에도, 생산품들에 대한 과거의 민속지적 연구나 소퍼의 연구(Soffer 2004) 같은 분석들의 큐레이션[3]은 소퍼가 건전한 해석을 산출하는 데 중요한 경험적 요소를 발전시킬 수 있게 한 토대였다. 그리고 특정한 이론적 설명들이 올가 소퍼를 선도적 저자로 만든 동시에 선각자이자 유일한 저자인 그녀에 의해 종합된 것이 사실인 반면, 그 설명들은 그 간의 토론과 논쟁, 그리고 다른 사람들의 노고와 아이디어를 배경으로 태동된 것이다. 그렇다면 왜 나는 특별히 소퍼를 내세우는 것일까? 분산적인 연구 작업의 복잡한 네트워크에 속한 한 사람에 불과한 그녀가 대중들에게 가장 널리 주목 받을 수 있었던 활동들과 명분은 어떤 것이었는가?

그녀의 학문적 경력의 궤적을 추적해볼 때 그녀가 이룬 획기적 혁신이라 할 만한 것은 '특정한' 해석 자체—구석기 시대의 작은 조각상, 그 전까지 증거를 찾지 못했던 선사시대의 (직조법 같은) 기술, '심층 과거'의 젠더화된 노동이 실질적인 확장에 대한 해석들—이 아니다. 오히려 그 혁신은 다자적인 기여와 학문적 실천들이 구성되고 재구성되는 방식에 있는데, 그것은 주흐먼(Suchman 2005)이 '집단적인 사회물질적 기반구조(sociomaterial infrastructure)의 구축'이라고 부르는 것이다. 그런 것에 해당하는 소퍼와 동료들의 모범사례를 여기서 자세히 상술하려면 내가 가진 자료들보다 더 많은 것이 필요할 것이다. 그러나 그것은 소퍼와 동료들이 서술한 선사시대의 과거에 대한 '새로운 해석'으로서 젠더적 혁신을 이해하는 데 절대적이다. 솔직히 나는 이 특수한 분산적 수행성이 발전되었던 사회물질적 관계를 구체적으로 서술할 수 없지만, 그러한 서술은 그 특수 주제와 대다수의 고고학적 지식을 위해 흥미롭고도 교육적인 프로젝트가 될 것이다.

셋째로, 젠더적 혁신을 평가하는 단계에서 나는 여러 가지 이유에서 소퍼의 사례를 택하였다. 첫째, 그녀는 1990년대의 젠더 열풍을 타고 쉽게 들어온 학자가 아니라, '여성주의자로서 사회과학과 고고학을 연구하는 것'(Wylie 2001)이 의미하는 것으로 볼 수 있는 측면에, 아마도 부지불식중에, 오랫동안 참여했던 연구자이다. 나는 소퍼가 2000년이 되기 전까지 자신이 여성학 연계 과목인 '선사시대의 여성'을 가르칠 것이라고(또는 일리노이대 교수 연수 특강에서 여성주의 이론을 공부하게 될 것이라고) 한 번도 상상해본 적이 없었을 것이라고 생각한다. 그러나 나에게 있어서 소퍼는 1991년에 『고고학의 젠더화』(Engendering Archaeology, Gero and Conkey 1991)라는 책의 배경이 되었던 1988년 학술대회를 통해 조앤 게로와 내가 운 좋게 찾아낸 새로운 모범사례이다. 그때 우리는 수많은 동료 연구자들을 초청하여(그 때를 회상하며 우리가 '발길질하고 비명을 질렀다'고 자평하는 사람들도 있다) 그들이 속속들이 잘 아는 것—젠더 관점에서, 젠더와 연관되는 것, 또는 여성주의적 관점에서—을 경험적으로 직접 검증하게 하고, 이제까지 그들이 '자신의 전공'에 대해 그런 식으로 상상하거나 생각해본 적이 없다 해도, 한 번 문제 제기를 해보게 했다.

지난 십 년 동안 소퍼의 연구는 오래된 가정들을 의문에 부치고 교란시키는 풍부한 경험적 자료를 사용했다. 많은 것들이 그녀 자신이 직접 발견한 것이 아니라 그녀의 열정과 '통념을 뛰어넘어 사고하는' 능력에 의해 활성화된 것이었다. 모든 또는 대부분의 학자들은 토기 파편들에 찍힌 섬유 흔적들을 보고 소퍼가 '비너스의 복장'(Soffer et al. 2002)이라고 이름 붙인 것을 고려해보는 식의 사고 전환을 하지는 않는다(아마도 그런 능력은 그녀의 패션 경력 배경에서 나온 것일지도 모른다!). 물론 손가락이나 손바닥 자국에서 토기류 기술을 식별하는 사례는 같은 탐사지역과 다른 곳에서도 오래 전에 있었지만, 돌(기술)과 뼈(기술과 성분 모두) 같은 '단단한'

물질이 특권적 위치에 있는 구석기 연구 풍토에서는 결코 없었던 일이다. 사실 직물 자국의 '계보'가 인지될 경우에도(적어도 초기 드로잉에서) 그러한 요소들을 직물의 흔적으로 판정할 수 있기 위해서는 아도바지오의 전문성과 소퍼의 협력이 필요했다. 참가한 모든 학자들은 근본적으로 이 발견에 의해 '발명된', 이른바 해석의 '수레바퀴'를 타고 함께 달린 셈이다. 소퍼와 동료들의 업적을 젠더적 혁신으로 진술하는 것은 그것이 어떻게 새로운 문제들과 가능성의 문을 열어주었는지에 대해—소퍼의 연구 궤적 내에서조차—말하는 것을 의미한다. "혁신적인 것은 제작물 자체의 참신성에 있는 것이 아니라, 그 대상들을 둘러싸고 있는 다른 활동과 개체들이 이루는 배열의 참신성에 있다"(Barry 1999, p.4).

소퍼는 모라비아 지역의 광범위한 토기 또는 요업 기술이 도자기 기술에 관한 기록으로서 세계에서 가장 오래된 것임을 확고하게 믿고 있지만—혁신성을 주목 받기 위해 필요한 고전적인 고고학 담론이 요구하는 것—그녀 자신의 혁신성과 업적은 그 주장 자체를 목적으로 삼은 것에서가 아니라, 그 선사시대 사람들이 어떻게 "사회-물질적 형태 구성과 재구성을 꾸준히 집단적으로 수행했는지를"(Suchman 2005) 보여준 것에서 발견된다. 여성주의 고고학의 견지에서, 소퍼의 거시적 접근은 젠더의 고려가 문제를 재규정하기 위해, 우리가 사용하는 방법들과 현재의 고고학 아상블라주를 재고하기 위해, 그리고 구석기 시대 고고학의 관례들을 재구성할 수 있는 잠재력을 갖고 참신하고 상이한 젠더적 설명을 넘어 앞으로 나아가기 위해 필요할 뿐만 아니라 핵심적이기도 하다는 것을 확신시켜 준다.

실제로 고고학자들은 책임 있는 일을 하고 있으며, 그 책임은 근본적으로 여성주의적이다. 여성주의 고고학자 헨리에타 무어는 그것을 다음과 같이 멋지게 요약한다.

> 사회적 시간의 다원성에 대한 우리의 의식을 지탱하기 위해 우리가 바라보아야 할 사람은 탈근대주의자가 아니라 고고학자이다(Moore 1995, p.53).

• 제3장 주석

1) 주디스 버틀러의 유명한 저서 『젠더 트러블: 페미니즘과 정체성의 전복』(조현준 옮김, 2008, 문학동네)에서 유래한 '젠더 트러블'은 이제 여성주의 담론에서 일반명사처럼 쓰인다. Judith Butler (1999), *Gender Trouble: Feminism and the Subversion of Identity*. Routledge. (옮긴이 주)
2) Heddle. 베틀의 날실을 끌어 올리도록 맨 굵은 줄(옮긴이 주).
3) curation. 자원이나 데이터를 제공, 보존, 유지, 수집, 아카이빙하는 것을 지칭한다. 넓게 보면, 현재와 장래에 이용할 수 있는 정보를 보존하고, 동시에 가치를 부여하는 작업으로 해석할 수 있다.(옮긴이 주)

제4장

성 정체성
-유골 스스로 말하게 하라

| 로리 D. 헤이저* |

과거 시대의 삶을 재구성하는 일은 유골 유적의 성을 동일시하는 것에서 시작된다. 고대 유골을 남성이나 여성으로 동일시하는 것은 그 개인 자신뿐만 아니라 더 일반적인 차원에서 사람들에 대한 해석에 직접적인 결과를 초래할 수 있다. '루시'가 여성이고 '케니윅 맨'이 남성이라는 사실은 그 뼈들의 정체성을 개인으로서, 그 성의 대표자로서, 그리고 그 종을 대표하는 개체로서 확립시켜준다. 성이 배정될 때, 유골은 시간의 변덕스러움에 의해 보존된 단순한 생물학 유물이기를 멈추고, 갑자기 독특한 문화적 정체성을 가진 남성이나 여성으로 체현된다. 그 정체성은 우리가 부여해온 것이고 그들의 문화보다는 우리의 문화와 더 많은 관련성을 갖는다. 유골 분석은 배정되는 성에 의해 알려지고 또 수행된다.

화석의 성이 동일시될 때 비로소 현대인들은 과거를 그려보기 시작한다. 세계 전역의 박물관에 있는 과거의 삶을 재구성한 많은 디오라마(diorama. 투시화)가 그것을 입증한다. 시각 이미지는 이전 시대의 삶을 보여주는 강력한 도구이다. 그러나 그 이미지들은 가능한 많은 것들 중의 하나의 해석이라기보다 '사실 그대로' 보여주는 것처럼 간주되는 일이 빈번하다(Conkey 1997). 미국 자연사 박물관에 전시되어 있는 '루시'와 그녀의 배우자로 알려진 유명한 이미지의 경우(그림 1.4 참조), 가시성이 물적 증거에 기초한 것은 아니지만 '루시'의 여성성은 그녀의 삶을 재구성하는 데 결정적이다(Zihlman 1997). 이 초상화로부터 과거의 성 역할을 뚜렷이 볼 수 있다. 둘이 한 쌍을 이루는 것은 거의 보편적이다. 여성들은 체격이 작고 보호를 필요로 하는 반면, 남성은 체격이 크고 보호하는 역할을 한다. 만일 '루시'의 성이 남성으로 결정되었다면 과연 그 디오라마는 어떤 모습을 보여주었을까?

실제 작업에 있어서 고고학자와 고생대 인류학자는 성을 결정해야 하는 유골이나 화석 유적으로 인해 늘 똑같은 출발점에 서게 된다. 우리가 과거를 이해하는 데 그들의 성 정체성이 중요한 것이라면, 유골 자료의 성 결정은 확실해야만 한다. 그러나 유골이 남성인지 또는 여성인지를 잘못 동일시하는 일이 매우 잦은데, 그 이유는 많은 경우 표본이 잘 보존되어 있지 않기 때문이기도 하고(Walker et al. 1988). 또한 다양한 형태의 문화적 편견 때문이기도 하다. 케네스 와이스(Kenneth Weiss 1972)는 고고학과 화석 컬렉션에서 유골의 성을 결정하는 맥락에 편견이 개입하는 것을 처음으로 간파했다. 그는 일반적으로 여성보다는 남성으로 배정되는 경우가 더 많다는 것을 보여주었다. 유골이 크거나 건강하여 힘이 세다는 것이 뚜렷할 때는 특히 그러하다. 와이스는 골반 외의 많은 '더 크거나 더 작은' 신체적 특징들이 개체군에서 기대되는 성비(性比)보다 더 많은 비율로 남성을 배정하게 만든다고 추정한다. 그 결과 잘 발육된 여성들이 남성으로 잘못 판정된다. 중간 크기의 건강한 유골들은 특히 오인될 위험이 큰데, 그 유골들은 '정상적인' 이형(異形)들의 범주 밖에 있는 여성들일 경우가 많기 때문이다. 와이스는 또한 남성성을 배정하는 선호도가 연령과 관련된 편견에 기인하는 것을 발견했다. 그의 이 중요한 연구는 남성과 여성의 신체적 특성에 관한 오래된 문화적 믿음에 기인하는, 유골의 성 결정에 내재된 근본적인 편견들을 정량화하였다.

남성에 비해 체격이 작고 덜 활동적이라는 여성관은 수 백 년 동안 서구 사회에서 지배적인 주제였다. 론다 쉬빈저(1987)는 18세기 유럽의 해부학자들이 여성 유골의 실제 모습보다는 그들이 표준적으로 생각하는 것을 예시함으로써 여성의 본성이 모성과 가정에 속한 것으로 규정하는 데 어떻게 공모했는지를 보여주는 증거자료를 확보하였다. 작은 두개골, 작은 키와 작은 체격, 그와 대조적인 넓은 골반 같은, 여성이나 여성적인 것으로 간주되는 면모들은 강조되고 심지어 과장되기도 하였다. 19세기 후반에 찰스 다윈(1871)은 생물학의 매우 영향력 있는 성 선택 이론에서, 그리고 특히 인간의 본성을 정의하는 곳에서 엄격한 빅토리아적인 남성관과 여성관을 피력하였다(Hubbard 1979, Fedigan 1986). 그는 인간 여성이 보살피는 일을 좋아하고, 모성애적이며, 집안에 머물고, 이타적인 반면, 인간 남성은 힘을 행사하고, 용감하고, 창의적이며, 활동적이라고 믿었다. 남성이 여성보다 몸이 큰 것은 여성을 차지하기 위해 남성이 남성과 겨루기 때문이며, 그리고 남성이 여성을 부양해야 하기 때문이라는 것이다. 여성의 역할은 재생산—아이를 낳고 기르는 일이 중심이다—에 있는 반면, 남성의 역할은 능동적이고 복잡하다. 다윈은 '특징들의 공평한 전이'에 의해 또는 남성들의 '부양을 받으며' 진화하는 여성들을 소유한 남성들에 의해 인간의 진화가 이루어지는 것으로 생각했다.

인간 진화에 관한 연구에서, 1960년대의 영향력 있는 '남성 수렵자' 모델은 여성을 배경에 그리고 남성을 전경에 배치함으로써 동일한 테마에 밀착 접근한다. 사냥이나 전형적으로 남성적인 다른 활동들은 두발 보행에서 시작해서 큰 두개골, 그리고 기술 혁신으로 이어지는 인간 진화의 전체 궤적을 설명하는 것으로 간주되었다. 전통적인 근대 사회들에서 여성이 생계를 위해 맡는 중요한 역할이 관심 주제로 부상하기 시작했음에도, 당시의 인류학자와 고고학자들은 재생산 외에 여성의 다른 역할에 대해서는 거의 언급하지 않았다(Washburn & Lancaster 1968).

남성이 진화를 주도하고 여성은 존재조차 미미한 인간 진화의 주요 사건을 대표하는 '남성 수렵자' 모델을 추종하는 인류학자들이 태반인 상황에서, 샐리 슬로쿰(1975)과 낸시 태너와 애드리언 질먼(1978)은 매우 적확한 문제 제기를 했다. '과연 여성은 어디에 있고 무엇을 하고 있는가?' 이 단순하고도 핵심적인 물음에 유념하면서, 여성 과학자들은 몇몇 남성 동료들과 함께 과거의 삶에서 여성이 주변적이지 않고 중심부에 있다는 관점에서 증거를 재검토했다. '여성 수확자' 모델은 진화적 변화의 능동적 행위주체로서 여성관을 승격시켰다. 포식자를 피해, 그리고 도구를 만들고 또 사용하면서 남성들이 식량, 물, 그리고 주거지를 찾기 위해 자연경관을 이용해야 했던, 원시 인류 여성들의 일상생활에서 가족을 보살피는 일은 극히 일부분에 불과했다. '여성 수확자' 모델은 여성의 수동적 본성에 도전했고, 그럼으로써 인간종의 절반은 인류의 진화 역사에서 능동적인 기여자로서 인식되기 시작했다.

글린 아이잭(Glynn Isaac 1978)은 사냥과 수확을 중심으로 하는 근대 사회에서 '남성 수렵자' 모델이 간과했던 여성의 중요한 경제적 역할을 지적한다. 아이잭의 '기지(基地)로서의 가정'(Home-Base) 가설에 따르면, 남성이 사냥하고 여성은 수확하는 원시 인류의 노동은 성별에 의해 분명히 분업화되어 있다. 그러나 아이잭은 수집한 자원들을 나누기 위해 각기 공동 기지로 돌아오는 식으로 남성과 여성 간의 상호의존성을 보여준다. 이 비교적 평등주의적인 모델에서 남성과 여성은 모두 일상생활의 중심축이었다. 그러나 '기지로서의 가정' 모델을 위한 고고학적 물적 증거가 없기 때문에 서술된 그대로 그 모델을 수용하기는 어렵다.

인간의 진화 서사에서 여성이 결정적으로 기여해왔다는 주장은 널리 수용되지 못했고, 그리하여 '여성 수확자'와 '기지로서의 가정' 모델은 '남성 부양자' 모델에 의해 곧 대체되었다(Lovejoy 1981). 과거 세계에 관한 이전의 '남성 수렵자' 관점과 여러 면에서 유사하고, 그와 동시에 '여성 수확자' 관점을 전용하는 면모들을 가졌음에도, 러브조이의 모델은 인간 진화의 주요 사건들에서 남성을 다시 중심부로 복권시키고 여성을 재생산 외에 다른 일은 거의 하지 않는 부수적인 위치에 배치했다. 남성은 성에 대한 대가로 여성에게 식량을 제공하고 자식에 대한 부권(父權)을 확증해 주었다. 여성은 남성을 배우자로 삼음으로써 자식과 함께 부양 받고자 했다. 러브조이의 모델은 많은 세부적인 면에서, 그리고 증거 부족으로 인해 비판을 받았으나(Hrdy 1981, Fedigan 1986, Falk 1997, Zihlman 1997), 그의 가설은 선사시대의 원시 인류의 두발 보행과 성 역할의 기원에 대해 논의하는 대중적인 입문서에서 여전히 진지하게 받아들여지고 있다(Jurmain et al. 2005).

'여성 수확자' 모델을 대부분의 전문분과들이 의식적으로 채택한 적은 없지만. 그 영향은 결코 무시할 수 없다. 영장류학(Lancaster 1975)과 사회문화 인류학(Reiter 1975, Rosaldo & Lamphere 1974) 같은 인접 분야에서는 여성의 역할이 의문시되는 풍토였지만, '여성 수확자' 모델은 인간의 진화에서 여성의 역할에 관한 논쟁의 시발점이 되었고, 일단 포문이 터지자 결코 멈출 줄 몰랐다. '남성 수렵자' 모델은 그것에 내재된 편견과 증거 결여가 노정되자 크게 위축되었다. 관련 분야들에서 여성관의 변화와 보조를 맞추어, '여성 수확자' 모델이 제기하는 중요한 물음들은 선사시대 여성들의 역할을 체계적으로 무시하거나 폄하하지 않는 새로운 연구자 세대에 지대한 영향을 미쳤다.

시간적으로 우리와 더 가까운 선사시대의 남성과 여성에 대한 고고학자들의 조사는 고고학의 경계표를 다시 세운 마가렛 콩키와 재닛 스펙터(1984)의 논문의 영향을 받았다. 그 논문에서 콩키와 스펙터는 고고학 자료의 독해에서 젠더는 중요하며, 그와 동시에 그들의 자료에서 젠더는 결정적인 요소였다고 주장한다. 여성들이 유의미하고 중요한 다양한 활동에 참여했다는 사실을 포함하여 선사시대 여성에 대한 새로운 시각은 바로 이 중요한 논문에서 시작된 것이다(Gero & Conkey 1991; Du Cross & Smith 1993; Conkey 2008. 이 책에 수록된 글 참조). 많은 사람들에게 수동적이거나 단순히 부재하는 것으로 비쳤던 여성은 생활세계의 복잡하고 역동적인 참여자의 개념으로 대체되었다. 뿐만 아니라 과거 시대의 남성과 여성에 대해 가졌던 가정들이 여러 수위에서 비판됨으로써 과거의 성역할은 남녀에 관한 현재의 관점과 무관한 것으로 이해되었다.

과거의 인간 사회에서 여성을 능동적이고 중요한 참여자로 보는 시각은 인간 진화와 고고학의 바로 그 결정적인 연구들에서 나온 것이다. 그러나 과연 그 연구들은 남성을 크고 건장하게, 그리고 여성을 작고 유약하게 보는 '문화적 전형'을 바꾸어 놓았을까? 만일 선사시대 여성에 관한 현재의 시각이 능동적이고 참여적인 것이라면, 그 시각은 유골의 성을 결정하는 과정에도 반영되고 있을까? 또는 와이스(1972)가 지적했던 그 편견은 여전히 남아있을 것인가?

유골의 성정체성을 결정하기

유골의 성은 법정 인류학자, 형질 인류학자(physical anthropologist), 그리고 다른 전문가들이 확립해놓은 표준들에 기초하여 면밀한 검사를 거쳐 결정된다(Krogman & Işcan 1986; Işcan & Kennedy 1989; Mays & Cox 2000; Walrath et al. 2004 참조). 유골의 성을 결정하는 일은 생물학적 성에 관한 것으로, 표현형적 특징의 사례를 개인이 가진 X와 Y염색체와 연결하는 것이다. 유골의 성을 결정하는 최선의 기준은 양성 간의 특징적 표현 형태들의 중첩 정도가 낮은 이분법 체계의 분포를 밝히는 것이다. 출산에 의한 차이에 기초할 때, 많은 경우 인간의 골반의 특징들은 매우 이분법적이므로 유골은 매우 정확하게 남성이나 여성으로 분류될 수 있다. 표본 비교에서 주의를 기울여야 할 만큼 개체군들 사이에 차이가 크기는 하지만, 골반 특징은 인간 유골에 현전하는 가장 신빙성 있는 성정체성의 지표이다(Işcan & Kennedy 1989, Mays & Cox 2000). 그 밖의 다른 특징들도 성 결정을 위해 사용되는데, 특히 골반이 없을 경우, 두개골이나 아래턱의 특징들을 조사한다. 이 특징들은 다른 것들에 비해 성 결정에서 매우 정확한 자료가 되지만, 그것은 골반에 비해 신뢰도가 매우 낮다.

신체 크기나 뼈의 건장함은 성을 결정하기 위해 흔히 사용하는 골반 외의 두 가지 특징이다. 이 특징들은 와이스(1972)가 지목했던 남성 편향성에 기여한다. 개체군 수준의 차이를 고려할 경우 크기와 건장함은 유용하지만 성 결정에서 예측값은 낮을 수가 있는데, 왜냐하면 뼈의 성장과 퇴화는 생물학적 · 환경적 요소들에 기인하기 때문이다. 생물학에 기반한 기초 형태학과 더불어, 뼈의 상태는 운동, 식사(양호, 불량, 중간), 생리적 긴장, 질병, 그리고 트라우마의 변동에 따라 달라진다. 골 생물학은 활동과 영양상태가 근육강도, 골밀도, 그리고 신체 크기에 지대한 영향을 미치는 것을 보여준다(Bassey & Ramsdale 1994, Soderman et al. 2000). 앤 파우스토-스털링(Anne Fausto-Sterling 2005)은 생물학과 생활 경험은 인체의 뼈의 발달이 택할 수 있는 궁극적인 경로를 좌우하기 때문에, 골 생물학이 유전학, 호르몬의 영향, 그리고 환경 사이의 상호작용을 입증하는 좋은 예라고 주장한다.

인간 유골의 성을 결정하는데 있어서, 형질 인류학자들은 몸의 크기와 건장함의 차이를 마치 단계적인 특질들인 것처럼 다루지만, 사실상 그 특징들은 양성 간에 상당 부분이 중첩되는 연속적인 분포 상태를 보여준다(Krogman & Işcan 1986, Işcan & Kennedy 1989). 학자들이 강하고 단단한 뼈를 보게 될 때, 여성이 생활하면서 육체노동을 많이 했을 수도 있다고 생각하거나 상상하는 일은 드물다. 현생 인류에게서 어느 정도 이형성(二形性 dimorphism)을 볼 수 있지만, 모든 여성이 작고 부드럽고 모든 남성이 크고 건장하다는 증거는 없다. 오히려 대조적으로 골 생물학의 역학에 따르면 남성과 여성 모두 크기와 건장함에 있어서 가지각색이다. 형질인류학자들은 뼈 발달과정의 복잡한 성격을 시인하며 증거를 보여주기도 하지만, 실제에 있어서 그들은 뼈 자료의 성을 결정하는 맥락에서는 크기와 건장함을 주로 고려한다.

표본의 전체적인 크기와 건장함, 그리고 가능할 경우, 골반 크기와 형태에 기초하여 화석 인류의 성을 결정하는 화석인류학의 경우 특히 그러하다. 호모 사피엔스만을 다루는 고고학자들과는 달리, 성과 관련된 결정을 내려야 할 때 화석인류학자는 크기와 건장함이 유와 종을 구별하는 중요한 요소가 되는, 인간종의 다양성을 고려해야 한다. 표본들 간의 크기의 차이는 동일종의 남성과 여성의 차이를 표상하는 것인가? 화석이 동일종의 구성원들의 것이라고 생각될 때, 남성과 여성의 '크고 작은' 스케일에 따라 성이 배정된다.

과거에 화석인류학자들은 화석의 크기와 성 사이의 긴밀한, 그러나 그릇된 연결 관계를 상정했다. 예를 들면, 1960년대 후반과 1970년대 초반에는 '남성 수렵자' 모델이 대세였던 반면, 오스트랄로피테쿠스 아프리카누스[1)]와 오스트랄로피테쿠스 로부스투스[2)] (Australopithecus robustus)는 각각 동일종의 여성과 남성 상대역으로 판정되었다(Wolpoff 1971). 크기의 차이는 가냘픈 여성에 비해 크고 건장한 남성들의 경우 유의미한 것으로 생각되었다. 이러한 견해는 풍부한 화석 증거에 의해 곧 폐기되었다. 그러나 성의 차이로 인해 인류의 체격의 크기가 달라질 것이라는 생각은 인간 진화 연구에서 반복적으로 나타나는 테마이다. 오늘날 그 화석들은 다른 종으로 간주될 뿐만 아니라 많은 화석들은 속(屬) 수준의 구별을 재고하여, 건장한 표본의 속을 오스트랄로피테쿠스가 아닌 파란드로푸스[3]로 대체한다.

이와 비슷한 예로, 루이스 리키와 매리 리키는 탄자니아, 올두바이 골짜기에서 발견한 인류의 성을 결정하기 위해, 그와 동시에 속과 종을 결정하기 위해 신체 크기를 기준으로 삼았다. 당시에 그것은 화석인류학자들이 남성과 여성의 크기가 다를 것이라고 예상되는 화석의 성을 결정하는 보편화된 방식이었다. 1960년대와 1970년대에 많은 새로운 화석들이 발견되고 호모 하빌리스(Homo habilis) 또는 '도구적 인간'이라는 새로운 속과 종에 배속되었는데, 그 화석들이 돌도구와 연관이 깊은 것으로 생각되었기 때문이었다(Tobias 1965). 화석인류학자들은 표본들 간의 현저한 크기 차이를 성차에 귀속시켰다(Walker & Leakey 1978). 나중에 그 차이들이 몸의 크기에만 기인하는 것이 아니라는 것을 깨닫게 되었을 때 그들은 견해를 수정했고, 그 결과 크고 작은 표본들은 각기 다른 종인 호모 루돌펜시스[4]와 호모 하빌리스[5]로 분류되었다(Wood 1985). 과학자들이 그들의 견해를 수정한 것은 여분의 화석 표본들을 발견함에 따라 화석 기록이 갖는 차이의 복잡성을 재평가했고, 그리고 크기에 의해 유골의 성을 결정하는 것은 그릇된 결론으로 이끌 수 있다는 인식이 확산되었기 때문이다. 이 당시 신체 크기의 이형성은 주로 '루시' 가 도화선이 된 화석인류학의 첨예한 쟁점이었다.

화석인류학자들은 오늘날 '루시'(Lucy)로 알려진 화석 인류의 성을 결정하는 데에 신체 크기와 골반 형태학을 사용했다. 1970년대에 뜻밖의 횡재를 얻었고 이 화석은 세계적인 주목거리가 되었다. 즉시 그 화석의 성이 결정되고 이름이 붙여졌기 때문에, '루시'가 진짜 여성인지를 의심하는 사람은 거의 없었다. 왜 '페퍼 병장'이 아니라 '루시'인가 하는 이야기는 잘 알려져 있다(Hager 1991, 1997; Zihlman 1997; Schiebinger 1999). 골반 조각들을 포함하여 그 해골을 발견한지 24시간이 못되어, 그리고 유골을 체계적으로 분석하기 전에, 도날드 요한슨과 그의 동료들은 그 해골을 비틀즈의 노래 제목을 따라 '루시'라는 이름의 여성으로 선언했고, 그런 식으로 이 개인의 성(과 젠더)은 영원히 결정되어 버렸다.

후일 요한슨과 다른 동료들은 그 유골을 철저하게 분석했고, 그것을 여성으로 판정한 자신들의 최초의 해석을 확증했다. 그 표본을 새로운 종으로 분류한 일은 원생 인류 선조의 성 이형성의 특성과 범위를 새롭게 바라보게 만는 계기가 되었다(Day et al. 1980; Kimbel & White 1988). 다른 형질인류학자들이 관골(髖骨, hipbone), 천골(薦骨, sacrum), 그리고 '루시'의 재구성된 골반을 다시 검토했을 때, 그 표본의 여러 측면들은 실제로 그것을 여성보다는 남성에 가까운 것으로 보이게 했다(Tague & Lovejoy 1986; Hager 1991). 그 결과는 처음에 그저 놀라울 뿐이었다. 이것은 '루시'가 사실상 남자였는데 해골의 크기가 작기 때문에 남자로 성을 결정했었다는 것을 의미하는 것인가? 또는 몸집이 작은 인간의 성을 결정하기 위해 사용되는 근대적 특징들은 이 종과 아무런 연관이 없다는 뜻인가?

사실 그 모두가 참이다. 요한슨과 그 동료들은 개체의 왜소한 크기를 근거로, 남성과 여성에 대한 '대소' 개념과 일관된 방식으로 그 유골을 여성으로 동일시했던 것이다(Kimbel & White 1988). 근처의 발굴터에서 더 큰 표본들이 발견되었을 때 그들은 '루시'의 작은 체격을 강조했다. 그와 동시에 요한슨은 현생 인류의 골반 기준을 사용하여 '루시'의 성을 판정했던 것인데(Johanson & Edey 1981, Johanson et al. 1982) 오늘날 형질인류학자들은 그 기준들이 비현생 인류 종들에게도 적합한 것인지를 의문시한다.

골반 유골이 있을 경우, 형질인류학자들은 현생인류의 성 결정 기준들을 화석 표본에 적용하는 경향이 있다. 그러나 수 백만 년 전부터 수천 년 전까지 여러 시대의 화석 관골을 내가 검사해본 바로는 현생인류의 골반이 성에 따라 다른 것은 진화 단계의 후반부에 발달되었기 때문인 것이 밝혀졌다(Hager 1991, 1996). 오스트랄로피테신[6] 같은 초기 인류의 성차는 현생인류의 그것과는 다르다. 현생인류의 성차는 재생산의 성공이 큰 두개골을 가진 태아의 성공적인 출산에 의존하기 때문에 여성 편에서 넓은 골반을 선택한 결과이다(Rosenberg 1992). 오스트랄로피테신은 작은 두개골을 가졌고 따라서 분만을 근간으로 하는 골반의 이형성은 미미했다. 초기

인류의 골반이 현생 인류의 것과 똑같은 종류의 성차들을 가질 것이라고 기대해서는 안 되고, 따라서 근대적 기준에 의거하여 남성이나 여성을 구별해서는 안 된다. 약 200만 년 전부터 인간종의 뇌의 크기는 괄목할 만큼 확장되었고, 성에 따른 골반의 차이가 화석인류에게서 나타났던 것은 바로 이 때이다. '루시'의 골반은 그 종에게 고유한 것이었고 그 사실은 성차에 따른 골반 크기의 차이를 염두에 둘 때 가장 잘 평가된다.

주어진 화석을 분석하는 초기 단계에 성을 확정짓고 나면 그 개체를 재구성하는 단계로 이어지고, 그때부터 작업은 가속화된다. '루시'의 성을 여성으로 결정한 것은 오스트랄로피테쿠스 아파렌시스 종과 인류의 진화 초기의 성적 이형성에 관한 다른 모든 해석들에 지대한 결과를 초래했다는 것을 이해하는 것이 중요하다. 예를 들면, 요한슨과 그의 연구팀은 '루시'가 발견되었던 에디오피아, 하다르의 다른 지역들에서 또 다른 화석들을 발견했다. '루시'는 작았고 여성으로 판정되었기 때문에, 골격이 큰 다른 것들은 여지없이 '남성'으로 결정되었다. 요한슨은 표본들의 크기의 현저한 차이를 성차에 귀속시켰고, 그리하여 심지어 오늘까지도 오스트랄로피테쿠스 아파렌시스 종은, 남성이 여성보다 두 배나 큰 현생 오랑우탄처럼, 남성과 여성이 뚜렷이 다른 성적 이형성을 확교하게 갖는 것으로 간주된다(McHenry 1991). 가장 오래된 인간종 선조들이 성에 따라 매우 이형적인 것으로 생각되는 것은 여성으로 결정되었던 '루시'의 작은 인간종에 대한 인식의 직접적인 결과이다.

남성이 여성보다 두 배나 클 정도로 우리 선조들에게서 성차가 크다면, 남성과 여성 간의 불평등은 신체적 의미에서나 사회적 의미에서 강조되기 마련이다. 높은 비율의 성 이형성은 여성을 작고 종속적으로, 그리고 남성을 크고 지배적으로 보는 시각을 강화시킨다. 그림 1.4(이 책 1장에 수록된 쉬빈지의 글을 참조할 것)는 남성과 여성의 체격이 유의미하게 다를 때 과거의 삶이 어떻게 재구성되는지를 보여주는 좋은 예이다. 그 이미지는 '루시'가 배우자와 짝을 이루고 남성 배우자는 지배자와 통제자의 역할을 하는 것으로 그려진 러브조이의 모델에 힘을 실어준다. 이러한 이유들로 해서 초기 인간종의 성 결정 문제는 화석 자체의 범위를 넘어 근본적인 유의미성을 띄게 된다.

그러나 몇몇 화석인류학자들은 아파렌시스 자료에 관한 단일종 가설을 반박한다. 그들은 관찰된 이형들이 성적 이형성을 가진 하나의 종에 들어맞는다는 주장에 반대하면서, 그 대신 '루시'를 포함하여 여성으로 판정되었던 작은 화석 표본들이 사실 더 큰 표본들에 속한 상이한 종이라고 주장한다(Day et al. 1980; Zihlman 1985). 아파렌시스 자료에 대한 이 해석은 '루시'가 여성이었다거나 우리 선조들의 성 이형성이 강했다는 것을 직접적으로 시사하지는 않는다. '루시'는 여성일 수도 또는 여성이 아닐 수도 있다. 그러나 그 결정은 표본의 크기가 작다는 사실에 달려 있지 않다.

성 결정에서 표본의 크기가 갖는 중요성은 아동에게까지 확장되었다. 에디오피아에서 발견된 오스트랄로피테쿠스 아파렌시스

종운 개체가 사망 당시 세 살 정도 되었을 것으로 간주됨에도 불구하고 여성으로 판정되었다(Alemseged et.al. 2006). 현생 인류의 경우, 사춘기 아동은 유골에 이차 성징들이 나타나지 않기 때문에 정확히 성을 결정하기 어렵고, 따라서 개체발생적 패턴이 훨씬 더 불안정한 3살난 인간종의 성을 결정짓는다는 것은 의심스러운 일이다.

성 이형성과 인간종 화석을 해석하는 모든 단계에서 성결정이 갖는 연관성은 케냐에서 발견된 새로운 화석에서 볼 수 있는 초기 호모 표본에 의해 입증된다(Spoor et al. 2007). 우리의 선조들의 성 이형성 개념을 강화시키는 사례로, 작은 호모 에렉투스 유골은 화석 두개골의 '상대적 대소' 척도를 근간으로 여성으로 결정되었다. 이 해석은 그 표본이 분류학적으로 호모 에렉투스[7]에 속하며 그 종이 단일종으로서 성 이형성을 갖는다는 것을 확증해준다.

초기 인간종의 성 결정은 당연히 어려운 일이다. 한 편으로, 가장 신빙성 있는 현대의 골반 중심의 성 기준은 원시 인간종의 성 결정과는 무관하다. 다른 한 편으로, 크기와 건장함에 의해 성을 결정하는 것은 편향적인 결과를 낳을 수 있는데 그러한 외형적 특징들은 정상 체격을 알 수 없는 남녀에 대한 '상대적 대소 관계' 개념에 기초한 것이기 때문이다. 정확도를 높이기 위한 성 결정 기준의 세련화는 왜곡된 외적 특성들의 올바른 판별에 달려 있다. 그것은 화석인류학자들이 과거 시대의 남성과 여성들에 대한 고착화된 관점에 기반한 성 결정에 문제 제기를 할 때만 가능하다. 화석 인간종의 성 결정 과정에 대한 재평가는, 비록 식별하기가 어렵다고 해도, 편견이 존재한다는 것, 그리고 과거의 삶의 재구성이 바로 그 성 결정에 의해 지대한 영향을 받는다는 것을 인식하는 것에서 출발한다.

현생 인류는 중간 수준의 성 이형성을 가지며 현대적 성 결정 기준은 비교적 정확하다. 고고학 사적지에서 채취한 현생인류의 두개골은 화석 인류에 비해 더 온전하고 보존 상태도 더 낫다. 그 뿐만 아니라 표본 크기가 큰 경우가 빈번하기 때문에 특수한 환경과 문화적 맥락 내에서 개체군의 변이를 고려할 수 있다. 무덤에서 발견한 두개골로 성을 결정하는 것은 고고학 사적지의 젠더 연구를 위한 기초가 된다. 부장품에서 보이는 남녀 패턴들, 활동의 수위, 질병, 트라우마, 그리고 생존율에 대한 해석은 모두 정확한 성 결정에 달려있다.

1992년 호주에서 열린 여성 고고학 학술대회에 참가한 드니스 던론(Denise Dunlon 1993)은 인간 유골의 성 결정 과정에 내재한 남성 편향성에 관한 와이스의 발견(1972)을 재검토했다. 150년대부터 1990년대 사이에 발견된 호주 원주민의 고고학적 표본들의 성비를 조사하면서, 그녀는 남성으로 판정된 유골의 비율이 기대치 성비 50퍼센트를 훨씬 넘으며 심지어 어떤 사적지에서는 90퍼센트까지 되는 것을 발견했다. 던론은 남성 쪽으로 성비가 기우는 것은 아마도 상이한 매장 풍습 때문일 수도 있다고 생각했지만, 건장한 유골의 성을 결정할 때 여성 배타적인 편견의 가능성을 배제하지는 않았다. 더욱이 호주 원주민 샘플은 비원주민에 비해 남성으로 판정되는 일이 잦은데, 그것은 남성이건 여성이건 그 원주민의 건장한 유골 자체가 그런 방식의 성 결정에 기여한다는 사실을 가리킨다.

카렌 본(Karen Bone 1993) 역시 북미와 남미 고고학 사적지에서 채굴한 수많은 대형 무덤들을 분석하는 과정에서 와이스(1972)가 처음으로 발견했던 그 편향성을 다시 확인하였다. 1970년대 이후 형질인류학자들은 성 결정의 정확도를 높이기 위해 골반 아닌 것들보다 골반의 외적 면모를 특권적인 위치에 놓았다고 본은 말한다. 그녀는 이것이 유골의 성 결정에서 편향성을 줄이게 했다고 믿는다. 그러나 형질인류학자들이 주관적으로 비(非)골반 특성들을 판정할 때마다 남성 편향적인 성비는 증가한다. 본은 또한 다른 성 편향적 성비는 남성과 여성을 매장하는 방식의 차이에 기인하는 것을 알아냈다.

필립 워커(Phillip Walker 1995)는 고고학적 표본을 사료(史料)와 함께 조사하면서 부실한 보존과 성 편견의 문제를 탐구했다. 특히 두개골 형태학에 초점을 두면서, 그는 두개골의 성이 결정되는 방식에 깃든 편견, 그의 표현을 빌리면, '성 결정의 성차별주의'를 발견했다. 워커는 폐경기를 지난 여성 유골에서 일어나는 변화 때문에 고고학 샘플에서 여성 고령자들이 정확하게 표상되지 않는다는 사실을 발견했다. 그 여성들은 흔히 남성으로 판정되곤 하는데, 그것은 나이가 많아질수록 여성의 두개골이 커지기 때문이다. 뿐만 아니라, 워커의 비교 샘플들을 통해 나이가 들어가면서 몸집이 크고 거칠어지는 젊은 남성이 왜소한 두개골을 가졌을 경우 여성으로 오인되는 것을 볼 수 있다.

워커는 연령과 연관하여 두개골이 비슷한 변화를 겪는다고 지적한다(Phillip Walker 2005). 특히 그는 성을 결정짓는 중요한 기준이 되는 보다 큰 좌골패임(sciatic notch)은 개체가 나이 먹을수록 여성적인 형태에서 남성적인 형태로 변한다는 것을 발견했다. 두개골과 마찬가지로, 이 경우에도 나이든 여성은 남성 범주로, 그리고 젊은 남성은 여성 범주로 배정되기 쉬운 것이다.

워커는 '성 결정의 성차별주의'는 끝난 것이 아니라, 오히려 남성을 크고 강건하게 그리고 여성을 작고 유약하게 보는 " '전형적인' 여성 형태학의 문화적 전형"이 무의식적 관념에 깔려있다고 믿는다(1995, p.36). 와이스의 획기적인 연구(1972)가 있은 지 20년도 넘은 지금, 워커는 유골의 성 결정에서의 편견이 지금도 남아있는 것은 고고학자들이 표본에서 '건장한 여성'을 인지하거나 용인하지 못하기 때문이라는 것을 증명한 것이다. 더욱이, 워커의 연구는 나이든 여성들이 크고 튼튼한 두개골을 갖고 있었고, 많은 선사시대 여성들이 활동적이고 역동적인 삶을 살았으며 건장한 두개골을 가질 잠재성이 있다는 사실이 알려진 후에도 남성과 여성을 '상대적 크기'로 인지하는 일이 계속되었음을 보여준다.

크고 튼튼한 여성을 부정적으로 보는 편견이 남아있기는 하지만, 워커와 같은 연구들(1995)은 골반 외의 다른 특성을 기준으로 할 때 성비가 잠재적으로 남성 편향적이 된다는 것을 인식하게 함으로써 여러 연구자들로 하여금 성이 결정되는 과정을 재평가하도록 독려했다(Murail et al. 1999, Kjellström 2004). 점차 학자들은 과거의 고고학과 화석인류학을 지배했던, 여성이 수동적이고 비활동적이라고 당연시했던 가정을 거부하기 시작했다. 그 대신 그들은 선사시대 여성이 몸집이 크고 강건하며, 활동적이었고, 근육과 뼈가 단단했을 수도 있다는 가능성을 열어두었다. 뿐만 아니라 그들은 나이든 여성과 젊고 왜소한 남성의 경우, 연령과 연관된 변화들을 간과함으로써 두개골 자료를 오인하지 않도록 주의를 기울이기 시작했다. 오늘날의 연구는 남성 편향적인 성비의 주요 근원이었던, 신체 크기와 건장함과 관련된 대부분의 주관적 지표들을 거부한다. 오늘날 이 분야에서 연구하는 학자들은 남성편향성을 감소하거나 제거할 수 있기를 바라면서, 표현형에 있어서 남성과 여성이 중첩되는 부류의 두개골을 기준으로 삼아 성 결정 과정에서의 비정량적 특성들을 제거하려고 애쓴다.

다양한 분야에서 현생인류 남녀 개체들에 관한 많은 골 생물학 연구는 형질인류학자로 하여금 건장한 남성과 왜소한 여성이라는 개념을 둘러싼 문화적 전형들을 수정하도록 촉구하였다. 뼈의 발달과 퇴행에 많은 요소들이 관여하는 현생인류의 남녀 개체를 연구하는 골 생물학의 복잡성에 대한 이해는 지난 20년 동안 괄목할 만큼 신장되었다(Fausto-Sterling 2005). 예를 들면, 워커는 폐경기를 지난 여성의 두개골에 생긴 변화와 연관된 편견을 밝히고 있는데(Walker 1995), 그의 작업은 현생인류의 나이 많은 여성과 그들의 골 조직에 관한 우리의 지식이 증대된 직접적인 결과이다. 우리가 현생인류의 남성과 여성의 생물학에 대해 더 많이 알게 될수록, 우리는 과거의 남성과 여성들에 관한 편견과 그로부터 귀결되는 성 결정의 편향성을 더 잘 밝힐 수 있다.

유골 스스로 말하게 하라

인간의 유골은 개인이 죽은 후에도 이야기를 들려준다. 유골의 성을 동일시하는 것은 다른 무엇보다도 우선 유골에 내재된 사실들에 주목하는 것이다. 젠더분석은, 특히 고고학에서, 심층 과거 시대의 유골이 우리 문화에 속한 것이 아니라는 사실, 그리고 우리의 해석을 통해 오늘날 우리 문화를 지배하는 편견들이 재생산되지 않게 해야 한다는 것을 상기시켜준다.

오래된 인간 유골에 이름을 붙이는 화석인류학의 오랜 관행은 화석의 의미를 해석할 때 객관적인 태도를 유지하기 더 어렵게 만든다. 이름은 표본을 문화적 맥락 안에 위치시킨다. 발견된지 얼마 안 된 표본에 매우 젠더적인 '루시'라는 이름을 붙임으로써, '그녀의' 성과 젠더는 돌에 새겨졌다. 일찍이 1890년대부터 화석은 성이 동일시되면 곧 이름이 붙여졌고 그와 동시에 젠더적 함의들을 획득했다. '자바인', '필트다운인'. '베이징인', '크로마뇽인', '플레스 부인' 같은 이름이 어떤 이미지를 환기시키는지 상상해보라. 또는 1959년에 시작된 탄자니아의 유명한 올두바이 협곡 유적지에서 나온 인간 종에게 루이와 메리 리키가 붙인 이름들이 어떤 이미지를 연상시키는지 상상해보라. '호두까기 인간', '자니의 소년', '조지', '신데렐라', 그리고 '약골' 등은 유명한 이름들 중 몇 가지 예에 불과하다(Leakey 1984). 2000년에 케냐에서 발견된 초기 두발보행 인간에게 붙여진 '밀레니엄 맨'은 최근의 예이다(Pickford & Senut 2001).

이름들은 사람의 마음을 움직이고 일반 대중으로 하여금 과학자들이 인간 조상으로 승격시킨 뼈들에 관심을 갖게 만든다. 사람들은 그 유골들을 자신들이 이해할 수 있는 식으로 지칭하기를 좋아하며 화석의 성을 동일시하는 것은 그런 과정의 중요한 부분이다. 그러나 과학자가 유골의 특징들을 충분히 분석했건 아니건, 이름은 유골의 성 또는 젠더의 문제를 한 순간에 봉합해 버린다. 많은 경우, 이 젠더적인 이름들은 과거에 대한 우리의 시각을 부당하게 젠더화한다. 과학자들은 그들이 발굴한 유골에 이름을 붙이는 일을 계속하고 있지만, 여성 유골을 명명하는 일에는 약간의 진보가 있었다. 오늘날, 어떤 유골이 여성으로 판정될 때, 화석인류학자들은 '여성적인' 이름을 붙이거나 '여성'Woman 같은 추상적인 명칭을 붙이는 경향이 있다. 이것은 대중문화계나 과학계에서 '인간'Man이라는 일반명사를 사용하는 것으로부터의 선회를 반영하는데, 이 선회는 명명 관행에 대한 여성주의적 비판에서 귀결된 것이다.

과학자들이 과거 인간의 유골을 발견하고 그 성을 결정할 때, 아무리 미미하더라도, 성의 역사는 바뀐다. 모든 새로운 발견은 과거의 남성과 여성에 대해 조금 더 가르쳐주고, 그리고 우리는 그들의 유업인 까닭에 우리 자신에 대해서도 조금 더 알게 된다. 어쩔 수 없이 이야기가 복잡해지는 까닭은 유전학, 호르몬, 그리고 개인의 생활 체험이 합동하여 유골과 성적 특징들을 형성했기 때문이다. 그 요소들 때문에 유골의 성을 동일시하는 것은 더 힘들어지지만, 그 '독해'가 풀어내는 이야기는 엄청나게 풍요로울 때가 많다. 현대의 젠더 편견을 벗어나 가능한 한 자유롭게 유골 스스로 자신의 이야기를 하게 하는 것만이 우리가 과거의 남성과 여성을 잘 이해할 수 있는 유일한 길이다.

앞으로는 유골의 성을 결정할 때 유전자형(genotype) 분석이 표현형(phenotype) 분석을 대체할 것이다. 고생대(古生代) DNA 연구는 지난 수년 동안 대단히 성장했고, 새로운 방법과 기술에 의해 이 분야는 유골의 성을 결정하는 대단히 유망한 방법으로 확립될 것이다. 고고학적 방법에 의해 발굴된 자료에서 추출한 고생대 DNA 연구는 이미 아동 유골의 성을 포함하여 유전자의 성까지 밝히는 성과를 거두고 있다(Kaestle & Horsburgh 2002). 물론 화석인류학자와 생고고학자(bioanthropology)들이 그 방법들을 뼈 분석 일과업무에 적용하는 데는 중대한 난관들이 남아있기는 하다(Brown 2000). 혁신적인 기술이 새로운 비판적 여성관과 결합할 때 유골의 성 결정의 정확도는 높아질 것이다.

지난 30년 동안 젠더분석이 화석인류학과 고고학에 중요한 변화를 가져왔음은 의심의 여지가 없다. 젠더분석은 가장 오래된 인간종 조상들에 대한 우리의 이해를 풍요롭게 해주었고, 특히 인간의 진화 과정에서 남성과 여성이 된다는 것이 무엇을 의미하는지를 더 잘 이해하게 한다. 이 변화들은 비교적 단순하면서도 근본적인 물음을 던짐으로써 실현된 것들이다. 즉 여성들은 어디서 무엇을 하고 있었는가? 유골의 성 결정에 편견이 개입하는가? 그 편견의 성격은 어떤 것인가? 여성 배제적인 편견들이 인지된 것, 그리고 이제 여성을 우리의 옛 조상들의 삶에서 능동적인 참여자로 볼 수 있게 된 사실은 이 변화가 바로 우리에게 이어지고 있다는 것을 시사한다. 젠더분석이 계속될 때 우리는 과연 어떤 새로운 통찰을 얻게 될 것인가?

*본서 기획에 참여할 수 있는 기회를 주고 믿을 수 없을 정도로 인내심을 보여준 론다 쉬빈저 교수에게 깊이 감사한다. 운 좋게도 나는 마가렛 콩키의 이웃에 사는 친구이자 동료로 지내왔다. 이 글을 집필하고 있는 중에, 위대한 여성주의자 베티 프리단이 그녀의 85세 생일에 서거했다. 나는 여성들의 삶과 미래의 많은 딸들의 삶이 갖는 가능성들을 깨달을 수 있게 해준 것에 대해 그녀에게 감사한다. 늘 그렇듯이, 한결 같은 도움을 주는 존 홀슨에게 고마움을 전한다.

• 제4장 주석

1) Australopithecus africanus: 오스트랄로피테쿠스 아프리카누스는 오스트랄로피테쿠스 속 중 제일 처음 발굴된 화석으로 1924년 레이먼드 다트가 남아프리카 공화국에서 발견했다. 레이먼드 다트가 발견한 이 화석을 '타웅 아이'라고 한다. 200만~300만 년 전에 살았으며 아마도 두 발로 걸었을 것으로 보인다.(옮긴이 주)

2) Australopithecus robustus: 현재는 파란트로푸스 속(屬)으로 넘어왔다. 파란트로푸스 로보스투스(Paranthropus robustus)는 화석 인류의 하나이다. 1938년 남아프리카 공화국에서 의사인 브룸 씨에 의해 발견되었으며, 최초로 발견된 파란트로푸스이다. '로보스투스'라는 이름은 '건장하다'라는 말에서 유래되었다. 약 200만~120만 년 전에 살았다. 남성의 키는 약 120cm쯤 되고 몸무게는 54kg 정도였으며, 여성의 키는 1m이고 몸무게는 40kg 였다. 이것으로 보아 성별에 따른 차이가 큼을 알 수 있다. 뇌 용량은 약 410~500cc 정도 되었다. (옮긴이 주)

3) Paranthropus: 화석인류의 한 속(屬). 처음에 브룸에 의해 남아프리카 공화국의 크롬드라이와 스와르트크란스에서 발굴된 건장한 형태의 오스트랄로피테쿠스에 부여되었다. 그 화석은 그것이 다른 오스트랄로피테쿠스와 독립된 속이라고 생각하지 않는 학자들에게는 오스트랄로피테쿠스 로부스투스(Australopithecus robustus)로 알려져 있다.(옮긴이 주)

4) Homo rudolfensis: Turkana 호수 근처에서 호모 하빌리스와 거의 같은 시기에 인간 호모 루돌펜시스가 발견되었다. 이 이름은 그곳 케냐의 호수의 옛 이름을 딴 것으로 'Rodolphe 호수의 인간'을 의미한다. 이 화석의 발견으로 아프리카 대륙의 첫 인간들이 두 종류였다는 사실이 뒷받침되었다. 두 종의 근본적인 차이점은 두 번째 종이 그때까지 가장 큰 뇌를 가졌다는 것이었다.(옮긴이 주)

5) Homo habilis: 약 250만 년 전에 아프리카에서 나타난 호모 하빌리스는 처음으로 인간(Homo) 종으로 분류되었고, 인간종의 이름으로 habilis(재주가 좋은, 능한)라는 수식어를 받은 첫 영장류이다. 탄자니아 올두바이(Olduvai) 계곡에서 발견된 이 유골들은 석기를 사용하였던 가장 오래된 인

간임을 밝혀주었다.(옮긴이 주)

6) Australopithecines: 오스트랄로피테신은 인간 종에 속하면서 서로 밀접한 관계에 있는 2개의 속을 가리키는 용어이다. 이들은 플리오세에 등장하였다. 오스트랄로피테쿠스 속 (Australopithecus)은 약 400만 년 전에 등장했고 '가냘픈 오스트랄로피테쿠스'로 불린다. 그 반면에 약 270만 년 전에 등장한 파란트로푸스 속 (Paranthropus)은 '건장한 오스트랄로피테쿠스'로 불리기도 한다.(옮긴이 주)

7) Homo erectus. 직립보행 하는 인간 종을 가리키는 이름.(옮긴이 주)

제5장

생활세계 주변에서 일어나는 변화

–젠더분석, 여성주의 방법, 그리고 지구환경과학

|루이즈 포트먼, 하이디 발라르드, 루이즈 스펄링*|

이 글에서 우리가 주장하려는 것은 다음과 같다. (1) 일련의 학문적 · 정치적 사건들을 배경으로 현대 자연경관과 생태시스템에 대한 인위개변(人爲改變)의 결과를 확인함으로써 여성의 노동과 지식이 특정 과학자들의 시야에 들어오게 되었다. (2) 이러한 상황 전개는 젠더분석과 여성주의 조사방법으로 하여금 지구환경과학의 과정과 내용에 영향을 미칠 수 있게 했다. 우리가 수행한 사례연구는 삼림생태학과 묘목 재배에 관한 것이지만, 우리의 주장은 더 일반적으로 적용된다. 여성이 남성들의 경작지 주변에서 삼림을 가꾸는 것처럼, 우리는 젠더분석과 여성주의 방법이 과학의 실천 영역의 주변에서 변화를 일으켜왔다는 것을 보여줄 것이다.

물리학 같은 분야와 대조적으로, 인간을 참조하지 않은 채 지속적으로 지구과학에 대해 논의하는 것은 불가능하다. 대기는 인간의 영향력을 공간과 시간 너머로 전파하는 까닭에(Matson 1996), 그러한 영향이 생태시스템에서 실증적이고 지속적이기 위해 인간이 특정한 시간과 특정한 장소에 현존할 필요조차 없다.[1] 생태시스템의 거의 대부분이 인간에 의해 지배되고 있음을 깨달음으로써 지구환경 과학자들은 그들의 연구에서 사회 구조와 과정의 중요성을 깨닫게 되었다. 농부, 산림관리자, 수렵자, 그리고 다른 여러 사람들의 행위가 지구 생태시스템에 영향을 미치는 노동 장소인 농촌의 자연조경의 경우 특히 그러하다. 그러므로 농경 생산 시스템에 관한 지식은 지구환경과학과 밀접하게 연관된다.

젠더분석과 지구환경과학

보킹(Bocking 2004)이 지적하듯이, 연구 의제는 무지의 영역을 창조한다(Chambers 1983, Fickel & Vincent 2007 참조). 농산물 생산 시스템은 남성이 농부와 삼림노동자인 반면 여성은 가정주부라는 가정 하에 수십 년 간 지속되어왔다. 이것은 여성이 지역 생태시스템에 대해 무엇을 알고 그 안에서 무슨 일을 하는지에 대해 엄청나게 커다란 무지의 영역을 만들어냈다.

1970년, 덴마크 경제학자 에스더 보즈럽의 고전적인 책『경제발전에서 여성의 역할』의 출간은 이 무지의 영역을 잠식하기 시작한 학문 연구의 유용한 수준기표가 된다.[2] 보즈럽은 여성이 노동을 했다는 것을 처음으로 인지한 학자는 아니다. 사실『경제 발전에서 여성의 역할』의 참고문헌에서 그녀는 고전적인 민속지들 뿐만 아니라 당시의 수많은 경험적 연구서들을 인용하고 있고, 그 중에는 여성의 지위와 노동에 관해 국가 행정부나 UN에서 연구지원을 받은 것과 여성이 집필한 것이 많이 있다. 그러나 그녀는 경제학이 형성되기 시작하던 시기에 국제적으로 유명한 경제학자였다는 점에서 이전의 저자들과 다르다. 뿐만 아니라, 다국적 그리고 쌍무적 개발 원조가 국제무대에서 확립되고 강조점이 기간산업에서 인간적인 기본 필요로 막 전환되었던 시기에, 보즈럽은 개발과 연관된 여성 노동의 중요성과 몇몇 개발 노력들이 여성에게 끼치는 유해한 효과에 대해 말했다. 그러므로 그녀의 목소리는 적어도 어느 정도 비중 있는 것이었다. 미국 상원의원 찰스 퍼시가 해외원조 퍼시 수정조항[3)]으로 알려진 것을 도입했던 1973년에 미국에서 중요한 개발이 개시되었다. 퍼시 수정조항은 국제개발을 위한 미국 국제개발처(USAID)에게 농경을 포함한 네 가지 범주에 여성을 투입시킬 것을 요구했다. 퍼시 수정조항이 실제로 실행에 옮겨짐에 따라, 농산물 생산 시스템에서 여성의 역할에 관한 정보가 필요해지기 시작했다.

보즈럽의 책이 발간된 지 20년이 경과되었을 때 농산물 생산 시스템에서의 여성 노동에 관한 보고 자료를 만듦으로써 거대한 무지의 영역을 허무는, 거의 독점적으로 여성들에 의해 쓰인 전문 연구서들이 꾸준히 등장했다. 그 학자들의 명단을 결코 완벽하게 구비할 수 없고 어쩔 수 없이 부분적일 수밖에 없겠지만, 어떤 명단이건 다음 인물들은 반드시 포함되어야 할 것이다. Meena Acharya, Lynn Bennett(1981), Elizabeth Croll(1985), Jean Davison(1988), Carmen Diana Deere(1982), Ruth Dixon(1978), Louise Fortmann(1981, 1984), Carol MacCormack(1982), Shimwayi Muntemba(1982). 농림업 분야에서는, Louise Fortmann, Dianne Rocheleau(1985). 그리고 삼림관리의 경우 Bina Agarwal(1986), Carol Colfer(1981).

"여성주의자들은… 세계에 대해 보다 나은 설명을 제시해야 한다"고 했던 다나 해러웨이(1999, 175)의 훈령과 보조를 맞추어, 이들의 연구는 다른 연구자들뿐만 아니라 국가 수행기관과 기부자들에게 여성 농부, 여성 산림경영자, 그리고 여성 삼림노동자들의 존재를 부각시켰다. 그들은 이렇게 묻는다. 여성들은 어떤 일을 하는가? 여성은 어떤 자원을 얼마나 많이가져야 일할 수 있게 되는가? 여성들은 어떤 일에 책임을 지는가? 그들은 어떤 일을 실행하고 있는가? 현실 세계에 대한 설명에 따르면 여성의 노동과 지식은 농촌 생계 시스템의 필수적인 부분이었다.

1970년대 후반에 전통 지식이나 토착 기술 지식(ITK: Indigenous technical knowledge)이라는 제목 아래 농산물 생산자들에 관한 지식에 보다 체계적인 관심이 주어지기 시작했다(Brokensha et al. 1980과 비교).[20] ITK가 성장 영역이 되자(특히 보존과 연관하여), 학자들(대부분 젠더 전문가들)은, 이것에만 국한된 것은 아니지만, 당시 여성들의 다음과 같은 전문 지식을 동일시하고 가시화시켰다. 약초 재배(Lewis & Lewis 1990, Caniago & Siebert 1998). 생존 기술로서 생태적, 정치적, 그리고 사회적 지식(Rocheleau 1991), 삼림 생태학(Leach 1994), 민간 수의학 지식(Davis 1995), 식량(Kuhnlein & Receveur 1996), 관목 기술(Ohmagari & Berkes 1997). 젠더 전문가들의 저서에서 언급되지 않은 다른 노동에서도, 일시적이긴 하지만, 점점 여성의 노동과 지식의 중요성이 드러나기 시작했다.[5] 조경과 보존 분야에서 이에 포함되는 것으로 Westoby(1989), Campbell(1996) 그리고 Hulme과 Murphree(2001)를 들 수 있다,

1970년대부터 이 같은 정치적 · 지성적 사건들에 의해 활성화된, 그 다음에 부상하는 문제는 지속적으로 축적되는 젠더분석의 성과가 과연 지구환경과학에 영향을 미칠 수 있는가 하는 것이다. 예를 들면, 한 가지 가능성은 묘목과 가축 농장경영과 관리에 관한 여성의 지식을 제도적 과학 연구에 융합하는 것이다.[6] 우리는 이 가능성에 대한 분석은 다른 연구자들에게 맡기기로 한다. 두 번째 가능성은 여성주의 연구 방법을 통한 통합이다. 우리는 다음 절에서 참여적 연구 방법에 초점을 두면서 이 선택지에 대해 논의하려 한다.[7]

여성주의적 방법과 환경과학: 참여적 방법의 사례들

우리는 생물리과학(biophysical science)에서 최고 수준의 참여적 연구 방법은 곧 여성주의적 방법론이라는 가정에서 출발한다. 이 가정은 과연 타당한가? 자세한 답은 이 글의 범위를 넘어선다. 그러나 참여적인 연구 방법이 의심의 여지없이 여성주의적이라는 주장은 여성주의 과학 분석에서 견고한 근거를 갖고 있다. 생물리학 연구에서 상이한 종류의 지식과 상이한 지식 획득 방식에 사람들을 포함시키는 것은 론지노의 객관성 모델에서 요청된 확장된 포괄성을 체현한다(1990, 2002). 아래의 두 사례연구에서 볼 수 있듯이, 참여적 연구자들은 상이한 종류의 지식을 가진 다른 사람들의 협력 없이는 자신들이 엄밀하고 의미 있는 연구를 수행할 수 없다는 것을 잘 알고 있다. 따라서 참여적 생물리학 연구는 해러웨이의 상황적 지식(situated knowledge)과 다중 지식생산 방식(multiple ways of producing knowledge)개념을 수용한다(1999). 참여적 연구자들은 또한 객관성이란 모든 것을 조망하는 관점 없는 신의 시각이 아니라 필연적으로 체현적(embodied)이며, 따라서 모든 지식이 상황적이고 부분적이라는 해러웨이(1999, 1176)의 주장에 동의한다. 참여적 생물리학 연구는 구체적인 장소와 체현적 지식을 통해 구성된다. 끝으로 이 방법은 Bug(2003), Conkey(2003), Cosgrove(2000), Deutsch(2004), Katz(1994), McDowell(1992), 그리고 Wolf(1996) 같은 여성주의 학자들이 여성주의 과학과 여성주의적 연구 방법의 속성으로 간주하는 특징들을 체현한다. 구체적으로, 참여적 생물리학 연구는 근본적으로 협력적이다. 이 연구 방법은 협동연구자들을 의도적으로 이용하지 않는다. 필연적으로, 그것은 의식적으로 사회 · 정치적 맥락 안에 위치하며, 연구 과정과 반성적 실천을 명시적으로 설명한다. 연구 참가자들 간의 상호작용은 참여적 연구자들로 하여금 그들이 사용하는 범주와 가정을 비판적으로 그리고 상호적으로 평가하도록 이끈다. 이와 마찬가지로, 협동연구자들의 직접 체득한 경험들은 복잡하고 이질적이므로, 전통적인 연구자들도 연구에서 그러한 이질성과 특수성을 파악해야만 한다. 어떤 상황에서는, 예를 들면, 여성이 농사일의 대부분을 맡는 아프리카의 참여적 식물 재배법처럼, 참여적인 생물리학 농경 연구는 상황, 노동, 그리고 여성과 소녀들의 지식을 유형적(有形的)인 것으로 만들 수 있다.[8)]

보즈럽 이전의(그리고 불행히도 이후의) 반-여성주의적인 연구자들은 남성의 행위성과 지식, 그리고 그 효과로 이루어진, 또한 그것들을 특권화하는 세계에 대한 설명을 발전시켰다. 여성주의 생물리학 연구자들은 여성의 행위성과 지식, 그리고 그 효과를 통해, 그리고 종종 이전의 판본들을 암묵적으로 그리고 명시적으로 비판적으로 재평가함으로써 세계를 더 잘 설명한다. 다음은 삼림 생태학과 묘목 재배에서 그러한 접근을 보여주는 사례들이다.

참여적 삼림 생태학[9)]

2001년, 비-목재 삼림산물(NTFP) 수확자로 이루어진 작은 그룹은 워싱턴 주, 퍼시픽 노스웨스트 올림픽 반도에서 북서부 연구와 수확자 협회(이후로 협회로 칭함)를 창설했다. 그들은 공유지와 사유지 산업 삼림에서 자라나는 NTFT에 접근하고, 그들의 생계가 달려있는 그 자원들을 협동적으로 관리하고 감독하고자 했다. 같은 해 후반에 삼림생태학자 하이디 발라르드는 학위논문 연구를 수행하기 위해 그 협회와 '올림픽 반도 살랄의 지속가능성과 관리연구 프로젝트'(이후로 살랄 프로젝트[the Salal project]로 칭함)라는 이름으로 협력관계를 형성했다. 살랄, 즉 가우테리아 샬론(화원에서는 '레몬잎'으로 불린다)은 수백만 불 규모의 향취산업계에서 상업적으로 판매된다. 협회 회장 단 컬린즈와 발라르드는 향취 품종들이 전통적으로 삼림전문가들에게 잡초로 취급되었던 까닭에 과학적 연구를 통해 발표된 적이 없었던 살랄 수확의 지속가능성에 대한 연구를 수행하기로 했다.

비-목재 삼림 산물(살랄을 포함하는 향취식물도 그 중 하나이다)의 생태학과 경영 연구는 미국의 생태학자들에게 비교적 새로운 개척분야이므로, 컬린즈와 발라르드는 수확자들의 생태학 지식을 제도권 과학과 결합하는 참여적 연구가 연구 기획 과정에 필수적이라고 판단했다. 살랄 수확자들과 발라르드는 각기 상대방이 갖지 않은 지식을 갖고 있었기 때문에, 상대방이 없이는 그 연구를 효

과적으로 수행할 수 없었다. 수확자들은 연구의 각 단계에서 능동적인 역할을 수행했다.[10)]

연구할 문제의 틀 잡기

처음에 발라르드는 상이한 상품 등급의 살랄 수확에 대한 인센티브를 기반으로, 그리고 그 효과에 기대어 연구를 진행할 생각이었다. 그러나 수확자들을 만나 이야기해본 결과 수확 경험을 통해 자원 보유기간의 효과가 드러났으므로, 수확 집중도를 포함하도록 연구의 틀을 다시 짜야 했다.

수확자들의 가설. 프로젝트는 살랄이 수확의 상이한 집중도에 어떻게 반응할 것인가에 대한 가설을 협동적으로 구상하는 일부터 시작되었다. 수확자들은 사람들이 특정 지역의 상품등급의 산물을 100퍼센트 거둘 경우('최강도의 집중 수확'), 성숙한 줄기를 떡잎과 함께 옮겨야 한다고 말했다. 그러므로 만일 여러 해 동안 연이어 매년 수확한다면 성장은 감소할 것이었다. 그럴 경우 살랄은 한 동안 정상적인 성장 수준을 유지할 수 없을 것이기 때문에 이 수확 방법은 지속가능할 수 없다고 그들은 설명했다. 이용 가능한 상품용 줄기의 33퍼센트만을 매년 수확한다면('약한 집중도 수확') 새 떡잎이 모두 없어지지 않을 것이므로 성장률이 감소하지 않는다는 것이 수확자들의 가설이었다. 발라르드가 이 두 방법을 여러 다른 지역에서 제어 실험 방식으로 테스트해볼 것을 제안했을 때, 여러 수확자들은 기꺼이 실험을 돕겠다고 나섰다.

실험 설계. 수확자들은 하위 계열(understory) 종[11], 특히 상품용 등급의 살랄이 배치되는 층의 조건이 갖는 효과에 관해 잘 알고 있었기 때문에 살랄 프로젝트의 실험 설계에 지대한 기여를 했다. 거의 모든 수확자들은 상품용 등급의 살랄을 생산하는 데 요구되는, 지배적인 묘목 종과 닫집[그늘 또는 다른 대피소를 제공하는 구조물 또는 머리 위 지붕. 이 글의 맥락에서는 나무 닫집을 형성하는 숲에 있는 나무들을 가리킨다. 옮긴이 주]의 폐쇄량 같은 층 조건들을 설명했다. 많은 수확자들은 하위 계열 종들 사이의 관계를 기술하면서, 살랄은 특정한 묘목과는 어울릴 수 있지만 다른 종과는 그렇지 못하다는 것을 지적했다. 어떤 수확자들은 살랄의 성장과 품질을 위한 중요한 요소가 되는 높이 올리기, 흙의 습도, 그리고 흙이 갖추어야 할 다른 조건들을 말해주었다. 전통적 삼림 생태학자들은 이 요소들이 그 지역의 하위계열 종의 분배와 지배력을 결정하는 요소인 것은 알고 있지만, 그것들이 어떻게 상품 등급의 특징들의 분포에 영향을 미치는가 하는 것은 기존의 과학자들에게는 별로 잘 알려져 있지 않았다. 상위계열, 하위계열, 그리고 살랄의 성장과 상품 등급 특질에 영향을 미치는 환경적 요인에 대한 수확자들의 지식을 첨가하였을 때, 오로지 문헌 검토와 생태학자들과의 토의에만

의존했던 실험 기획은 유의미한 정도로 수정되었다. 수확자들이 선택한 조사 지역들은 고도와 삼림 포진 유형이 매우 다양했다. 가장 중요한 것으로, 수확자들과 발라르드는 함께 협력하여 묘목 수확에 중대한 영향을 미칠 수 있는, 정규 과학 문헌에서 쉽게 발견할 수 없는 변수들을 확인하고 활성화시켰다. 2001-2003년 여름 동안 수확자들은 마치 현장 조수처럼 일하면서, 데이터를 수집하고 기록했다. 수확자들의 생태학적 지식은 발라르드의 표준적인 과학적 배경 지식이 제공하는 통계적으로 탄탄한 실험 설계와 묘목 생태학 현장 방법에 의해 보완되었다.

살랄 프로젝트를 시작했을 때, 여러 생태학자들은 발라르드의 수확 실험이 제어된 조건들 아래서 온실에서 수행되어야 한다고 제안했다. 그 접근은 환경적 그리고 인위 개변적 변수들을 제어하고, 살랄 성장에서 생물자원 제거의 효과를 정확하게 측정함으로써 변이를 감소시킬 수 있는 효과적인 방법이긴 하지만, 그것은 올림픽 반도 전역에서 수확자들이 실제로 어떻게 수확하는가 하는 실제 양상을 놓치게 된다. 수확자들의 협력이 없었다면, 발라르드의 연구는 제한된 실천적 관리 또는 정책 가치에 머물렀을 것이다.

수확 치료 정의하기. 실제 수확방식과 지속성의 관계에 기초한 수확 치료를 협업 방식으로 정의한 것은 실천 관행을 반영할 뿐만 아니라 생물자원 제거 실험을 위한 표준화된 생태학적 지침에 의존하는 실험을 이끌어냈다. 2001년과 2002년 가을, 수확자들은 거두어들인 농작물의 무게를 달고 견본 추출을 포함하는 수확 치료법을 적용했다. '이용 가능한 상품 새 묘목'이라는 정확한 정의는 농작물 수확의 실제상황을 정확하게 표상하는 반면, 제거된 생물자원의 양을 계량화하기 위해서는 생태학 연구의 일관성 기준을 충족시켜야만 한다. 두 가지를 모두 성취하기 위해, 수확자 핵심 그룹과 대학 연구자들은 함께 수확 치료법을 정의했고 연구가 수행된 삼 년간의 시즌 동안 그것을 적용했다. 문헌연구에 기반한 방법들은 실제로 수확된 묘목의 모든 부분들을 망라하기 위해 수정되어야만 했다. 수확자들(실험 수확물을 측정한 후 보관하고 판매했던)은 생물자원 제거의 철저함과 일관성의 기준을 충족시키기 위해 수확의 효율성을 조정해야만 했다. 이 방법은 타당성의 훼손을 초래하기보다 오히려 두 종류의 표준들 사이에서 성공적인 네비게이션을 표상하고, 보다 더 타당한 실험 설계를 산출했다. 그 뿐만 아니라, 이 치료법은 수확자들을 위한 구체적인 접근성 조건의 결과로서 정의되었기 때문에, 그 실험은 경영 관리와 정책과도 직접 연결되었다.

데이터 해석하기. 2003년 9월, 협회의 수확자 20명은 각 실험 지역에서 매년 수확 결과를 해석하기 위해 모였고, 그 결과를 커다란 막대그래프로 표시했다. 막대그래프를 읽는 법을 가르치고 토의 시간을 가지면서, 그리고 몇몇 수확자들은 소그룹 토론 그룹의 스페인어를 통역하고 조정하는 역할을 하기도 했다. 수확자들은 왜 어떤 결과들이 그들이 세운 가설과 다른지, 왜 똑같은 수확 치료법이 재배지들마다 상이한 반응을 얻는지, 그리고 그 결과들은 어떻게 삼림경영을 위한 모범사례로 사용될 수 있을지에 대해 토론했다. 결과물 데이터의 분석 과정에 수확자들이 참여한 것은 뜻밖의 결과를 가져왔다. 대부분의 응답자들은 이떤 조건들이 상이한 질병을 퍼뜨리는가 하는 가설을 포함하여, 묘목을 훼손하는 해충과 여러 다른 버섯균이 퍼트리는 질병에 대해 설명했다. 살랄의 상품가격은 잎의 품질에 좌우되기 때문에, 어떤 질병이 있거나 잎에 조금이라도 흠집이 생기면 수확자에게는 근심거리가 된다. 그들의 관찰은 해충과 질병 확산이 문제가 아닐 경우에도 비일관적으로 보이는 결과들을 해석하는 과정에서뿐만 아니라, 실험 과정에서 측정해야 할 변수들의 설계에서 중요한 역할을 했다.

관리와 정책에의 기여도. 수확자의 지식과 경험은 지역 삼림 관리자를 위한 관리 지침 목록을 구성하는 데에 값진 도움을 주었다. 그들의 통찰력은 데이터화되어 프로젝트팀이 개발하는 관리자 지침에 직접 적용되고 있다. 결과를 분석하는 과정에 수확자들을 참여시킴으로써 발라르드는 관리자와 과학자들에게 연구와 실천 모두에 유익이 되는 지식이 무엇인가 하는 정의를 확장시킬 것을 촉구했고, 그럼으로써 연구의 타당성과 엄밀성의 문제들의 '대역너비를 확장시키게 되기를' 바랐다(Bradbury & Reason 2003). 그 목적을 위해, 수확자들의 관찰과 살랄 수확 지대의 휴지농토 관리의 지속가능성에 관해 추천할만한 지침들을 실험 결과를 통해 뒷받침했고, 그것을 삼림 관리자들에게 살랄 프로젝트의 주요 관리 지침으로 제시했다. 살랄 수확에 관한 연구에 대한 참여적 접근은 NFTP 수확 허가와 접근성에 관한 정책은 물론이고, 올림픽 반도에 대한 공유지 관리청의 NFTP 관리를 위해서도 적극적인 성과를 낳을 수 있는 잠재력을 갖고 있다. 발라르드는 지속가능성 연구 결과들을 삼림 서비스 구역 관리자협회, 워싱턴주 천연자원, 토지관리, 삼림 경영 담당 공무원, 그리고 민간 목재회사 직원들에게 제시했다. 그 보고서에는 살랄 수확 실험 결과와 협회의 수확자들로부터 얻은 정보에 기초한 면허권과 관리 혁신을 위한 추천사항들이 포함되어 있었다. 공무원 삼림 관리자는 살랄 수확과 그 영향에 관한 정보를 갖고 있지 않기 때문에, 생태학적 그리고 면허 권고사항들은 보다 나은 삼림 관리와 실천에 기여하며 그 지역 수확자들의 생활수준을 향상시켜준다. 예를 들면, 공유지와 사유지 관리자들은 목재 관리 방법과 그것이 어떻게 하위계열 종에 영향을 미치는지에 대한 수확자들의 광범위한 지식에 놀랐다. 많은 경우, 토지 관리자들은 수확자들이 지속가능한 관리 방법과 삼림 생태학에 대해 아는 것이 별로 없거나, 아니면 별로 신경 쓰지 않을 것이라고 지레 짐작했고, 그 결과 관리나 연구에 수확자들을 전혀 참여시키지 않았다. 협회의 연구와 관리 활동이 점차 알려짐에 따라, 여러 명의 사유지와 공유지 관리자들은 수확자 조직에 대한 그들의 태도를 바꾸었고 수확자들의 감독과 연구를 교환하는 대가로 배타적인 자원 접근성에 대해 협상하기 시작했다.

과학 실천의 변화. 살랄 프로젝트가 혁명적인 변화를 선도하고 있다는 식으로 말한다면 틀린 말일 것이다. 그럼에도 불구하고 살랄 프로젝트의 결과, 대학과 천연자원 관리청의 생태학자들이 정규 교육을 받지 않은 주변적인 집단이 매우 중요한 지식 생산자라는 것을 알게 되었다. 그 제도권 과학자들은 수확자들과 발라르드가 가진 지식과 방법을 결합함으로써 새로운 생태학적 지식, 방법론적 혁신, 그리고 향상된 관리 방법과 정책을 산출했음을 인지하게 되었다. 그리하여 그들은 다른 프로젝트에서 수확자들을 자원 모니터 요원으로 영입시키기 시작했다. 그러는 동안 발라르드는 다른 유사한 프로젝트에서 그녀의 방법론적 혁신이 거둔 씨앗들을 더 많이 뿌리기 시작했다.

참여적 묘목 재배[12]

참여적 묘목 재배(PPB)는 사용자 관점에서 출발하고 전문 과학자뿐만 아니라 농부들을 포함시켜 연구 과정에서 주요 역할을 맡기는 묘목 재배 연구 방법을 가리킨다.[13] 특히 사하라 하단 아프리카에서 여성들은 흔히 생계를 위한 농사일의 대부분을 맡고 있으며 일반적으로 그들이 묘목과 종자 선택에 뛰어난 전문가라는 단순한 이유에서, PPB는 주로 여성을 참여시켜 그들의 지식을 가시화시키고 정규 과학자들의 업적과 융합시키는 데 중점을 둔다.

1988년부터 1993년 7월까지(르완다 영아학살 사건 직전), 르완다 농경과학원(ISAR)과 국제 적도농경센터(CIAT)는 여성들의 지식이 농경연구에 중요하고 연구과정의 훨씬 이른 시기에 농부들이 묘목 재배 연구에 참여시키는 것이 바람직하다는 인류학자 루이즈 스펄링의 가설을 테스트하기 위해 참여적 콩 재배에 대한 연구를 실시했다. 그 연구가 전제 조건으로 삼은 것은 '가난한 여성 농부가 (남성일 경우가 압도적으로 많은) 과학자보다 더 많은 것을 알고 있다'는 것이 아니라, '여성의 전문성은 매우 세분화되어 있고, 묘목 재배 효과를 증진시키는 데 결정적이며, 정규 과학자들의 선별적인 강점들을 보완해준다'는 것이었다. 나중에 그 연구는 국제농경연구자문단 젠더 프로그램(Sperling & Berkowitz 1994)에 의해 자료화되었지만, 실제 연구는 르완다, 부룬디, 그리고 콩고의 아프리카 과학자 지역 네트워크—이 역시 대부분이 고전적인 (정규) 농경 전문 남성 연구자로 이루어진 집단—에 의해 제도적 지원을 받았다.

생산 환경. 콩은 르완다 농업의 주요 곡물로서 농부들의 95퍼센트가 재배하며, 단백질의 약 65퍼센트와 총 칼로리 섭취의 32퍼센트의 공급원이다. 콩은 르완다 농촌의 '쇠고기'로 간주되며, 가정 형편이 허락할 경우, 하루 세 번 주식으로 먹을 수 있다(Sperling & Munyaneza 1995). 대부분의 경우, 여성들은 콩 재배의 모든 업무

(종자 고르기, 잡초 뽑기, 씨뿌리기, 그리고 거두기)를 맡으며, 따라서 콩은 여성의 곡물—상당한 수준의 전문성이 고려되어 그렇게 불린다—로 간주된다(Sperling & Berkowitz 1994). 르완다에서 콩의 종류는 엄청나게 다양하여, 스위스 정도의 크기밖에 안 되는 그 나라에서 약 1,300종류의 콩이 자란다(자세한 것은 Sperling 2001 참조). 여성들은 이 다양성을 역동적으로 이용한다. 대개의 경우 그들은 흙, 습도, 쥐, 그리고 작황에 영향을 미치는 다른 요소들에 대처하기 위해 한 종류의 콩을 차례로 심기보다 섞어서 심는다—그렇게 해서 생산 조건들이 달라질 때 그 혼합물이 적응할 수 있게 한다. 그러므로 농부의 실험은 생동감이 넘치는 동시에 제어적이며, 르완다 여성 혼자서도 평생 동안 75-100종류의 상이한 실험을 할 수 있다(Sperling & Scheidegger 1995). 르완다의 콩 재배자들의 전문성은 특이한 협업 작업을 보이긴 하지만, 조사 시스템의 제한 조건들 또한 보다 참여적인 설계에 박차를 가하는 역할을 했다. 1980년대 후반의 조사에 따르면 "그 이전 10년 동안 농장에서 테스트한 약 50종류의 콩 가운데 오직 10퍼센트만이 여전히 자라고 있고—대부분은 급격히 감소했다"(Sperling et al. 1993, 510). 농부들이 여러 종류를 섞어 재배하고 그들이 이미 뿌린 20-30종류에 새로운 품종을 쉽게 첨가할 수 있다고 볼 때, 그러한 적응율은 과학자들의 최대 기대치에 비해서도 '준수한' 것이었다.

실험 설계. 공식적인 묘목 재배 기획이 낳는 결과는 대체로 그 정도였다. 전통적인 모델을 적용할 경우, 전문 재배자들은 대체로 250가지의 잠재력을 가진 품종을 갖고 시작하지만 두 번째 고려 사항인 질병 저항력에 따라 (생산지에서) 대부분을 걸러내게 된다. 농부의 참여는, 만일 그것이 투입될 경우, 마지막 한 두 시즌에 가능하고(총 10에서 16시즌), 바로 그 마지막 방출 시기 직전에 '선택' 과정을 거쳐 둘 내지 다섯 가지 품종만을 거둔다(Sperling 1992). 조사 프로젝트 개시를 앞두고, 스펄링은 협력 작업을 설계했는데 그 이유는 (1) 유용한 품종들을 버리기 전에 농부들을 좀 더 일찍 투입시키고 (2) 고를 품종을 결정하는 기준을 서로 공유할 수 있도록 여성들로 하여금 다양한 품종들을 널리 접할 수 있게 하기 위해서였다. 관건은 여성들이 '무엇을' 선택하는가를 넘어 '왜' 선택하는가 하는 것이었고, 여성 농부들과 남성 품종 개량자들 사이의 전략적 토론은 이듬해의 재배 과정의 틀을 세우는 결과를 낳았다.

조사의 첫 번째 단계(1988-1990)에서 여성 콩 전문가들은 정상적인 산지 테스트를 하기 전에 양식장 실험에서 15종의 품종을 골라냈다. 두 번째 단계(1990-1993)에서 테스트 일정은 정상적인 산지 테스트에 앞서 5 내지 7시즌 뒤로 옮겨졌고 여성 콩 전문가들은 보통의 경우 약 80이랑을 포함하는 산지 실험에서 평가를 실시하고, 특수한 질병에 취약한 품종들을 걸러냈다.[14] 두 단계를 거치는 동안, 농부들이 양식장 실험에서 선택한 품종들은 농부들 자신의 농촌 지역으로 옮겨졌고, 거기서 후속 '산지 테스트'가 공동체의 농지나 개인 농지들에서 실시되었다. 그러한 '탈중심적인'—이른 시기부터—테스트는 그 지역의 후속 PPB의 주요한 면모가 되었다. 여기서 거둔 성과들은 (1) 진정으로 현실적인(앞을 내다보는!) 조건들 아래서 품종 선택을 할 수 있게 해주는 것, (2) 공동체가 산지 선별작업에 드는 경비를 나눌 수 있게 된 것, 그리고 (3) 농부의 폭넓은 평가가 더 나은 품종들을 빨리 선별할 수 있는 추진력이 되었다는 것이다.

기술적인 결과들: 평가 기준. 전통적으로, 전문적인 묘목 품종 개량자들은 작황을 늘리고 질병과 곤충, 그리고 다른 해충들에 대한 저항력을 강화하는 데 초점을 두었다. 그럼에도 불구하고 이 기준에 부합하는 품종들이 채택되지 않았던 것은 그것들이 농부들의 실제 요구사항에 맞지 않기 때문이었다.[15] 여성 농부들은 품종 선택에서 품종 개량자들보다 더 넓은 범위의 기준들을—그리고 엄청나게 세분화되어 잘 정의된 영역에서—사용했다. 환경에 관해서 르완다 여성들은 품종들이 가뭄과 비 같은 흔한 기후 자극들을 어떻게 견뎌낼 수 있는지를 관찰했다. 농업경제학적으로 말해서, 그들은 상이한 콩들이 실제로 심겨진 농지의 조건들 아래서 어떻게 반응할 것인지를 평가한다. 예를 들면, 품질이 떨어지는 땅에 혼합 방식으로 심었을 때 또는 조밀한 바나나 스탠드에 심었을 경우이다. 당연히 여성들은 수확 후의 용도까지 미리 내다본다. 콩이 얼마나 빨리 익는지, 얼마나 오래 두어야 상하는지, 그리고 조직이 단단하고 맛이 좋은지(즉 육류처럼)를 가늠한다. 끝으로, 정상적인 곡물

들은 원래 목적이 아닌 다른 목적을 위해 사용될 수 있다. 르완다 여성들은 '강도가 부족한' 콩잎을 자세히 조사한다. 양념으로 쓰일 때 콩잎은 고구마의 향을 좋게 하고 '춘궁기'—씨를 뿌린 후부터 수확기까지—를 버텨내는 데 절대적으로 긴요하다. 요점은 이러한 관심 범위가 '선택의 문제'가 아니며 그러한 특성들 대부분이 전통적인 품종 선택 과정에서는 예상되지 않는다는 것이다.

기술적 성과: 새 품종, 다양성, 그리고 생산성. 묘목 품종 개량자들이 여성과 협력하고 여성들의 지식을 품종 개량 연구에 통합함으로써 얻은 결과는 가히 놀라웠다. 장기간에 걸친 후속 연구는 최초 2년 동안 채택된 품종(21개)의 수가 지난 25년 간 산출된 전체 숫자와 맞먹었다(Sperling et al. 1993). 공동체가 관리한 시험으로 이루어진 2단계에서, 처음 두 시즌 동안 산지에서 직접 시험하기 위한 것으로 26개 품종이 선택되었다(Sperling & Berkowitz 1994). 그러한 다양성의 획득은 생산성을 안정화시키는 데에 그리고 아주 다른 사용자 선호도에 부합하는 품종들을 동일시하는 데에 결정적이었던 반면, 생산적 이득은 참으로 육종가(育種家)들의 눈길을 끌었다. 또 다른 4회의 시즌 동안, 농부들이 선택한 품종들은 당시에 그들이 직접 64~89퍼센트로 혼합한 품종보다 생산성이 높았다. 38퍼센트나 증가된 생산성 또한 놀라운 것이었다. 같은 지역에서 같은 기간 동안 전통적인 육종가들이 선택한 품종들은 생산성 증가에 있어서 부정적이거나 미미했다. 스펄링은 다음과 같이 말한다.

농부들이 고른 품종들은 기준들의… 범위를 충족시켜야 했지만, 그럼에도 여전히 과학자들의 으뜸가는 기준인 생산성과 관련하여 정규 육종가들이 선택한 품종들보다 수행성이 훨씬 나았다.(Sperling et al. 1993, 515).

과학 실천에서의 변화들. 르완다 콩 PPB 프로젝트는 농작물 재배 방식에 관하여 중요한 점을 입증했다. 첫째, 농사 전문가, 이 경우 여성들과의 직접적 협력(그리고 지식 공유)을 통해 실제적인 기술적 이익을 거둘 수 있다는 것이다. 농부들에게 필수적인 묘목 기준들이 전면에 부각되었고, 생산적 이익이 성취되었으며, 품종의 다양성이 진흥되었다. 둘째, 보다 이른 시기에 농부들과 협업하는 것이 연구조사의 경비 효율성을 향상시킨다는 점이다. 채택될 수 있는 품종이 몇 시즌 먼저 확인되었고, 현실적 조건에 맞춰 탈중심적인 방식으로 시험이 실시되었으며, 그리고—그것이 함축하는 바—채택되지 않거나 버려진 품종들의 실패율이 대폭 감소했다. 셋째, 경험을 통해 파트너가 가진 강점들을 토대로 구축된 농작물 재배에서 노동 분업을 근본적으로 재개념화하게 된 점이다. 정규 농작물 육종가들은 새로운 유형의 콩(즉 '유전적 변이성')을 신속하게 그리고 대규모로 만들어내는 독특한 능력을 갖고 있다. 또한 그들은 농작물의 질병과 토양 병원균 같은, 농부들의 '눈에 보이지 않는' 스트레스의 범위를 탐지하는 기술을 갖고 있다. 그 뿐만 아니라, 농부들은 지역의 농경생태학적 조건들에서 무엇을 표적으로 삼아야 할지를 판단하는 데에서, 그리고 (매우 복잡다단한) 사회경제적 필요들에 대해 예리한 감각을 갖고 있다. 그러므로 르완다의 경험은 정규 육종가들이 잠재적으로 유용한 광범위한 생식질(生殖質, germplasm)을 지역의 전문가들(흔히 여성들)에게 나눠주는 것이 낫다는 것을 시사한다—왜냐하면 그것은 고객의 넓은 수요에 부응하고 위험을 줄일 수 있게 하는 상호 검열을 경유하기 때문이다. 따라서 농부들은 이 폭넓은 품종 풀(variety pools)의 관리—시험, 평가, 폐기 또는 희석—과정에서 주도적이 될 수 있다.

공리주의적 여성주의: 연구 결과를 향상시키기. 연구와 개발 과정에의 여성 참여에 대한 여성주의적 분석은 기능적 또는 공리주의적 효과와 권한증대 효과(empowerment effects)를 구별한다. 전자의 경우, 여성의 참여는 효율성과 채윤성에 특히 초점을 두고, 활동의 성공률을 향상시킨다(예를 들면, 경비를 절감하거나 더 생산적인 기술을 동일시할 수 있는 결과를 낳는 것). 후자의 경우, 참여는 여성 자신의 의사결정 역할, 기술, 그리고 때로는 지위나 독립성을 증진시키기 때문에(즉 여성의 권한을 증대시킨다) 여성 자신이 참여로부터 혜택을 얻을 수 있다.

과학의 실천에서의 이러한 변화의 범위에 대해 반추해 볼 때, 우리는 PPB가 제공하는 혜택들의 첫째 그룹을 '기능적' 또는 '공리주의적'이라고 특징지을 수 있다. 이 프로젝트는 (연구에 참가한 품종 개량자들은 물론이고)[16] 정규 농작물 품종 개량자들과 여성 전문가들의 협동이 각각의 작업 과정을 상호 가속화시킬 수 있고, 시간을 덜 들이고 더 나은 품종을 산출할 수 있게 하며, 그리고 보다 목표 집중적이고 '정확한' 품종 개량 목표를 설정할 수 있게 한다는 것을 입증했다. 그러므로 르완다의 경우, 여성 농부들은 과학 수준을 향상시키도록 도움을 주었다. 여성주의적 렌즈를 통해 들여다볼 때, 여성을 기술에서 중심적인 위치에 놓고, 그들의 전문화된 능력을 확인하고, 그 뿐만 아니라 여성의 고유한 필요와 요구들(정확히 말해서, 다양성의 기준)을 통합함으로써 과학적 수준과 실질적인 이익을 함께 향상시킬 수 있는 것이다.

많은 다른 농작물—몇 가지만 예로 들면, 수수, 테프(teff), 쌀, 그리고 카사바(cassava) 등—의 품종 개량자들도 이 방법을 채택했다는 사실은(R. Buruchara, R. Kirkby, 개인적인 대화, 2006) 그러한 '공리주의적 여성주의'가 더 전통적이거나 제도적인 과학 영역 가운데서 틈새들을 찾아낼 수 있다는 것을 암시한다. 10년간 중재 작업을 하는 동안, 르완다에서의 경험은 또한 동부, 서부, 그리고 남부의 콩 연구 네트워크까지 지역을 넓히면서 농작물 품종 개량법의 혁신에 박차를 가할 수 있해 해주었다. 2005년 중반 즈음에 품종 개량자의 50퍼센트(전체 53명 중 27명)가 공리주의적 여성주의의 면모들을 포용하면서, 그들의 관행적인 품종 선택 과정과 재배 방식에서 참여적 접근을 적용하고 있다.

권한증대적 여성주의? 지식 인준에서의 변화. 엄밀하게 공리주의적인 효과의 범위를 넘는 것으로, 지속적이고 보다 권한증대적인 변화들 중 몇 가지는 농부, 흔히 여성 농부의 전문성이 공식적인 경로를 통해 인지되는 방식에서의 변화를 추적할 수 있다. 어떤 국가의 경우, 농부들의 평가는 이제 공식적인 품종 발매를 위한 선택사항이 아니라 의무사항으로 간주되고 있고, 이디오피아(땔감 나무가 희소한 지역) 같은 곳에서 요리 시간이 오래 걸리는 것은, 여성 농부들이 부각시킨 특징인 바 지금은 가장 생산적인 품종일 경우조차 거의 조종(弔鐘)를 의미한다. 장기간의 품종 개량 협업도 육종자들이 농부(흔히 여성 농부들) 파트너를 인정하는 방식을 변화시키고 있다. 농부의 이름들은 품종 개량자와 농부의 연합 작품의 세례명처럼 점점 더 많이 쓰이고 있다. (예를 들면, '우신디'/'빅토리', '후주티'/탄자니아의 아루샤 생산품 '후회하지 않을 겁니다', 또는 '물와시나'/'척박한 조건을 감내하다', 그리고 남부 우간다 생산품 '무자후라'/'회복'[F. Ngulu, A. Namayanja, 개인적 대화, 2005]). 다소 드문 경우이지만, '마리아 카하레로 합성물'(MKC)라는 세례명을 얻은 진주조(pearl millet) 개체군이 나미비아에서 발달했듯이(Monyo et al. 1977), 개인(대 공동체)의 기여도가 인지될 때, 여성들은 품종 개량자로서 스포트라이트를 받는 주인공으로 떠오른다. 그리고 궁극적으로 일종의 작위(爵位) 수여식으로서, 협업을 통해 개발한 품종들은 점점 더 많이 정규 품종 전시회에 제출되는데, 어떤 지역에서는 공공연하게 '협력 사실'을 알리고 '농부와 정규 품종 개량자들의 협동연구 생산품'임을 밝히고 있다.

권한증대적 여성주의? 사회적 과정의 변화. 이 PPB 작업의 또 다른 권한증대 효과들(즉 권한과 능력을 강화하는 여성주의)이 있는지 고찰하기 위해, 그 프로젝트가 처음으로 가시화되기 시작했던 상황으로 되돌아 가보기로 하자. 르완다에서는 가정의 보안 문제에서 여성의 중심적인 역할은 잘 알려져 있다. 그렇기 때문에 '아내를 잘 얻는 사람은 당신보다 더 나은 가정을 꾸리게 될 것이다'[우쿠루샤 우무고레 아쿠루샤 우로고]라는 속담이 있을 정도이다. 그러나 실제로 여성들은 대부분의 권력 구조로부터 분리되어 있다. '여성에겐 인종이 없다'[우무고레 은타기라 웁워코]는 말은 사회에서 그들의 위치가 유의미한 남성 타자들, 즉 아버지와 남편, 그리고 남자 형제들—어떤 경우이건—과의 관계로부터 연유하는 구체적인 현실을 시사한다(Sperling & Scheidegger 1995). 여성들은 심지어 자기의 신체에 대해서조차 기본적인 제어권을 갖고 있지 못하다. 성폭행이 난무하고 HIV/AIDS 보균율이 세계에서 가장 높은 나라에서 여성들은 만일 그들이 낙태를 한다면 평생 감옥에 갇혀 살아야 한다. PPB에 의하면, 여성 전문가들은, 양식장을 단순히 방문하려해도 남편으로부터 먼저 허락을 받아야 한다.

그러한 배경을 감안할 때, PPB가 개시한 첫 걸음마는 상당히 놀랍게 보인다. '전문가'로서 참여한 여성들은 그들 자신의 매우 전문화된 능력을 자신 있게 대중에게 표현하는 일이 늘고 있다. 그들은 '우리는 연구자이다'라고 말하면서, 자신들의 성과물의 수준에

그림 5.1 자신의 집 경작지에서 벼를 검사하는 네팔, 베그나스 촌의 사르워티 아디카리 부인. 세계의 많은 지역의 여성들은 묘목과 종자 선택, 그리고 관리경영에 있어서 탁월한 전문성을 갖고 있음을 보여준다. B. Sthapit, Bioversity International 제공.

대해 공적으로 책임을 진다. ("우리가 이 품종들을 직접 골랐으므로, 만일 묘목들이 잘 자라지 않는다 해도 우리는 아무도 원망하지 않을 것이다.") 시간이 흐르면서, 품종을 더 잘 공유할 수 있을 뿐만 아니라 각자의 연구 결과에 대해 토론하기 위해 그 여성 농부들은 여러 그룹을 조직했다. 규모가 큰 그룹들은 상품용 종자를 생산하기 위해, 그리고 새로운 품종이 발매될 때 얻게 되는 첫 소득을 거두기 위해 형성되었다. 이디오피아와 우간다처럼 르완다 같은 먼 나라에서, PPB 작업은 간혹 처음으로 뜻밖의 횡재를 하는 여성 무역상을 배출하면서 새로운 무역, 심지어는 새로운 수출을 위한 틈새가 발달할 수 있게 하는 촉매제가 되었다. 이 모든 '권한증대/능력강화 요소들'(전문가로서의 자부심의 발달, 조사 그룹의 형성, 스스로 운영하는 경제 사업의 개발)은 뚜렷이 기능적 또는 공리주의적인 일차적인 이유와 목표들을 설정하는 PPB 프로그램에서부터 출발한다. 이 사례는 참여적 연구가 기술적 성과와 제도 혁신을 가져올 수 있고, (느리지만) 한 전문가 집단이 다른 전문가 집단과 만나고, 상호작용하며 서로를 평가하는 방식을 바꾸어 놓을 수 있음을 잘 보여준다. 또한 이 사례는 여성에게도 공리주의적 이익을 가져다 줄 수 있고 적어도 권한증대적 요소들이 가미된 선별적인 변화를 낳을 수도 있음을 보여준다.

그러나 더 많은 변화의 여지는 얼마든지 남아있다. PPB 경험을 나눈 품종 개량자들은 그 경험을 값진 것으로 확신하는 반면, 그러한 경험이 갖지 못한 많은 품종 개량자들(여성을 포함하여)은 '오직 나 같은 품종 개량자만이 좋은 품종을 알아볼 수 있는 천부적인 안목을 가졌다'라든지 또는 '어떤 품종을 키워야 하는가에 대한 나의 지식은 평생에 걸친 경험과 인터넷을 통해 얻은 것이다'[17]라고 자신 있게 말할 것이다. 그리고 사회과학에서와 마찬가지로, 지구환경과학에서 참여적 연구는 여성주의적 목표에 도달하지 못할 수 있는데, 다시 말해 연구조사를 통한 의미 있는 변화를 가져오지 못할 수도 있다. 참여적 연구는 과학적인 입장에서 그리고 심지어는 실천적 입장에서도, 예를 들어 생계나 생활수준의 향상을 가져오지 않는다 해도, 활기 넘치는 성공이 될 수 있다.[18] 뿐만 아니라, 캐츠가 지적하듯이, 강단은 '지상에서의 성공에도 불구하고 땅에 관한 응용 학문'[19]을 인지하지 못하는 경우가 허다하다.

*이 흥미진진한 주제에 대해 생각해볼 수 있게 초청해준 론다 쉬빈저에게 감사한다. 이 글은 다학제적 연구자 집단의 협력 덕택에 씌어졌다. 국제적도농경센터(CIAT: International center for Tropical Agriculture)의 과학자들, 생리학자 로빈 부르카라, 그리고 묘목 재배전문가 스티브 비이브와 로저 커비는 르완다 PPB 지구에 대한 귀중한 정보와 피드백을 제공해 주었다. 정치 과학자이며 사회운동가인 아이린 팅커와 인류학자 도날드 무어와의 대화를 통해 여성과 농경에 대한 초기 여성주의 연구와 여성운동에 관한 참고자료를 얻게 되었다. 정책 분석가 에머리 로우와 철학자 앨리슨 와일리와의 대화는 많은 도움을 주었다. 단 컬린즈, 플로랄 그린즈 아베스터즈, 그리고 르완다의 콩수출국, 이 글에 언급된 두 번의 연구 프로젝트의 참가자들에게 특별히 감사한다.

• 제5장 주석

1) 인간은 당대의 생태적 과정에 영향을 미치는 생화학적 서명 같은 흔적을 자연경관에 남기기 마련이지만, '원시 천연림'에 인간이 거주했던 증거는 인

지되지 못하기 일쑤다. 샌포드와 연구팀(Sanford et al. 1985)은 인간이 거주한 적이 없다고 생각되었던 아마존 지역에서 역사적으로 인간이 정착했던 사실을(그리고 영향을 미쳤음을) 가리키는 석탄을 발견했다. 또한 혼과 샌포드를 참조할 것(Horn & Sanford 1992).

2) 그러나 여성에 대한 부정적인 편견은 여전히 남아있고 건재하다. 1970년 페이퍼백판의 뒷 표지 한 추천문구에는 이렇게 써있다. '이 책은 여성 해방 운동을 위한 선전문으로 씌어진 것은 아니지만, 이 책은 내가 읽어본 여성 평등을 위한 가장 합리적인 주장을 담고 있다(Boserup 1970, 뒷 표지).

3) The Percy Amendment to the Foreign Assistance Act. 퍼시가 이 수정조항을 도입하기로 결정한 것은 여성 개발에 관심을 가진 Virginia Allan, Clara Beyer, Arvonne Fraser, Mildred Marcy, Carmen Maymi, 그리고 Irene Tinker(Tinker 2004) 를 비롯한 여성주의자들의 적극적인 노력의 결과이다.

4) 이 글의 범위를 넘어서는 것이긴 하지만, Agarwal(1995)이 민간 토착 지식과 과학 지식을 엄밀하게 구분하는 것에 반대하는 강력한 논증을 전개한 것을 주목하는 것이 중요하다.

5) 여성이 가진 과학 지식의 중요성을 보여주는 역사적인 사례로, 다른 많은 것들 중에서, 한 가난한 노예 여성이 린네(Linnaeus: 스웨덴 식물학자)의 식물학에 기여한 것(Grove 1995), 그리고 자신처럼 역시 노예가 될 운명이었던 자녀들을 키우지 않기 위해 노예 여성들이 사용했던 임신중절제에 관한 여성들의 지식(결국 축출되었지만)이 포함된다(Schiebinger 2004).

6) 마다가스카르(아프리카 남동부에 위치한 섬나라)의 전통 의학(반드시 여성의 전유물은 아니었다)에서 사용되었고 호지킨병과 아동 백혈병 치료에 사용하기 위해 제도권 과학자들이 도입한 장밋빛 협죽도과 식물(Catharansus roseus)은 이 노선에 속하는 예이다. 이 사례는 Posey와 Dutfield(1996), 그리고 http://www.etcgroup.org/main.asp가 소개하고 있는 바이오피러시(biopiracy: 일종의 해적 행위. 옮긴이 주) 문제를 야기한다.

7) 참여적 연구의 도입은 Minkler와 Wallerstein(2003), Wilmsen(2005)에서, 그리고 http://nature.berkeley.edu/community_forestry/Community/

bibliographies.htm에서 볼 수 있다.

8) 이것은 그 연구자와 그녀의 연구가 진정으로 참여적이라는 것을 가정한다. 참여적 실천에 대한 비판을 하는 Cooke와 Kothari(2001)는 참여가 때로는 하나의 수행, 일종의 포템킨식 참여 같은 것에 불과할 수도 있음을 지적한다. 그러한 실천 방식은 당연히 여성주의적이 아니다.

9) 이 연구에 관한 세부 설명은 Ballard(2004), Ballard & Huntsinger(2006), Ballard & Fortmann(2007), 그리고 Kerns et al.(2003)에서 볼 수 있다.

10) 발라르드의 연구팀에는 세 명의 여성 수확자가 포함되었지만, 문제의 지식이 특별히 젠더적인 것은 아니었다.

11) 숲에서 중앙 묘목 덮개 아래서 자라는 식물들은 아래층으로 분류된다. 배치층 조건이란 특정한 나무 층의 구조적 · 환경적 특징들을 가리킨다.

12) 참여적 묘목 재배에 대한 심화된 분석은 스펄링 외(2001)와 위트콤 외(2005)에서 발견할 수 있다. 르완다 연구에 대해 더 자세한 내용은 스펄링 외(1993), 스펄링(1996), 그리고 스펄링과 슈아이데거(1995)를 참조하라.

13) 다른 주요 '사용자들'에는 가공업자와 판매자들이 포함될 수 있다. 농부들이 가치 부과적인 생산품과 판매를 통해 생활수준을 향상시키고자 한다면 이 그룹의 참여는 특히 중요하다.

14) 1단계에서 재배자들은 농부들이 작황을 포함하여 많은 것을 '눈으로 보고 알 수' 있다는 것을 알게 되었으므로, 2단계에서 조사노동분과가 갖추어졌고 육종가들, 또는 더 정확히 말해서 병리학자 케냐 로빈 부루카라는 일반적으로 농부들이 '볼 수 없는' 것—즉 질병에 초점을 두었다. 따라서 농부들이 '위험이 감소된' 생식질(生殖質) 집단에서 폭넓게 선택할 수 있도록, 80 종류의 표본집단은 1990년, 1991년, 그리고 1992년에 각각 79개, 41개, 그리고 43개로 걸러졌다.

15) 묘목 재배에 관해 인쇄되거나 구술된 설명 자료들은 요리가 잘 안되거나(Apodaca 1952), 맛이 좋지 않거나, 결의 품질이 떨어지거나(Witcombe et al. 2005), 아니면 생계 전략의 일부로 사용되는(Kirkby 1981) 묘목의 다른 부분(잎이나 줄기 같은)의 생산성을 희생시키면서도 결 품질의 생산성을 증진시키는, 품종 개량자가 만든 품종들에 관한 이야기로 가득하다. 헥트

(Hecht 1999)는 여성들(과 종종 가난한 사람들)이 곡물을 평가할 때 사용하는 대략 54개의 기준들을 망라하여 개괄하였다.

16) 이 프로젝트에 참가했던 과학자들 중 한 사람은 그가 처음에 참여적 접근을 소개 받았을 때 그는 자기가 농부들과 일하면서 시간을 낭비하고, 그리고 유익한 과학적 성과는 전혀 거두지 못하지 않을까봐 걱정했다고 말한다. 그렇기 때문에 그는 '안전장치'를 마련하기 위해 자신의 양식장 시험을 따로 병행하면서 한 시즌도 손해 보지 않고자 했다. 그러는 과정에서 그는 농부와 함께 하는 작업이 농부들이 관심을 갖게 될 일이 전혀 없는 '쓸모없는' 기술들을 그가 굳이 평가할 필요가 없게 만듦으로써 훨씬 더 생산성이 높아진다는 사실을 깨닫게 되었다. 그 이후로 그는 다시는 전통적인 방법으로 돌아가지 않는다고 한다.

17) 이들 품종 개량자나 그들이 속한 기관들도 전혀 밝히지 않는 어떤 이유로 그들은 그렇게 믿는 듯하다.

18) 샐리 험프리즈와의 대화는 이 점을 명료화하는 데 도움을 주었다. 이 점에 대해서는 루이즈 포트먼이 지역 연구팀과 전문 연구자들인 하이디 발라르드, 샐리 험프리즈, 조나단 롱, 논토카조 네마룬드웨, 그리고 에바 월렌버그와 함께 준비 중인 책에 잘 설명되어 있다(*Partcipatory Research on Conservation and Rural Livelihoods: Doing Science Together, Blackwell* 근간).

19) 예를 들면, 언젠가 어떤 과학자는 '대학에게 실망을 안겨주고 있는 느낌'에 대해 언급한 적이 있는데, 3백만 명의 사람들을 치명적인 질병에서 구해내고 1,700만 명에게 식량을 공급할 수 있도록 농토의 생산력을 높였던 그의 연구가 '사실은 진정한 연구가 아니었기' 때문이었다.

제6장

지리정보시스템에 대한 여성주의적 접근:

지리 연구를 위한 함의들

| 메이-포 콴 |

지리정보시스템(GIS)라는 용어는 지리 자료의 저장, 관리, 분석, 그리고 지도제작을 위한 기술들의 총체를 지칭한다. 1960년대에 처음 개발된 GIS는 다양한 맥락에 널리 응용되었고 십여 년 전부터 지리학의 주요 분과가 되었다. GIS의 괄목할만한 성장과 광범위한 응용력에도 불구하고, 그 기술들에 관한 젠더적 이해와 여성주의 지리학 연구를 위한 함의들은 얼마 전까지도 거의 검토되지 않은 채였다. 예를 들면, 지리 분야에서 GIS의 지지자와 비판자들 모두 그 기술을 1990년대의 실증주의적이고 경험적인 과학을 위한 도구 정도로 이해했다. GIS에 대한 이러한 이해는 지리학자들로 하여금 GIS를 여성의 생생한 경험에 관한 이해를 증진시키는 도구로 생각하기 어렵게 만들었다. 또한 GIS의 개발과 사용을 위한 틀을 잡는데 있어서 여성주의적 관점이 맡는 역할을 상상하기 어렵게 만들

었다.

여성주의 지리학자들은 GIS의 실천에서 시각이나 시각화를 이용하는 것에 비판적이었다. 리즈 본디와 모나 도모시(Liz Bondi & Mona Domosh, 1992, pp.202-203)는 수 만 개의 상호연관적 변수들로부터 단일한 표상을 산출한다고 하는 GIS의 약속은 '시각 대상으로부터 통일적 자아를 분리하는 것'을 함축하는 '신의 관점'을 표상한다고 주장한다. 그들은 지각자에게 단일하고 거의 항구적인 입장을 부여하는 감각으로서 시각을 GIS가 강조하는 것은 여성과 긴밀하게 연관된 다른 감각들을 폄하하는 것이라고 주장한다(Bondi & Domosh, 1992, p.203). 위성 영상의 사용에 대해 고찰하면서 다이앤 로첼로(Diane Rocheleau 1995, p.463)는 이렇게 주장한다. "시선이 공간에서 시작될 때, 그리고 공간에서 시작된 시선이 젠더화된 생명체와 자연경관의 논리를 감지하지 못할 때, 매핑된 공간에서 여성의 위치가 말살되는 것은 명약간화한 일이다." 이 비판은 GIS에 기반한 시각기제들의 대상화 능력을 조명할 뿐만 아니라, 또한 여성주의 연구에 GIS가 적합한지를 의문시하게 만든다. 이 비판적인 여성주의자들이 주장하듯이, 만일 GIS가 실현한 시각이 철두철미 비신체적이고 남성주의적이라면, GIS의 사용은 남성주의적 마스터 주체의 대상화하는 시선을 영속화하는데 이바지할 뿐이다.

이러한 비판의 견지에서, GIS에 의한 지식 생산의 중요한 수단으로서 시각과 시각화 기제의 사용은 여성주의 지리학의 주요 관심사가 된다. 이 문제들을 어떻게 서술할 수 있을지를 모색하기 전에, 시각에 대한 비판의 역사적 · 사회적 맥락을 관찰하고, 모든 시각화 기제를 대상화하거나 남성주의적인 것으로 '초역사적 유죄 판결'(Nash 1996, 151)을 내리는 것을 보류하는 것이 중요하다. 캐더린 내쉬(1996, 153)는 '내재적으로 유해하거나 유익한 시각 같은 것은 없다'고 주장한다. 길리언 로즈(2001, 9)에 따르면, 지배적인 시각성(또는 시각 체제)은 불가피한 것도 비판의 소지가 없는 것도 아니다. '세계를 보는 상이한 방식들이 있으며, 따라서 중요한 일은 그러한 상이한 시각들이 낳는 사회적 효과들을 구별하는 것'이라고 그녀는 주장한다. 대상화가 언어 사용 같은 다른 수단을 통해서도 이루어질 수 있는 것이라면, 문제는 시각이나 GIS에 기반한 시각화 기제의 사용 자체에 있다기보다 시각이 항상 부분적이고 신체적이라는 것을 인식하지 못하고 시각을 다른 감각들보다 특권적으로 다루는 위험—또는 다나 해러웨이의 말대로, '오직 신의 위치만이 금지된다'는 것—을 깨닫지 못하는 것에 있다.

어떤 여성주의 이론가들은 GIS를 유망하게 만드는 시각의 유형들을 세 가지 방식으로 구상해본다. 첫째, GIS는 모든 시각을 체현적이고 맥락의존적인 것으로 재-신체화함으로써 현대 기술과학의 추상적이고 비신체적인 실천방식으로부터 시각을 복권시킬 수 있다(Nash 1996; Rose 2001). 해러웨이(1991, 199, 195)는 '위로부터, 무로부터, 단순성으로부터 보는 시각과 대조되는… 신체로부터 보는 시각'에 근거한 '여성주의적 시각화'를 옹호한다. 제니퍼 라이트(1995) 역시 시각의 잠재적 사용을 재구상하는 창조 행위를 유도하는 기술을 순행적(順行的)으로 재규정할 것을 제안한다. 줄리안 머피(1989, 107)는 '억압 장면에 침투하는 거리, 파괴, 그리고 욕망과 대결하고 그것을 극복하는' '여성주의적 시각'을 제안한다. 그러므로 여성주의 지리학자들은 우리가 GIS 시각 기술의 힘을 전유하는 일에 참여할 수 있고 '남성 마스터의 시선을 향한 지각 변동적인 도전을 통해 세계를 전복적으로 재시각화하는 일에 참여'(Haraway 1991, 192)할 수 있다고 주장한다.

비판적이고, 여성주의적인, 그리고 탈식민주의적인 지도제작법에 의해 대안적 실천을 모색하는 최근 연구들은 대안적인 GIS 실천방식의 개발에 유익한 의미 있는 통찰을 제공한다(예를 들면, Harley 1992; Nash 1994; Huffman 1997; Sparke 1998). 이 대안적인 지도제작 실천의 목적은 비특권적인 사회 집단을 가시화하는 방식으로 세계를 재현하는 것이다(Nash 1994; Sparke 1998). 실천적 차원에서, 로즈(2001)는 GIS의 비판적 시각 방법론—내용 분석, 담론 분석, 그리고 정신분석을 포함하여—을 위한 지침들을 제시하고, 연구 참여자, 연구 프로젝트, 그리고 생산된 지식에 관하여 어떻게 자신의 입장을 비판적으로 자각할 것인가 하는 중심 문제들에 초점을 맞춘다. 그녀는실천 가능하게 생각되는 세 가지 위치를 제시한다. (1) 우리가 의미를 생산하는 시각적 실천에 대해 성찰할 수 있게 하는 제작 장소의 위치. (2) 배제, 침묵, 그리고 우리가 재현하는 것들의 힘을 주변화하는 이미지 자체의 위치. (3) 어떻게 이미지들이 특수한 시각 방식을 고취시키고, 다양한 관람자들에 의해 어떻게 의미가 의문에 붙여지거나 재타협되는지에 주목하는 수용의 위치(Kwan 2002a).

둘째, GIS에 기반한 시각적 실천들은 젠더화된 공간을 재현하기 위해 개발될 수 있다. 여성주의 문화 · 예술 비평가들은 여성이 남성과는 다른 방식으로 공간을 재현하며 관람자적 입장을 구성하는 경향이 있다고 주장한다(예를 들면, Doane 1982; Pollock 1988; Stacey 1988; Briude & Garrad 1994; Neumaier 1995; Rose 1995). 베르테 모리소와 메리 카사트의 인상주의 회화에서 장면 로케이션과 공간 배열을 분석하면서, 그리젤다 폴락(1988, 56)은 '그 화가들은 부르주아의 집 안에서 노동 계급 여성들의 노동장면들을 가시화' 했고, 그들의 공간은 시각 주체의 위치를 추론하기 힘든 광대한 공간 대신 근접성과 압축이라는 특징을 갖는 공간을 보여주었다'고 결론 내린다. 또한 로즈(1995)는 세 명의 여성 예술가(Jenny Holzer, Barbara Kruger, Cindy Sherman)의 작품이 관음증을 통해서가 아니라 친밀감과 배려를 통해 구성되는 시각 방식을 어떻게 보여주는지를 검토한다. GIS 방법들을 사용하는 여성주의 지리학자들은 새로운 시각적 실천을 창안할 수 있는데, 특히 젠더화된 공간들을 더 잘 표상하고 혁신적인 관람자 위치를 구성하는데 도움을 줄 수 있는 실천들을 시도할 수 있다.

셋째, 여성 여행가들의 경험에 관한 역사 연구는 지리적 자료를 시각화화는 일을 좀 더 성찰적인 양상으로 만들 수 있는 가능성을 보여준다(Blunt 1994). 예를 들면, 빅토리아 여성 탐험가들의 경험에 대해 말하면서, 도모쉬(Domosh 1991)는 여성 여행자가 외국을 여행할 때 남성들과는 다른 목적, 경로, 그리고 행선지를 갖는다는 이해에 기초하여 여성적 시각 방식의 가능성을 암시한다. 더 나아가, 이 여성들은 탐험하는 동안 자신들의 능력이 강화(empowerment)되는 것을 느낀다고 말한다. 그러므로 "유럽인들의 탐험이 착취적 전유인 것은 사실이지만 그것조차도 상이한 종류의 연결점으로 발전시킬 가능성을 갖지 않는 것은 아니다"(Bondi & Domosh 1992, 211). 이러한 설명을 토대로, 그리고 GIS 기술과 방법의 사용이 GIS의 가상 공간적 환경에서 지도상의 이미지와 고차원 그래픽을 탐험할 수 있다고 가정할 때, GIS 사용자와 GIS 기술 사이에 질적으로 새로운 상호작용이 가능한 것처럼 보인다. 이것은 여성주의 연구를 위해 대안적인 GIS의 시각적 실천을 창안할 수 있는 토대가 됨직한, GIS 사용자와 기술의 관계에 대한 논쟁 가능성을 암시한다.

911사태 이후 웹상에서 세계무역센터의 3D 이미지를 보았던 나의 경험은 그 점을 예시해줄 수 있을 것 같다. 그 이미지는 항공라이다(LIDAR: Light Detection and Ranging) 측량기법을 사용하여 그 지점의 5천 피트 상공에서 비행기가 수집한 데이터로 만든 것이었다. 이미지를 동반하는 텍스트도 이 맥락에서 항공라이다 기술의 기술적 성취와 유용성을 경탄할 수밖에 없었지만(나는 그것을 전적으로 인정한다), 사실 그 보다 나는 희생자들과 그 사건에 영향을 받은 사람들, 그리고 여성주의 지리학자이자 GIS 사용자겸 연구자인 나에게 그 비극적 사건이 주는 의미를 다시 생각하게 만드는 깊은 비탄감에 압도되었다. 그러한 나의 반응은 이미지를 보는 것뿐만 아니라 그 참사의 개인적인 경험에 대해 사람들이 들려주는 무수히 많은 소름끼치는 이야기(매체 보도, 사진, 웹 뉴스, 그리고 여러 전자 토론 항목들에 대한 메시지를 포함하여)를 들었던 경험의 결과였다. 그 데이터들은 비판적 성찰과 감정을 불러일으키는 비극적 이야기를 생생하게 엮어냈다. 그러한 반응들은 GIS 사용자가 GIS에 의해 만들어진 이미지와 매우 생생한 방식으로 상호작용할 수 있고, 따라서 GIS에 기반한 시각화가 반드시 맥락이나 의미를 결여하는 것이 아님을 보여준다. 지상에서 그리고 미시적 차원(예를 들면, 개인들이 겪은 경험에 관한 이야기들)에서 얻는 맥락적 정보에 의해 보완될 때, GIS 시각화 방법은 대규모 현상(도시 재개발 같은 것)과 개인들의 일상생활(예를 들면, Pavlovskaya 2002) 사이에 중요한 연결점들을 구축할 수 있다.

여성주의 지리 연구 방법으로서의 GIS

앞에서 내가 언급한 바 있듯이, 여성주의 지리 연구에서 GIS를 사용하는 목적은 보편적 진리나 세계에 관한 유사법칙적 일반성을 발견하려는 것이 아니라, 차이의 다원적 축을 둘러싼 개인들의 젠더 경험을 이해하려는 것이다. 즉 GIS 방법을 사용하여 의미 있게 묘사될 수 있는 일상생활의 모든 측면들을 조명하려는 것이다. GIS의 주요 데이터 모델은 디지털 공간의 데이터를 다루기 위한 것이고 GIS의 핵심 기능들 중 많은 것은 양적 정보를 분석하기 위해 개발된 것이므로, 여성주의 지리 연구에서 양적 방법의 역할에 대한 초기 논쟁은 여전히 유효하다(예를 들면, Mattingly & Falconer-AI-Hindi 1995). 예를 들어, GIS 방법은 "젠더에 따라 다를 뿐만 아니라 인종, 민족, 계층, 그리고 장소에 따르는 차이와 유사성의 폭넓은 윤곽"을 나타내는 데 사용될 수 있다(MaLafferty 1995, 438). 이 방법들은 사회 · 정치적 변화를 촉발하기 위한 정치 담론의 주장을 뒷받침하려 할 때, 그리고 신속한 주목과 심층적인 질적 연구로 나아가는 방향을 제시하는 연구 영역의 탐색에 사용될 수도 있다. GIS 방법은 또한 전통적인 정량 방법에 의해서도 젠더 편견을 밝힐 수 있음을 보여준다. 그 뿐만 아니라 GIS는 다중 데이터를 보여주고 중첩시킬 수 있으므로, 공간적 맥락을 드러내고, 공간적 연결점들을 묘사하며, 사람들과 장소들 간의 복잡한 사회관계를 암시하는 데 사용될 수 있다(Kwan 2002b). GIS 방법의 강점은 사용자나 연구자로 하여금 지리적 스케일을 넘나드는 복잡한 관계를 동일시하는 데에 도움이 된다. 여성주의 연구에서 관례적인 용도 외에, 아래에서 나는 후기구조주의적 여성주의 관점과 밀접한 다섯 가지 다른 방법들을 기술할 것이다.

(1) 지리적 맥락을 여성의 일상생활과 연결한다

섬세한 공간 스케일로 표상된 도시 환경(예를 들면, 거리 블록이나 건물)의 지리적 데이터는 GIS로 집적하고 통합시킬 수 있으므로, 여성의 일상생활의 궤적들(활동 지점과 여행 경로를 포함하여)을 다양한 공간 스케일이 지리적 맥락과 연결할 수 있다. 그렇게 함으로써 통상적인 방법들에 비해 분석 양상을 스케일과 맥락에 보다 민감하게 만들 수 있다. 뿐만 아니라, 개인 차원의 데이터를 이용할 수 있을 경우, GIS 방법은 개인들 간의 다양성과 차이에 집중할 수 있다. 한 예로 메사추세츠, 워체스터의 여성 노동시장 효과에 대한 지역 환경의 영향을 분석한 핸슨의 연구가 있다(Hanson et al. 1997). 이 연구는 여성이 대다수를 차지하는 직업에서 집과 직장의 인접성은 여성이 젠더 전형적인 직업에 종사하게 될 개연성을 높인다는 것을 보여준다. 개인별 공간 보간법(補間法: interpolation method)을 사용하여, 그리고 각 여성이 직장까지 가는 이동 거리를 현실적으로 측정한 것을 토대로 정의한 구직 공간을 이용하여, 여성이 지역에서 구할 수 있는 여성 지배적인 직업의 수를 측정하였다. 이러한 GIS 방법을 사용하여 핸슨과 연구팀은(1997)은 과도하게 일반화된 데이터를 사용하는 문제를 피하면서 개인 차원에서 분석을 수행할 수 있었다. 이 연구의 결론은 대학 교육을 받고 집에 어린 자녀를 둔 파트타임 노동자에게 지역의 취업 환경이 중요하다는 것이다. 이것은 지리적 맥락을 분석에 도입하는 혁신적인 GIS 방법을 개발하고 사용함으로써 여성주의 연구의 유의미한 문제들을 해명할 수 있다는 것을 보여준다.

(2) GIS 기반 연구를 통해 여성 운동을 지원한다

공적 결정 과정에 GIS를 사용하는 일이 증가함에 따라, 특히 도시 계획의 맥락에서. 여성주의 연구에서 GIS가 중요한 역할을 할 수 있는 중요한 영역 한 가지는 지역 정치에서 여성 운동 단체의 능력을 강화하는 것이다. 여성주의 GIS사용자와 연구자들이 지역 여성 운동을 지원하는 역할을 할 수 있는 여러 가지 방식이 있다. (a) 지역사회에 관한 여성의 지식과 경험을 수집하고, 색인화하고, 통합한다. (b) 여성 운동 단체가 갖지 못한 기술이나 자원에 해당하는 GIS 분석을 수행한다. (c) 여성 운동 단체의 진행과정을 체계화할 수 있도록 데이터와 분석 결과를 정리한다. (d) 분석 결과를 유포함으로써 정치 무대에서 여성 운동 단체의 효율성을 높이는 집단의식의 조성을 돕는다. 헌터 칼리지가 수행한 커뮤니티 기반 GIS 프로젝트가 좋은 예인데, 이 프로젝트는 뉴욕 주, 롱 아일랜드의 웨스트 이슬립(West Islip) 커뮤니티에서 유방암의 공간적 경향성과 잠재적 환경 요인을 이해하는 것을 목표로 삼았다(McLafferty 2002). 그 프로젝트는 한 여성 운동단체에서 두려움과 염려의 대상이 되는 특수한 문제들에 대한 답변을 가가호호 방문하여 조사한 데이터를 사용하였다. 맥래퍼티가 강조하듯이(2002, 265), "이 여성들에게 지도 작성과 GIS 사용은 일상생활 영역 바깥에서 지식을 획득하고, 그리고 건강과 질병의 개인적인 경험을 더 넓은 사회정치적 의제와 연결하는 중요한 도구가 되었다."

(3) 질적 데이터를 사용하여 지도 서사(cartographic narratives)를 구성한다

GIS는 질적 연구에서 표상 매체로 사용될 수 있다. GIS는 디지털 정보만을 다룰 수 있고 여성의 일상생활의 복잡다단한 경험들을 표상하기 어려운 한계가 있음에도 불구하고, 최근디지털 기술은 GIS가 다룰 수 있는 정보의 종류를 지대하게 확장할 만큼 발전되었다. 디지털 사진, 음성 클립, 그리고 비디오 클립, 손으로 그린 지도, 그리고 민속지학 방법을 통해 수집한 스케치 같은 질적 데이터를 GIS와 연결하거나 통합시킬 수 있게 되었다. 그러므로 GIS를 사용한다고 해서 주체나 지역에 관한 맥락적인 질적 정보를 사용할 수 없는 것이 아니다. 예를 들면, 저소득층과 복지부 수급 가정에 관한 분산적 환경 연구에서, 가구들에 관한 민속지적 현장보고는 GIS를 통해 이웃 지역의 현장보고와 그 밖의 다른 환경 데이터와 연결된다(Mathews et al. 2005). GIS와 민속지학의 융합은 프로젝트 연구자들로 하여금 저소득 가정의 삶의 복잡성과 그 가구들이 복지시스템과 타협하는 과정에서 채택하는 전략들을 시각화하고 더 잘 이해할 수 있게 해주었다. 또한 GIS는 전기(傳記) 서사를 구성하는 데에도 사용되었다. 그 예로 노스캐롤라이나 주, 레일리 시내의 한 고등학교의 역사, 문화, 그리고 기억을 보존하기 위해 시작된 리건(Ligon) 역사 프로젝트를 들 수 있다(Alibrandi et al. 2000). 리건 고등학교의 인권운동 이전 시기와 운동 진행시기 동안의 삶에 대한 아프리카계 미국인의 관점을 기록하는 일 외에도, 그 프로젝트에서 GIS는 한 동문의 전기를 기술하는 역사적 라이프 지도(life maps) 시리즈를 만드는 데에 사용되었다.

(4) 여성의 삶의 여정을 보여주는 공간-시간적 지도를 만든다

최근 GIS 기술과 연구에 진보가 있음에도 불구하고, 현재의 GIS 데이터 모델은 젠더화된 공간과 사물 같은 복잡하고 유동적인 개체들을 표상하는 데에 여전히 심각한 제약을 갖고 있다. 그러나 GIS 방법이 젠더 공간과 시공간에서 여성의 이동 경로를 조명하는 유익한 시각 도구가 될 수 있다고 믿으므로, 나는 이 맥락에서 GIS의 한계를 보강해주는 두 가지 방향을 제안하겠다. 첫째, 여성의 삶의 여정을 GIS에 의해 시공간적으로 표상하는 선(線)들은 신체적 기입(body inscriptions), 즉 여성의 일상 공간에 대한 억압적인 권력관계의 기입, 그리고 젠더화된 공간의 시공간적 기입으로 재구성될 수 있다(Law 1997). 엘리자베스 그로츠가 주장하듯이, "신체는 사회문화적 환경에 자신을 기입하고 투사하므로 이 환경은 신체의 형태와 관심들을 생산하는 동시에 반영한다"(1992, 242). 여성의 삶의 여정의 기하학과 정체성의 형성 과정, 그리고 여성의 장소 경험은 상호구성적이다. 또한 시공간에서 여성 신체의 움직임은 젠더화된 공간을 생산하는 능동적인 요소이다(Spain 1992, Nead 1997). 이러한 재구상을 통해, 여성의 삶을 표상하는 동선들은 더 이상 GIS

의 투명한 데카르트적 공간이 아니다. 그 대신 그 선들은 여성의 신체성과 체현된 주관성의 물질적 표현—즉 여성들의 매일의 삶의 선(先)추론적 실천으로부터 유출(流出)되는 것으로서, 그들의 신체가 시공간 안에 매핑된 것이다(Pile & Thrift 1995). 이러한 견지에서 나는 여성주의 지리학사들이 GIS 방법에 의해 신체의 물실성에 부여되는 특권을 인식하면서, 여성의 공간성을 조명하기 위해 GIS 방법을 전유할 수 있다고 주장한다.

현재 GIS가 가진 표상 능력들을 확장한다면 젠더화된 공간과 신체로 표상하기 어려운 한계를 어느 정도 극복하는 방향으로 나아갈 수 있다. 예를 들면, 나는 다년 연구를 통해 여성 신체의 움직임을 3D GIS를 이용하여 연속 궤도로 매핑한 적이 있다(Kwan 2000, Kwan & Lee 2004). 내가 만든 신체 지도(body maps)는 시간 지리학자들이 개발한 시공간 수족관과 비슷하게 보인다—거기서 여성신체의 움직임은 3D 공간에서 생애 여로로서 그려진다. 그 예는 그림 6.1에서 볼 수 있는데, 이것은 오레곤주, 포틀랜드의 표본 가구집단에서 아프리카계 미국 여성들의 일상적인 시공간 경로를 보여준다. (그림 6.2에서 포틀랜드 시내에서 가까운 구역의 상세한 모습을 볼 수 있다.) 이 방법을 이용하여 수행된 지리시각화(geovisualizations)는 아프리카계 미국 여성들의 가정과 직장이 메트로폴리탄 지구 전체의 매우 작은 지역에 몰려 있을 뿐만 아니라, 그들이 활동 무대도 다른 젠더나 민족들에 비해 공간적으로 훨씬 더 제약되어 있음을 보여준다. (이들의 시공간 경로를 그림 6.3에 예시된 아시아계 미국인 남성들의 것과 비교해보라.) 연구 대상 지역의 아프리카계 미국 여성들의 공간성이 그처럼 제약되어 있다는 사실은 주택 보급이나 취업 시장의 사회 · 경제적 과정에 의해서는 충분히 설명될 수 없는 방식으로 얼마든지 도시공간이 인종차별화될 수 있다는 것을 시사한다. 다른 연구에서, 나는 심층 면접을 통해 수집한 양적 자료와 질적 자료 모두를 토대로 3D GIS를 사용하여 여성의 도시환경 경험에 관한 이야기를 들려주는 지도 서사를 만들었다(Kwan 2007a, 2007b). 이 특별 연구는 탐험해야 할 GIS의 표상 가능성들이 아직 많이 남아있음을 보여준다.

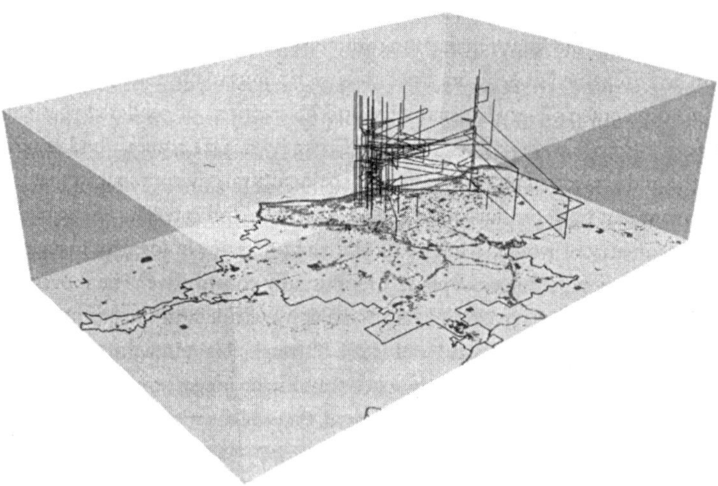

그림 6.1 오레곤 주, 포틀랜드에 거주하는 아프리카계 미국 여성의 시공간 경로.
출처: Kwan 2002b. 블랙웰 출판사의 허락으로 개제함.

그림 6.2 오레곤 주, 포틀랜드 시내에서 가까운 한 지역을 보여주는 상세 지도. 출처: Kwan 2002b. 여성주의적 시각화: 여성주의 지리 연구 방법으로서 GIS를 재상상하기. 미국 지리학회 연보 92: 645-662. 블랙웰 출판사의 허락을 받아 개제함.

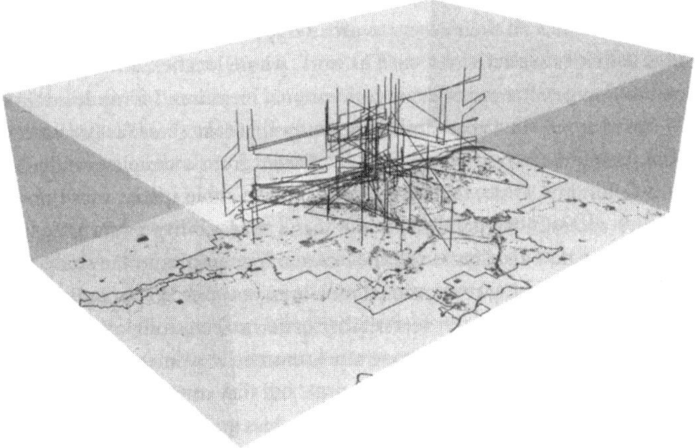

그림 6.3 오레곤 주, 포틀랜드의 아시아계 미국 남성 표본집단의 시공간 경로.

(5) 통상적인 양적 방법의 젠더 편견을 드러낸다.

지리학에서 많은 양적 방법들은 상이한 개인들 간의 공간 조직화에 관해 추상적인 논리를 전개하고 개인들이 처한 삶의 정황의 복잡성을 간과하는 가정들에 기초하기 때문에, 분석 결과들은 사람들이 매일 살아가면서 경험하는 것과는 현저하게 거리가 있다. GIS는 도시환경의 복잡성들(예를 들면, 다양한 시설들의 업무 시간이나 하루 중 어떤 지점에서 어떤 시각에 대중교통을 이용하는 것이 편리한가 하는 등)을 고려하면서 개인들의 행동 경향들을 엄밀한 지리연산적 알고리즘에 통합할 수 있으므로, GIS 방법은 현실 세계에서의 행동을 내다보고 통상적인 양적 방법의 젠더 편견을 드러내 보이는 데 사용될 수 있다. 오하이오 주, 컬럼버스에서 여성이 경험하는 시공간적 제약이 그들의 고용 상태와 도시기회 접근성에 미치는 영향을 검토하는 프로젝트에서, 나는 관행적인 접근가능성 지수들이 시공간에서의 사람들의 일상생활이 연속적으로 전개되는 점을 간과하고, 또한 여성들의 고정된 활동이 특정한 날에 도시기회 접근성을 제약하는 효과를 갖는 점을 간과하고 있다고 주장한 바 있다(고정된 활동이란 직장처럼 위치나 시간을 바꾸기 어려운 활동을 가리킨다). 통상적인 척도를 사용하는 대신, 나는 그러한 요소들을 고려하는 세 종류의 GIS 기반 시공간 접근가능성 척도를 정식화했다. 나는 오하이오주, 컬럼버스의 표본 집단으로부터 수집한 활동 다이어리 데이터를 사용했는데, 결과는 여성들의 접근가능성 패턴에서 상당히 큰 공간적 차이가 나타난 반면, 남성들의 접근가능성 패턴은 대체로 연구 대상 지역의 도시기회 공간 배치를 따르는 것으로 나타났다. 그러나 통상적인 척도를 사용했을 때 얻는 결과는 접근가능성 패턴에서 이러한 종류의 젠더 차이를 읽어내지 못한다. 그 연구의 결론은 GIS에 기반한 시공간 척도는 통상적 척도와 비교할 때 여성의 삶의 상황에 훨씬 더 민감하며, 그리고 통상적인 접근가능성 척도는 내재화된 젠더 편견을 피할 수 없고 따라서 여성의 접근가능성 연구에 부적합하다는 것이다. 이러한 결론은 GIS를 사용하지 않고서는 얻을 수 없는 것이므로, 여성주의 연구에 GIS 방법을 접목하는 것은 통상적인 개념들과 정량적 지리학 연구에 내재하는 젠더 편견을 노정하는 잠재력을 갖는다.

결론

GIS와 여성주의 지리학은 서로를 풍요롭게 보완할 수 있는 잠재력을 갖고 있음에도, 이제까지 두 영역은 두 개의 독립된 세계로 남아있었다(Hanson 2002, McLafferty 2002). 한계점들이 있음에도 불구하고 GIS 방법은 여성주의 지리 연구에서 특정한 쟁점들을 다루는 데 중요한 역할을 할 수 있다. GIS에 대한 이전의 비판들을 다시 검토하고 대안적 실천을 위한 가능성을 탐색함으로써, 나는 GIS의 비판적 참여 방식—즉 여성주의적 실천으로서 GIS를 재구상하고 재현하는 참여방식, 그리고 GIS 기술을 여성주의 인식론과 정치학에 의해 계몽시킴으로써 새로운 GIS의 실천방식을 창안하는 적극적인 참여를 제안한다. 여성주의 이론가들의 최근 저작들과 여성주의 지리학에서의 방법론 논쟁은 GIS 실천을 여성주의 인식론과 연구 방법론 안에 정립시킬 수 있는 중요한 지침들을 제공한다. 그 문헌들과 논쟁이 시사하는 것은 여성주의 GIS 사용자와 연구자들은 GIS 방법의 한계, GIS가 함축하는 권력 관계, 성찰을 실천에 옮기는 어려움, 그리고 생산된 지식의 윤리적 또는 도덕적 함의를 직시하고 적절하게 다룰 수 있어야 한다는 것이다. 문제는 아마도 여성주의적인 GIS 실천 가능성보다는 그 잠재력을 어떻게 실현할 것인가 하는 데 있는 것 같다.

실천 수준에서, GIS를 정량적 실천으로 일축하는 통상적인 이해를 넘어서, 지리 연구에서 양적 연구와 질적 연구 방법 사이의 엄밀한 구별을 무너뜨릴 수 있는 잠재성을 시급히 인지해야 할 필요가 있다(Kwan 2004). 내가 다른 곳에서 주장한 바 있듯이(Kwan 2002a), GIS는 지리학 방법(양적이건 질적이건)에 대한 이분법적 이해를 무너뜨리고, 여성주의 지리학에서 비판적인 시각적 방법의 물질적 실현으로서 여성주의적 시각화를 현실화하는 거점이 될 수 있다. 그 뿐만 아니라, 슈르만(Schuurman 2002)과 내가 주장했듯이(Kwan 2002b), 지난 십 여 년 동안 GIS에 대한 비판에서 과학과 시각에 대한 여성주의적 비판의 중요한 요소를 찾아보기 어렵다. 영장류학과 발달 생물학에서 여성주의자들이 새로운 관찰방식을 활성화하고 남성주의적 편견을 약화시키기 위해 젠더분석을 통해 그들의 연구 영역을 변혁시켰듯이, 이 장에서 나는 여성주의 이론을 통해 GIS에 대한 새로운 이해와 사용법을 구상해 보았다. 그러므로 나의 연구는 크리거, 런베크, 그리고 쉬빈저(2001)가 훌륭하게 요약하고 있듯이, 20세기 과학과 기술에 대한 최근의 여성주의적 비판이라는 더 큰 맥락 안에 위치하는 것으로 볼 수 있다. 왜냐하면 현대 사회과학과 자연과학에서, 해러웨이의 물음이 함의하는 것을 정확히 밝혀냄으로써 많은 것을 얻을 수 있기 때문이다. "사이보그나 이분법적 대립, 또는 시각 테크놀로지는 많은 여성주의자들이 가장 두려워하는 것을 재구성할 수 있는, 또 반드시 재구성해야만 하는 방법에 대해 단서를 제공할 수 있는가?" 해러웨이는 현대 기술과학과 시각 테크놀로지의 폐부를 찌르는 비판을 했을 뿐만 아니라, 또한 사이보그 선언을 통해 여성주의자들이 현대 과학기술의 비전과 힘을 되찾고(여기에 GIS 기술이 포함된다) "[남성](옮긴이의 첨가) 마스터들의 시각에 지각변동적인 도전을 감행하는 일"(Haraway 1991, 4, 192)에 참여할 수 있음을 강조했다.

제7장

줄기세포, 여성, 그리고 새로운 젠더와 과학

|채리스 톰슨|

2005년 1월 14일, 과학 · 공학 노동시장 다변화를 위한 NBER(미국경제연구원: National Bureau of Economic Research) 컨퍼런스에서 전 하버드대 총장 로렌스 서머즈가 강연을 했을 때, 미국 고등교육계에는 젠더 · 과학 정치의 새로운 장이 열렸다. 젠더 · 과학 정치의 이 새로운 장은 세 가지 주요 특징을 갖는데, 어떤 면에서 그 세 가지는 이 논문집을 나오게 만든 매개변수였다고 말할 수 있다. 첫째, 의례적인 과학 일반에 대한 비판적 입장에서, 그럼에도 근본적으로 과학의 편에서 주어지는 여성주의적 비판이 서머즈의 강연을 표적으로 삼아 재연되었을 때, 과학계의 여성 이슈에 다시 논쟁의 불씨가 당겨졌다. 과학 일반에 대한 지원을 감축했던 조지 W. 부시 시절의 연방 정부에 비해, 과학계의 여성과 소수집단에 관한 논쟁은 정말로 그 이슈가 무엇인지를 밝혀주었는데, 즉 그 논쟁은 단순히 반

(反)과학적 비판이라기보다 우리가 가질 수 있는 최선의 과학이 무엇인가에 관한 논쟁이었다. 사실 이것은 기막히게 좋은 뉴스라고 말할 수 있다.[1] 둘째, 지난 수 년 간 입법 과정에서, 그리고 대표적인 여성 과학자들을 지도자급 위치에 임명하는 일에 있어서 충분한 사례가 있었기 때문에, 논쟁 참여자들의 이야기가 사람들에게 경청되었다는 사실이다. 이것 역시 좋은 소식이다. 끝으로, 서머즈의 논평은 젠더적 · 인종차별적 경향을 가진 우생학의 유령을 다시 살려냈을 뿐만 아니라 젠더와 과학의 거대한 연구자 집단을 완전히 무시하는 듯한 태도를 보였다. 그렇다면 젠더 · 과학 정치의 시급한 새로운 과제는 왜 이 연구 분야가 주류논쟁에 끼어들지 못했는가 하는 것이다.

서머즈의 강연은 충격적인 것이었지만 왜 그것이 충격적인가 하는 이유를 이해하는 것이 중요하다. 그의 논평 자체와 그것이 전국적으로 부활시킨 대화는 오랫동안 젠더와 과학계를 괴롭혀온 상황이 어떠한지를 노정했다. 한 편으로, 그 분야는 과학과 공학에서 여성과 소수집단에 관한 연구를 포함하는 풍부한 학문적 잠재성을 갖고 있다. 즉 다학제적(인종, 계층, 민족) 접근에 의해 젠더의 과학, 과학의 젠더성, 그리고 탈식민주의 · 탈민족적 비교 연구, 그리고 역사 연구를 망라한다(Keller & Longino 1996, Schiebinger 1999, Creager et al. 2001, Lederman & Bartsch 2001, Mayberry et al. 2001, Wyer 2001). 다른 한 편으로, 그 분야의 정책 능력은 정치적으로 긴급하지만 이론적으로나 경험적으로 능력에 미치지 못하는 문제,

즉 과학계에서 여성과 소수집단의 과소대표성이라는 문제에 다소간 한정되어 있었다. 여성의 과소대표성 논쟁은 닭이 먼저냐 달걀이 먼저냐 식의 논증구조를 갖고 있어서, 연이은 변명들을 내놓을 뿐 방금 언급했던 젠더 · 과학의 풍부한 학문성에 대한 침투력은 매우 미약한 듯하다. 과소대표성에 관한 논쟁에서 흔히 볼 수 있듯이, 행위 주체와 희생자—이 경우, 여성—사이의 인과관계가 가장 많이 강조되면서 자연주의적 설명이 옹호되었다. 업적을 자연화하려는 유혹은 늘 있게 마련이고, 따라서 이런 논쟁에서 한쪽 편은 대개의 경우 '승자' 편에 서게 되어있다. 반대편은 주로 문화적 과정을 비난하면서, 과소대표성을 사회 구조에 의해 설명하는 편을 지지한다. 교육, 입장, 약자의 인구 비례 등에 입각한 글이 대다수인 까닭에, 얼마 전까지만 해도 사회 구조 편을 드는 사람들이 과학 정책을 결정하는 위치를 차지했다. 정책을 한층 더 피폐하게 만드는 것은 양측이 자연과 문화가 상호작용적 역할을 수행해 온 증거를 무시하는 것이다. 이제 그 어느 때보다도, 젠더와 과학 분야의 학자들은 그 분야의 풍요로움을 정책에 반영함으로써 이 난국을 타개해야 할 필요가 있다. 새로운 젠더 · 과학 정치는 바로 지금이 그 때라고 말하는데, 이 책은 바로 그러한 노력의 한 부분이다.

젠더 · 과학에 대한 전국적인 관심의 부활이 계기가 되어 서머즈의 강연이 있었던 같은 달에 나는 한 통의 전화와 이메일을 받게 되었다. 이 전화를 통해 나는 젠더 · 과학의 추세를 분석할 수 있었고, 그것이 발판이 되어 과학에서 여성의 과소대표성에 관한 정책적 논쟁을 확대하고자 하는 이 글과 이 책의 목표에 기여할 수 있게 되었다. 그 전화는 내가 어떤 위원회에 추천되었다는 것을 알려주었는데, 그것은 캘리포니아 상원 법안 322호(SB 322)의 명령에 따른 캘리포니아 줄기세포자문위원회(California Advisory Committee on Stem Cells)였다. 이 위원회는 연구용 복제와 줄기세포 연구가 캘리포니아에서 처음으로 입법화되었던 2002년에 만들어진, 비슷한 이름을 가진 복제에 관한 캘리포니아 자문위원회(California Advisory Committee on Cloning)의 후속 기구로 창설된 것이었다. 내게 전화했던 미국보건국(DHS) 의사는 여성에게 영향을 미칠 인간 줄기세포에 관한 쟁점들을 다룰 수 있는 전문성을 위원회에 보태줄 수 있는 인물로 내 이름이 올라왔다고 말했다(Thompson 2005 참조). 그것이 무엇을 의미하는 것이든지, 결국 나는 여성의 이익을 대표해야 하는 것이었다. 2004년 11월, 캘리포니아 주민들은 과반수제의 자유 민주주의에서 압도적인 승리에 해당하는 59대 41로 캘리포니아 연구 치료 조항, 또는 주민발의안 71번을 지지하는 투표를 했다. 주민발의안 71번은 배아줄기세포 연구를 위한 재정 지원을 금하는 연방 법률을 어기고 줄기세포 연구를 수행할 수 있도록 주정부 헌법권을 확립하고, 줄기세포치료를 연구하고 개발하는 모든 연구팀에게 10년간 3백만 불씩을 지원할 수 있는 권한을 부여하였다. 또한 주민발의안 71번은 새로운 주 행정기구인 캘리포니아 재생산의학연구원(CIRM)을 건립하였다. 주민발의안 71번은 CIRM이 자율적으로 기준을 세울 수 있는 위원회와 절차를 가질 수 있다고 규정하였기 때문에 SB 322 위원회의 업무는 불분명했다. 어떤 사람은 그것이 폐물이 되거나 무용지물이 되어 2007년 1월의 상원법안 자체와 함께 몰락해버릴 것이라고 생각했다. 또 다른 사람들은 새로운 줄기세포 발의안은 어느 정도 독립적인 감독권을 가질 것이고 바로 이 위원회가 그런 역할을 할 것이라고 생각하기도 했다.

나중에 알게 된 일이지만, 나는 이전의 복제 자문위원회에 속해 있던 저명한 여성 보건 운동가의 후임으로 추천된 것이었는데, 그것은 내가 그녀보다 줄기세포연구와 줄기세포 정책에 더 적극적인 태도를 취할 것이고(사실 나는 보건에 관한 우선순위 문제와 불평등에 관한 우려 때문에 그 안건에 지지 서명을 하지도 않았다), 따라서 그 전임자를 비롯하여 여성 보건 운동을 대표하는 다른 사람들보다 덜 논쟁적일 것이라는 이유에서였다. SB 322의 조건들은 원래 2005년에 새 위원회를 소집하고 보고를 요구하게 되어있었다. 위원회 추천자들의 이름이 2005년 1월에 주지사 집무실에 제출되었다. 미국보건원에서 한바탕 소동이 있은 후, 업무를 마치도록 예정되어 있던 때로부터 6개월이나 지난 뒤에 위원회가 소집되었고, 이미 일 년도 넘게 온갖 종류의 사람들(나를 포함하여)을 만나고 자문을 구했던 집행기구의 운영과 연관하여 과연 위원회의 역할이 무엇인가 하는 문제가 제기되었다. CIRM에 반대하는 생명옹호단체들이 제소한 사건의 2차 심리가 열리게 되어 있던 2월 27일, 월요일보다 바로 앞서 2006년, 2월 24일, 마침내 새 위원회가 소집되었다. 그 때는 상원위원 데브라 오티즈가 주민발의안 71번의 조건들을 수정하는 새 의안을 제출하고 있던 중이었고, 서머즈 총장이 하버드 대학 총장직을 사임한 지 불과 며칠 안 되는 때였다.

개인 공여자들은 말할 것도 없이, 캘리포니아 전역의 대학들과 다른 연구 기관들은 주정부의 줄기세포 정책에 힘을 실어주었다. 나는 신생 줄기세포센터의 일부인 캘리포니아 버클리대 줄기세포 프로젝트 책임자와 학회장 직을 맡고 있었는데, 그때까지 발의안의 조건에 따라 연구팀에서 유일한 학생인 우리 대학 사회과학부 대학원생들에게 재정지원을 해줄 것을 요청하는 일을 비롯하여, 최초의 줄기세포 교육 계획서 작성을 돕고 있었다. 나는 또한 버클리대의 줄기세포 연구 감독위원회와 우리의 임상연구 협력 병원에서 그에 상응하는 위원회에 임명되어 있었다. 그러는 동안 미국보건원의 새로 부임한 담당자는 새로 조직된 캘리포니아 자문위원회에 내가 임명되지 않았다는 사실을(아마도 그럴듯한 이유에서) 내게 통보하는 일을 잊어버렸다. 그 회의를 알리는 미국보건원 웹사이트 공지사항에는 위원들의 이름이 아닌 전공영역을 열거했는데, 과학자, 법률가, 의료윤리학자, 그리고 종교 지도자처럼 주민을 대표할 만한 자격이 있는 범주들은 올라가 있었던 반면에 여성 범주는 빠져있었다. 그 회의가 있기 직전에 나는 여성보건옹호단체의 대표자이면서 마지막 순간에야 여성의 관심사를 옹호해야 할 직책이 위원회에서 빠진 것을 알게 된 어떤 사람으로부터 전화를 받은 것이었다. 위원회 구성원들은 너무 늦은 회의 소집 공고 때문에 그들 대부분이 공식적인 논평 세션도 가질 수가 없었다.

결국 나는 첫 번째 회의에 시민의 일원으로서 참석했고 애초에 내가 위원회 멤버로서 봉사하도록 요청받았던 주제들에 관해 공식 논평을 했다. 그 위원회는 여성, 소수집단, 그리고 더 넓게는 일반 시민들과 면담을 나눈 적이 없기에 깔끔하고 세련된 위원회와는 오히려 정반대였다. 기듭해서 취지를 밝혔음에도 불구하고 그 위원회가 무슨 일을 해야 하는 것인지를 분명하게 알고 있는 사람은 아무도 없는 듯했고, 유사한 주제에 대해 한 해 동안 CIRM가 작업해온 것을 고려할 때 논의의 상당부분은 하나마나한 것이었을 뿐만 아니라, CIRM의 행정절차와 직책들에 대한 것 외에 덧붙여진 것도 하나도 없고, 협동적이지도 않았으며 또 새로운 정보도 별로 없었다.[2)] 참석한 위원들은 거의 대부분 나이 많은 백인 남성들이었는데, 그들은 줄기세포 연구를 지지하는 유명 변호사이자 CIRM 고문인 알타 카로에를 통해 줄기세포연구에 대한 연방정부 지침과 CIRM 지침의 차이를 충분히 예습한 터였다. 결국 애당초 SB 322 위원회의 권고에 따라 지도를 받아야 할 기구가 오히려 SB 322 위원회에게 현장의 의무적 기본사항에 대해 가르치는 우스운 상황이 전개되었다.

이 글은 젠더 · 과학 문헌에서 상이한 학문적 지류들을 통합하는 일종의 사고실험이라고 할 수 있다. 어떤 사람이 자문위원회에 대한 나의 애초의 비판을 진지하게 받아들이고 '여성'—이때 '여성'은 이익 단체는 고사하고, 하나의 집단으로서 여성을 지칭하는 것도 아니다—이라 불리는 집단의 필요에 주목하는 것이 무엇을 의미하는지를 물었다면 어떻게 되었을까? 여성과 과학에 관한 관심이 부활된 상황에서, 주정부가 줄기세포 연구를 지지하기로 나선 터에, 과연 누군가가(또는 어떤 적절한 관계에 있든지) 여성의 의견과 생명을 대리할 수 있다는 것이 어떻게 가능하다는 것인가? 이 글의 나머지 부분에서 나는 이 물음들에 답하기 위해 캘리포니아라는 맥락에서 이루어진 나의 연구, 교육, 그리고 위원회 봉사활동을 중심으로 말해보겠다. 나는 줄기세포연구에서 '여성 문제'로 부상하고 있는 문제들에 대해 논의하고, 그 문제들이 어떤 여성들에게 영향을 미치며 어떻게 하는 것이 그 문제들을 가장 잘 타개할 수 있는 것인가 하는 문제를 다룰 것이다. 또 나는 여성에게는 중대한 의미를 갖지만, 현재의 줄기세포 논쟁의 틀 밖으로 내몰리면서 논쟁 중에 실종될 위험이 있는 쟁점들을 고찰할 것이다. 결코 여성 문제들의 완전한 목록이라 할 수 없지만, 내가 고찰하려 하는 다음 쟁점들은 젠더뿐만 아니라 계층과 인종에 모두 연관되는 것들이다.

–줄기세포 연구자와 생명기술 발명가들 사이에서 여성들이 대표되고 있는가?
–줄기 세포 논쟁에서 왜 낙태 정치는 여성 이슈가 되지 못하는가?
–재생산 기술에서 매우 상이한 가치를 갖는 난자 공여가 왜 줄기세포 연구에서 으뜸가는 여성 이슈가 되는 것인가?
–줄기세포 연구를 위해 주정부 기금에서 3십억 불, 또는 이자까

지 합쳐 60억 불의 증액지출을 인준하는 것은 여성 보건의 우선순위를 적절히 대표하는 것인가?

–환자와 장애인의 권리를 위한 운동에서 여성들의 특별한 역할, 특히 환자, 보살핌 제공자, 그리고 어머니로서의 역할은 무엇이며 왜 그들의 목소리는 기대하는 것만큼 경청되지 못하는가?

–줄기세포 연구에 반대하는 여성들에게 중요한 여성 이슈는 무엇인가?

나는 출발했던 지점으로 다시 돌아와, 해당 분야의 연구를 선도하고 시민 생활에 영향을 미칠 수 있도록 이와 같은 관심 주제들을 정책 논쟁에 끌어들일 때 젠더와 과학의 전문 연구자들이 맡아야 할 역할에 대해 성찰해볼 것이다.

줄기세포 과학에 여성을 개입시키기

서머즈 사건과 직접 연관되는 것으로, 여성과 줄기세포에 관한 으뜸가는 관심사는 아마도 주정부가 지원하는 줄기세포 교육기금과 생명기술 연구개발(R&D)에서 여성들이 공정한 몫을 받아야 할 수혜자임을 확실히 하는 것인 듯하다. 사실, 주민발의안 71번이 통과된 이후 캘리포니아에서 이 문제는 좀체 제기되지 않았다. 반대로 소수집단 옹호기구. 차별화 철폐운동(Greenlining), 그리고 CIRM 지원금의 (내가 보기에 정당한) 조건들 자체는 과소대표적인 소수집단들을 줄기세포 과학에 우선적으로 끌어들였다. 왜 여성들이 이 문제를 중심으로 조직되지 않았는가 하는 것을 나는 완전히 파악하고 있지 못하지만, 부분적으로 그것은 생명기술 산업은 아니더라도, 생명과학이 이미 괄목할만한 수의 여성 과학자를 갖고 있고, 또 탁월한 여성 과학자들이 줄기세포 과학을 대표하는 국가 대변인은 아닐지라도 이미 현장에서 활약하고 있기 때문일 것이다. 그러나 대체로 '과학계의 여성'이라는 변수는 줄기세포 논쟁에서 놀라울 정도로 조용하다. 줄기세포 위원회에 봉직하는 여성 과학자들은 대체로 줄기세포 과학에서 여성을 옹호하는 특별한 관심을 가진 전문가로서, 또는 줄기세포 논쟁에서 유일한 여성 문제로 천천히 모습을 드러낸 문제, 즉 난자 공여자에 대한 보상 문제에 대해 특별한 통찰력을 제시해야 하는 위원회 멤버로서 자신을 동일시하지 않는다. 아마도 그들이 말수가 적은 것은 일차적으로 자신을 여성 과학자보다는 일반 과학자로 여기기를 바라기 때문일 텐데(그 뜻은 수긍할 만하다), 그렇다 해도 그들의 목소리는 그 논쟁에 도덕적 권위를 부여할 수도 있을 것이다. 캘리포니아에서 줄기세포를 연구하는 여성 과학자들이 다른 여성들에게 영향을 주는 문제에 관해서는, 그들이 언론에 입장 표명을 하거나 CIRM 자체를 통해서라도 집단적으로 입을 모아 이야기하는 것을 본다면 그것은 참으로 전율적인 일일 것이다.

낙태 정치

세속적이든지 종교적이든지, 많은 국가에서 낙태 정치는 인간 줄기세포 과학에 관한 논쟁의 뒤편에 잠복해있으면서, 행위의 합법성과 조건들을 결정하기도 하고, 공적 지원과 민간 R&D 지원과 미래 시장에 제한을 가하기도 하며. 종교를 과학과 적대적인 관계에 놓기도 한다. 미국의 경우, 낙태에 반대하는 정치적 힘의 상당 부분은, 다른 국가에서 더 흔히 볼 수 있듯이, 가톨릭교가 아니라 복음주의 개신교에서 발원한다. 그럼에도 불구하고 미국은 낙태에 대한 종교적 반대가 인간 배아 줄기세포 연구로까지 확장된다는 점에서 매우 전형적인 사례가 된다. 그러한 확장을 합리화하는 배후 이유는 배반포(胚盤胞)[수정란이 일정한 세포 분열을 끝내고 속이 빈 단계의 배. 옮긴이]에서 줄기세포 선(線)을 추출하는 과정에서 태아가 파괴된다고 생각하기 때문이다.[3] 만일 배아가 인격체로서 도덕적 지위를 갖는다면, 인간 배아 줄기세포 연구는 살인 행위가 되는 것이다. 미국은 양대 정당 과반수제 민주주의가 연방정부 차원의 통치 구조뿐만 아니라 주정부 차원에서도 작동하고 있는 점에서 매우 특이하다. 이것이 의미하는 바는 연방정부가 공화당일 때 주정부는 민주당일 수 있고 그 역도 참이라는 것인데, 이것은 주민발의안 71번이 통과된 일에서 보듯이, 주정부가 통치권을 장악할 가능성이 있음을 보여준다. 2001년 8월의 부시 대통령의 선언 이후, 인간 배아줄기세포 연구는 오직 연방 기금(예를 들면, 미국보건원이나 미국과학재단)으로부터 지원 받을 수 있는데, 만일 이미 배아가 추출되어 불변화 상태에 있고, 따라서 연방정부의 기금으로 배아를 파괴하는 일이 금지된, 배아줄기세포에 관해 인준된 또는 이른바 대통령 상한선[배아줄기세포 선embryonic line을 가리킨다. 옮긴이]을 지키며 연구가 수행되는 조건에서만 그러하다.[4] 그 반면에 주민발의안 71번의 통과는 '프로제니터'(progenitor: 原種) 또는 배아줄기세포의 추출이나 연구를 위한 공적 기금을 약속했을 뿐만 아니라, 주 헌법을 수정함으로써 이 연구에 헌법권(constitutional right)까지 부여했다. 이 글의 모두에서 언급했듯이, 캘리포니아의 이 예외주의는 과학과 생의학의 이 특정 분야에서 다른 국가에 '뒤쳐져서는' 안 된다는 식의 다분히 국가주의적 정서뿐만 아니라, 연방정부의 '반과학적' 입장에 대한 저항을 배경으로 이해해야 할 필요가 있다.

그러므로 낙태 정치는 인간 줄기세포 연구의 중심부에 놓이는데, 미국 외의 어디에서도 이 같은 것은 찾아보기 어렵다. 그렇다면 낙태는 줄기세포 연구 분야에서 '여성 이슈'인가? 역설적이게도, 낙태를 하는 당사자가 여성이고 또 '여성의 선택권'으로 알려진, 합법적이고 안전한 낙태를 할 수 있는 권리를 보호하는 일이 사반세기 넘게 낙태권을 옹호하는 여성들의 독점적인 정치적 쟁점이었음에도 불구하고, 배아줄기세포 연구에서 낙태에 이르는 미끄러운 언덕, 그리고 그 역도 '생명권' 측과 마찬가지로 '낙태권' 측과도 직접 연결되지 않는 것처럼 보인다. 낙태에 반대하는 여성들은 대체로 줄기세포 연구도 반대하는데, 왜냐하면 여성의 재생산 보건문제나 여성의 자율성 때문이 아니라 그 연구가 배아를 파괴한다고 생각하기 때문이다.[5] 인공수정 치료 후의 잔여 배아 사용을 금지하려는 정치 운동은 생명론자 여성들을 남은 배아들의 파괴로 표상되는 '영아살인'을 기꺼이 막을 수 있는 문자적 · 상징적 어머니 또는 자궁 자체인 것처럼 환기시켰고, 그럼으로써 낙태 반대운동을 젠더 · 가족 정치로 되돌려놓았다는 점이 중요하다. 그렇지만 배아줄기세포 선은 준-배아 개체가 희생되기 전까지는 결코 나타나지 않는다. 이 사실은 줄기세포가 문제로 떠오를 때 사실상 생명론자 어머니가 종결시킬 수 있는 어떤 배아도 더 이상 존재하지 않는다는 것을 의미한다. 따라서 낙태반대는 여전히 배아 줄기세포연구의 주요 장애물인데, 그렇지만 그것은 생명론자 여성들에게조차, 간접적으로 그럴 수 있을지라도, 진짜 '여성 이슈'가 아니다.

줄기세포 연구를 지지하는 많은 여성들은 합법적인 낙태를 지지하고 그 역도 참이지만, 적어도 캘리포니아의 경우, 낙태를 반대하는 사람들이 곧 줄기세포연구도 반대한다는 식의 도덕적 틀을 양측이 공유하고 있을 것이라고 논리적으로 추론할 수 없다. 내가 말할 수 있는 한, 왜 모든 낙태권자 여성들이 줄기세포연구와 주민발의안 71번을 지지하지 않는가 하는 데에는 세 가지 이유가 있다. 주된 이유는 많은 여성들, 특히 여성주의자들이 생명론자와는 다른 근거에서—이에 대해서는 마지막 절에서 설명하겠다—여전히 재생산과 유전학 관련 기술들에 반대하는 이유를 구체적으로 표명하는 주요 참여자라는 사실이다. 반대 이유는 많은 낙태론자 여성들이 배아줄기세포 연구에서, 특히 난자 공여에서(이에 대해서는 아래에서 상술하겠다) 여성에게 있을 수 있는 특별한 위험을 염려하기 때문이다. 두 번째 이유는 줄기세포 연구의 주된 호소력이 장애와 질병의 치료를 약속하는 데에 있기 때문이다. 낙태권의 정당성은 부분적으로 장애와 질병의 사유로 실시되는 '치료적 낙태' 사례에서 획득된다. 장애인의 권리와 줄기세포 연구를 통해 장애를 완화하기 위한 개입 사이의 긴장 관계를 놓고 시작된 새로운 대화는 미국의 낙태 정당화 이유에서 비교적 검토되지 않은 이 지지대를 위협한다. 세 번째 이유는 낙태를 지지하는 여성들의 견해가 항상 줄기세포연구에 대한 지지로 전이되는 것은 아니기 때문인데, 이것은 재생산의 프라이버시를 보호하려는 욕구에 기반한다. 낙태권을 주장하는 많은 남성과 여성은 재생산과 성의 프라이버시 보호의 점진적인 확대를 위해 수십 년 동안 싸워오면서, 독신 여성, 게이나 레즈비언 연인 또는 부모, 다인종 부부, 그리고 재생산이 불가능하거나 재생산 기술의 혜택을 얻기 어려운 사람들의 사생활이 주정부의 개입과 차별로부터 벗어날 수 있게 하기 위해 고군분투해왔다. 줄기세포연구 규제에 포함되는 강한 공적 쟁점들은 재생산 프라이버시에서 쟁취하기 어려운 이 추세를 마모시킬 위험을 안고 있다. 따라서 낙태에 대한 지지와 줄기세포 연구 수행에 대한 지지는 함께 동반하는 일이 빈번하기도 하지만, 일부 낙태권자 여성들은 배아 줄기세포 연구가 낙태와는 상이한 도덕 지평을 갖는 것으로 이해한다.

줄기세포 연구에서 낙태 정치가 맡는 근본적인 역할과 낙태 자체의 젠더적 성격에도 불구하고, '여성의 선택권'은 자동적으로 줄기세포 연구를 지지하게 되지 않으며, 따라서 낙태 논쟁의 양측 누구에게도 즉각적으로 '여성 이슈'로 인지되지 않는다. 줄기세포 논쟁에서 낙태 정치는 여성의 문제여야 하는가는 아직 문제로 남아 있다. 바꾸어 말해서, 줄기세포 논쟁에서 여성을 대표하는 것은 여성 문제로 부상하는 가닥들을 포착하고 주장하는 것을 뜻하는가, 또는 적어도 여성이 어떤 발언을 해야 하는지를 모색하는 것인가? 나의 현장경험을 미루어보면, 후자에는 다음과 같은 것이 포함될 것 같다. 즉 줄기세포 선에 접근하고, 그리고 궁극적으로 배아줄기세포가 없는 자기 자신과 가족들을 위해 치료법에 접근할 수 있기 위해서 배아줄기세포 선을 구별하기 원하는 생명론자 여성들의 관심을 명료하게 밝히는 것이다. 새로운 연구가 보여주는 바에 따르면, 이른바 성숙한 줄기세포는 신체의 상이한 조직 유형으로 분화될 수 있는 잠재력을 과거에 생각했던 것보다 훨씬 많이 갖고 있다. 특히 생명론자 시민들이 줄기세포 치료법에 접근할 수 있도록 성숙한 줄기세포 연구를 지원하는 것은 근사한 이름붙이기, 추적, 그리고 회계 작업으로 발전될 수 있고, 국제적 표준화를 활성화시키고 나중에는 줄기세포 과학 자체를 향상시킬 수도 있을 것이다. 여기에 적용되는 한 가지 보편적인 진리는, 반대가 연구를 막는 정치적 장애물로 표출되기보다 연속적 과정으로서 내재화되는 한, 반대는 흔히 연구를 방해하기보다 오히려 향상시키는 치료의 표준으로 작동할 수 있다는 것이다(이것은 영국의 줄기세포 연구가 유념했던 점일 뿐 아니라, 비판은 과학을 가로막는 것이 아니라 향상시킨다는 이 글의 논지가 소우주에서 반향되고 있음을 보여준다).

또한 여성 경험에 관한 낙태론자 여성들의 관심사들도 관철될 수 있다. 다시금 나의 현장 경험을 토대로 말해보면, 이식 이전 단계에서 유전자 진단을 받고 치명적인 질병이 있는 잔여 배아를 가진 어머니는 연구를 위해 그리고 철저히 밝혀내려는 노력과 연관하여 그 배아들의 가치를 입증하는 강력한 증인이 될 수 있다. 낙태론자 여성은 안전한 합법적 낙태를 포함하는 재생산 프라이버시 권리와 줄기세포 연구를 수행할 수 있는 권리의 차이를 규명하면서, 각 경우에 여성 신체의 고유한 역할을 유념할 것을 확실히 해둘 수 있다. 그리고 다시금 우리는 우생학과 복제에 대한 저항에서 볼 수 있듯이, 일부 낙태론자 여성들이 줄기세포 연구에 대해 표명한 다른 우려들, 그리고 연구가 갖는 보건 격차적 함의들에 관한 우려들을 악화시키기보다 완화할 수 있는 방식으로 정책과 실천을 이끌어 나갈 수 있다. 이것 역시 아마도 연구와 복지를 악화시키지 않는 편으로 인도할 것이다. 낙태론자들은 출산 전 진단 과정과 치료 목적을 위한 낙태에 암묵적으로 잠복하는 장애권(disability rights)에 미칠 수 있는 위험에 대해 생명론자로부터 배울 것이 있고, 생명론자들도 그들 자신과 사랑하는 사람들이 겪는, 그리고 출산 전 진단과 줄기세포 연구가 완화시킬 수 있는 잠재력을 가진, 과중한 시련과 고통에 관해 낙태론자로부터 배울 것이 있을 것이다. 분명한 것은 줄기세포 정치와 낙태 정치 사이의 연관 속에서 젠더가 수행할 수 있는 상이한 역할들이 검토되고 평가되어야 한다는 것이다.

연구를 위한 배양기로서 여성 신체: 난자 공여 문제

광범위한 흥미로운 이유들로 해서, 잠재적 난자 공여자의 보호는 캘리포니아와 다른 지역에서 줄기세포연구 정치에서 대표적인 윤리적 관심사가 되었고, 그리하여 이른바 대표적인 여성 문제로 떠올랐다. 그것은 초당파적 지지를 얻은 몇 안 되는 윤리적 문제들 중 하나이다. 한국의 줄기세포 스캔들에 의해 가속화된 이 문제는, 인간 줄기세포 연구에서 국가적 그리고 초국가적 규제와 상거래 체제가 이제 겨우 싹트고 있는 상황에서 마치 난자 공여자보호가 최우선적인 보편적 윤리 기준인 양, 줄기세포 연구에서 국가 간의 그리고 개인 간의 각축전에서 게임의 칩처럼 기능하고 있다. 『보스턴 여성 건강 서적 총서』(1999)의 저자 주디 노스지언을 비롯한 여성 보건 옹호자들은 이 문제를 전면에 내놓는 역할을 했다. 지금 와서 볼 때 여성의 신체에 대한 이러한 관심이 얼마나 과잉결정론적인지 알 수 있지만, 사실 다른 장기 기증이나 조직 기증의 상황에 비해, 그리고 난자 공여의 경우 재생산 보조 기술에서 관행적으로 시행되어왔던 것을 생각할 때, 그러한 상황 전개는 다소 놀라운 일이다.

미국의 경우 여성 당사자를 위해 그리고 다른 사람들의 재생산을 위해 난모(卵母)세포가 여성의 몸에서 처음 추출된 지 4반세기가 되었고, 그동안 공여자 보호에 대한 비난도 거의 없었다. 『부모 되기: 재생산 기술의 존재론적 안무법』(Thompson 2005)에서 내가 주장한 바 있듯이, 미국에서 재생산 기술은 대중문화(영화, TV 드라마, 책, 잡지 등) 속에 깊이 침투했지만, 그럼에도 불구하고 인간 줄기세포연구 영역과는 완전히 다른 세 가지 근본적인 측면에서 다분히 사적인 문제로 남아있었다.[6] 지역의 보건 서비스 제공자를 대표하는 의료 기관인 미국 재생산의학 협회는 질병제어센터와 환자운동연합 조직인 RESOLVE와 협력하여, 모든 재생산 기술 과정을 매년 보고하고 감독하는 데이터 수합을 체계화함으로써 대부분의 규제를 무력화시켰다. 이것은 의사들로 하여금 실험 프로토콜을 실행하고 낙태반대자들의 눈을 피해 가정방문 환자 보호장치를 이용할 수 있게 해준다. 그리고 또한 의사들로 하여금 새로운 약품 투약이나 실험모형의 시행을 엄청나게 늦출 수도 있는 동물 실험이나 다른 절차를 요구하는 정부 규제로부터 비교적 자유롭게 일할 수 있게 해주었다(재생산 내분비학은 영장류들 사이에서조차 엄청난 차이를 보이기 때문에 동물 모델들은 별로 쓸모가 없다).

환자의 권리를 보호하려는 운동가들 역시 재생산을 사적인 일로 묶어두는 데에 강한 관심을 갖고 있었다. 그들은 재생산의 프라이버시를 옹호하는 법적 전통을 강조한다. 한 편으로, 프라이버시를 가정할 때 환자로 하여금 입양 부모가 갖추어야 할 적합성 검사를 받지 않고서도 자유롭게 재생산 기술 치료를 받을 수 있게 한다.[7] 다른 한 편으로, 프라이버시 전제조건은 환자로 하여금 가족 구성이라는 제호 아래 자신들의 선호도를 표현할 수 있게 해준다. 정치적 좌파가 재생산 프라이버시를 원하는 것 못지않게, 정치적 우파는 일반적으로 가족들이 될 수 있는 한 정부의 개입으로부터 자유롭기를 원하며, 그러므로 '가족 구성'이라는 널리 쓰이는 표현은 재생산 기술을 합법적이게 만들고 규제로부터 비교적 자유를 누리기 위해 초당파적인 방식으로 작동한다. 이 제호는 만일 현재 줄기세포연구가 논란거리가 되었듯이 정책이라는 공적 영역에서 기술이 논쟁거리가 되었더라면 부상했을 수도 있는 반-낙태 같은 유형의 압력으로부터 그들을 보호한다. 진료자들 못지않게 환자들도 생식체의 시험관조작에 관한 공적 담론과 너무 밀착되는 것을 우려한다. 그러므로 같은 과정에 의해 난자를 채취함에도 불구하고, 환자들은 고답적인 재생산 관행을 줄기세포 연구로부터 거리를 두어왔다. 제약회사도 재생산 기술의 공식적인 검사의 부재로부터 큰 이익을 누려왔다. 많은 기업들은 감히 인간 배아줄기세포 연구에 투자하지 않고 있지만, 제약회사들은 임신 보조제에서 많은 이윤을 거둘 수 있음을 깨달았으므로 그들에게 혁신—예를 들면, 난소 촉진을 위해 사용하는 재조합형 약품—은 수지맞는 일이었다.

재생산 기술에서 난자 공여는 주기적으로 뉴스거리가 되지만, 난자 공여자 보호는 논평이나 검열의 주요 측면으로 조명되지 못했다. 엄청날 정도로, 논쟁과 비판의 주제가 되었던 것은 특정 부류의 공여자로부터 얻은 난자의 가격이다. 난자를 제공한 대가로 3만 불을 받은 중산층 명문대 재학생은 대개의 경우 강압의 희생자나 공적인 감독이 필요한 것으로 간주되지 않는다. 그 대신 'SAT 점수가 높고 리더 자질을 갖춘 잘생긴 젊은 여성'에게 지불하는 일이 갖는 우생학적인 통속 생물학적 함의들에 초점을 두는 경향이 있다. 때로는 반복적인 공여의 위험이 대두되기도 하지만, 대개는 난자 공여자가 아닌 정자 공여자의 경우에나 그럴 뿐이며, 그것도 대체로 반복적인 공여가 야기할 수 있는 부작용 때문이 아니라 근친상간의 위험 때문일 뿐이다. 그런 위험에 대한 우려는 다음과 같은 형태를 띤다. 똑같은 공여자의 정자를 사용했기 때문에 제인Jane은 자기도 모르는 사이에 반쪽 형제와 결혼한 것이 아닐까? 만약 딸이 난자를 자기 어머니와 계부에게 제공하여 아기를 갖게 한다면 그것은 근친상간이 되는 것일까?

재생산 기술이 출발할 때부터, 여성주의자와 인종차별 반대자들은 난자 공여와 가임기의 대리모 수행에 의한 착취의 잠재성이 계층, 인종, 그리고 민족적 계보와 맞닿을 수 있는 문제에 대해 목소리를 높였다. 그들의 비판은 하나의 집단으로서 여성의 착취에 관한 것이 아니라, 일부 여성들이 다른 여성과 남성에 의해 그리고 인공수정 관련 산업에 의해 겪을 수 있는 착취에 관해서였다. 때로는 심각한 난소 과잉촉진으로 고생하는 여성이 뉴스 헤드라인에 부각될 수도 있지만, 만일 그녀가 공여자가 아니라 자신의 치료를 위해 난자를 제공할 경우에는 사람들의 동정심을 얻을 수 있다. 공여자의 수정 난자에서 나온 잔여 배아들을 사용하지 않고 비축하는 것은 미국에서 낙태반대자 집단의 주요 쟁점이 되었다. 그러나 이것 역시 앞에서 언급한 낙태 문제와 연관되며, 난자공여 정치 자체 또는 공여자를 보호하려는 관심에서 나온 것이 아니다. 재생산 기술에 있어서 대중적인 관심은 절차를 위해 보험 혜택 의무를 부과하는 정치 운동이 전개되었던 몇몇 주들을 제외하고 대체로 대중매체에 바탕을 둔다. 재생산 기술과 연관된 문제들에 관한 대중매체의 관심은 수박 겉핥기식이고 대체로 줄기세포 난자 공여를 둘러싼 선제공격적인 공적 토론 같은 것을 활성화하는 일보다 재난 보도 특집 유형에 집중되어 있다.

대체로 대중의 시선을 벗어나 일하는 미국재생산의학 협회의 윤리위원회와 다른 기구들은 오랫동안 난자 공여자에게 일시불로 대가를 지불하는 것을 금지해야 한다고 주장해왔고, 그들이 생각하기에 '공여자에 대한 부당한 미끼'로 간주되지 않는, 그리고 공여자에 대한 대가를 제한하지 않는 인공수정 클리닉의 저급한 우생학을 주입하지 않는 것으로 판단되는, 납득할만한 대가를 위한 지침서를 발간했다. 재생산 기술을 시행하는 전문가들은 경제적 형태가 아닌 다른 종류의 강압의 잠재성을 빈번히 시인한다. 그것은 난자를 파는 경우와 마찬가지로, 특히 가족이나 친구 사이의 공여일 경우에도 있을 수 있는데, 가족이나 친구에게 난자를 주고 싶은 욕구에서 또는 개인적인 책무감에서 나온 것일 수 있다. 이런 종류의 압력은 공여를 호소하는 어떤 맥락에서 찬양받을 만한 행위로 간주되기도 하지만—예를 들면, 헌혈이나 골수 기증 같은—난자 공여자에게 있을 수 있는 위험에 의해 (신장 기증의 경우도 마찬가지이다), 그리고 혈족 간의 부작용이나 재생산 기술에서 사용된 생식체들 사이의 근친상간 위험으로 인해 그 측면은 상쇄될 수밖에 없다. 미국 재생산의학협회가 발간한 난자 공여 지침서는 근친상간을 막기 위해 공여에 의한 친족관계 발생 가능성을 명백히 밝히고 있다.

저소득층 여성은 체외수정(IVF)을 위한 난자 공여에서 착취당할 위험이 있는 것으로 생각되지만, 이것은 체외수정 시장이 사회 · 경제적 지위가 낮은 여성에게 대가를 적게 지불하고 학생을 선호하는 경향이 있다는 사실에 의해 얼마간 완화된다. 이것은 가임기 대리모와 줄기세포 연구를 위해 외주 관리를 하는 경우와 대조된다. 대리모와 연구를 위한 공여자는 일반적으로 내수와 국제 노동 분업에 특징적인 패턴을 갖는 것으로 추정된다. 왜냐하면 시장이란 바람직한 속성들을 가진 공여자를 수혜자 측에서 선택하는 식으로 지배되는 것이 아니라, 노동 수요에 의해 지배되기 때문이다. 돈 뿐만 아니라 이민 지위도 주요 인센티브가 될 수 있다. 불법체류 외국인뿐만 아니라 어떤 종류의 보상이건 상황을 호전시키는 유의미한 요소로 간주되는 저소득층 여성은 이민국의 검문을 피해 특히 보육이나 다른 종류의 가사 노동을 즉각적으로 받아들이기 쉽다. 공여 목적이 아니라도, 건강관리와 다양한 종류의 의료 서비스에 대한 접근성은 또 다른 가능한 인센티브로 인식된다. 간단히 말해서, 정책 영역에서조차, 그리고 강압에 관한 관심과 중첩되는 경우에도, 재생산 기술을 위한 난자 공여를 둘러싼 논쟁은 줄기세포 연구를 위한 난자 공여의 경우와는 매우 다르다. 이러한 차이는 난자 공여자 보호를 줄기세포 연구에서 주요 여성 문제로 부각시키는 것이 엄청난 논리적 비약이라는 것을 보여준다.

또한 장기와 조직 기증을 둘러싼 정책 상황을 보면, 가장 많은 이목을 끌었던 난자 공여의 특수한 측면들이 과연 그럴만한 것이었는지가 자명하지 않다는 것이 드러난다. 많은 신체 부분과 생산품들이 이전에 속해 있던 몸으로부터 떼어져 기증되거나 판매된다(예를 들면, 장기, 머리카락, 혈액, 정자, 난자). 항상 공여자가 판매하는 것은 아니지만, 많은 것들이 판매된다(혈액, 정자, 난자, 몇몇 장기들). 또 진료 목적을 위한 진단을 위해 많은 것들이 사용된다(예를 들면, 소변, 대변, 혈액, 배아). 과학수사, 보안, 가발, 의료 또는 인공수정 치료를 위해 이윤이 발생하는 상품을 만들기 위해 산업계도 많은 신체 부분들을 사용한다(예를 들면, 치아, 혈액, 손톱, 피부, 머리카락, 소변, 난자). 희소한 것들이지만 쓰레기로 분류되기 어려운 것들이 빈번히 사용되는 반면(예를 들면, 사체, 장기, 난자, 배아), 다른 것들은 쓰레기로 분류될 때가 많고(혈액이나 정자 같은 것) 그 밖의 것들은 대개의 경우 그냥 쓰레기이다. 그런 것들을 관리하기 위해서는 거대한 범세계적 하부구조가 필요하다(예를 들면, 소변, 대변, 머리카락). 어떤 것은 공여자에게 상당한 정도의 단기 또는 장기적인 위험을 초래하기도 한다(살아있는 공여자의 장기를 기증하는 것, 피부, 난자). 그 반면에 많은 경우에 대체로 별 위험이 없다(예를 들면, 사후 장기 기증, 머리카락, 혈액, 정자, 소변, 손톱). 많은 것들은 때로는 신성한 것으로 또 때로는 불경스러운 것으로 간주된다(예를 들면, 사체의 장기는 흔히 신성시되지만 그것을 절단하는 것은 불경스러운 일이 된다. 그러나 적합한 동의와 의학적 조건 아래서는 절단될 수도 있다. 머리카락은 특정 종교의 신자들에게는 신성시되고 다른 종교의 경우에는 불경스러운 것으로 여겨진다. 그리고 배아도 마찬가지이다.) 어떤 것은 개체군의 일부 구성원들만이 기증할 수 있고 다른 구성원들의 경우는 불가능하다(예를 들면, 일치되는 조직, 정자, 난자). 신체의 각 부분은 세계의 각 지역에 따라 저마다 상이한 역사를 가지며 양도 가능성의 화용론에 지배된다.[8)]

앞에 제시된 부분적인 목록에서 볼 수 있듯이, 인간의 난모 세포를 다른 어떤 것도 아닌 특정한 신체 부위나 생산품에 복제해야 하는 절대적인 이유는 없으며, 일반적으로 난자들은 서로 공유하는 특징들을 갖지만 상이한 신체에 따라 상이한 조합을 갖는다. 뿐만 아니라, 신체 기관이나 생산품의 기증이나 판매는, 정도의 차이는 있지만, 자유로운 선택 또는 강압에 관한 문제, 신체 기관에 값을 매기는 경제체제의 수혜자들에 관한 문제, 기증자와 수혜자 풀제가 초래할 수 있는 생물학적, 사회적, 또는 초국가적 분파와 계층화의 위험, 기증이나 판매의 위급성 또는 도덕적 호소력, 그리고 신체 기관 기증이나 판매가 선행하는 관료주의의 일부인가, 그리고 그 관료주의는 정당성을 갖는가 하는 문제들을 직시해야만 한다. 다시금 이 문제들은 일반적으로 다른 신체 기관에 대해서는 좀체 볼 수 없는 방식으로 특별히 공론화된 줄기세포 논쟁에서 표출되긴 했지만, 그 문제들이 오직 난자 공여에만 고유한 것은 아니다.

인간 배아줄기세포 연구는 조만간 성숙한 줄기세포 개발을 역전시킬 수 있게 되겠지만, 지금으로서는 인간 난자 또는 인간 배아의 조달을 필요로 한다. 올바른 설명 동의와 능력 요건이 충족될 경우, 배아는 IVF 시설을 통해 조달받을 수 있다. 배아는 또한 먼저 난자와 정자를 조달 받은 후 시험관에서 생식체와 결합함으로써, 또는 난자의 단성 생식(單性生殖)에 의해 실험실에서 만들 수 있다. 또는 난자에서 세포핵을 제거한 뒤, 실험실 복제 또는 체세포 핵전이(SCNT: somatic cell neuclear transfer)라고 불리는 과정을 거쳐 체세포에서 핵 DNA와 융합시킨 복제 배반포(胚盤胞)를 만들 수 있는데, 그런 식으로 복제양 돌리가 만들어졌다. 인간 배아줄기세포 선(線)은 이전의 배아나 배반포의 내부 세포 덩어리에서 나타나며, 이 방법들은 각기 배반포로 발달할 수 있다. 둘째 과정과 셋째 과정은 새로운 난자의 공급을 필요로 한다. 영국은 현재 세포핵이 제거된 비인간 난자를 인간 체세포 DNA와 결합시켜 SCNT를 만드는 실현 가능성에 대한 국가적 논쟁으로 들끓고 있다. SCNT가 특별히 유망한 까닭은 그것이 체세포와 핵 DNA를 제공하는 인간과 유전학적으로 거의 동일한 줄기세포 선을 생산할 수 있는 잠재성을 갖기 때문이다. 따라서 만일 그것이 환자 자신의 것이라면 거의 완전한 조직 일치가 보장되고, 장기 기증을 무력화하는 조직 거부와 연관된 문제들을 감소시킬 수 있다. SCNT 합성은 가장 논쟁적인 이슈이기도 한데, 한국 연구팀이 실제로 보여주었던 위장 과정이 바로 그 합성 과정이기 때문이다. 그 논증에 따르면, 만일 인간 배아줄기세포 연구가 급속하게 발전한다면, 지속적인 난자 공급이 필요하다. 따라서 난자 공여는 연구에 필수적이지만, 줄기세포 치료나 치료 목적의 임상 실험의 일부는 아니라는 것이다. 그러므로 재생산 기술에서의 난자 공여를 비롯하여, 기존의 어떤 신체 조직이나 장기 기증에 대해 윤리적 절차와 설명 동의의 모델을 만들기가 어렵다.

캘리포니아주의 경우, 주민발의안 71번은 난자 공여자에게 대가를 지불하는 것을 금지했고, 그리하여 상원의원 오티즈는 강압이 개입되지 않도록 줄기세포 연구를 위해 난자를 제공하는 여성들에게 보상을 더욱 제한하는 발의안을 제출했다. 갑자기 전면에 떠오른 난자에 대한 보상 문제를 둘러싼 논증에는 무엇이 들어 있는가? 생각해볼 수 있는 한 가지 노선은 만일 공여자가 보상을 받는다면 그것은 난자를 판매하는 것에 해당하고, 따라서 거의 아기를 파는 것에 가깝게 될 위험이 있다. 대가를 받고 아기를 파는 것(재생산 기술에서 난자를 사용하는 목적은 아기를 만들기 위한 것이지만, 줄기세포에서 추출한 배아를 아기로 간주하지 않는 한, 줄기세포 연구의 경우는 그렇게 말할 수 없지만)이 금지되어야 하는 까닭은 그것이 인간을 거래하는 것에 해당하고, 인간을 사고파는 것은 곧 노예제에 해당하기 때문이다. 또한 난자에 대해 보상하는 것은 난자가 상품화되는 것을 뜻하는 것처럼 보인다. 명확하게 설명되지 않는 채, 반(反)상품화 논증은 정치권에서 널리 지지를 받고 있다. 바로 이 때문에 주민발의안 71번이 통과된 후 얼마간의 시간이 경과했을 때 난자 공여자 보호를 둘러싸고 놀라울 정도로 의견 일치가 이루어진 것이다. 난자를 상품처럼 다루는 것에 대한 다양한 반대 입장들은 다음과 같다. (1) 난자와 배아는 충분히 사람과 비슷하거나 불가분적으로 연결되어 있으므로 사람들과 완전하게 분리시킬 수 없다. 그리고 사람은 결코 상품이 아니다. 그러므로 인간을 상품처럼 다루는 것은 당사자 자신을 위한 수단이 아닌 도구로 인간을 취급하는 것을 함축한다. (2) 난자를 상품화하는 것은 세상에서 가장 취약한 개체로 하여금 임대료를 요구하는 측의 강압의 대상이 되게 하고 난자 거래를 부추기는 시장 역학을 끌어들인다. (3) 줄기세포 연구의 경우처럼 치료 목적을 위한 신체 조직과 난자의 공여에는 선물(膳物) 경제의 에토스가 존재한다. 그러므로 난자를 상품화하는 것은 환자와 공여자 모두의 정서와 동기를 전복시키는 것이 된다.

그렇다면 모든 보상은 곧 상품화인가? 어떤 것에 돈을 지불하는 것은 기껏해야, 전술한 의미에서, 상품화에 해당할 뿐이라고 말하는 것은 확대 해석이 되는데, 왜냐하면 법적으로 상품화로 분류되지만 비공식적으로 찬사의 대상이 되는 많은 사례들이 있기 때문이다. 그러므로 만일 X 부인이 일주일에 사흘씩 유치원생 자녀를 돌봐주는 것에 대해 외할머니에게 돈을 준다면, 대부분의 사람들은 아마도 그 부인이 돈을 지불하는 것은 어머니의 노동에 경의를 표시하기 위함이지 외할머니와 손자의 관계를 상품화하는 것은 아니라고 말할 것이다. 마찬가지로, 사람들의 이름을 사용한다거나 특허 받은 기술의 사용 허가료를 받을 때처럼, 대가가 지불되긴 하지만 전적으로 상품화되지는 않는 사례들이 있다. 사용료는 사용에 대해 지불되는 것이고, 발명이나 개인을 지칭하는 이름은 원래의 소유자에게서 분리되지 않는다. 성격이 이와 유사한 상황에서 복제용 난자를 제공하는 것은 상품화의 비판을 비교적 잘 피할 수 있다. 또 다른 선택지는 보상되는 것은 수고비나 공여 경비에 대한 것이지 난자 자체에 대해서가 아니라고 확고하게 못 박는 것이다.

난자 공여에 대한 대가 지불을 금하는 것은 공여자가 자신의 난자로부터 얻을 수 있는 어떤 혜택도 취득하지 못하게 막는 반면, 난자로부터 발생하는 세포선을 거래 대상으로 다루는 사람들은 오히려 자유롭게 이윤을 취할 수 있다(예를 들면, Thompson 2007, Landecker 2000). 만일 회사들이, 그리고 심지어 공립 대학의 개별 연구자들조차, 줄기세포 연구에 들인 주정부의 투자로부터 이익을 취할 수 있는 것이라면, 하물며 난자를 제공한 사람들이 아무것도 얻지 못한다는 것은 공정한 일이라고 할 수 있겠는가? 사람을 상품화할 수 없다는 논증은 칸트주의 윤리학뿐만 아니라 많은 종교 전통에 뿌리를 두는데, 그에 따르면 인간을 어떤 목적을 위한 수단으로 삼아서는 안 되고 항상 사물만이 인간을 위한 수단이 될 수 있다. 그 주장은 후기-벨몬트 생의학 윤리의 제1 원리가 근거로 삼는 것,

즉 인간의 자율성을 옹호한다. 마찬가지로 그것은 마르크스주의를 비롯한 19세기 사회 이론에 뿌리를 두는데, 상품화된다는 것은 시장에서 사고 팔 수 있음을 뜻하고, 이것은 인간이 자신의 인간성으로부터 소외되는 한 방식이다. 자신의 몸이나 영혼에 가격을 매기는 것은, 신용카드 광고에서 볼 수 있듯이, '값을 매길 수 없는 것에 값을 매기는' 금기사항을 어기는 일이다. 여기서 물론 도구화 되거나 상품화되는 것은 인격체가 아니다(줄기세포 연구에 포함되는 복제되거나 재생산된 배아를 인간으로 간주하지 않는다면 그렇게 말할 수 있다. 그러나 그렇게 말하는 사람은 난자 공여자에게서 관심을 돌리는 것이다.).

난자의 상품화가 여성에게서 인간의 본질적 존엄성을 박탈하는 것이라고 믿기 때문에 상품화를 우려하는 것이라면, 우리는 다른 신체 부분들도 인간처럼 유의미한 방식으로 취급해야 할 것이다. 상품화에 대해 우려하는 좌파 사람들은 자신들의 관심의 도덕적 무게를 그와 같은 메타윤리적 관심으로부터 빌리지만, 그들이 더 관심을 두는 것은 그보다 더 실제적인 문제들이다. 대개의 경우 그들은 한 편으로 신체 부분들의 상품화가 우리 인간의 미래의 종말을 가리키는 것으로 간주하는데, 왜냐하면 그것이 도구도 아니고 다른 사용가치를 갖지 않는 그 자체로 가치 있는 인간성의 근본적인 조건을 위협하기 때문이다. 다른 한 편으로, 어떤 장기 공여 시장들을 고려할 때 그러한 우려는 매우 타당한 이유를 갖게 되는데, 상품화에 관한 우려는 실상 강압에 대한 염려이기 때문이다. 1970년대에 국가가 후원하는 인디라 간디의 정관 절제 수술 운동부터, 브라질과 다른 지역들에서 장기 기증을 위해 거리 아동들을 납치하는 일을 그럴듯한 근거를 들어 설명하는 것까지, 신체 부분을 거래하는 시장이 생길 경우 끔찍한 위험이 초래될 것이다. 만일 난자나 다른 인간 신체조직을 위한 시장이 존재한다면, 부도덕한 제3자들이 난자를 얻기 위해 끝없이 늘어설 것이다. 이러한 종류의 거래는 경찰이 단속하기가 너무 힘든데, 왜냐하면 그것은 사회에서 가장 취약한 사람들을 먹이로 삼는데다가 비공식적이거나 불법적인 검은 경제의 일부가 되기 쉽기 때문이다. 그 경제적 계산법은 간단하다. 즉 어떤 사람이 사회에서 가치가 미미하거나 거의 없다면, 그들의 신체 장기나 조직이 가진 어떤 가치도 외부적으로 부과되는 가치일 뿐이다. 만일 난자 자체가 공여 행위에 의해서가 아니라 보상을 통해 판매된다면, 난자의 채취는, 최악의 경우, 그것이 공여자의 희생을 담보로 할지라도 확실한 경제적 의미를 갖는다.

난자 공여자를 보호하는 것은 대단히 중요하고(나는 엄격한 보호를 옹호해왔는데, 특히 난소 과잉촉진에 의해 기증자에게 장기간의 부작용을 낳을 수 있는 잠재성을 근거로 삼는다) 당연히 그것은 여성 전체에게 대단히 중요한 문제이긴 하지만, 우리는 현재의 논의의 틀이 이 주제를 다루는 유일한 길인 것처럼 속단하지 않도록 주의해야 한다. 얼마나 상이한 다른 공여 방식과 판매 방식들이 있는지, 그리고 재생산 기술에 의해 얼마나 다양한 난자 공여 방식이 조장되고 있는지를 유념하면서, 여성의 복지 못지않게 중요한 답이 될 수 있는 다른 쟁점들을 제기하는 것이 중요하다. 예를 들면, 어떤 종류의 신체 조직이나 생체 장기 기증이 난모세포 공여를 목적으로 하는 것인지, 그리고 그 각각의 사례에서 공여자 보호 정책으로부터 어떤 교훈을 얻을 수 있는지를 묻는 것이 중요하다. 언제 어떤 것이 쓰레기, 선물, 상품, 연구 기체(基體), 또는 이런 것들의 조합이 되며, 연구 상황에 관해 우리는 어떻게 선물 대 상품의 이분법을 극복할 수 있는가? 다른 국가들의 윤리 체제는 어떠하며 그들로부터 무엇을 배울 수 있는가? '난자 공여의 윤리'는 인간 피시험자 보호에 근거한 규제조항을 가진 국가들을 불공평하게 유리한 입장에 놓고, 아마도 자연스럽게 초국가적인 불공정한 난자 거래로 귀착하게 될 초국가적 역학 체계를 구축하고 있는 다른 국가들에게 특정 생명윤리 체제를 강제하는 위험을 안고 있는 것은 아닌가? 어느 집단이 어떤 동기에서 공여할 수 있고 또 실제로 공여하고 있는가? 공여를 가로막는 장애물—예를 들면, 공여 선택사항에 대해 알 수 있는 감시성 정보 네트워크 안에 있거나, 경비를 변제 받는 것 등-은 결정적으로 중대한 것인가? 연구의 절대적 조건들은 공여자 개체군에서 얼마나 많은 인구학적 다양성을 요구하며, 어떤 모집 방식이 그 점을 표명할 수 있을 것인가? 특히, 비-SCNT 줄기세포선 도출과 연관하여, 모든 캘리포니아 주민이 줄기세포 은행에서 일치하는 적합한 조직을 찾을 개연성을 높일 수 있도록 조직 일치 기준에 상응하는, 난자 공여자들 사이에 모든 사회 · 경제 계층과 민족 집단의 대표성을 확보하는 것은 필수적인가? 치료 목적을 위한 분만이 아닌 질병 모델링의 경우, 사회의 모든 여성 그룹으로부터 난자를 채취하는 것은 얼마나 중요한가? 변제 수준의 차이는 연구의 절대적 목적이나 공여자의 건강과 안전에 영향을 미치게 될 정도로 한 그룹을 다른 그룹과 차별하는 것인가? 어떤 여성 집단들에게든지 공여를 과잉 유도하지 않는 것이 중요하지만, 모든 그룹의 여성들이 난자 공여에 참여하고 있다고 어떻게 확신할 수 있는가? 난소 과잉촉진과 수술과정을 겪게 되는 공여자, 난자를 갖고 작업하는 기술자, 난자 자체, 그리고 공여 받은 난자를 제공 받는 수혜자들의 건강과 안전을 위한 장기적 그리고 단기적 요건들을 어떻게 충족시킬 것인가? 이타적인 공여에 참여하도록 가족 구성원에게 부당한 압력을 가하지 않기 위해, 희망을 불러일으키는 기술에 대한 지원을 억압하지 않으면서도 치료에 대한 심리적 기대감들을 어떻게 조정할 수 있을까? 결국 여성 이슈로서 난자 공여는 난자에 대해 대가를 지불할 것인가 하지 않을 것인가 하는 문제를 훨씬 넘어선다.

보건 복지의 부담: 접근성, 지불능력, 우선순위

어떤 면에서, 보건 복지의 우선순위, 접근성, 그리고 지불능력의 문제는 난자 공여 문제와 정반대된다. 줄기세포 치료 자체를 위한 접근성과 지불능력은 주민발의안 71번이 통과된 이후 캘리포니아 논쟁에서 토의되고 있지만, 더 일반적인 문제인 보건 복지의 우선수위는 모든 공공 토론에서 거의 제기되지 않았다. 현장작업에서 나는 여러 명의 여성들에게 다음과 같은 취지의 질문을 던졌다. "줄기세포 연구를 위한 주정부 기금에 30억 불의 추가경비, 또는 이자를 합쳐 60억 불의 경비를 인준하는 것이 당신 자신의 또는 여성들의 보건 복지의 우선순위를 반영한다고 생각합니까?" 줄기세포 연구를 강하게 지지하는 경우에도, 이제까지 '그렇다'고 대답한 사람은 아무도 없다. 가장 흔한 반응은 만일 보건 복지를 위해 30억 불을 지불하는 일을 그들이 결정할 수 있다면, 의료보험이 없는 사람들에게 보험 가입을 해주고 모든 사람을 위해 기초 서비스와 예방의학을 제공하는 데 쓰겠다는 것이었다. 여성들은 자기 자신과 가족들의 건강관리를 자신들이 책임지고 있다고 여기며 그 이용가능성에 관심을 기울인다.

희소한 보건복지 자원을 분배하는 문제에서 줄기세포 연구가 차지하는 위치를 중심으로 줄기세포 연구에 대해 토의하기 위해서는, 이미 인준된 줄기세포 발의안을 위해 어떤 규제와 정책을 시행할 것인가 하는 것이 당면할 문제일 경우, 좀체 견지하기가 쉽지 않은 현격하게 다른 관점이 요청된다. 한 여성은 그녀가 다니는 교회에서 '줄기세포 연구는 게이들의 결혼으로 간주된다'고 내게 말한 적이 있다. 어느 일요일 그 교회의 담임 목사는 만일 게이 결혼 금지가 중대한 사안이라고 생각한다면 자리에서 일어나라고 신자들에게 말했다. 오직 한 여성이 일어났을 뿐이었다. 그 다음에 목사는 기초 보건복지에 대한 접근성이 중대한 사안이라고 생각하는 사람이 있느냐고 물었더니 전 교인이 자리에서 일어났다. 이렇게 말한 여성은 줄기세포 연구에 대한 자기의 견해가 바로 그와 같다고 말했다. 즉 줄기세포연구는 기초 보건복지보다 훨씬 덜 중요할 뿐만 아니라, 아프리카계 미국인이 줄기세포 연구 같은 하이테크 의료기술의 혜택을 받게 될 확률은 매우 적으므로 그 연구는 자신이 속한 공동체에 거의 영향을 미치지 않을 것이라고 그녀는 가정하고 있었다. 따라서 한 편으로, 이것이 기금을 선용하는 사례인지 의구심을 갖게 하는 보건복지 의무는 일차적으로 여성의 책임으로 동일시되고, 상당수의 여성들이 줄기세포 연구가 자신이나 가족들과는 무관한 일이라고 생각하는 풍토가 있다. 다른 한 편으로, 보건복지 예산을 이런 식으로[즉 배아줄기세포 연구를 지원하기 위해. 옮긴이 주] 쓰는 것이 좋겠다는 의견을 표명하든지 않든지 간에, 많은 여성들이 줄기세포 연구를 위한 예산 집행을 지지하는 것은 만성질환과 기능장애 상태로부터 회복될 수 있는 전망 때문이다. 중증 장애인을 돌보는 일은, 가족이건 보수를 받고 일하는 여성이건, 여전히 엄청난 정도로 젠더화된 영역이며, 따라서 여성들은 돌보는 사람이 되는 고역을 거의 일방적으로 겪을 뿐만 아니라 때로는 특정한 조건들이 초래할 수 있는 고통을 거의 혼자서 목격하는 증인이기도 하다. 이런 모든 우려들에 관한 논의와 줄기세포 연구에 관한 논쟁을 보건복지에 관한 우선순위와 접근성, 그리고 지불능력 같은 더 넓은 맥락 안에 위치시키는 것이 바로 중심적인 여성 이슈인데, 현재의 대화에서 그 점은 좀체 가시화되지 않는다.

여성, 환자권리 운동, 그리고 저항적인 '도덕 선구자들'

장애와 연관하여 여성이 맡는 보살핌 제공자로서의 역할에 관한 마지막 논점의 연장선상에서, 환자권리 운동가와 저항적인 운동가로서 여성 역할을 조명하는 것이 매우 중요하다. 여성들은 자발적인 환자권리 운동가로서 지대하게 영향력을 끼쳐왔고, 또한 병이 들거나 장애를 가진 자녀의 치료를 위해 들이는 그들의 노력에 대해 레이나 랩(Rayna Rapp, 1999)이 '도덕 선구자'라고 부르는 모범 사례가 되기도 한다. 줄기세포 연구에서 환자권리 운동가로서 여성의 역할에 대한 고찰과 논쟁을 생략하는 것은 주민발의안 71번 통과를 이루어낸 생명정치 운동과 생명사회 운동의 젠더 차원을 완전히 도외시하는 것이다. 유대(紐帶) 문제의 '직접 민주주의적' 측면, 그리고 이른바 '눈물샘을 건드리는' 전략을 통한 성공은 자기가 속한 집단의 이익을 위해 환자집단을 통해 행동하는 환자들은 물론이고, 가족과 보살핌 관계, 그리고 헌신적인 부모들의 운동에도 크게 의존한다.

줄기세포 논쟁에서 지금까지 여성들이 어떤 면에서 탁월한 도덕 선구자였는지, 그리고 고려해야 할 필요가 있는 또 다른 측면은 여성주의, 반인종차별주의, 그리고 장애권 운동을 근거로 줄기세포 연구에 반대하는 대변인으로서 그들의 역할과 관련된 것이다. 여성 액티비스트들은 미생물 선(線)의 조작과 비인도주의적인 연구가 촉발시켰던 초기 공포감을 표출하는 데에서 중심적인 역할을 해왔다. 그들은 줄기세포 연구가 더 오래되거나 현존하는 우생학적 틀 안에서 좌지우지될 수 있고, 심지어는 인종과학으로 후퇴할 수도 있는 가능성을 지적했다. 그들은 난자 공여자의 보호를 위해, 그리고 세계 제일의 부자들을 위해 여성의 몸이 약품서랍처럼 되지 않게 막는, 접근성과 지불능력을 위한 책임 있고 정의로운 정책들을 위해 운동을 전개해왔다. 또한 여성 운동가들은 장애권 옹호에 있어서, 그리고 빈번히 표상되듯이, 줄기세포 연구가 치료를 위해서라면 무엇이나 허용하고, 따라서 치유라는 목적을 위해 모든 것을 상궤에서 벗어나게 만들 수 있는 위험을 지적하는 데에 중요한 역할을 해왔다. 장애권을 대변하는 사람들은 치료법을 발견하는 일의 중요성뿐만 아니라, 상이한 신체 형태를 가진 사람들을 사회가 조금 더 잘 수용하도록, 그리고 장애를 가진 사람들의 상이한 삶의 현실에 적응하도록 사회에 압박을 가하는 대신, 마치 모든 것이 오직 치료를 위해서만 의미 있는 것처럼 묘사하는 심각한 위험을 지적한다. 캘리포니아의 경우, 유전학 센터와 협회 담당인력들은 과학적 진보가 (모든) 여성은 말할 것도 없고, 모두에게 좋을 것이라는 식의 무반성적인 가정에 도전하는 일에서 모범적이고 단호한 태도를 취해왔다.

젠더와 과학, 그리고 새로운 과학 정치

서머즈의 강연에 의해 촉발된, 과학에 대한 정계의 분위기와 과학 · 공학계 여성에 관한 논쟁의 부활을 고려할 때, 나는 바야흐로 젠더와 과학에 관한 풍부한 학문적 잠재성을 정책 무대에 진입시키고, 이어서 과학 · 공학계에서 여성과 소수집단의 과소대표성을 개선할 수 있는 대책을 모색해야 할 때가 무르익었다는 말로 이 글을 시작했다. 특별히 나는 이 제안에 의해 촉발된 사고실험, 즉 최근 부상하는 특수한 과학 분야를 택하여 사회에서 그것이 수행하는 젠더 역할에 대해 생각해 보았다. 젠더와 인종, 계층과 세계화에 대해 진지하게 고민한다면, 여성과 소수집단은 과학과 기술의 한 특수 분과에 참여할 수 있을 뿐 아니라 법을 제정하고 활성화시킬 수도 있지 않을까? 특수한 논쟁들에서 어떤 사고방식과 관심사들이 계류상태에 있으며 어떻게 그것들이 젠더와 과학에 장해물이 되기보다 참여와 분배적 정의에서 진보의 원천이 될 수 있을까?

이 장의 본론에서 나는 줄기세포 연구 분야에서 공적인 논쟁과 정책으로 결실을 맺을 수 있는 종류의 관심사항들에 대해 논의했다. 이 접근은 젠더에 관한 학제간적 관점을 요청하는데, 즉 젠더를 인종과 계층, 이민 지위, 정치 · 종교적 소속 같은 인격체의 정체성과 연관된 범주들과 더불어 늘 역동적인 형성 과정 안에 있는 것으로 이해하는 것을 말한다. 그것은 또한 '여성'이라는 범주를 선험적인 범주가 아니라, 젠더 연구를 위해 동등하게 가시적인 방식으로, 때로는 개인적으로, 정치적으로, 또는 관료주의적으로 환기되기도 하고 또 그렇지 않을 수도 있는 것으로 다루어져야 한다는 것을 의미한다. '여성'은 때로는 전혀 단일하지 않고, 또 때로는 하나의 통일적인 집합이나 범주가 되기도 한다. 이 관점은 정책과 연관된 문제를 다루는 젠더 · 과학 연구자가 과학에서 여성의 대표성이나 과소대표성의 문제를 사회 안에서 과학에 관한 다른 문제들과 분리해서 다루지 않아야 할 것을 요구한다. 젠더 · 과학 연구자들은 그 분야의 과거와 현재의 학문적 풍요로움을 그러한 과제에 적용하는 한 편, 정책 결정을 인도할 수 있는 방식들을 창안해야 한다. 과학 자체의 젠더화, 젠더와 과학, 과학자와 이용자, 그리고 과학의 지배구조에 관한 문제들은 항상 대두되기 마련이고, 그 문제들은 과학계의 여성 인력과 복지의 문제와 분리될 수 없다. 특정 과학 분야에서 '여성 이슈'의 다원성을 밝히는 것은 여성으로 하여금 과학에 대해 좀 더 호감을 갖게 만들고 문제의 분야에서 신규 인력을 채용하려는 사람들에게 여성을 좀 더 매력적으로 보이게 만들어줄 것이다. 줄기세포 논쟁은 젠더와 과학 연구를 새로운 과학 정치와 직접 접목시킬 수 있는 유의미한 입지점이 될 것이다.

• 제7장 주석

1) 부시 정부와 그 동료들은(진화론에 대한 근본적인 반대와는 별도로) 흡연

과지구 온난화 문제에서 과학에 반대하였고, 그리고 인간 배아줄기세포 연구 분야에서도 과학의 반대편에 서있었다.

2) CIRM과 함께 일했던 옹호자와 운동가들 중에는 소수집단 옹호 기구, 차별화 철폐운동(Greenlining), 그리고 무엇보다도 세포복제를 중단시키고, 여성의 재생산권리를 보호하며, 민사 책임에 관심을 두는 단체인 유전학 센터와 협회가 있었다. 그리고 주민발의안 71번에 반대하는 낙태론자 연맹, 난소접근금지 그룹(HOOO: Hands Off Our Ovaries), 그리고 공공 책임과 이익 갈등을 철저하게 다루는 법률을 요청하는 다른 많은 단체들이 포함된다. 이들은 모두 SB 322 명단에서 빠져 있다. 뿐만 아니라 태아의 도덕적 지위를 근거로 줄기세포연구에 반대하는 신학자와 다른 집단들도 빠져있다.

3) 이에 관한 논쟁들이 있다. 예를 들면, 어떤 사람들은 2-4 세포로 된 배아로부터 하나의 단일 세포를 생검(生檢)하여 배양할 경우, 줄기세포를 추출하기 위해 반드시 배아가 희생될 필요는 없다고 주장한다. 또 다른 사람들은 체세포에는 정자, 재생산하려는 의도, 이식, 감수분열, 그리고 수정 같은 것이 없기 때문에, 배아는 체세포 핵 전이과정(즉 연구를 위한 복제)에 의해 창조되지 않고 따라서 파괴되지도 않는다고 주장한다.

4) HR 40은 인공수정 치료에서 남은 잔여 배아를 사용하는 인간 줄기세포 추출을 옹호하여 2001결정을 전복시키려는 시도로서, 대통령 거부권을 막기 위한 3분의 2 의결수에서 조금 모자랐다. 2006년 11월, 민주당이 승리한 후, 2007년 1월 11일에 실시된 투표에서 이와 유사한 의회 발의는 더 많은 지지를 얻었지만, 여전히 의결수에는 미치지 못했다.

5) 낙태권을 지지하는 어떤 여성은 난자 공여 같은 과정이 여성에게 질병을 가져올 수 있는 있다는 이유로 줄기세포 연구를 반대하기도 한다.

6) 여성들은 대부분 재생산 기술을 둘러싸고 운동이나 연구를 수행하는 반면, 줄기세포 운동과 연구는 훨씬 더 남성적이라는 사실을 주목할 필요가 있다.

7) 가장 최근의 일로, 중국은 미국의 입양 부모가 입양 허가를 받기 전에 신체 체질 지표 기준을 충족시키는지를 확인하는 검사를 요구하기 시작하면서, 입양 조건의 전형이었던 이성애성, 양부모, 경제력, 그리고 연령 기준에 비만도를 덧붙였다.

8) 이 글이 주목하는 외주 조달과 출처, 난자 공여, 판매, 신체 부분 수송, 신체 조직 경제, 의료 관광, 그리고 계층화된 재생산에 관한 문헌들은 넘쳐나고 계속 증가 일로에 있다. 예를 들면, 다음과 같은 것들을 참조할 수 있다.

Andrews, L., and Nelkin, D. (2001). *Body Bazzar: The Market for Human Tissue in the Biotechnology Age*. New York: Crown.

Franklin, S., and Roberts, C. (2006). *Born and Made: An Ethnography of Pre-implantation Genetic Diagnosis*. Princeton, NJ; Princeton UP.

Konrad, M. (2005). *Nameless Relatios: Anonymity, Melanesia, and Reproductive Gift Exchange Between British Ova Donors and Recipients. Oxford*: Berghahn.

Lock, M.(2001). *Twice Dead: Organ Transplants and the Reinvention of Death*. Berkeley: University of California Press.

Reardon, J.(2004). *Race to the Finish: Identity and Governance in an Age of Genomics*, Princeton, NJ: Princeton UP.

Roberts, D. (2003), *Shattered Bonds: The Color of Child Welfare*, New York: Basic Books.

Scheper-Hughes, N, and Wacquant, L. eds.(2002), *Commodifying Bodies*. Thousand Oaks, CA: Sage.

Spar, D. (2006). *The Body Business: How Money, Science, and Politics Drive the Commerce of Conception*. Cambridge, MA: Harvard Business School Press.

Strathern, M. (2005). *Kinship, Law and the Unexpected: Relatives are Always a Surprise*. Cambridge, U: Cambridge UP.

Walby, C., and Mitchell, R. (2006). *Tissue Economics: Blood, Organs, and Cell Lines in Late Capitalism*. Durham, NC: Duke UP.

제8장

여성의 기대치에 맞추면 남성의 기대는 넉넉히 충족된다

-여성 고객을 위해 볼보는 어떤 자동차를 설계하여 세계 선두주자가 되었는가?

|타티아니 부토비치 템|

여성의 필요와 소망에 부응하는 자동차를 만들어보자는 아이디어가 볼보 자동차회사의 여성들 사이에서 나왔다. 처음에 그것은 상층부에서 불거져 나온 생각이었다.

그 모든 일은 2001년 10월, 시카고에 근거를 둔 여성고객 마케팅 전문가 마사 발레타가 어떻게 하면 여성 고객의 취향에 더 잘 맞출 수 있을지를 주제로 세미나를 갖기 위해 스웨덴의 괴텐베리에 왔을 때 시작되었다. 왜 여성을 위한 디자인에 초점을 맞추어야 하는가? 볼보자동차 고객 통계에 따르면 미국에서 구매자의 53퍼센트 이상이 여성이며, 유럽에서조차 고급 자동차를 구매하는 여성 집단이 빠르게 증가 일로에 있다고 한다. 고객의 요구에 귀를 기울이는 것은 건전한 기업 결정이다. 세미나가 끝난 뒤 출구로 향하면서 그 아이디어는 탄생했다. 여성들만의 힘으로 자동차 전체를 만

들면 어떨까? 과연 그 결과는 어떠할까?

여성들이 만드는 자동차에 대한 생각은 볼보의 더 많은 여성 엔지니어들이 참여하고 자신들의 전문성과 통찰력을 투입함에 따라 점점 확장되었다. 2002년 6월, 그 그룹은 당시의 볼보자동차 회사 대표이자 CEO였던 한스-올로브 올손에게 자신들의 생각을 표명하는 기회를 갖게 되었다. 올손과 만나기 전 주간에 그 그룹은 볼보에서 막 일하기 시작한 신참 자동차 외장 디자이너 안나 로젠에게 연락을 취했다. 그녀가 과연 이 프로젝트에 참여하고 싶어할까? 그리고 그녀는 주말 동안 최초의 스케치를 완성할 수 있을 것인가? 그녀는 두 가지 물음에 다 긍정적으로 답했고, 올손은 그 팀이 염두에 두고 있는 자동차가 귀엽거나 핑크색 같은 것이 아니라 날렵하고 경쾌한 타입이라는 것을 알게 되었다. 프로젝트는 승인되었고 예비연구를 위한 예산이 배정되었다.

2002년 12월 말, 볼보자동차 경영진은 불과 14개월 후에 개최되는 제네바 자동차 전시회를 위해 컨셉카를 만들라고 지시했다. 그리하여 '당신의 컨셉카'(YCC) 프로젝트는 가속화되었다. 자동차 산업계의 모든 자동차 제조업체는 컨셉카를 만든다. 그 자동차는 시장에 전달하는 명제이다. 즉 새로운 아이디어가 실제로 효력 있는지 알아내기 위해 또는 YCC가 기술진보의 결과물이라고 시장에 말하는 통로이다. 그 자동차는 결코 일반차 제조를 위해 설계되지 않는다. 볼보의 YCC 역시 그랬다.

YCC 프로젝트는 이제 예산도 받고 일정도 잡혔다. 핵심 그룹은 더 많은 팀 구성원을 얻었고, 수많은 아이디어들 중 어느 것이 이번 컨셉카에 맞을지, 그리고 어느 것이 컨셉카를 위해 뒤로 미루어져야 할 것인지를 선택하는 어려운 과업이 시작되었다.

우리 팀은 한 가지 명제를 갖고 있었다. '여성의 기대를 충족시킨다면 남성의 기대는 넉넉히 충족된다.' 바꾸어 말해서, 그 자동차는 남성을 배제하지 않으면서도 여성의 요구를 포용하는 것이다. 시장 조사에 따르면 이 명제는 그럴듯할 뿐만 아니라 신빙성이 있는 것으로 드러났다. 중간급 가격대 소비자들의 경우, 남성과 여성 간의 차이는 그다지 크지 않다. 그러나 고급 소비자층의 경우, 자동차를 구매하는 여성은 수행성, 스타일, 품질, 그리고 품격에 있어서

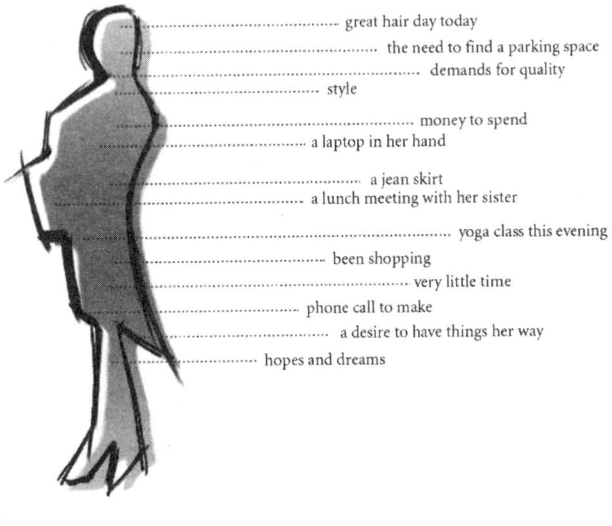

그림 8.1 가이드 자료: 어느 한 시점에서의 타깃 고객의 요구사항. 이 장에 나오는 모든 그림은 볼보자동차 회사의 허락을 받은 것이다.

남성이 원하는 것 모두를 원한다. 그리고 그 위에 더 많은 것을 요구한다. 그러한 여성 고객층은 요구하는 품목 리스트가 훨씬 더 길다. 결국 그 여성 계층은 전체 고객들 중 가장 요구사항이 많은 고객이다. 만일 우리가 가장 요구사항이 많은 고객에게 초점을 맞춘다면, 우리는 요구하는 것이 조금 덜 많은 사람들까지—우리의 경우, 고급 자동차를 원하는 남성 고객층—만족시킬 수 있을 것이다.

자동차에 어떤 선택 사양을 넣을 것인가를 택하는데 도움을 얻기 위해 우리는 타깃 고객을 설정하고 그녀를 이브(Eve)라고 부르기로 했다. 그리하여 그녀는 그림 8.1에 보이는 특징들을 갖춘 것으로 묘사되었다.

이 자동차는 바로 지금 이 순간 그녀가 원하는 것을 제공해줄 것이다. 그녀가 당장 필요로 하지 않는 것들은 뒤로 미루어둔다. YCC 프로젝트 팀은 아동과 임신부의 안전을 특별히 고려하지 않았다. 이 결정은 그룹 내에서 많은 토론을 거친 뒤에 이루어졌는데, 그 테마는 또 다른 컨셉카를 위해 미루기로 했다. 한 가지 목표는 모든 여성들이 아기를 태운다는 스테레오타입으로부터 이 프로젝트를 떼어놓는 것이었다. 젠더와 무관하게, 자녀를 양육하는 단계는 자동차 오너의 생애에서 상당히 짧은 기간이다. 볼보 군단은 이미 아동을 가진 가정를 위해 여러 훌륭한 패밀리카를 제공하고 있다. YCC는 당신이 자동차를 운전하게 될 그 이후의 다른 40년 이상의 시기를 위한 것이다. 그러나 YCC 타깃이 될 대부분의 여성은 어린

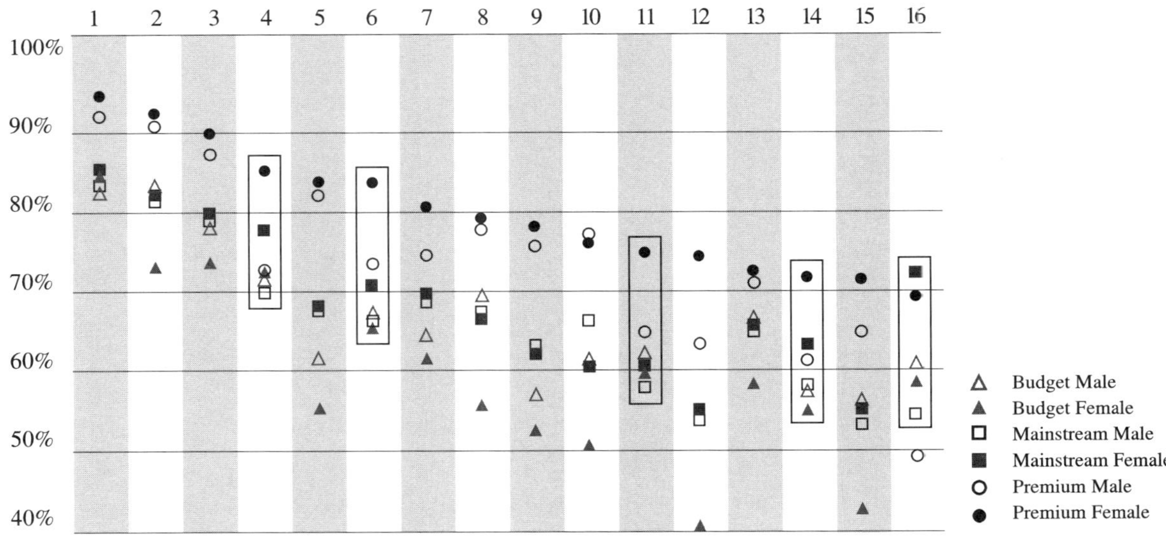

1. Safety in an accident
2.Stability during breaking
3.Holds the road well during cornering and lane changing
4.Good overall visibility
5.Equipped with latest safety features
6.Good handling and maneuverability
7.Good warranty
8.Good front seat comfort
9.Flawless bodywork and finish
10.Good engine performance and mid-range acceleration
11.Interior convenience-easy to reach controls and read dials
12.Excellent resale value
13.Driver roominess
14.Ease of driver/front passenger getting in/out of vehicle
15.Passwnger's seat as comfortable as driver's
16.Easy to park

그림 8.2 젠더와 시장별 관점에서 본 필요과 요구

자녀를 둔 어머니들일 것이고, 따라서 그들은 아이들을 YCC에 태워 학교나 어린이집에 데려다 주고 싶어할 것이다. 그리고 물론 모든 스탠다드 볼보자동차에는 아동의 안전을 위한 장치가 장착되어 있다.

우리는 고급차 고객 그룹에 속하는 여성들의 기대치가 같은 그룹의 남성 고객들의 기대치보다 확연하게 높은 영역에 집중하기로 했다(그림 8.2 참조).

전체적인 차체의 가시성을 확보할 것

다루고 조작하기에 용이할 것

내부 시설의 편의성, 제어장치의 접근 용이성, 계기판의 가독성

자동차를 타거나 자동차에서 내리는 일이 유연할 것

주차하기가 용이할 것

우리는 처음부터 우리가 풀어야 할 문제들이 무엇인지 알고 있었지만, 어떻게 풀어야 할는지는 알지 못했다. 그것이 그다음 14개월 동안의 우리의 과제였다. 우리는 알고 있었던 것은 우리가 멋진 차를 원한다는 것, 그리고 결코 '핑크색 칠을 하거나' 화장이나 장식 같은 것으로 해결하지 않아야 한다는 점이다.

YCC: 타깃 자동차

외장 디자인

외장 디자이너 안나 로젠은 어려운 과제를 안고 있었다. 멋진 동시에 실용적인 자동차를 만들어야 하는 것과 별도로, 그녀는 크기와 상관없이 운전자가 자동차의 끝부분들을 볼 수 있게 해야 했다. 오늘날 자동차를 모는 키 작은 운전자들은 후드가 끝나는 지점을 볼 수 없고, 그 때문에 주차하는 데 어려움을 겪는다. 로젠은 전형적인 볼보 V의 후드를 안으로 들여보내고 흙받이를 올림으로써 이 문제를 해결했다. 그렇게 함으로써 그녀는 앞부분을 고전적인 스포츠카와 비슷한 모양으로 만들었고, 그와 동시에 프런트의 코너들을 운전석에서 뚜렷이 볼 수 있게 했다(그림 8.3).

차 뒷부분의 경우, 후면 창문이 자동차 끝부분에서 끝나게 함으로써 운전자가 자기의 위치를 쉽게 판단할 수 있게 했다. 그 뿐만 아니라, B-기둥(후면 윈도우와 사이드 윈도우 사이)을 뒤로 이동시킴으로써, 도로 레인을 바꿀 때 운전자가 어깨 너머로 시야를 확보할 수 있게 했기 때문에 출입 도어 부분이 매우 넓어졌다.

시장 조사 결과 우리는 여성들이, 특히 북미 여성의 경우, SUV 차를 선호하는 이유는 운전자가 높은 위치에서 다른 차들을 더 잘 내다볼 수 있기 때문이라는 것을 알게 되었다. 그래서 YCC는 차대 높이를 다변화할 수 있게 했다. YCC는 고속도로에서는 고도를 낮추고 날렵하게 움직이지만, 시내에서 운전할 때는 차대의 높이를

그림 8.3 차체 가시성을 향상시키기 위한 전면 끝단 모양

그림 8.4 차체 가시성을 향상시키기 위한 측면과 후면 모양

60mm로 올려 하이모드로 바꿀 수 있다. 이 면모는 순전히 운전자의 시야를 향상시키기 위해 덧붙여진 것이다.

YCC는 또한 대부분의 자동차들이 장착하는 범퍼를 갖춤으로써 기능성을 강조했다. 이와 대조적으로 오늘날 자동차의 대부분은 차체와 동일한 색의 페인트를 칠함으로써 범퍼의 기능을 감추는 경향이 있다.

출입 도어

YCC는 자동 개폐 시스템을 갖추고 있다. 키를 누르면 자동차에 신호를 보내 전면 도어가 열린다. 키가 운전석 가까이 있을 때 자동차는 그 신호를 포착하여 자동적으로 문을 연다. 자동 개폐 장치는 가방이나 다른 수하물이 있을 때 문을 열기 위해 먼저 물건을 바닥에 내려놓지 않고도 넓은 입구를 통해 실을 수 있게 해준다.

프로젝트 디자이너는 처음부터 넓은 도어 오프닝을 택했다. 그러나 입구가 넓어지면 도어 자체가 크고 무거워진다. 보통 차의 도어가 다루기 힘든 까닭은 경첩이 크고 무거운데다 문을 열기 위해서는 넉넉한 공간이 필요하기 때문이다. 집중적인 토론을 거친 후 우리는 합의에 도달했다. 즉 YCC에서 유일한 대책은 위로 올리는 것이다. 그 자동차에는 걸윙(gull wing) 도어가 장착되어 있다. 일반적으로 걸윙 도어는 앨버트로스[황새목 슴샛과에 속하는 조류. 신천옹(信天翁)이라고도 한다. 주로 일본 태평양 일대의 먼 바다에 살며, 몸길이 91cm, 펼친 날개 길이가 약 2.1m나 된다. 옮긴이] 모

그림 8.5 타고 내리기 쉽도록 도어 입구가 넓다.

양으로 날개가 펴져 그만큼 자동차 너비가 넓어지므로 주차하기에 불편하다. 그러나 YCC의 도어는 수평으로 젖혀지기 때문에 바닥부분이나 문턱이 통로 바깥쪽으로 회전하고, 따라서 도어 전체는 열린 상태에서도 자동차 측면에서 2피트 정도 밖에 돌출하지 않는다. 그리고 회전 문턱은 딛고 올라서야 할 만큼 높지 않기 때문에 자동차를 타고 내리기 쉽다. 뿐만 아니라 회전하여 돌출하는 면은 말끔한 표면을 유지하므로 자동차에서 나오는 그을음으로 옷이 더러워지는 일이 없다(그림 8.5 참조).

도어가 열리면 차대는 가장 높은 위치로 올라가면서 차에 오르고 내리기 쉽게 해준다. 그와 동시에, 운전석이 가장 멀리 뒤쪽으로 이동하고 스티어링 핸들은 최대로 앞쪽으로 이동한다. 이 같은 유연성은 운전자에게 자동차에 타거나 내리기에 충분한 여유 공간을 부여한다.

어고비전(Ergovision)

운전자가 전화장치에 키를 넣으면, YCC는 운전자의 신체 비례에 적합한 좌석 위치를 골라준다. 볼보 대리점에서 운전자들은 스캐닝을 받게 되는데, 그들의 신체 비례가 자동차 키에 개별적으로 전자적으로 저장된다. 그러면 자동차는 좌석, 스티어링 휠, 페달, 머리 받침, 그리고 안전띠를 조절하여 각 운전자가 가능한 한 최적의 시야를 확보하고 모든 제어장치에 쉽게 접근할 수 있도록 설정해준다.

만일 좌석을 뒤로 기울이거나 똑바른 자세로 앉는 편이라면, 앉는 위치를 바꾼 다음 키에 다시 저장할 수 있다. A-필러 위에 있는 렌즈 모양의 홀로그램은 운전자의 위치가 최적의 시야를 확보하는지 여부를 말해준다. 우리는 인체공학(ergonomics)과 비전(vision)을 결합하여 '어고비전'이라고 부르기로 했다. 우리는 이 두 가지가 서로에게 없어서는 안 되는 것이라 믿는다.

오랫동안 시야 확보는 키 작은 운전자들에게 골칫거리였는데, 잘 내다보는 편을 택할 경우 발이 페달에 편안하게 놓이지 않고, 그 반면에 페달을 편히 밟을 수 있게 되면 시야를 확보하지 못하는 것이다. 키 작은 어떤 운전자들은 가슴을 스티어링 휠에 바싹 붙이고 앉곤 하는데, 그것은 위험한 자세이기 때문에 에어백이 자동적으로 열리게 된다.

어고비전은 안전성을 증가시켜준다. 우리가 운전할 때 받는 자극의 90퍼센트 이상은 눈을 통해 들어온다. 운전자들이 더 잘 볼 수만 있다면 사고를 피할 수 있는 확률은 훨씬 높아진다(그림 8.6참조).

앞좌석 수납공간

수납공간은 단지 핸드백을 두는 곳이 아니다. 자동차 키, 동전, 휴대전화, 쇼핑백, 그리고 우리들 대부분이 자동차 안에 놓아두는 잡다한 것들을 두는 곳이다. 오늘날 자동차에서 휴대전화를 보관하는 가장 일반적인 장소는 컵홀더이다!

우리는 물건들을 손 가까이 보관하는 가장 좋은 장소는 앞좌석 사이라고 믿는다. 많은 자동차의 경우, 그 공간은 변환 기어와 주차 브레이크가 차지하고 있다. 우리는 이것들을 다른 데로 옮겼다. 주차 브레이크는 전자식이므로 운전자는 경주용 자동차처럼 스티어링 휠 앞에서 직접 기어를 바꿀 수 있다. 앞좌석 사이는 여유 있는 수납공간이 된다. YCC의 경우 우리는 재떨이를 아주 앞쪽으로 밀어내고 열쇄와 동전, 그리고 휴대전화(그리고 두 개의 컵홀더)를 위한 깊지 않은 공간을 마련했다. 얕은 트레이를 뒤로 넘기면 노트북 컴퓨터나 보통 크기의 핸드백을 쉽게 넣을 수 있는 깊은 수납 칸이 드러난다(그림 8.7 참조). 노트북과 핸드백을 모두 갖고 있을 경우를 위해 이 같은 깊은 수납공간이 두 개 있다. 뒤편에는 운전석에서 쉽게 손이 닿을 수 있는 아이스박스가 있다.

그림 8.6 A-필러(왼쪽 위)의 홀로그램은 운전자가 어떻게 가능한 최선의 시야를 확보할 수 있는지 판단할 수 있게 해준다.

그림 8.7 앞좌석 사이의 풍부한 수납공간

뒷좌석 수납공간

우리가 아는 대부분의 사람들은 뒷좌석에 승객보다 오히려 짐을 두는 일이 더 많다. 만일 사람들이 그런 식으로 자동차를 사용하는 것이 사실이라면 그에 맞춰 자동차를 만들어야 하지 않을까? YCC에서 뒷좌석은 기본적으로 물건을, 그리고 필요할 경우에 승객을 태우는 컨셉으로 만들어졌다. 극장 스타일의 좌석은 많은 수납공간을 제공하면서도, 접힌 상태에서는 충분히 기능적인 승객 좌석으로 변환된다(그림 8.8 참조).

출입구

걸윙 도어의 축은 천정에 있으므로 문설주도 수납공간으로 쓰일 수 있다. 우리는 이 수납공간을 현관 복도라고 부르는데, 문이 열려있을 때 필요한 물건을 두는 공간이기 때문이다. 여기는 손전등(자동차의 전기 시스템과 연결되어 있기 때문에 항상 충전된 상태가 된다), 구급약, 우산, 그리고 자동차에서 멀리 있을 때 감춰두고 싶은 물건들을 넣는 잠금장치 달린 콤파트먼트를 위한 공간이다. 누군가 사이드 윈도우를 부술 경우에도 그 사람은 자동차 뼈대 안에 숨겨진 물품을 가져갈 수는 없을 것이다(그림 8.9 참조).

인테리어 디자인

설계팀은 YCC에서 스칸디나비아적 디자인을 표현하려는 강한 열망을 품었는데, 그것은 볼보가 스웨덴 자동차 브랜드이기 때

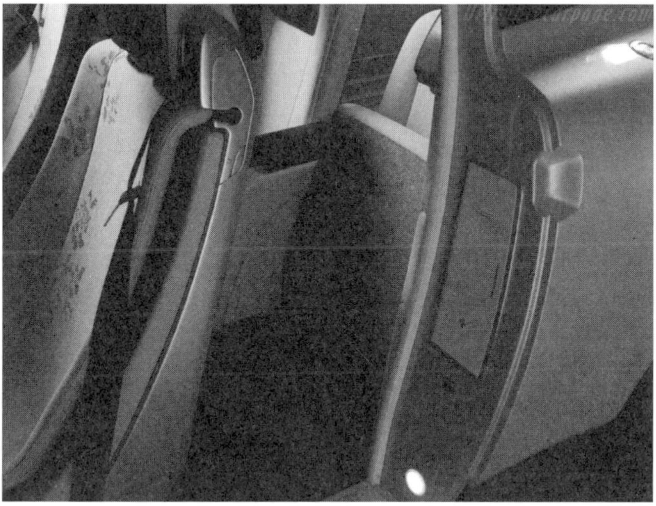

그림 8.8 아래로 당길 수 있는 극장 스타일 좌석은 기본적으로 수납을 위해, 그리고 필요할 경우 승객을 위해 만들어졌다.

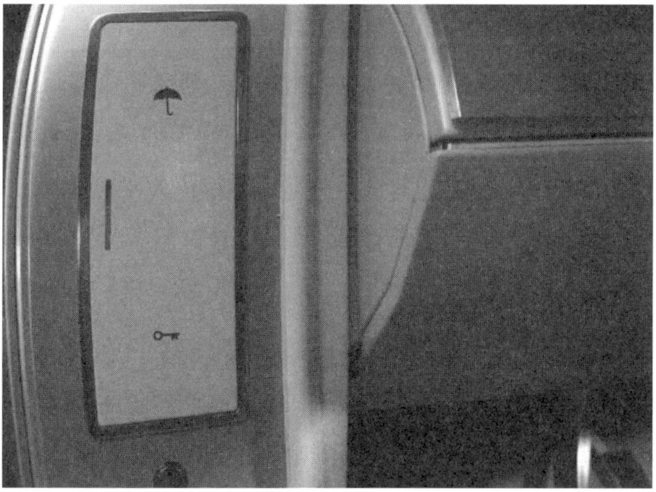

그림 8.9 도어 문설주에 부착된 수납공간

문이다. 인테리어 디자이너 신디아 차위크에게 있어서 스칸디나비아적 디자인'이란 넓은 공간과 우아함을 의미했다. 그녀는 승객에게 더 넓은 공간을 제공하기 위해 계기판을 S자 형으로 만들었다. 받침대가 밑에 감춰져 있기 때문에 좌석은 마치 떠있는 것처럼 보인다. 내부 전체를 따라 콘솔 축에 장착된 전구는 차 전체를 은은하게 조명한다. 천정 접합선에 숨겨져 있는 환기창은 내부 전체로 공기를 부드럽게 희석시킨다(그림 8.10 참조).

YCC에는 계기 장치까지 깔끔하게 정돈되어 있다. 엔진 온도 계기판, 오일압력판, 또는 회전 속도계(엔진 속도 측정기) 같은, 운전할 때 정말로 필요한 것이 아닌 숫자들의 '시각적 오염'은 완전히 치워져 있다. 남아있는 것은 효율적으로 운전하기 위해 알아야만 할 것들이다. 나는 얼마나 빨리 달리고 있는가? 얼마나 오래 달린 후에 연료 탱크를 다시 채워야 할까? 목적지에 가려면 어느 길로 가야 할까? (방향을 바꿀 때마다 길을 알려주는 네비게이션 시스템이 응답해준다)

색깔과 마감재

색깔과 마감재를 디자인하는 마리아 우글라에게 있어서, 스칸디나비아 디자인이란 옅은 색깔과 정직한 재료를 의미한다. 그녀는 YCC에 조종실 같은 분위기보다 거실 느낌을 주고 싶었다. 그래서 그녀는 거실 재료들을 자동차에 가져왔고, 모든 가장자리를 눈으로 볼 수 있게 만듦으로써 모든 것이 진실하다는 것을 알 수 있게 했다.

그림 8.10 공간감과 우아함을 느낄 수 있도록 인테리어가 설계되었다.

그림 8.11 마감재로 쓰인 나무, 가죽, 알루미늄, 그리고 울 같은 정직한 재료들

YCC는 수평으로 된 모든 표면에 탈색한 오크 합판을 붙이고 운전자가 자동차와 상호작용하는 모든 기능적인 표면에는 솔질한 알루미늄을 붙였다. 좌석에는 두꺼운 말안장 가죽을 씌웠다. 뒷좌석 등받이는 울 펠트로 씌우고, 내부 부품들은 다른 어떤 것과도 닮지 않은 광택 있는 반투명 플라스틱 포일로 만들었기 때문에, 그것들은 그 자체의 아름다움을 갖게 되었다(그림 8.11).

요즈음 자동차 인테리어 색깔은 매우 한정되어 있다. 가장 흔한 것은 베이지나 회색, 또는 검정색이다. 고객들은 중고차 가격이 떨어질까 우려하여 밝은 색깔을 고르기를 주저한다. 자동차의 개성화를 위한 고객의 선택 범위를 넓히기 위해, YCC는 2분이면 거뜬히 시트를 바꿀 수 있는 부착식 좌석을 설치했다. 손쉬운 이 고객중심 방식은 새로운 색깔과 새로운 재료를 자동차에 적용할 수 있게 해준다. 자동차 첫선을 보일 때 마리아 우글라는 여덟 개의 다른 색깔로 된 좌석을 선보였다. 좌석들은 모두 부착 가능하고 구두 뒷굽을 흠내지 않는 세탁 가능한 부드러운 울카펫 커버가 씌워져 있다.

만일 꽃자수천으로 된 옅은 노랑색 시트가 마음에 들지 않는다면 클래식한 가죽 시트를 선택할 수 있다. 세부면이 고무로 된 엮은 가죽 시트는 스포티한 운전자에게 어필할 것이다. 여름에는 시원한 마 소재가 어떨까? 크리스마스에는 빨간 울 시트? 모든 선택은 당신에게 달려 있다(그림 8.12).

그림 8.12 좌석 시트 덮개를 쉽게 바꿀 수 있다.

사진 8.13 창유리 워셔액 보충 지시버튼은 운전석 도어 바로 뒤편에 있다.

유지관리

우리의 타깃 고객층은 물론이고, 우리 모두에게 시간은 소중하기 그지없다. 누구든지 자동차를 관리하는 일보다 차라리 다른 일 하는 편을 더 좋아할 것이다. 따라서 YCC는 최소한의 유지관리가 필요하도록 만들었다.

페인트는 이지클린(EasyClean)을 사용했는데, 그것은 눌어붙지 않는 프라이팬처럼 기능하는 테프론(Teflon)이 첨가되었다는 뜻이다. 먼지와 그을음도 쉽게 제거할 수 있다. 타이어는 안전타이어이기 때문에 타이어가 터졌을 때라도 주유소로 운전해 갈 수 있다.

고급차를 가진 대부분의 오너와 운전자는 창유리 세척제를 채울 때를 제외하고는 후드를 여는 일이 없다. 우리 팀은 그렇게 소소한 작업에 비해 후드가 지나치게 큰 뚜껑에 해당한다고 생각했다. YCC에는 창유리 세척제 주입구를 차 바깥으로 이동시켜 운전석 도어 바로 뒤의 연료 주입구 옆으로 옮겼다. 더 편리하게 사용할 수 있게 하기 위해, 이 주입구들은 경주용 자동차와 마찬가지로 뚜껑이 없다(사진 8.13).

결국 YCC는 후드를 열 일이 없다. 구식 스포츠카처럼 앞 계기판 전체에서 즉시 엔진에 접근할 수 있다. 최신 엔진들은 모두 전자식으로 되어있다. 따라서 보통 사람들은(남성이건 여성이건) 엔진을 들여다볼 필요가 없다. 후드는 열 수 없게 되어 있기 때문에, 전체 엔진 베이(engine bay)는 자동차 정비사가 쉽게 열 수 있도록 다시 꾸릴 수 있다. 그리고 운전자가 매일 보고 사용하는 것들, 즉 자동차 내부에 들이는 돈을 조금이라도 아낄 수 있다.

YCC는 또한 자기 스스로 정비 예약을 할 수 있다. 이것은 여러 가지 방식으로 가능하다. 가장 쉬운 길은 자동차와 통합된 전화를 사용하는 것이다. 통신시스템은 텍스트 메시지를 오너가 선택한 정비소로 보낼 수 있다. "나는 정비 서비스가 필요합니다. 부니 나의 주인에게 전화해서 예약을 받아주시겠습니까?" 자동차 진단 시스템을 동일한 전화와 연결시켜놓으면, 어떤 서비스가 필요하고, 어느 부속품을 교환해야 하는지, 그리고 자동차가 특별히 어떤 전문 정비사를 필요로 하는지 등을 정비소에 직접 알려주는 것이다.

주차

'쉽게 주차하기'는 우리 고객들의 요망 사항 목록의 가장 윗자리를 차지하는 사항이다. 우리는 이 요구를 충족시키기 위해 많은 생각과 노력을 기울였다. 우리는 '여성은 주차를 잘 못한다'는 식의 수많은 조크와 은근히 비아냥거리는 말을 많이 듣고 있다는 사실을 잘 알기 때문에, 우리는 조사팀에게 한 가지 조사를 요청했다. 그들은 여러 나라의 수많은 남녀에게 (1) 그들의 주차 습관, (2) 평행 주차에 대한 그들의 느낌에 관해 물었다.

우리가 알게 된 바, 전형적인 남성은 집에서 나올 때 지정된 주차 공간에서 차를 타고 직장에 도착하여 지정된 자신만의 주차 공간에 차를 세운다. 그리고 다시 같은 자리로 돌아온다. 남성은 눈 감고도 알 수 있는 주차 장소를 적어도 두 군데나 알고 있는 것이다.

그 반면에 전형적인 여성은 쇼핑을 하고, 친구를 만나러 가고, 그리고 아이들을 태우고 다양한 활동 장소에 데려다 준다. 그녀는 전형적인 남성보다 두 배나 자주 주차를 하고, 친숙하지 않은 곳에 주차하는 경우가 빈번하다. 그렇기 때문에 여성 운전자들의 주차 문제가 큰 문제로 부각되는 것이다.

또한 조사 응답자들에게 평행 주차에 대해 어떻게 느끼는지를 물었다. 여성들의 절반은 평행 주차에 아무런 문제가 없다고 대답했다. 나머지 절반은 평행 주차를 싫어하는 편이고, 꼭 해야 하는 경우라면 그 방식의 주차를 할 수는 있다고 응답했다(유럽의 경우, 운전면허를 얻으려면 평행 주차법을 배우는 것이 의무로 되어있다). 질문을 받은 대다수의 남성들은 평행 주차는 전혀 문제 거리도 아니라고 말했다.

조사의 마지막 단계에서, 피험자들이 실제로 자동차를 평행 방향으로 주차하는 것을 촬영했다. 이 실험의 결과 여성들의 절반은 아무런 문제없이 주차를 잘 했다. 나머지 절반은 여러 번 앞뒤로 차를 움직이면서 힘겹게 과제를 해냈다. 중요한 차이는 남성들의 경우 특별한 주의를 기울일 필요도 없다는다는 데에 있다. 스페인에서 온 어떤 남성은 크게 외쳤다. "그건 나에게 전혀 문제가 안돼요. 나는 귀로도 주차할 수 있거든요." (그 말은 그가 앞쪽이나 뒤쪽에 있는 차를 부딛힐 때 으드득 하는 소리가 난다는 것을 의미한다.)

주차 보조장치를 장착하는 것은 여성을 어린아이 취급하는 것이며 따라서 성차별주의적이라고 주장하는 비판자가 있었다. YCC 팀은 그 의견에 동의하지 않는다. 여성 디자이너가 주차 보조장치를 부착했다는 것이 곧 여성이 주차를 할 수 없기 때문이라는 결론을 함축하는 것은 아니다. 만일 그것이 참이라면, 같은 논리에서, 남성 디자이너가 자동변속기를 설계한 것은 남성들이 기어를 바꿀 줄 모르기 때문이라고 말해야 할 것이다. (그 논증은 남성이 만든 다른 모든 효율적인 발명품에도 적용될 수 있다). YCC 팀은 주차 보조장치를 순전히 편의를 위한 부속물로 볼 뿐이다. 나는 같은 논증을 식기세척기 사용에도 적용한다—그것이 편리한 까닭은 내가 손으로 설거지를 할 줄 모르기 때문이 아니다. 다른 자동차 브랜드도 비슷한 주차 보조장치를 장착하지만, 우리는 그것을 두고 어린아이 취급한다거나 성차별적이라고 쉬쉬하는 이야기를 들어본 일이 없다.

전면 주차의 경우, YCC의 걸윙 도어는 2피트의 자유 공간만 있으면 된다. 그리고 도어에 센서가 부축되어 있기 때문에, 운전자는 공간이 적절한지에 대해 추측을 할 필요가 없다. 평행 주차의 경우, YCC는 이용 가능한 공간을 측정할 수 있는 센서가 부착되어 있다. 약간의 도움을 필요로 하는 운전자는 스티어링 휠 표면에 있는 '주차' 버튼을 누르기만 하면 되고, 자동차가 스티어링 조작을 안내해준다. 운전자는 악셀과 브레이크를 조작할 뿐이지만, 자동차는 스티어링 자체를 조종하는 것이다. 굳이 '쉬운 주차 시스템' 사용법을 배울 필요가 없으므로 자동차는 운전자의 스타일을 돋보이게 해주며, 이것은 자동차의 매우 중요한 면모이기도 하다.

파워

YCC는 컨셉카이고 따라서 엔진이 없다. 엔진과 트랜스미션을 따로 장착해야 하는 것이다. 우리 고객들에게 퍼포먼스 측면이 중요하듯이, 기본 환경 또한 중요하다. 우리는 YCC를 위해 215 bhp(엔진 파워의 척도. 브레이크 마력을 뜻한다)짜리 터보 엔진을 준비했다. 배출가스저감 자동차(PZEV. Partly Zero Emission Vehicle)는 이산화질소 배출이 매우 낮기 때문에 자동차를 캘리포니아 같은 미국의 친환경 주에서 판매할 수 있다는 것을 의미한다.

우리는 60 통합 시동-발전기(integrated starter-generator)를 장착했는데, 이로 인해 YCC는 하이브리드 자동차가 된다. 통합 시동-발전기의 장점들 중 하나는 신호등에 걸려 정지하고 있을 때 엔진을 공회전할 필요가 없다는 것이다. 엔진은 완전히 정지되고, 따라서 연료를 적게 쓰고 배기가스도 훨씬 줄이게 된다. 운전자가 악셀을 다시 건드리면 즉시 엔진이 가동된다. 우리는 자동차가 기본적으로 자동변속을 하게 되어 있지만, 운전자가 원하면 수동 변속으로 바꿀 수 있도록 6종 스피드 기아트로닉(Geartronic) 변속기를 선택했다. 변속기에는 연료 소비를 한층 더 줄일 수 있도록 파워쉬프트(dual wet clutches)를 부착했다. 전체적으로 우리의 목표는 '우리가 가진 기술로 가능한 한 환경에 미치는 영향을 최소화하면서 가능한 한 많은 파워를 얻는 것'이다.

YCC: 팀워크

YCC에는 아홉 명의 대모(大母)가 있다. 이 아홉 명의 여성들이 이 자동차에 관한 모든 것을 결정한다. 그들은 모두 회사 내의 상이한 부서에서 왔고, 따라서 처음에는 서로 모르는 사이였다(사진 8.14 참조).

YCC 팀원과 임무:

카밀라 팔메르츠: 기획본부장

에바-리사 안데르손: 프로젝트 부장

엘나 홀름베리: 기술 프로젝트 부장

레나 에케룬트: 기술 프로젝트 차장

타티아나 부토비치 템: 홍보 부장

마리아 위델 크리스티앙센: 디자인 프로젝트 부장

안나 로젠: 외장 디자이너

신디아 차워크: 인테리어 디자이너

마리아 우글라: 색깔과 마감재 디자이너

물론 우리들 혼자서 YCC를 만든 것은 아니다. 볼보사의 다른 140명의 사람들이 YCC 제작에 관여했다. 모두가 한꺼번에 작업한 것은 아니다. 초반부에는 많은 디자이너들이 활약했고 후반부에는 모델 제작자들이 많이 참가했다. 그들 중 절반가량이 남성이었으므로 남성들이 배제되지 않았다고 확실히 말할 수 있다.

기획본부장이 세웠던 두 번째 목표는 자동차 산업계에 유능한 여성들이 매우 많이 포진하고 있다는 것을 입증하는 것이었다. 여

사진 8.14 왼쪽에서 오른쪽으로: 마리아 위델 크리스티앙센, 에바-리사 안데르손, 엘나 홀름베리, 마리아 우글라, 카밀라 팔메르츠, 신디아 차위크, 안나 로젠, 레나 에케룬트, 타티아나 부토비치 템

성들의 역량을 증명하는 한 가지 길은 재정후원자와 협력업체에게 YCC팀을 위해 여성 매니저들을 임명하겠는지 물어보는 것이었다. 그들 대부분은 그렇게 하겠다고 답했다.

YCC: 반응들

2004년 2월 하순, 드디어 YCC가 완성되었다. 표면은 잘 닦여 있었고, 타이어는 새것이었으며, YCC 팀은 사진촬영을 하고 선을 보일 준비를 했다. 스위스, 제네바의 국제 자동차 전시회에 무대가 마련되었다. 이 전시회는 세계에서 가장 중요한 자동차 전시회 중 하나이며, 많은 컨셉카들이 선 보이는 자리였다. 또한 스위스가 자체 자동차 제조회사를 갖지 않은 나라라는 유리한 점도 있었다.

기자회견을 할 시간이 되었을 때, 볼보 스탠드는 기자들로 넘쳤다. 주변의 스탠드들과 조금 더 떨어진 곳도 마찬가지였다. 모든 사람들이 여성들이 과연 어떤 자동차를 만들었을지 보고 싶어 했다(그리고 아마도 회의적인 사람들도 있었을 것이다). 제네바에서 이틀 동안 기자회견을 하는 동안, 열기가 대단했다. 아홉 명의 부서장들 각자가 30분마다 인터뷰를 했고, 총 200회의 인터뷰를 했다. 대중매체를 대표하는 사람들 중에는 바로 우리 YCC를 보기 위해 스

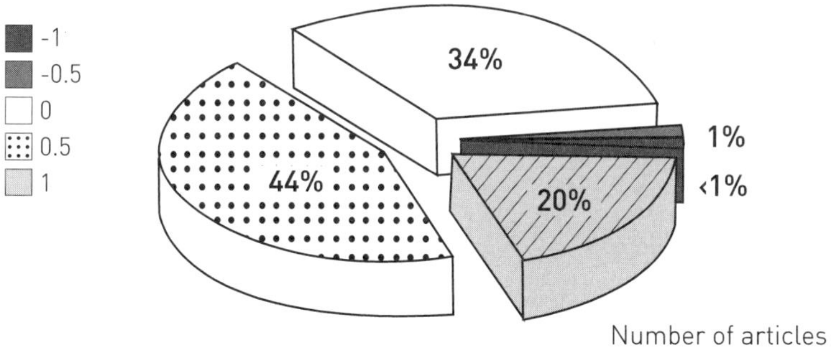

그림 8.15 초기 홍보활동에 대한 반응: 모든 국가들, 전체 기사
YCC에 관한 기사들의 전반적 평가는 5포인트 스케일에서 +1(볼보에 대해 확실히 우호적)에서 -1(확실히 비우호적)

위스에 온 사람도 있었다. 대개의 경우 그들은 자동차 전시회를 취재하지 않는다.

최초의 홍보는 주의 깊게 기획되었다. 처음 6주 동안 주요 시장에서 대략 1,700개의 보도 클리핑이 나갔다. 이 기사들 중 2퍼센트는 부정적이었다(이들 중 상당수는 볼보의 홈타운 신문 Gotëborgs-Posten 편집장에게 보낸 독자 투고란에 실린 것이다). 전 세계 매체의 나머지 98퍼센트는 중립적, 긍정적, 또는 매우 긍정적이었다(그림 8.15 참조).

표 8.1 가장 요청이 쇄도하는 기능들

YCC의 기능들 중 인기 순위 톱5: 여성들의 반응	YCC의 기능들 중 인기 순위 톱5: 남성들의 반응
1. 앞좌석의 수납장 2. 안전타이어 3. 이지클린 외장 도색 4. 창유리 세척제 마개가 자동차 뒤편에 있는 것 5. 자동적으로 열리는 도어	1. 이지클린 외장 도색 2. 앞좌석 수납장 3. 안전타이어 4. 창유리 세척제 마개가 자동차 뒤편에 있는 것 5. 도어 문설주에 부착된 잠금 가능한 수납장

그 이후 YCC 세계투어가 시작되어 30개 도시를 돌았고, 뉴욕, 로스앤젤레스, 시드니, 도쿄, 그리고 샹하이를 비롯해 상당수가 유럽 밖의 지역이었다. 세계 투어를 하는 동안, 청중들에게 그들이 미래 자동차에서 갖고 싶은 YCC의 기능이 무엇인지 물었다. 이제까지 우리는 3,000개의 답변을 모았다. 최우선순위부터 5가지를 젠더

별로 나눈 목록은 순서만 다를 뿐 거의 비슷한 기능들에 대한 선호도를 보여주었다(표 8.1 참조).

우리의 조사 결과는 우리의 처음 명제가 옳다는 것을 보여준다. 즉 여성의 기대를 충족시킨다면 남성의 기대는 넉넉히 충족시킬 수 있다.

제9장

광자(光子)에 젠더가 있는가?

-물리학과 천문학의 여성들

|C. 미건 유리|

일반적으로 과학의 목표는, 고고학 같은 구체적 사례에서 보듯이, 자연에 관한 사실들을 파헤치고 보고하는 것이다. 자연의 기본적인 과정들은 과학자들과 독립적으로 존재하지만, 자연을 기술하는 물리 법칙들은 과학자들에 의해 발견되고 설명될 수 있다. 고고학을 비롯해 과학의 상이한 많은 분야에서, 해석과 보고된 '사실들'은 연구하는 과학자들의 젠더(와 다른 특질들)에 의해 영향을 받을 수 있다. 그와 대조적으로, 물리학과 천문학의 경우, 어떤 문제를 탐구할 것인가를 선택하는 데 어느 정도 자유가 있기는 하지만, 실험의 결과 또는 자연 세계의 관찰에 대한 해석에는 거의 자유가 없고, 따라서 젠더와 연관된 영향력 같은 작용하지 않는다.

그림 9.1은 각각 중력이 다른 별들을 끌어당겨 긴 쥐 모양의 '연결고리'tidal tails 안에 집어넣을 수 있을 정도로 서로 가까이 있는

그림 9.1 허블 우주망원경으로 본 이미지. 서로 가까이 있는 두 은하계가 중력으로 인해 서로를 당겨 긴 쥐 모양의 넓게 퍼진 꼬리(tidal tails)를 만든 모습
출처: NASA, H. Ford (JHU), G. Illingworth (UCSC/LO), M. Clampin(STScI), G. Hartig (STScI), the ACS Science Teamm and ESA. 홀랜드 포드의 허락으로 개제함.

두 은하계의 이미지를 보여준다. 이 사진은 허블 스페이스 망원경에 부착된 감도 높은 카메라에 의해 촬영되었다(상이한 파장의 빛으로 여러 개의 이미지들을 찍은 후 실제 색깔에 가깝도록 다시 결합한 것이다). 이 이미지들은 아름답고 그에 대한 반응이 남녀에 따라 다를 수도 있겠지만(내 경험의 따르면, 천체의 아름다움에 대해 말하는 것을 여성들이 더 좋아한다), 허블 망원경에 도착하는 빛, 그리고 허블 고성능 관측카메라의 CCD 탐지기가 그 빛에 반응하는 것은 지구, 지구 위의 생명체, 또는 관찰에 참여하고 있는 지상의 그 어떤 사람의 젠더에 전혀 영향을 받지 않는다.

단적으로 말해서, 젠더는 물리학, 천문학, 또는 수학의 연구결과에 영향을 미치지 않는다. 한 마디로 광자는 젠더를 갖지 않는다.

뉴턴은 400년 전에 *F=ma*를 제시했다(힘은 질량에 속도를 곱한 것과 같다. 뉴턴의 운동 제2법칙). 힘과 운동에 관한 이 물리 법칙은 한 대상의 운동에 대해 묻거나 답하는 사람의 젠더 또는 그 대상의 본성과 무관한 것이 분명하다. 별들이 빛을 방출하는 것은 중심부의 핵융합에 의해 발생한 에너지 때문이다. 이 과정의 어떤 부분도 젠더를 갖지 않으며 젠더에 의해 영향을 받지도 않는다. 우주의 확장이 가속화되는 것은 우리가 '암흑 에너지'(dark energy)라고 부르는 어떤 것 때문일 뿐, 그것을 연구하는 과학자들의 젠더가 어떤 영향을 미치기 때문이 아니다. 행성들은 작은 먼지 알갱이로 만들어지는데, 그것들은 서로 뭉쳐져서 바위가 되고 서로 충돌하여 고체를 형성한다. 이러한 무기물(無機物)의 형성과정은 젠더가 생기기 오래 전에, 즉 우리가 남성이나 여성으로 부를만한 것도 못되는 최초의 세포가 형성되기 오래 전에 발생했다. 사실 우주를 통틀어 은하계의 별들에서 오는 빛들 대부분은 지구에 생명이 생겨나기 오래 전에 방출된 것들이다. 물리학의 법칙들은 전혀 젠더와 무관하다. 응용 분야에서 약간의 예외가 있을 수 있으나, 물리학에서 이제까지 연구된 것은 젠더를 갖지 않거나 아무 관계도 없다. 그러므로 물리학, 천문학, 그리고 수학은 젠더가 연구 주제레 포함되는 고고학이나 인류학, 또는 생물학 같은 것과는 매우 다르다.

내가 연구하는 대상은 젠더분석과 연관된 것이 아니라 멀리 있는 은하계의 거대한 블랙홀이다. 천체물리학에서 쌓은 연륜을 통해 내가 배운 것은 물리학과 천문학의 근본은 젠더에 영향을 받지 않는 반면, 그 학문을 둘러싼 문화들은 그 분야가 남성 과학자들이 주도하고 있다는 사실에 의해 지대하게 영향을 받아왔다는 것이다. 내가 몸담고 일하는 세계를 이해하려고 애쓰다보니—그리고 더 중요한 것으로, 여성 과학자들에게 더 우호적인 환경을 조성하려고 방법을 찾는 중에—나는 과학에서 여성과 연관되는 모든 항목에 대해 열광적인 연구자(비록 아마추어일지라도)가 되었다. 이 글은 천체물리학자로서 내가 경험한 것에 관한 보고서인 동시에 젠더화된 문화를 기술해 본 것이다(Urry 2005 참조). 나는 물리학계과 천문학계의 여성에 관한 통계에서 출발하여, 일반적으로 과학계에서 여성이 자주 경험하는 문화적 불협화음에 대해 서술해 보려 한다.

물리학과 천문학의 여성들

천문학, 물리학, 그리고 수학은 위대한 업적을 이룬 여성들의 오랜 전통을 갖고 있다. 로라 바씨, 마리아 게타나 아그네시, 캐롤라인 허쉘, 에밀리 뒤 샤텔렛, 소피아 코발레프스카야, 그리고 메리 솜머빌 등 이루 다 열거할 수 없을 정도다(Alic 1986, Koblitz 1983, Schiebinger 1989, Zinsser & Hayes 2006). 그러나 수세기 동안 여성 과학자들은 남성 과학자만큼 많지 않았고, 여성들이 과학을 추구하는 데에는 어떤 장애가 있었던 것 같다. 특히 과학은—미술이나 음악과 달리—연구자 집단에 의해 진보하는 것이기 때문이다. 개별 과학자들은 전진하면서 새롭거나 비범한 것들에 대해 설명하기 위해 현존하는 지식을 깊이 섭렵해야 한다. (예술의 경우, 무로부터—특별한 지식이 없이도—출발할 수도 있고, 그럼에도 심오하게 중요한 기여를 할 수 있다.) 19세기 초반 프랑스의 뛰어난 수학자 소피 제르맹은 한 개인이 학계로부터 소외될 때 비범한 재능이 어떻게 고갈될 수 있는지를 보여주는 좋은 예이다(Alec 1986).

뛰어난 여성들을 가진 풍부한 역사가 있음에도 불구하고, 오늘날 물리학 · 천문학계에는 여성들의 수가 상대적으로 적다. 미국물리학회(American Institute of Physics)에서 발간된 최근의 연구(Ivie & Ray 2005)는 이들 분야에서 여성의 참여가 제한적이라는 최신 자료를 보여준다. 물리학에서 Ph D학위를 받는 여성의 비율은 10년 전의 6퍼센트(9퍼센트)에서 오늘날 10퍼센트(14퍼센트)로 약간 늘었다(Urry 2000, Ivie & Ray 2005). 여성 교수는 소장 학자 층에 몰려 있고, 조교수 임용 비율은 임용 시점을 기준으로 5-6년 전에 여성 Ph D가 배출되는 비율과 비슷하다(어쩌면 약간 높을 수도 있다). 십년 전만 해도 물리학과에 여성 교수가 전혀 없는 학교도 많았다. 오늘날 여성 교수가 없는 물리학과는 25퍼센트가 못되지만—옳은 방향으로 진보하고 있음이 분명하다—그렇지만 한 학과에 여성 교수가 한두 명밖에 없는 것은 여전히 이례적인 일이다. 많은 학생들은 좀체 여성 교수를 접하는 일도 없고, 더욱이 자녀를 갖거나 가정생활을 하는 여교수를 보게 되는 경우는 더 적다. (물리학과 천문학 전문직에 종사하는 여성의 대략 절반이 자녀가 없다.) 전반적으로 여성의 대표성이 계속 증가되고 있음에도, 물리학은 수학이나 공학 같은 다른 정량적 분야와 같은 비율로 여성 유치에 성공하지 못하고 있다(Ivie & Ray 2005).

물리학 문화

물리학이라는 학문이 젠더 중립적인 반면, 물리학의 스타일은 모든 면에서 젠더와 연관된다. 미국에서 물리학 문화는 한 가지 단순한 은유로 요약될 수 있다. 즉 당당하게 가슴 두드리기(chest beating)이다. 물리학자로서 성공하려면 공부도 잘 해야 할 뿐만 아니라 자신의 생각과 성취를 공격적으로 확립해야 한다. 자기 개발 항목 한 가지는 다른 물리학자들과 비교하여 자기가 어디쯤 서 있는지를(즉 위에 도달하려면 얼마나 걸릴 것인지를) 정확히 측정하고 가시화하는 것이다. 이런 위계적 접근과 성찰 없는 엘리트주의에 만족하는 것이 성공의 비결이다.

근래에 어느 큰 주립대학의 부총장은 물리학자들이 어떤 사람들인가를 간명하게 요약했는데(그는 경제학자이지만 그의 부친은 물리학자였으므로, 그가 어느 정도 전문성을 갖고 있다고 해두자), 그것을 나는 다음과 같이 해석해 보았다. 즉 물리학자들은 각자 자신이 다른 어떤 사람들보다 똑똑하다고 생각한다. 물리학자는 일단 자기가 빛을 발하면 그의 우월한 지성의 빛이 닿는 어떤 문제이건 해결될 수밖에 없다고 믿는다, 그들은 어떤 문제에 대해 다른 사람이 연구한 것을 믿지 않고, 그것이 옳은 것이라는 것을 납득하기 위해서는 엄청난 노고가 필요하다. 그리고 그들은 가장 뛰어난 사람들이 최상위 명문 대학의 물리학과 정교수가 되어야 한다고 절대적으로 확신한다.

한 가지 작은 일화는 물리학계의 문화적 추동력인 오만이 어떠한가를 극명하게 보여준다. 지난 해 가을 나는 전문 조정자(그는 과학자가 아니었다)와 함께 우리 학교 물리학과 구성원들을 위해 반나절 가량 전략기획회의를 조직했다. 기본 아이디어는 천체물리학의 미래 방향에 대해 토의하는 것인데, 나의 목표는 두 가지였다. 즉 의견 일치에 이르는 것과 우리가 하는 일을 이해할 수 있도록 학과의 다른 그룹들을 계도하는 것이다. 물리학과의 한 교수(남성)가 나의 접근에 부정적인 반응을 보였다. (첨언하면, 그는 일반적으로 협조적인 동료였고 나의 능력을 존중하는 사람이다.) 그의 생각에 따르면, 리더 한 사람(바로 나였다)이 무엇을 할 것인지 결정하고, 그 다음에는 그 계획을 알리고 집단의 구성원들을 집합시킨 뒤에 행군명령을 시달하면 된다는 것이다. 그러나 나는 주장, 설득력, 위협, 그리고 고집까지 모두 결집하여 미온적인 사람들을 설득할 생각이었다. 나의 접근법, 즉 논의를 거쳐 합의에 도달하는 것은 너무 잠정적이어서 효과를 거두기 어렵다는 것이었다. 뭔가 '약하게' 보이는 것이다. "물리학에서 우리는 그런 식으로 하지 않습니다"라고 그는 말했다. 비과학자(그럴 경우 전혀 신뢰성이 없기 때문에 아예 고려조차 되지 않는다)가 토론을 이끄는 것은 아마도 별로 효과가 없을 것이다. 일의 경과에 대해 말하면, 그 토론 세션은 엄청난 성공을 거두었고 회의적이었던 사람들마저 과정과 결과에 대해 열광적이 되었다. 나는 그 날 하나 이상의 교육적 효과를 거두었다고 생각하고 싶다.

사실을 말하면, 많은 남성들은 토론을 어떻게 진행하는 것인지를 모르는 것 같다. 그들이 생각하는 '토론'이란 그저 자기의 생각을 내놓는 것이다. 남성들은 다른 사람의 주장에 반응하거나 왜 그들이 동의하지 않는지를 설명해야 할 책무를 거의 느끼지 않는 것 같다. 서로 주고받는 일이 없다. 그저 생각을 쏟아놓고, 그 다음에는 이런 저런 종류의 근력싸움의 문제가 된다. 수 년 동안 나는 이런 종류의 유사 토론에 혼란을 느껴왔다. 나는 남성들이 고의로 서로를 무시한다고 생각했고, 왜 그렇게 무례를 범하는지를 도무지 이해할 수 없었다. 여러 해가 지난 후에야 나는 어쩌면 그들이 상대방에게 응답해야 한다는 것을 모를 수도 있다는 것을 깨달았다. 정보를 교환하고 나서 자신의 입장을 조정하는 과정이 필요하다는 개념은 그들에게 낯선 것이었던 것이다.

여성들은 예절 바르고 존경하는 태도를 갖도록 배우며 자랐기 때문에 물리학계 문화는 여성에게 친숙한 고향 같은 곳이 아니다. 다른 사람이 말할 때 경청하는 것—또는 더 나쁜 경우, 경청하는 과정에 자기의 입장을 바꾸는 것—은유약함의 표시로 해석된다. 뿐만 아니라, 물리학의 페르소나는 선천적으로 거만하다. 과학부의 많은 학과들은 사이언스 커피 또는 사이언스 티라고 부르는 일상적인 의식이 있는데, 이때 동료들은 한데 모여 과학계의 새로운 소식을 나누고 이야기한다. 이 시간은 과학에 관한 사고나 새로운 아이디어를 얻는 중요한 기회가 된다. 그렇지만 또한 이 시간은 서로 잘난 체하는 시간이기도 하다. "우리 실험실에서 무엇을 했는지 알아요?" 나는 '당신은 요즘 어떻게 지냅니까?'라는 단순한 질문에 적절하게 대답할 수 있기까지 여러 해가 걸렸다. 어릴 때부터 길들여진 대로 하는 사교적인 답은 '그럭저럭. 당신은 어떠세요?'이다. 과학자로서 해야 하는 올바른 답은 '내가 지금 하고 있는 근사한 일에 대해 말해 줄께요… 나는 얼마 전 특수 바퀴를 발명했는데, 지금은 광속 여행에 대해 연구하고 있어요.'

끊임없이 잘난 체하는 것은 그 나름대로 대가를 치러야 한다. 물리학과들을 둘러보면서(물리학계 여성 지위에 관한 미국물리학회 위원회 또는 CSWP의 조사 결과), 우리는 물리학계의 직업 만족도와 야망의 차이가 연령이 높아질수록 남성과 여성 사이에 벌어진다는 사실을 발견했다. 물리학을 전공으로 선택한 학부생들은 하나같이 물리학 자체와 학과에 대해 큰 열의를 갖고 있다(골치 아픈 일이긴 하지만, 여자 학부생들은 남자 동급생들에게서 성차별적인 언사를 듣거나 존중심이 부족한 태도를 경험한다고 보고했다). 대학원 1년차와 2년차도 그와 비슷하다. 이들은 공부와 논문자격시험 때문에 긴장과 압박감을 느낀다고 시인했고, 공부가 얼마나 힘든지를 토로했지만, 그럼에도 그들의 열의는 변함없었다. 대학원 5년차와 6년차는 완전히 다른 이야기다. 남성들은 다양한 정도의 성공에 대해 보고했고 심신 소진 같은 것에 대한 보고는 거의 없다. 그와 대조적으로 많은 상급반 여자 대학원생은 물리학을 혐오하고, 자신들이 커리어 선택을 잘못했다고 생각하기도 하며, 자신의 능력에 대해 깊이 의심하면서 야망에 넘치는 미래를 그리고 있지 않았다. 커리어 발전에 관해 우리가 독자적으로 증거를 확보한 어떤 사례들을 보면, 여성들의 자기평가는 확실히 지나치게 냉혹했다. 그들은 사실상 많은 것을 성취한 존경 받을만한 과학자들이다. 그럼에도 분위기가 그들을 좌절시키고 부적응감을 느끼게 만든 것이다(Urry 2005).

계속적인 좌절감은 결국 능력을 쇠퇴시킨다. 완전히 좌절감에 빠진 여학생들은—멘토링이나 관심의 결여로 인해—자신이 일급 물리학자가 되는데 필요한 자질을 갖추지 못했다는 확신에 이른다. 나는 이 여성들이 보다 나은 환경에 처하고, 회의와 두려움과 끊임없는 자기 도전으로부터 자유로울 수 있다면, 그들의 꿈은 꽃을 피울 수 있었을 것이고 뛰어난 연구자가 될 수 있을 것이라는 데에 추호의 의심도 없다(물론 그것을 증명할 수는 없지만). 그 대신 그들은 불가침성과 우월감의 가면을 유지하느라 에너지가 고갈되고 있다.

이 여성들은 외계인의 침공을 퇴치할 수 있는 무적함대 같은, 영화 <스타트랙>의 우주선 엔터프라이즈처럼 작업한다. 이 역장(力場)을 유지하는 데는 엄청난 에너지가 들기 때문에 힘을 아껴야 한다. 지대하게 남성 주도적인 분야의 여성들은 그들이 일하고 있는 외계인 문화로부터의 공격을 매일같이 물리치기 위해 충분한 자신만의 역장(力場)을 구축해야 한다. 여자 대학원생의 경우, 그들의 에너지 공급은 날아오는 미사일이 표적을 맞춰 떨어뜨릴 때다다 고갈되어 간다.

어떤 연구자들은 이 단계에 있는 여성들의 에너지 소모를 여성의 특수한 재생산 역할에 기인하는 것으로 설명한다. 특히, 상급반 대학원생과 박사후 연구원들은 일반적으로 여성들이 자녀를 갖기 원하는 연령이다. 불균형적으로 많은 여성들이 교수직 트랙에 도달하기 전에 이 분야를 떠나버린다. 어떤 여성들은 파트타임 일이나 강사직을 갖기도 한다. 메리 앤 메이슨은 일찍 자녀를 갖는 것은 경력 관리에 방해가 될 수 있음을 지적하면서, 커리어를 중단했던 사람들은 풀타임 연구자들이 도달하는 수준의 성공을 거두지 못한다는 것을 보여준다(Mason & Goulden 2002, 2004). 많은 사람들은 이 문제를 일보다 가정을 선호하여 선택하는 것으로 받아들인다. 그것을 '자발적' 선택이라고 부르도록 하자. 그러나 다른 해석에 따르면 5년에서 7년 동안 으스스한 전문직 분위기를 감내하고 난 후, 여성들은 계속 질식할 것 같은 풍토에서 풀타임 종신직 교수로 지내는 것보다 자녀를 양육하는 편을 선호한다. 바꾸어 말해서, 여성들은 자발적으로 선택하기보다 사실 '떠밀리는' 것이다. 그것도 선택이긴 하지만 환경에 의해 강하게 좌우되는 것이다. 그와 똑같은 방향으로 밀어붙이는 또 다른 요소는 오늘날의 사회에서 풀타임 자녀양육을 선택할 때 찬사를 받는다는 사실인데, 어머니의 교육

수준과 전문적 성취도가 높아질수록 더 그러한 것처럼 보인다. 즉 여성이 풀타임 어머니가 되기 전에 자신의 직업경력에서 많은 성취를 거둘수록, 그녀의 희생의 값이 더 크게 마련이고 따라서 그럴 경우 사회는 등을 도닥거려 주는 것이다. 자신의 능력을 입증하기 위해 끊임없이 투쟁하는 것에 비해 자발적인 '선택'이 매력적인 선택지임은 의심할 여지가 없다.

CSWP 사이트 조사에 따르면, 여성 교수들도 사다리를 올라갈수록 좌절감을 더 느낀다. 소장 교수—성공적으로 대학원과 박사후 연구과정을 마친 사람들(멘토의 강한 후원 덕택일 경우가 많다)—는 남성 주도적인 분야의 여성으로서 자신의 지위에 대해 생각해보는 시간이 거의 없다. 그러나 물리학과의 고위급 여성 교수는 존경심의 결여, 중요한 위원회(예를 들면, 같은 전공분야의 신임교수를 채용하기 위한 위원회)에 임명되지 않는 것, 강의 부담을 많이 지우는 것, 공간 부족이나 다른 자원들의 결여, 또는 모든 일을 여성의 책임으로 부당하게 의무화하는 것(약자보호정책, 학부여학생 멘토링, 다양성 문제들에 관해 학과를 대표하는 일 등)은 모두가 심각한 정도로 에너지 소모적이기 때문에 연구를 방해한다. 어떤 여성 교수들은 매우 분노하고, 실망하며, 심지어 통분을 느끼기도 하는데, 따라서 그들이 학과로부터 단절되는 것은 별로 드문 일이 아니다. 그런 식의 높은 정서적 부담과 상대적으로 부족한 지원으로 인해, 어떤 여성 교수는 자신의 잠재력보다 훨씬 밑도는 수행성을 보이기도 한다. 고위급 여성 교수의 상당수가 대학 경영진 쪽으로 이동하는데, 부분적으로 그 쪽에서 인력과 전문적 기술을 필요로 하기 때문이긴 하지만, 그것은 또한 물리학과의 불쾌한 문화와 공격적인 사람들을 피하기 위해서이기도 하다.

승리-그리고 퇴출-의 문화

물리학 교수들(그리고 다른 학자들)은 대체로 밀어붙이고 거만한 프리마돈나가 될 때 보상을 받는다. 물리학자에게 거만은 곧 유능함을 의미하고, 반대로 예절바름은 열등함을 의미한다. 천체물리학계에서 25년의 경력을 쌓으면서 나는 자기와 전혀 무관한 논문의 저자 목록에 이름을 내기 위해 밀어붙이는 사람들을 많이 보았다. 그들은 과학적 탁월성보다는 대용품으로 더 이목을 끌기 위해 학술대회에 강연자들을 초청한다. 두각을 나타내기 위해 경쟁자들을 비판한다. 자신들의 인지도를 높이고, 봉급 인상, 상(償), 초청강연 기회를 얻기 위해 애쓰는 반면, 젊은 동료들을 같은 동료로 취급하지 않는다. 이런 사람들은 다른 사람들을 인도하기보다 자기 자신을 내세우고자 한다. 매우 공격적이고, 눈에 거슬리며, 위압적이고, 볼꼴 사나운 남성들은 여전히 자부심을 느끼고 다른 동료들의 존경을 받는다. 그와 같은 거센 태도의 몇 분의 일이라도 여성이 보일 경우 '골치 아프다'는 딱지를 붙이고(그 밖에도 다른 유의어들이 많이 있다) 좌천시키거나 태도를 고치라는 말을 한다. 매들린 하일먼(Heilman et al. 2004)은 필적할만한 기록들에도 불구하고, 여성들이 일반적으로 대등한 정도로 친절하고 호감을 주는 남성들보다 능력이 떨어지는 것처럼 보이게 되는 간단한 도식적인 실험 결과를 보여준다. 능력이 외적으로 입증될 경우(다른 학교에서 초빙 제안을 받는 것 같은 것), 여성들은 유능하긴 하지만 공격적이고 까다로운 것으로 평가된다. 현상적으로 말해, 여성들은 유능하거나 호감을 줄 수는 있지만, 둘 다일 수는 없는 것이다.

하일먼이 보여준 것 같은 심리 실험이 설득력을 갖는 것은 그 실험들이 내용입력 지표들을 제어하고 여러 차례 반복될 수 있기 때문이다. 요즘의 현실 상황에서, 젠더에 기반한 차별은 눈에 띄는 경우가 드물다. 그러나 전문 경력 25년이라는 시간을 지내고 나면, 누구든지 어떤 패턴을 짚어낼 수 있게 된다. 젊은 남성들의 이름은 수퍼스타처럼 회자되는 반면, 젊은 여성들은 '매우 훌륭하다'고 기술된다. 전에 나는 이러한 평가를 액면 그대로 믿었다. 논문 발표 실적, 인용빈도, 초청 강연 회수, 채택된 연구 제안서 숫자, 그리고 지원금을 성공적으로 모으는 것 등의 물적 자료들을 실제로 비교해 보기 전까지. 사실로 말하면, 능력을 인정받지 못하는 여성 동료들이 업적에 있어서 훨씬 막강한 기록을 갖고 있는 경우가 빈번하다. 의학 분야에서 스웨덴의 저명한 박사후 펠로우쉽 지원자들에 대한 양적 연구 결과, 펠로우쉽을 받기 위해 여성 지원자들이 남성 지원자들보다 훨씬 나은 성적과 기록을 가져야만 하는 것이 밝혀졌다(Wennerås & Wold 1997). 한 유명 학교에서 내가 개인적으로 목격한 일을 하나만 사례로 들겠다. 한 여성 소장 교수가 첫 번째 업적 평가(교수로 임용된 지 2년 후에 받는다)를 받았는데, 그녀의 연구가 대단히 흥미로운 것인데도 그녀는 부정적인 평가를 받았다. 그리고 정교수 위원회 측은 그녀에게 교수 서열에서 물러나 덜 명예로운 연구원급으로 내려가도록 충고했는데, 단지 그녀의 과학 수준이 충분할만큼 우수하지 못하다는 이유에서였다. 다행히도 그녀는 그 충고를 무시했고, 영향력 있는 논문들을 발표하고 과학적인 주요 업적들을 쌓아나갔으며, 몇 년 후 그녀는 자신의 전공분야에서 선도적인 위치에 올랐다. 심지어 그녀는 평균보다 이른 시기에 종신직 교수가 되었다. 이 이야기의 해피엔딩은 이 특별한 여성이 상당히 냉혹하고 비판적인 평가를 극복할 수 있을 만큼 불굴의 의지를 가졌기 때문이다. 그러나 그녀의 그런 반응은 보기 드문 것이다. 많은 여성들이 그녀의 입장에 처한다면 그런 충고를 받아들이고 전도유망한 미래를 포기했을 것이다.

나 자신의 경력을 돌아볼 때, 사람들이 나의 능력과 업적을 과소평가한다는 것을 깨달을 때마다 놀랐던 적이 한 두 번이 아니다. 한 번은 내가 NASA의 우주과학국(천체물리학, 공간, 태양물리학, 그리고 행성 과학과 관련된 NASA의 사명을 수행해야 할 책임을 진다)에서 최고위급 자문위원회에 봉직하고 있을 때였다. 내가 아는 한, 내가 일하던 학교의 백 명 남짓한 동료들 중 이 위원회에 봉직한 적이 있는 사람은 나 외에 오직 한 사람뿐이었다. 나는 그것을 영예로 여겼고 내가 물리학계에서 상당히 높은 위치에 있는 것을 상징하는 것으로 생각했다. 3년 동안 위원회 회의를 마치고 돌아올 때마다, 나는 위원회에서 토의된 사항들을 내가 있는 학교의 교수회의에 보고했는데, 많은 것들이 우리 학교의 연구과 연관되는 것이었다. 그럼에도 불구하고 우리 학교 지도자들은 NASA 위원회에서 정기적으로 토의된 중대한 사안들에 대해 내게 아무런 통보도 하지 않았고 자문도 구하지 않았다. 내가 어떻게 된 것인지 물었을 때 나는 "이런, 우리는 당신이 그 위원회에 있다는 것을 잊었습니다"라는 말을 들었을 뿐이었다. 또 한 번은, 내가 그보다 더 영예로운 자문위원회로 옮기면 어떨까 하고 말했을 때 내가 들었던 반응은 "야심이 지나치군요"라는 것이었다. 그들은 분명히 나를 그다지 높이 평가하고 있지 않았던 것이다. 확신이 없었음에도 불구하고 반 년 뒤 나는 그 위원회에 임명되었다. 그리고 내가 아는 한, 그 학교 교수들 중에서 지금까지 그 위원회에 봉직한 유일한 사람은 바로 나뿐이었다.

사실 사람들이 나를 과소평가하고 있다는 것을 내가 인지할 수 있는 기회는 드물었다. (이 이야기에서 나와 비슷한 사람들이 거의 언급되지 않는 것은 그런 일을 겪은 다른 사람들의 사생활을 존중해야 하기 때문이다.) 내가 나 자신의 상황에 대해(애석하게도) 무지했음을 인정하지 않을 수 없다. 내 주변의 여성들에게 일어나는 일은 쉽게 감지할 수 있다. 한 여성 관리자는 그녀의 결정, 예산 집행, 그리고 포트폴리오까지 끊임없이 의문을 제기했던 다른 관리자에게 시달렸다. 그러나 그 남자는 자기의 업무에 대해서는 그 비슷한 감찰을 당한 적이 한 번도 없었다. 끊임없는 참견에 대해 그녀가 그들의 공동 상관에게 불만을 표시했을 때, 그녀가 들었던 조언은 그녀가 '우울증'인 것 같으므로 전문가의 도움을 받도록 하라는 말이었다.

그런 경우 외에도 또 다른 여성들은 승진에서 제외되었거나 문제의 조짐이 보이자마자 좌천당한 반면, 남성 관리자들은 결함이 잘 알려져 있거나 무능력이 입증되었음에도 경질되는 일이 드물었다. 얼마 못가서 여성들은 주변으로 물러나고 그들의 기여도가 최소화되는 패턴을 볼 수 있게 된다.

예를 들면, 종신직에 있는 남성들은 항상 자기의 뜻을 밀고 나갈 수 있도록 돕는 지지자들을 쉽게 얻는 반면, 여성들은 지지자를 얻지 못하기 일쑤이고 따라서 종신직을 얻을 확률이 적다. 다른 여성들에 대해 우호적으로 발언하는 여성들의 말은 비중 있게 다루어지지도 않는데, 마치 사우디아라비아 법률처럼, 여성의 말은 남성의 말보다 가치가 떨어지는 것이다. (그렇지만 어떤 여성이 다른 여성에 대해 비난할 경우, 그녀의 말은 남성의 말보다 몇 배의 가치를 갖는다.) 소수의 뛰어난 남녀 과학자들의 경우, 종신직에 이르는 것은 확실시되지만, 나머지 대다수의 경우 결말은 어느 쪽으로도 가능하고 대개는 목소리가 큰 쪽으로 기울어진다. 평균 능력을 가진 여성들이 평균 능력을 가진 남성들만큼 쉽게 승진할 수 있게 될 때 비로소 진정한 평등의 표지가 나타나는 것이라고 말할 수 있다.

언젠가 전에 내가 일하던 학교에서 과학 리더십이 절실하게 필요했고 더 생산적이고 더 결집된 과학연구가 요망되었을 때, 나는 우리 학교의 강점과 과학 인력의 폭넓은 재능을 충분히 활용할 수 있는 다파장(multiwavelength) 천문학 조사 프로젝트를 시작했다. 마침내 다른 기관의 중요한 지도자와 함께 GOODS(Great Observatories Origins Deep Survey: 허블 우주 망원경, 스피처 적외선 망원경, 그리고 찬드라 방사선 관측대를 망라하는 NASA의 거대한 우주 관측대를 사용하기 때문에 붙여진 이름이다)라는 이름이 붙여진 이 프로젝트는 수백만 불의 연구비를 끌어들였다. 요점을 말하면, GOODS 프로젝트는 블랙홀의 성장과 은하계 형성에 관한 중요한 연구 성과를 거둔, 과학적으로 위대한 성공 사례였다. 그러나 이 프로젝트 기획에서의 나의 역할은 별로 알려지지 않았고 주변에서 인정을 받는 일도 거의 없었다. GOODS에서 나와 매우 긴밀하게 일했던 동료들 중 하나가 내게 말하기를, 나는 리더십이 부족하고 특히 과학계의 지도자 지위의 강력한 후보가 되기 어렵다는 것이었다. 그는 GOODS를 과학적 리더십의 상징으로 인식하지 않는 것이 거의 확실했고, 따라서 나의 다른 업적들도 리더십의 표지로 인지하지 못했다(그것은 나의 가장 중요한 교내 활동들 중 하나로, 성공적인 조직 개편이었다). 그는 나의 과학적 역량을 의심했고 나의 정교수 승진을 지지하기를 주저했다—예일대에서 내게 정교수직을 제안해오기 전까지. 그제서야 나는 승진했고 급여를 30퍼센트 인상 받았다. 내가 '멍청이들'보다 윗자리에 오르기에 충분하다는 뜻이다. (며칠 뒤 내가 다른 '멍청이들'보다 오랫동안 훨씬 적은 급여를 받아왔다는 것을 알게 되었다.)

이 남자는 특별히 편견이 심한 것도 아니고 나는 어떤 전형화된 의미에서도 결코 그를 성차별주의자라고 부르고 싶지 않다. 그는 수많은 여성 동료들과 함께 일을 잘해왔고 남성과 여성이 평등하게 대우 받도록 의식적으로 노력했다. 그는 토론 참가자 모두가 자기의 견해를 표현할 기회를 가져야 한다고 주장하면서 신선한 바람을 일으키기도 했다. 나는 그가 자신을 여성주의자로 동일시하고 있으리라고 생각한다. 오히려 우리의 스타일이 서로 다를 뿐이라고 생각하고 아마도 그 자신의 성격의 프리즘을 통해 나를 해석했을 것이다. 예를 들면, 나는 예의 바르고 정중한 태도를 취하기 때문에, 그는 내가 강하거나 유능하지 못하다고 그릇된 결론을 내렸다. 그는 내가 그와 닮지 않았다고 보았던 것이다. 만일 그와 비슷한 사람이 나처럼 행동했다면, 그것은 다른 사람들 아래에 있다는 표지가 된다. 털을 곤두세우고 으르렁거리는 대신 배를 깔고 누워 뒹구는 강아지처럼 말이다. 그가 자신을 덜 유능한 사람으로 보지 않는 한 그는 그렇게 행동할 리 없으므로, 그는 나의 처신을 내가 덜 유능하다는 뜻으로 단정해 버렸다. 또한 그는 어떤 이유에서이건 과학의 토템폴에서 나를 낮은 서열에 세우는 사람들의 말을 경청했다. 그의 평가는 객관적인 자료에 토대한 것이 아니었다. 나는 거의 모든 동료들보다 더 많은 논문을 발표하고, 인용빈도가 더 많았으며, 학생도 더 많고, 더 많은 박사후 연구원을 갖고 있었고, 연구비도 더 많이 따냈고, 많은 분야에서 중요한 성과를 거두었다. 그의 판단은 지배적인 문화의 주체들이 자신들의 무의식적인 태도를 좀체 검토하지 않는다는 사실에 기인하는데(그들이 왜 굳이 그러겠는가? 왜 그런 것에까지 생각이 미치겠는가?), 그것은 다른 사람들에 대한 그들의 평가에 엄청난 영향을 미치는 것이다.

젠더와 과학을 주제로 스탠포드대에서 모임이 있었을 때, 문화적 공감대를 서로 나눌 수 있었던 것이 흥미로웠다. 멕 콩키는(본서 3장 참조) 고고학자들이 '가장 이른', '최초의', '가장 오래된(最古)' 것을 발견할 때 전율을 느낀다고 말한다. 즉각적인 인정을 받게 된다. 최상급 형용사들은 남성 주도적인 문화의 공통된 면모처럼 보인다. 물리학에서, 그 영역에서 통용되는 화폐는 결과가 얼마나 '중요한 것인가' 하는 것이다. 천체물리학에서, 우리는 가장 먼 곳의 은하계, 가장 깊은 곳의 이미지, 가장 폭넓은 조사, 최초로 발견된 광자(光子), 가장 오래된 별, 가장 빛나는 감마선 폭발, 가장 빠른 펄서(pulsar, 맥동전파원), 가장 무거운 블랙홀 등에 경의를 표한다. 물론 그것은 전혀 잘못이 아니다. 그런 것들은 참으로 특별히 흥미롭다! 그러나 귀속된 가치들은 어느 것이건 근본적으로 자의적이다. 버지니아 울프의 관찰을 풀어서 해석한다면(약간 왜곡하면서) 톨스토이가 위대한 작가로 찬양 받는 것은 그가 전쟁(과 사랑)에 대해 썼기 때문인 반면, 오직 사랑에 대한 글만을 썼던 제인 오스틴은 그저 훌륭한 작가일 뿐이다(Woolf 1929). (울프는 이 서열에 근본적으로 동의하면서도 오스틴이 좀 더 넓은 세계를 경험했더라면 더 나은 작가가 될 수 있었을 것이라고 말했다.) 결국 이 서열은 모두가 선택의 문제이다. 중요한 것은 지배적인 문화에 의해 결정된다는 사실이다.

과잉 공격적인 과학 문화는 진부하고 또 비생산적이다. 과거에 과학은 대체로 혼자서 작업하는 개별 과학자들에 의해 이루어졌고, 자랑스럽게 주먹으로 가슴을 치는 것은 아마도 승리 전략이었을 것이다. 그러나 근래에 와서 연구 도구들은 점점 복잡해지고, 프로젝트는 더욱 커지고, 과학자들 간의 폭넓은 협력이 점점 더 중요하게 되었다. 오늘날 수 백 명 또는 심지어 수 천 명의 물리학자들이 팀을 이루어 회전하는 우주 망원경, 거대한 지하 분자 가속기, 그리고 작은 건물들의 크기와 작은 나라의 일 년 예산 경비를 알아내는 탐색기를 만들기 위해 협력한다. 이와 같은 환경에서, 팀워크는 주먹으로 가슴 치기보다 훨씬 더 생산적이다. 정말이지, 어떤 일급(대개의 경우 남성) 과학자의 주먹으로 가슴 치기와 '나는 일인자가 되어야 한다, 그렇지 않으면 노벨상을 탈 수 없다'는 식의 옹졸한 태도는 비생산적이다. 여성들(적어도 미국에서 자라서 사회화된 경우)은 현격하게 차이가 드러날 정도로 대부분의 남성보다 팀워크에 강하다(똑같은 경고). 몇 년 전, 기업계의 남녀들에 관한 한 조사는 관리자로서 여성들이 남성보다 46개 내지 47개나 바람직한 자질을 더 많이 갖고 있다고 밝혔다. 그러므로 원칙적으로, 여성은 대형 과학 프로젝트를 이끌어나가는데 훨씬 더 적합하다. 그러나 물리학 문화는 그 새롭게 밝혀진 현실에 아직 적응하지 못하고 있다.

여성들은 발로 투표한다

엘리트적이고 위계적인 과학계 풍토는 과학에 입문하는 인력의 젠더 불균형을 초래한다. 거만과 엘리트주의가 가장 제어되지 않은 곳에 여성의 수가 가장 적을 수밖에 없다. 물리학(예를 들면, 화학에 비해), 우주과학(천체물리학의 가장 인기 있는 하부 분과), 이론(가장 똑똑한 사람들이 몰리기 때문에 실험보다 더 영예로운 것으로 간주된다)이 대표적인 사례이다. 영역을 더 넓혀보면, 외과수술(의학의 엘리트 전공. 이 문화의 그림을 감지하려면『분열된 삶들』Divided Lives[1995]에서 유방암 전문 외과의 앨리슨 에스타브룩에 대한 엘자 월쉬의 묘사를 참조할 것), 오케스트라 지휘(쭈빈 메타는 뉴욕 필하모닉 오케스트라 음악감독으로 있을 때 여성들은 뛰어난 음악가가 될 만한 자질을 갖고 있지 않다고 선언했다. 그의 견해는 비엔나 심포니와 뮌헨 필하모닉의 음악인들로부터 널리 지지된다. 바순 주자 애비 코넌트, 일급 레스토랑 주방장들에 관한 오스본[1994]의 논의 참조). 이 외에도 사례는 얼마든지 있다. 더 많은 엘리트는 곧 더 많은 남성을 의미하고, 그 역도 참이다. 많은 여성들은 물리학계의 표준인 뼛속까지 거만한 스타일에 불편감을 느낀다. 어떤 이들은 그것이 현실이라고 생각하는 반면—당신은 정말로 세계 제일이 되어야 한다—다른 사람들은 그것을 허상으로 본다. 어느 경우이건, 이 문화는 확실히 여성들을 내쫓아 버린다.

자신의 일에 접근하는 바람직한 태도로 간주되는 거의 수도 승적인 헌신도 마찬가지이다. 여성들은 과학을 하면서도 '삶을 향유하는 것'에 대한 우려를 끊임없이 내게 이야기한다. 나는 이 주제에 대해 언급한 남성을 오직 한 사람밖에 기억하지 못한다. (따지고 보면 근대 대학들은 중세 유럽의 수도원 문화에서 진화했다.) 이런 식의 전력투구적인 문화는 여성이 물리학과 천문학에 들어오지 못하게 장벽을 세운다. 말이 나온 김에 덧붙이면, 매일 8시간 일한다는 것은 신화에 불과하다. 우리 모두는 선별된 기간 동안만 그런 식으로(또는 그보다 더 많이) 일을 하지만 남성 동료들은 확실히 개인생활을 갖고 있다. 그들은 스키를 타고, 하키 시합을 하며, 마라톤 경주를 하고, 산에 오르고, 여행하고, 파티를 즐기고, 자녀들을 키운다—그리고 거의 대부분의 경우, 그들은 샤워하는 동안 물리학을 하는 일은 없다.

따뜻이 반기고, 덜 경쟁적이며, 보다 협동적인 문화는 뚜렷이 여성들에게 호감을 준다. 이 사실을 인식하는 프로그램들—예를 들면, 카네기 멜론 대의 컴퓨터과학 프로그램(http://women.cs.cmu.edu/) 또는 Best(Building Engineering and Science Talent) 발의안(http://www.bestworkforce.org/)은 여성 참여자의 수를 극적일 정도로 증가시켰다. 과학과 기술 전문성의 수준이 낙후하고 다른 나라에서 그 전문성을 수입하는 데 정치적 곤란을 겪는 국가의 경우, 여성 과학자들이 물밀듯이 밀려올 것이라는 전망은 너무나 매력적일 수밖에 없다. 이론적으로, 우리는 어떻게 여성들을 과학으로 이끌 것인가—더 중요한 것은, 여성들을 몰아내지 않는 것이다—를 알고 있지만 문화를 바꾸는 것은 참으로 어려운 일이다.

'남성' 대 '여성' 논쟁

어떤 사람들은 객관성과 합리성 같은 성향을 '남성적'이라고 부르고, 과학이 남성적 구성물이라고 주장한다. 그러나 또한 과학은 토론, 상호작용, 합의, 팀워크, 직관, 창조성, 그리고 호기심—즉 '여성적'이라고 부름직한 특질을 갖기 때문에 과학은 여성적 구성물이라고 부를 수도 있다. 사실 나는 그러한 젠더 배정을 믿지 않을 뿐더러, 더 중요한 것으로, 과학은 매우 복잡한 과정이며, 다면적인 지적 활동인 까닭에 그런 범주들에 의해 젠더화할 수 없다.

나는 과학—예를 들면, 기초 지식에 해당하는 물리학이나 생물학의 근본 법칙들—과 젠더화가 가능한 응용 사이에 중요한 구별이 있다고 생각한다. 구체적으로 설명하기 위해 컴퓨터 과학의 예를 들어보자. 정보기술의 사용, 컴퓨터 인터페이스 설계, 그리고 소프트웨어 디자인과 실행이 참여자의 젠더에 강하게 영향을 받는 것은 의심의 여지가 없다. 그러나 컴퓨터 과학의 기저에 있는 수학적 기초—근본적으로, 2치(2値. base 2) 수학—는 젠더를 갖지 않는다. 컴퓨터 칩들은 입력 데이터 스트림에게 'and'이나 'or' 같은 질문을 하는 논리적 '게이트'들의 조합이다. 0과 1, 또는 1과 1, 또는 0과 0의 조합은 그러한 게이트에게 어떤 선택권도 주지 않는다. 답은 0이나 1, 그 자체이며 모든 것이 완전히 결정되어 있다. 여성의 유입이나 유출은 그것을 바꾸지 못한다.

계산을 위해 바이너리 기초 논리를 사용하기로 선택한 것은 남성들에 의해 영향을 받은 것이라고 주장할 수도 있는데, 이것은 수학이 '남성적'인 학문이지만 만일 여성에 의해 창안되었다면 달라졌을 것이라는 주장(내가 보기에 터무니없는)과는 다르다. (참고. 에이다 러브리스와 그레이스 하퍼 같은 여성들은 계산기 개발 초기에 중요한 기여를 했다.) 바이너리 논리학의 선택이 젠더적인가 아닌가 하는 것은 계산을 위한 대안적 기초들이 어떤 것일지에 따라 결정될 문제이다. 아직 그것들은 충분히 발전되지 않았으므로, 우리는 지금으로서는 그 물음에 답할 수 없다. 그러나 한 사례를 든다면, 바이너리 결정이 아닌 3방향 결정에 기초한 계산 시스템을 상상해볼 수 있겠다. '예스-노우' 대신, '더 적게-동등-더 많이' 또는 동치적인 '-1, 0, 1'을 결정하는 논리적 게이트를 설계할 수 있을 것이다. 나는 컴퓨터 과학자가 아니다. 어쩌면 그런 시스템은 이미 어느 정도 개발되어 있을지도 모른다.

아마도 3방향 논리가 바이너리 논리보다 더 여성적인지에 대해 나름대로 견해를 가진 이론가들이 있을 수 있다. 또는 생물학적 계산(세포 기능을 결정론적인 방식으로 집단적으로 작용하는 것으로 보는 것) 같은 한층 더 진보적인 출발점도 있을 수 있다. 그러나 그러한 대안들이 명확히 밝혀지기 전까지, 우리는 현재 시스템들의 젠더적 성격에 대해 판단 내릴 수 없다. 대부분의 경우 남성들이 맡고 있는 일이라고 해서 그 일이 남성적인 것이 되지는 않는다.

여성과 과학의 미래

물리학계에서 여성이 감소하는 것은 과학이 너무 합리적이거나 너무 객관적이기 때문이 아니다. 보편적으로 나는 물리학을 전공하는 여성들이 바로 물리학의 그러한 측면들을 즐긴다는 것을 발견했다. 그것은 물리학을 떠난 많은 여성들의 경우에도 마찬가지이다. 그들은 수학, 확실성, 문제에서 답으로 이어지는 경로의 필연성을 즐긴다. 그런 모든 면모들은 남성은 물론이고 여성에게도 어필한다. (실제로 많은 남성과 많은 여성들에게 그런 면은 그다지 매력적이 아닐 수 있다. 미국 학생들의 오직 몇 분의 일만이 고등학교를 마칠 무렵에 과학과 기술에 흥미를 느낀다. 그러나 물리학을 공부하는 소년소녀들의 수는 고등학교 시기에는 대등하다가, 대학 학부에 다니는 동안 극적으로 감소한다. Ivie & Ray 2005). 그렇지만 여성들이 물리학을 회피하는 것은 그것이 '남성적'이기 때문이 아니다.

그 대신 여성의 수가 감소하는 이유는 과학 전문직 종사자(현재 대부분이 남성이다)가 조성하는 불편한 풍토, 즉 경쟁을 강조하는 것, 언어와 사고의 엘리트주의 스타일, 자기 자신을 증명하려는 끊임없는 도전, 그리고 자기의 연구의 정확성뿐만 아니라 그것의

적합성, 중요도, 그 위업까지 옹호하는 것 때문이다. 미국에서 현대 과학의 엘리트적이고, 경쟁적이며, 위계적인 환경은 미국 사회에서 자라난 많은 여성에게 호소력을 갖지 못한다. 여전히 주먹으로 가슴을 두드리는 마초 스타일에 프리미엄을 주고 있고("나는 어제 새벽 3시까지 실험실에 있었습니다. 당신은 어땠지요?" "나는 새벽 4시에 집에 갔다가 7시에 다시 왔답니다!"), 협력이나 상호 학습은 평가절하하는 경향이 있다.

물리학에 더 많은 여성들이 포진한다면 물리학과의 분위기는 달라질 것이다. 그것은 물리학과 천문학을 비교할 때 여실히 입증되는데, 둘 다 기술(수학과 테크닉적 능력) 면에서 유사한 능력을 요구하지만 천문학은 여성에게 훨씬 더 편안한 환경을 제공하며, 그 결과 여성들을 더 많이 유치한다. 바로 지금 전공 선택 단계에서 여학생들이 폭발적으로 증가했다—천문학 전공자의 거의 절반이 여성이며, 미국천문학회에 가입한 가장 젊은 회원층(18-25세)의 60퍼센트가 여성이다(Marvel 근간). 전문적인 모임에서 여성 강연자들도 흔히 볼 수 있고, 전국 규모의 학회의 많은 운영위원들이 여성이며, 여성 동료들에 대한 존경심도 물리학보다 훨씬 즉각적으로 표현된다. 문제들이 천문학계에서 해소되었기 때문이 아니라, 문화가 물리학계보다 피부에 느껴질 만큼 편안하기 때문이며, 오직 시간이 문제인 것처럼 느껴진다. 물리학의 경우, 근본적인 변화가 필요하다는 느낌이 여전하다.

문화를 변화시키는 일의 상당부분은 동료들을 교육하는 것이다. 대부분의 대학에서 변화는 학과 차원에서 일어나므로, 동료들을 얻는 것—적어도 몇 안 되는 힘 있는 동료를 얻는 것—이 필수적인 단계이다. 그 목표를 향해, 우리는 여성 천문학자를 주제로 몇 번의 학술대회를 개최했는데, 첫 번째 모임은 1992년 볼티모어에서였다. 그 당시 우리는 스스로 교육이 제대로 되어있지 않았고, 그 모임 자체가 우리에게 많은 것을 가르쳐주었다. 그 후 우리는 볼티모어 헌장(Urry et al. 1993), 변화를 위한 일종의 마니페스토를 만들었는데, 그것은 천문학과와 다른 물리학 연구기관에 널리 유포되었다. 그 다음 십 년 동안 우리는 크게 진보했다. 2003년, 파사데나에서 우리는 제2회 여성 천문학자 학술대회를 개최했고, 한층 더 대담하고 상세하고 포괄적인 추천사항 모음집을 발전시켰으며, 그것은 미국천문학회에 의해 인준되었다(http://www.aas.org/cswa). 예일대에는 두 명의 여성 천문학자가 있는데, 한 명은 최근에 종신직을 수여받았고, 물리학과는 세 명의 여성 소장 학자를 임용했다. 총장, 교무처장, 그리고 단과대학과 대학원의 학장들은 여성교수를 더 많이 임용하려는 열의를 갖고 있다. 예일대의 여성 교수 포럼(대학 전체를 망라하는 여성교수협회)은 변화를 위한 강력한 도구가 되고 있다. 변화를 일으키기 위해 우리는 오직 더 열심히 노력해야 한다.

제10장

"매우 학구적인 중재 프로그램"

-과학 · 공학 여성 교수 임용과정

|다니엘 라바크-맨티, 아비가일 J. 스튜어트|

미국과학재단의 ADVANCE 프로그램을 분석한 통찰력 있는 글에서 수잔 스텀(2006)은 다음과 같이 주장한다.

> ADVANCE 전략의 핵심적인 측면은 체계 변화의 구현에서 중심축으로 입증된 하나의 새로운 역할을 개발한 것에 있다…. 상이한 시스템들의 교차지점에서 변화를 추동하는 핵심 기능을 하는 까닭에, 우리는 그 사람들을 '조직 촉매제'(organizational catalyst)라고 부른다. 조직 촉매제들은 상이한 영역과 활동 수위들의 수렴점에서 활동하는 개인들을 가리킨다. 그들의 역할은 지식, 지속적인 전략적 관계와 협동, 그리고 시스템 상호간의 책임 형태들을 연결하고 영향력을 미치는 것을 포함한다.

스텀의 분석은 미시간대학의 ADVANCE 프로그램이 STRIDE(다양성과 수월성을 향상시키기 위한 채용 전략과 전술[1])라는 이름의 교수위원회를 창설했을 때, 우리가 실제로 하나의 집단적 '조직 촉매제'와 일군의 개별 촉매제 또는 변화 기구들을 창조한 것을 기술하고 있다(Sturm 근간 a와 b 참조). 이 장에서 우리는 위원회 멤버들이 경험한 내적 변화 과정과, 그 과정과 교수 혁신 에이전트로서 그 과정이 수행하는 역할 간의 연관성을 예시하고자 한다.

당연히 미시건대의 STRIDE 위원회의 보다 넓은 맥락은 우리가 측정할 수 없지만 반드시 인지해야 할 중대한 측면들이 있다. 2001년, 미국과학재단(NSF)은 과학과 공학에서 여성 교수의 성공을 막는 장애물로 점철되어 있는 시스템을 변화시킬 수 있는, 전국적 차원의 제도 변화를 이끄는 일련의 실험들을 육성하려는 목적으로 ADVANCE라는 새로운 프로그램을 창설했다. ADVANCE는 교육기관의 풍토와 인력보충과 여성의 정체 상황을 향상시킬 수 있는 창의적 접근방법을 개발하려는 목적으로 대학들에게 5년에 걸쳐 수백 만 불의 지원금을 수여했다. 1차 사업에서 다른 8개 학교와 함께 미시건대가 지원금을 받았을 때[2], 그것은 분위기, 인력확충, 또는 인력유지를 향상시키고자 하는 학과에 수여하는 연구비, 자신의 프로젝트와 경력을 숙성시킬 수 있도록 개별 여성 과학자와 엔지니어에게 수여하는 연구비, 과학 · 공학부의 여성 교수에게 교류 기회를 넓히고, 리더십과 협상 워크숍에 참석하며, 서로 멘토링할 수 있는 기회를 주는 대학 전체 네크워크 구축, 그리고 교수 집단에서의 불편한 분위기 문제에 대한 토의를 활성화시키는 연극 공연을 포함하여, 많은 동시다발적인 ADVANCE 중재 전략의 효시가 되었다. 이상 언급한 목록은 전부를 망라하는 것은 아니지만, STRIDE의 메시지를 흡수하는 미시건대 공동체의 능력을 후원하고 정련하는 활동들의 범위를 파악할 수 있기에 충분할 것이다.[3)]

그럼에도 불구하고, 2002년에 창설된 이래, STRIDE는 미시건대 과학부와 공학부에서 여성 교수 임용 빈도의 증가, 위원회 구성원들의 젠더 이해수준의 변화, 그리고 젠더에 대한 교내 담론에 새로운 요소들의 도입에 있어서 중심적인 요소가 되었다. 2005년, STRIDE의 성과를 인지한 대학 경영진은 그것을 교내 기구로 승격시키기로 결정하고, 그 그룹을 유지하는 일 뿐만 아니라 과학부와 공학부 외의 다른 학과들까지로 그 범위를 확장시키기 위해 2011년까지 지원금을 수여하기로 했다.[4)] STRIDE의 긍정적인 여파를 지적하는 것이 중요하긴 하지만, 비판자나 평가 절하하는 사람이 없는 것이 아니다. STRIDE는 시도한 모든 사항들에 대해 일일이 자체평가를 하고, 때로는 자체평가에 따라 프리젠테이션을 바꾸기도 했다. 예를 들면, 어떤 프리젠테이션에 대한 응답으로 한 비판자는 이렇게 말했다. "마치 우리 교수들이 성차별주의자라고 비난 받고 있는 것 같은 기분이다. 발표자들은 우리 전공분야에서 전국의 박사학위 취득자의 경우와 마찬가지로 우리 학과 교수의 성비가 대등해지는 것을 목표로 삼으라고 촉구하고 있다. 그러나 그 목표의 타당성에 관해서는 별도의 논증이 제시되지 않았다. 그 문제가 그렇게 단순하리라고 생각하는 사람은 우리들 중에는 하나도 없다." STRIDE는 원칙적으로 어떤 특별한 타깃 목표를 옹호하지 않지만, 요청을 받을 경우, 간혹 목표의 정착을 위해 그와 같은 식의 접근을 제안하는 경우가 있다. 그러나 어떤 분야에서는 목표가 지나치게 추상적이거나 실현가능성이 희박하게 보일 수가 있다. 그럴 경우 기획단은 목표 설정 문제를 토의하기 위해 대안적인 전략을 개발하기도 한다. 그와 동시에, 프로그램에 대해 비판하거나 폄하하는 어떤 사람들은 STRIDE의 초점과 목적 자체에 반대하는데, 그럴 경우 STRIDE 구성원들은 예의 있게 반대 표시를 하고 꾸준히 자신들의 관점을 잘 표현할 수 있어야 하고 또 그래야 한다는 것을 잘 알고 있다.

STRIDE는 항상 실험적이기 때문에, 미시건대 ADVANCE 프로젝트의 시험책임자(PI)와 운영 위원회는 기획이 얼마나 효과적일 것인지를 출발 단계에서 미리 추측한 적이 없었다. 사실 그들은 위원들을 선출하는 특별한 기준 없이 시작했고, 일단 조직되고 나면 위원회가 실제로 어떤 일을 해야 하는 것인지도 거의 모르는 상태였다. 그러므로 지금 다른 사람들에게 STRIDE와 유사한 중재 노력을 시도할 것을 권장하는 목적으로 글을 쓰고 있지만, 우리는 STRIDE가 진화 과정의 결과이며, 그 특수한 구조와 실천 방식, 그리고 가치순위들은 우연적인 산물이며, 그리고 이 장에 나타나 있는 통찰력과 권고사항들은 시행착오를 거쳐 발전된 것이고, 따라서 그것은 어떤 청사진 같은 것이라기보다 권장 아이디어의 역할을 하는 것으로 이해해야 한다는 것을 분명하게 밝혀두고 싶다. 아래에서 우리는 STRIDE 조직의 역사, 미시건대가 수집한 교수임용 데이터, ADVANCE 프로젝트 평가단이 수집한 조사 자료, 그리고 2002년 9월, 2003년 12월, 그리고 2006년 1월, 위원회의 발전과 진화의 서사를 구성하기 위해 STRIDE 멤버들이 실시한 인터뷰들을 소개할 것이다.[5)]

STRIDE의 발전

STRIDE의 원년 위원회에는 2002년 초반에 프로젝트의 시험책임자 아비가일 스튜워트가 초빙한, 과학 · 공학계의 저명한 여덟 명의 정교수들이 포함되었다.[6)] 그들은 동료 교수들로부터 신망이 높고 과학 인력의 다양성 문제에 깊은 관심을 가진 것으로 생각되었으므로 그들이 속해 있는 대학의 학장들에 의해 추천되었다. STRIDE를 창단하게 된 기본 아이디어는 미시건대의 과학부와 공학부에 더 많은 여성 교수를 유치하기 위해서, 교수단은 '송유관'(과학계에서 경력을 쌓으려는 여학생의 참여를 높이기 위한 장치를 비유하는 말)을 설치하는 것만으로는 여성 과학자와 공학자들이 학계의 가장 높은 위치까지 올라가는 비율이 낮은 문제를 해결할 수 없다는 것을 분명히 해둘 필요가 있다. 교수단은 '송유관 누수 현상'의 문제를 인지하고 분석하는 일이 중요하다는 확신을 가져야 했다. 즉 학부부터 박사후 펠로우십과 교수 임용에 이르는 과정에서, 이동이 있는 전환점마다 여성들은 남성에 비해 과학 · 공학계를 떠나는 비율이 높다(Valian 1998, Etzkwitz et al. 2000, Long 2001). 끝으로, 교수단은 여성을 더 많이 채용하는 것은 바람직할 뿐만 아니라 가능한 일임을 믿을 수 있어야 한다. 만일 그런 생각들이 그들이 이미 연구자로서 그리고 개인적으로 존경하는 동료들에 의해 제시된다면, 과학자들은 젠더, 평가에서의 편견, 그리고 중요하지 않거나 단지 '정치적'일 뿐이라고 생각하기 쉬운 현상이나 개념들에 대해 가장 수용적인 태도로 배우게 될 것이라고 생각되었다. 여성들은 젠더 평등 이슈에 대해 다소 편향적인 것으로 생각되었으므로, 원년 위원회 위원 여덟 명 중 다섯 명이 남성이었다.

STRIDE를 처음으로 소집하기 전에 시험책임자는 조언을 얻기 위해 하버드 교수요원 다양성 위원회의 위원들을 만났다.[7] 하버드 위원회의 몇 가지 권고사항들은 STRIDE의 표준 관행이 되었다. 그 권고사항들 몇 가지를 보면, 위원회 활동을 위해 충분한 인력 지원을 얻을 것, 정기적으로 학장과 소통하는 기회를 가질 것, 여러 명의 위원들이 교수 임용 위원들을 만날 것, 가능하다면 모든 회의에 남성과 여성이 모두 참석할 것, 각 분야의 인구지도에 대한 데이터를 갖고 언제든지 이야기할 수 있는 태세를 갖출 것 등이다. 그들의 접근의 다른 측면들(예를 들면, 공식적인 성격이 아닌 비공식적 모임에 초점을 두는 것)은 미시건보다는 하버드의 지역 문화에 더 잘 어울리는 것 같았다. 우리가 하버드 위원회로부터 배운 것을 응용했던 것처럼, 다른 학교들도 필요할 때마다 조직을 재편성하면서, 자신들의 지역 조건에 맞도록 STRIDE를 적응시킬 수 있어야 할 것이다.

미시건대의 시험책임자는 심리학 · 여성학과에 교수로 임용된 사회과학자이다. STRIDE 위원들이 2002년 4월에 처음으로 상견례를 하기 전에, 시험책임자는 버지니아 밸리언의 『여성의 승진, 왜 그렇게 느린가?』(Why So Slow? The Advancement of Women, 1998)를 비롯하여 많은 읽기 자료와 과학 · 젠더에 관한 논문 모음집을 각 위원들에게 보냈다. 첫 모임에서 위원들은 밸리언이 라이스 대에서 했던 강연(Valian 2001)을 촬영한 영상물을 보았다. 그 다음 그들은 인력채용 방식을 개선하기 위해 동료 교수들에게 어떻게 접근할 것인지에 대해, 새로울 뿐만 아니라 모두에게 지적으로도 흥미로운 데이터와 개념들을 갖고 토의하기 시작했다. 2002년에 실시한 인터뷰에서, 위원회의 남성 위원들 중 한 사람은 "편견의 성격에 대해, 그리고 과학에서 여성에 대한 부정적인 편견들이 어디에서 유래하는지를 설명하는… 수많은 연구를 보고 놀랐다. 참으로 훌륭한 연구들이 많이 진행되었다. 정말 이 연구들은 환상적이다"라고 말했다. 또 2004년에 위원회에 참여하고 2006년에 인터뷰 대상자가 되었던 또 한 위원은 이렇게 말했다. "글쎄요, 내가 알게 된 것은, 그게 그러니까, 문제가 있기는 한데… 누구 탓인지 알 수 없기에, 또는 구조적인 문제인 것은 아닌지?… 내가 느끼는 이 답답함을… 해명해줄 바로 그 주범(主犯)을 우리가 짚어낼 수 없다는 사실입니다. 그런데 이 누적된 상이한 것들에 대해 배우고 있다는 사실은 정말 멋집니다."

과학자와 공학자로 이루어진 이 그룹이 사회과학 지식을 습득하고 그것을 다른 동료 교수들에게 전달할 수 있는 능력을 갖추게 되는 것이 STRIDE의 성공 비결이었다. 그 초창기에 위원회 위원들은 젠더 도식(남성과 여성이 각기 어떠하다는 것에 관한 가설들)과 평가 편견(남성이나 여성이 남성을 높게 평가하고 여성을 낮춰 평가함으로써 나타내는 경향성)에 대해 배울 뿐만 아니라, 그들이 알게 된 것을 지독히 회의적으로 보는, 과학 · 공학 청중에게 어떻게 전달할 것인가에 대해 토론하면서 많은 시간을 보냈다. 함께 공부하던 초반기에 위원들은 실험 심리학에 비중을 두는 밸리언의 저작을 일관적이고 설득력이 있다고 생각했고, 그들은 다른 동료들도 그렇게 느낄 것이라고 믿었다. 뿐만 아니라 그들은 밸리언이 자기 생각을 표현하는 방식(라이스대에서 촬영한 동영상)이 권위 있고 효과적임을 알게 되었다. 처음에는 그런 개념들 자체를 제시하는 것에 대해 불안감이 느껴졌지만, 인력 채용과정에 개입하는 가장 효과적인 접근은 젠더 · 과학에 대해 배운 것을 교수인사 위원회에 그리고 더 나아가 학과 교수 전체에게 전달하는 것이라고 확신하였으므로, 위원들은 MS 파워포인트 프리젠테이션을 사용하여, 밸리언의 허락을 받아 그녀의 강연에서 채취한 영상클립을 통합한 발표 콘텐츠를 만들었다. 그리고 프리젠테이션을 인사위원회 참고자료로 제시하면서, 아울러 STRIDE는 인력채용 핸드북을 제작했다.[8)]

그 자료들을 만들기 위해서는 상당히 많은 토론이 필요했다. STRIDE 위원들은 인사위원들에게 무엇이 가장 설득력 있게 받아들여질지에 대해서 뿐만 아니라 잠재적 교수 후보자들에게, 편견이든지 호소력이든지, 가장 효과적으로 전달할 수 있는 도구가 무엇인지에 대해 서로 상이한 직관을 갖고 있었다. 때로는 그들의 관점 차이는 그들의 젠더에 기인하기도 했다. 예를 들면, 남성 위원들은 학과가 더 많은 여성을 채용하려는 열의를 갖고 있으며 학과의 분위기를 개선하기 위해 적극적으로 노력하고 있다는 것을 여성 지원자들에게 알리는 것이 도움이 될 것이라고 생각하는 반면, 여성 위원들은 여성 지원자들이 자신의 과학적 업적보다 젠더 때문에 채용될 것이라는 느낌을 갖게 만들 수도 있다는 점을 우려했다. 여러 번의 토의를 거친 뒤, 위원회는 마침내 학과들에게 '여성 지원자들을 여성으로서가 아니라 과학자로서 채용'할 것을 권고하기로, 바꾸어 말해서, 여성 지원자들의 학문적 성취에 대한 관심을 강조하되, 지원자 측에서 먼저 언급하지 않는 한, 젠더 이슈는 직접적으로 언급하지 않기로 의견을 모았다. 한 가지 일화적인 사례가 있는데, 이 접근은 과학부의 어떤 학과가 빼어난 경쟁력을 갖춘 여성 지원자 두 명을 채용하는 성과를 거두는데 도움이 되었다. STDIDE 원년에 다른 여러 학교에서 그들을 채용하려고 경쟁을 벌이고 있었는데, 그들이 미시건대를 택한 것은 다른 어떤 곳보다도 여기서 그들의 과학적 업적이 올바로 평가 받을 것이라고 믿었기 때문이었다.

STRIDE가 출발한지 2년이 지나는 동안, 위원회 위원들은 자신들이 일의 내용을 잘 파악하고 있고 설득력 있게 제시할 수 있다는 확신감으로 점차 마음이 평안해졌다. 2002년 9월부터 2003년 4월까지, STRIDE는 26회의 발표회를 가졌고 300권 이상 핸드북을 배포하였다. 이로써 다른 많은 교수들에게 기본적인 정보를 제공할 수 있었지만, STRIDE는 쟁점들에 대한 심화된 이해를 도모하기 원했다. 2003년 여름, 위원회는 동료 교수들 중에서 쟁점들을 특히 더 잘 이해하고 나중에 STRIDE의 새 구성원이 될 만한 사람들을 훈련하는 프로그램을 만들었다. 그것은 6시간짜리 프로그램으로(반나절씩 이틀에 걸쳐 실시되었다), 그들은 그동안 맡았던 지난 수업들을 토대로 자신들이 배운 것을 선별적으로 다른 동료들과 나누었다. 특수한 과제와 해결해야 할 문제들을 내줌으로써(예를 들면, 프리젠테이션을 설계하거나 핸드북을 제작하는 것) 새로운 이론적 통찰을 구체적으로 적용해볼 수 있는 상황이었으므로, 그들은 학과 동료들에게 프로젝트에 부분적으로 참여하도록 요청하기가 쉬웠다. 이 새 그룹은 FASTER(Friends and Allies of Science and Technology Equity in Recruiting)라고 부르기로 했다. 그 이후 STRIDE는 두 명의 새 위원을 영입했는데, 그 중 한 명은 2003년도 FASTER 참가자였다.

2차 연도가 끝나갈 무렵, STRIDE는 다른 기능이 추가된 새로운 양상으로 발전할 만큼 자신감에 넘쳤는데, 그 기능은 더 오래 그리고 더 많은 상호작용을 요구하기 때문에 원래의 강의 프리젠테이션 방식보다 훨씬 덜 '안전한' 것이었다. 뿐만 아니라, 2004년 가을,

교무처장은 STRIDE가 과학부와 공학부 밖의 다른 학부들을 대상으로 워크숍을 개최하는 것에 관심을 표명했다. 그리하여 2004년 가을, 사회과학부와 인문학부를 포함하여, 각 학과의 인사 위원들에게 2시간 30분짜리 워크숍을 실시했다. 이 워크숍은 여섯 가지 주제에 관한 짤막한 프리젠테이션으로 구성되어 있다. (1) 무엇이 문제인가? (2) 왜 다양성이 문제가 되는가? (3) 평가의 무의식적인 편견들 (4) 임용 전략 (5) 이중 커리어와 가정생활에 관한 정책 (6) 평가에 내재하는 편견과 연관하여 가정생활은 어떤 문제를 갖는가? 아비가일 스튜어트는 먼저 발표한 다음, 요점들을 마지막 부분에 요약하고, 제기한 문제들에 대한 토론을 활성화시켰다. 이것은 각 이슈를 더 풍성하게 다룰 수 있는 기회가 되었다. 가장 큰 단과대학(의과대학, 공학 대학, 그리고 문리예술대학)의 인사위원회를 책임지거나 참여하는 총 59명의 교수들이 2004년 워크숍에 참가했다.

미시건대의 ADVANCE 평가단은 59명의 참석자들에게 온라인 설문지를 보냈다. 응답자 26명 중 23명(88퍼센트)이 워크숍을 전반적으로 매우 효과적 또는 다소 효과적이라고 평가했다. 3명의 참석자는 중립적이었다. 구체적인 주제에 관한 평가에서는 비교적 큰 차이가 없었고, 다만 '평가에 개입하는 무의식적 편견'에 관한 항목은 가장 보편적으로 긍정적인 점수를 얻었다. 어떤 주제에 관해서건 '전혀 효과적이지 않다'고 보고한 응답자는 하나도 없었다. 약간 다르게 기획된 다른 워크숍들이 2005년 가을에 열렸고, 평가는 거의 비슷했다.

STRIDE 창설 이후로 과학부와 공학부에서 여성 교수 채용이 괄목할 만하게 증가했다. 앞에서 지적했듯이, STRIDE는 현재 미시건대에서 운영되고 있는 여러 ADVANCE 중재 프로그램들 중의 하나일 뿐이고, 학과들이 더 많은 여성을 기꺼이 임용하게 되는 데는 다른 많은 요소들이 작용했을 것이라는 점은 의심할 여지가 없지만, STRIDE는 임용과정을 보조하는 도구와 아이디어를 가장 직접적으로 제공하는 중재 프로그램이다. 그러므로 'STRIDE 이전' 2년 동안(AY 2001과 AY 2002)과 'STRIDE 이후' 3년 동안 미시건대에서 가장 많은 과학자와 공학자를 영입한 세 단과대학의 데이터를 보여주는 표 10.1에서 볼 수 있듯이, 여성교수 임용의 증가 추세는 근본적으로 STRIDE의 중재에 기인하는 것이라고 우리는 믿는다. STRIDE 이전의 2년 동안 10명, 또는 절대치로 나눌 경우 매년 5명의 여성 과학자와 공학자가 충원되었다(백분율로 환산하면 14퍼센트). STRIDE 이후 3년 동안 46명, 또는 매년 약 15명의 여성 과학자와 공학자가 충원되었다(백분율로 환산하면 34퍼센트).

표 10.1 Men and women hired in natural science and engineering departments in three University of Michigan colleges

	pre-STRIDE				*post-STRIDE*					
	AY2000-01		*AY2000-02*		*AY2000-03*		*AY2000-04*		*AY2000-05*	
	M	W	M	W	M	W	M	W	M	W
Number hired	41	6	22	4	32	19	19	12	37	15
Percent women	13		15		37		39		28	

대학 경영진도 교수인력확충에서의 이러한 성공이 적어도 부분적으로 STRIDE에 기인하는 것으로 믿는다. 그들은 인사 위원회에 타깃 범위를 넓히고 과학·공학부를 넘어 다른 학과들과도 협력하도록 요청할 뿐만 아니라, 2005년에 총장과 교무처장은 미시건대의 미국과학재단 ADVANCE 지원금이 2006년 12월에 종결될 것이지만, 대학 당국은 적어도 2011년까지 계속해서 STRIDE(그리고 ADVANCE 프로그램)를 지원할 것이라고 공표했다. STRIDE와 관련된 경비는 행정직원 급여와 물리적 자료들(핸드북, 발표회 설비)뿐만 아니라 위원회 멤버들이 학생이나 실험실 직원들을 지원하거나 그들 자신의 강의 부담을 줄일 수 있을 만큼의 충분한 보상을 포함한다. 그렇게 함으로써 참가자들은 STRIDE에 더 많은 시간을 투여할 수 있게 할 뿐만 아니라(매월 1시간 30분짜리 회의를 2회 갖고, 프리젠테이션과 워크숍 준비를 해야 하는 등 할 일 많은 위원회이다) 또한 위원회의 가치를 대학 전체에 알리는 표지로 기능할 수 있다.

STRIDE의 제도화

전부는 아니더라도, STRIDE의 많은 위원들은 위원회 참여를 통해 학문으로서의 과학이 젠더화된 시스템이라는 것을 이해하게 되는 유의미한 변화를 경험했다고 말해도 무방할 것이다(Stewart et al. 2004, Stewart st al. 2007). 그 결과 그들은 헌신적이고 표현력이 뛰어난 액티비스트가 되었다. 그들은 또한 시간이 흐름에 따라 지식과 자신감을 갖게 되었다. 처음으로 편안한 마음으로 쟁점들을 그룹별로 이야기 나눌 수 있게 되었을 때, 그들은 혹시 어떤 정보를 잊은 것이 없는지 또는 생각을 표현하는 데 어려움이 없는지 간격을 메울 수 있도록 서로 도왔다. 그리하여 워크숍과 발표회가 아닌 다른 상황에서도 이제 그들은 자기가 배운 것을 예사롭게 질문에 답변할 수 있을 만큼 내용을 내면화하게 되었다. 2006년의 한 인터뷰에서 한 여성 위원 다음과 같이 말했다.

> STRIDE는 내게 큰 영향력을 미쳤는데, 말하자면 나는 다른 학교에 가서 발표하게 될 때 자연스럽게 열의에 넘쳐 말할 수 있게 된 것입니다… 이것은 새로운 변화입니다… 그것은 바로 작년부터였습니다… 나는 이렇게 말합니다. "물론 나는 학문적인 연구 발표를 할 수 있지만, 또한 과학계의 여성과 미시건대 ADVANCE에 대해, 그리고 우리가 무슨 일을 하고 있는지에 대해서도 이야기할 수 있어요." 그래서 나는 단지 미시건에서만 아니라 전국의 여러 곳에서도 기꺼이 이런 주제에 대해 말하고 싶습니다.

한 남성 위원은 그가 종종 일상 대화에서도 젠더와 평가 편견에 관해 이야기하게 되었다고 밝혔다.

> 당신이 누군가의 의식을 진정으로 고취시킬 수 있다면… 우연한 기회일지라도, 그것은 세상을 변화시키는 일이라고 생각합니다. 왜냐하면 당신이 변화시킨 그 사람이 다른 사람들에게 영향을 미칠 수 있는 폭포 효과가 되기 때문입니다. 나의 의식이 고취되었을 때 그것은 내게 크게 영향을 미쳤다고 생각합니다. 나는 그 책의 내용이 무엇인지에 대해 자연스럽게 일상 대화에서 말하고 있거든요. 그것이 치과 위생전문가이건 누구이건 말이지요… 나는 누구에게든지 이 이야기를 할 것입니다. 어떤 사람이든지, 학회에 참가한 사람이건, 뉴욕 타임즈 기자이건 상관없이 말입니다.

2002년과 2003년에 실시된 인터뷰에서, STRIDE 위원들은 그들이 새롭게 체득한 액티비즘을 2002년에 함께 나누었던 '의식 고취' 경험 덕분이라고 답했다. 예를 들면, 한 남성은 이렇게 말했다.

> 우리가 경험했던 과정은 매우 효과적이었습니다. 나는 그것이 그 특수한 그룹의 화학작용 때문인지, 또는 그 과정이 반복될 수 있는 것인지는 잘 모르겠습니다… 이런 이슈들에 대해 관심을 갖고 있는 것이 확실하지만, 문헌 자료에 대해서는 전혀 알지 못하는 과학·공학계의 남녀 원로급 교수 그룹을 가려내는 과정 말입니다. 나는 위원회의 모든 위원들도 그러할 것이라고 생각합니다. 다시 말해서, 우리 모두는 이미 하고 있는 일이 있었는

> 데, 우리가 함께 모여 실제로 데이터를 검토하면서 우리가 제대로 이해하지 못했고, 무슨 일이 일어나고 있는지를 몰랐으며, 우리가 참으로 순진무구했다는 것을 깨달은 것입니다… 그 발견 과정은 현재 이 그룹이 갖고 있는 열정을 집결시키는 데 결정적이었다고 나는 생각합니다.

이런 커멘트는 아마도 그러한 발견 과정이 반복될 수 있는가 하는 것 뿐만 아니라, 장기간에 걸쳐 새로운 구성원을 충원함으로서 이 그룹을 유지하고 제도화하는 것이 쉽지 않을 수도 있다는 생각으로 고심하게 만든다. STRIDE는 적어도 2011년까지 계속해서 운영될 것이고, 원년 멤버들이 10년 내내 위원회에 그대로 머물 것이라고 기대할 수는 없다. 그렇다면 다음에는 어떤 일이 있을 것인가?

사실 STRIDE는 창설 이후로 이미 세 명의 위원을 영입했고 그들은 모두 남성들이다. 한 사람은 2003년에 들어와 몇 달 동안 참여했으나 결국 떠나기로 결정했다. 다른 두 사람은 2004년에 동참했고 열의 넘치는 참여자로 남아있다. 세 사람 모두 2006년에 인터뷰에 응했었다.

위원회를 떠나기로 한 그 신참은 위원회에 들어오기 전까지 STRIDE 발표회를 한 번도 들어본 적이 없었고 자기가 무엇을 수락하는 것인가에 대해서도 분명한 생각이 없었으며, '그저 위원회의 임명에 따랐고… 그리고 ADVANCE가 어떤 일을 하려 하는지를 알고 싶어하는 정도'였다. 그는 은퇴하여 학교를 떠나게 된 소속 학과의 한 위원의 후임으로 참가 요청을 받았던 것이다. STRIDE 모임에 처음 몇 번 참여한 후 곧 그는 연구년을 맞아 일 년 간 외국에 갔고, 다시 돌아왔을 때 그는 위원회 임무를 더 이상 맡지 않기로 결심했다. STRIDE에 참여하는 서명을 했을 때 그는 다른 행정 업무도 맡았었는데 '그 자신의 본업에 더 맞는 그 일에 더 전념해야 한다'고 느꼈다. 결국 그는 이렇게 말했다. "내가 떠났던 것은 내가 STRIDE가 하려는 일을 찬성하지 않았기 때문이 아니라 그 일을 신속하게 진행하고 확신에 넘치는 메시지를 전달할 수 있게 되는데 걸리는 시간을 나로서는 감당할 수 없다고 느꼈기 때문이다."

남아있던 다른 신참 위원들은 매우 판이한 상황에서 참여하게 되었다. 한 사람은 2003년 여름에 FASTER 세션을 통해 만났고, 두 사람 모두 젠더와 과학에 오랫동안 관심을 갖고 있었다. 두 사람은 2003년 12월에 본격적으로 참여했고, 한 해의 학사일정의 대부분이 결정되는 이듬해 여름까지 다른 위원들이 이미 친숙하게 알고 있는 문헌 자료들을 숙독하며 보조를 맞출 수 있게 되었다. 그러므로 그들은 다가올 시즌을 위한 의사 결정에서 적극적인 역할을 할 수 있었다. 그들은 자기가 무엇을 수락하는지에 대해 처음부터 충분히 이해하고 있었고, 그룹의 나머지 사람들과 교류하는데 아무런 장애를 겪지 않았으며, 더욱이 두 사람이 같은 시기에 출발하였다는 사실도 도움이 되었던 것 같다. 이 두 위원 중 한 사람은 이렇게 말한다. "우리는 무엇인가 해보려는 우리 자신의 생각과 열의를 갖고 들어왔고, 그와 동시에 우리 두 사람이 함께 있기 때문에 '잠깐 저 좀 보세요. 나는 그게 도무지 기억나지 않아요. 나는 일 년 전에 여기 없었으니까요' 같은 말을 마음 편히 할 수 있었지요. 그리고 우리 두 사람은 사실 그랬습니다."

그들 중 한 사람은 위원회에 참여하고자 하는 열의를 갖고 있었는데, 그것은 그가 소속 대학의 부학장으로 일하는 동안 젠더와 과학의 몇몇 문제들을 알게 되었기 때문이라고 말했다. 그는 STRIDE가 '적극적이고, 행동으로 실천하는' 위원회라는 느낌을 갖고 있었다. 그는 우리의 작업 스타일을 칭찬하면서 다음과 같이 묘사했다. "순수하게 학문적인 참여 원리를 따른다… 위원회는 참여자가 연구하고, 일하고, 읽고, 의견을 구성하고, 현재의 접근방식을 인정하거나 비판하며… 참된 교육이 이루어질 것을 원하는 것이 분명하다."

다른 한 사람은 그가 지도하는 대학원생들의 커리어를 관찰해온 것이 위원회에 참여하게 된 부분적인 동기가 되었다고 말한다.

> 내가 가르치는 대학원생들 대부분은 여성이고, 따라서 당연한 일이지만, 나는 그들이… 성공하는 것을 보고 싶고, 내가 그들을 훈련시키는 것과 똑같은 방식으로 직접 영향력을 미칠 수 있는 범위 너머에 과연 유리 천정이 있는지 알고 싶었습니다… 그런데 내게 실망이 돌아올 뿐이었습니다. 그러던 차에 실제로 그러한 장벽의 정체를 밝히고 바꾸어 놓을 수 있으며, 변화를 이

> 끌어 내려고 애쓰는 사람들과 대학 내에서 함께 작업할 수 있는 기회가 왔을 때, 나는… 기꺼이 그 기회를 붙잡았습니다.

이 새 위원도 역시 참여하기로 결정하는 일이 "처음에는 겁났었는데… 그것은 기존 위원들이 지난 2년 동안 읽고 토의한 모든 것을 따라잡아야 하기 때문이었다"고 말한다. 그렇지만 두 사람은 그룹의 분위기가 '환영하는' 분위기였다고 회고했다.

위원회에 새로 들어온 사람들과 융합하는 일이 어땠는가 하는 질문을 받을 때, 원년 멤버들의 전형적인 대답은 그 과정이 매우 유연했다는 것이다. 흥미롭게도, 기존 멤버들 중 두 사람은 그런 질문에 처음에는 혼란스러워 했다. 예를 들면, 한 사람은 "글쎄요… 우리는 아직 새 위원들과 완전히 융합되지는 못했습니다. [허물없이 그 두 위원의 이름을 부를 정도로] 친근한 사이가 되는 것을 말한다면 말이지요." 이 인터뷰를 실시한 때를 기준으로, 그 두 신참 위원은 참가한지 2년차였고, 따라서 위원회 전체는 어느덧 3년 반 동안이나 활동해온 것이었다. 이 인터뷰 대상자는 이렇게 말했다. "나는 우리가 균열 없는 상태라고 말하고 싶습니다. 사실 새 위원이 보충되었을 때도 위원회는 아직 태어난 지 오래되지 않은 상태였습니다. 우리는 서로 아주 잘 안다고 할 수 없습니다." 원년 멤버 중 다른 한 사람은 새로 부임한 위원이 있다는 것을 기억하긴 하지만, 다른 상황에서 이미 알게 된 사람이었으므로 처음부터 그룹의 일원인 것처럼 생각해왔다고 말했다.

이러한 경험을 토대로, STRIDE는 자발적 참여자를 완전히 새로 받아들이기보다 시간을 두고 구성원이 될 사람을 적어도 두 사람 정도 적극적으로 영입할 계획을 갖고 있다. 현 위원들 대부분이 STRIDE에 참여하기 전에 적극적인 액티비스트라기보다 젠더 문제에 '개방적'이었다고 자신에 대해 말하지만, 장차 학문 공동체에서 다양성을 진흥하는 일에 적극적인 관심을 갖는 새로운 사람들을 영입할 생각이다. 그것은 개인적인 변화 경험을 갖게 될 잠재성을 감소시킬 수도 있겠지만, 서로 공유하는 가치들에 대한 강한 결속감을 발전시켜온 그룹에게는 유연한 과도기를 맞게 해줄 것이다. FASTER 프로그램은 잠재적 새 위원들의 대기실 역할을 한다. 기꺼이 6시간의 FASTER 세션에 참가하고, 거기서 제시된 자료의 내용을 기꺼이 흡수하는 교수들은 STRIDE의 목적에 합세할 가능성이 크다고 볼 수 있다.

STRIDE는 가까운 장래에 적어도 두 명의 새 위원을 보충할 생각인데, 그것은 원년 멤버들이 로테이션을 시작해야 하기 때문일 뿐만 아니라 과학 · 공학부 외의 다른 학과를 위해서도 일해 줄 것을 대학 당국이 요구하기 때문이기도 하다. 청중의 범위를 더 넓히기 위해, 대학 수뇌부는 더 넓은 분야의 참여자를 원한다. STRIDE와 연관된 분야의 교수들로부터 존경 받는 인사들을 포함시키는 일이 중요할 뿐만 아니라, 또한 연관된 전공분야의 문화에 대해 그들에게 귀띔해줄 수 있는 정보원들을 영입하는 것이 도움이 될 것이라고 생각하기 때문이다. 더 나아가 위원들 중에는 과학부과 공학부 학과들에게 그들이 제공해야 할 것의 상당부분이 그들이 사회과학에서 새로 배운 지식인데, 그것은 사회과학과 인문학 교수들이 이미 잘 아는 것이라고 우려하는 사람들이 있다. 예를 들면, 한 STRIDE 위원은 이렇게 말한다. "나는 과학자로서 근본적으로 사회과학적인 이슈들을 사회과학 전문가들에게 이야기한다는 것이 조금 겁나는 것이 사실이다." 그러나 다른 사람들은 오히려 그런 상황을 흥미진진하게 느낀다.

> 내가 수 년 동안 [특정 학부에서] 일해왔다는 의미에서, 나의 활동 경계를 넘어 학부대학 캠퍼스로 들어가서 강의하고, 위원회에 참여하는 등 그 비슷한 일을 하기에 아마 적당하지 않은 사람일지도 모릅니다. 그리고 개인적으로 나는 내가 대학 전체 공동체의 일부라고 느끼기 때문에… 나로서는 [다학제적] 성격을 가진 위원회의 일부가 되어 다른 학과들과 접촉하는 것은 개인적으로… 참으로 신선하고 흥미로운 일입니다. 따라서… 나는 적극 환영합니다.

'STRIDE가 이미 했던 일 외에 바라는 다른 것이 있는가?' 라는 질문에 대한 답변으로, 몇몇 위원들은 그들이 과소대표적인 소수그룹을 현재보다 더 많이 영입하고 유치할 수 있었으면 한다고 말했다.[9] 또한 그들은 여성 교수 보유율을 높일 뿐만 아니라 교수 생활을 전반적으로 향상시킬 수 있도록 문화적 풍토 문제를 거론하고,

교수 임용과정에서 인사위원들과 더 집중적으로 의논하고, 여성 박사후 연구원과 대학원생의 '누수현상'을 감소시킬 수 있는 기회를 모색하며, 교육대학과 함께, 미래의 K-12교사들에게 젠더 역할과 평가 편견이 과학과 공학의 송유관 구조를 형성할 수 있다는 사실을 이해시키고, 그리고 성별 성향 문제에 대해 설명할 수 있는 기회를 더 많이 가졌으면 한다고 말한다.

이와 대조적으로, 중단해야 한다고 생각하는 활동이 있는가 하는 질문에 대해, 위원들 중에는 현재 그들이 하고 있는 일 가운데 중단해야 할 것이 있다고 지적한 사람은 아무도 없었다. 위원들 대부분이 2011년 이전의 어느 시점애서 로테이션을 계획하고 있기는 하지만, 두 사람을 제외한 모든 위원이 그동안 STRIDE에 자신들이 투입한 시간의 양을 미래에도 똑같이 유지할 것이라고 말했다. 이전과 같은 속도로 보조를 맞추기 어려울 것 같다고 말하는 한 위원은 2년 전에 소속 학부의 부학장이 되었으므로 이미 위원회에서 휴직한 상태였다. 그러므로 그 두 위원은 '새 혈액'을 수혈 받을 수 있도록 시간이 지나면 위원들을 로테이션하고, 더 많은 학과들과 STRIDE 사이에 직접적인 연결통로를 구축하며, 그리고 위원회로 하여금 '자신의 문제로 인식하는 다른 사람에게도 똑같은 영향을 미칠 수 있게' 하는 것이 최선의 길일 것이라고 지적했다.

앞에서 언급했듯이, STRIDE 위원들은 그들의 업무에 대해 소정의 보상을 받는데, 그것은 그들이 학과 업무에서 조금이나마 시간 여유를 가질 수 있게 해준다. 많은 위원들이 이것을 중요한 하부구조적 지원으로 여기지만, 그들의 높은 열의를 고무시키는 것은 일차적으로 보상 때문이 아니라고 말한다. 그 대신 그들이 기꺼이 참여할 수 있도록 열정을 지탱하게 하는 주요 요소는 그들이 STRIDE의 성공으로부터 효력을 체감할 수 있기 때문이다. 한 위원은 이렇게 말한다. "정말로 성취감을 느끼게 하는 것은… 우리가 변화를 일으키는 해결책을 제시할 수 있다는 것입니다. 그리고 이제 2년이 지났는데… 만일 원년 멤버들이 계속 일한다면… 그들이 이제껏 해온 것으로 보아 성공이 눈에 보입니다. 무슨 말인가 하면, 대세가 바뀌고 있다는 것입니다. 그것은 정말 멋진 일입니다." 또 다른 위원도 이렇게 말한다. "나는 이것이 내가 봉직했던 위원회 중 가장 흥미진진하다고 생각합니다. 그러므로 나의 조언이 있다면… 만일 당신이 정말로 변화를 일으키는 그룹을 만들거나 참여하는 데 관심이 있다면, 바로 이런 일을 해야 한다는 것입니다."

위원들의 지속적인 참여를 이끌어내는 또 다른 요소는 그들이 그룹 토론을 통해 얻는 지적 만족감이다. 한 위원은 이렇게 말한다.

> 대학 위원회들은 흔히 행정 같은 일만 다룬다. 그리고 비교적 번거로운 일을 책임져야 한다. 이 위원회는 그와는 매우 다르다. 지적으로 매우 자극적이다. 원전을 읽어야 하고, 보통의 경우나 같으면 읽지 않을 것들을 읽기도 한다. 그리고 정말로 지성적인 사람들과 주제에 대해 토론한다. 이것은 놀라운 위원회이다. 훌륭한 위원회이다. 나는 정말… 정말로 즐겁다."

또 다른 위원은 말한다.

나는 STRIDE를… 여성 교수들을 채용하는 풍토와 실천 방안의 문제를 다루는 매우 학구적인 중재기구라고 특징짓고 싶다. 내가 학구적이라고 말하는 것에 토를 다는 사람이 있을 수 있다. 그러나 내 말은 단지 어떤 조건에 대해 감정적으로 반응하는 것이 아니라 문제의 복잡성에 대한 지식과 이해를 기반으로 삼는다는 것을 의미한다. 나는 모임에 나올 때마다 또는 자료를 읽으면서 숙제하는 시간을 가질 때마다 무엇인가를 배운다고 느낀다.

다른 학교를 위한 권고

앞에서 언급했듯이, 우리는 이제까지 STRIDE 위원들과 세 차례의 인터뷰를 실시했다. 그 때마다 우리는 STRIDE와 유사한 중재조직을 만들고자 하는 다른 대학에게 어떻게 권고하고 싶은지를 물었다. STRIDE의 발전이 진화적 과정이었다는 테마를 견지하면서, 우리는 먼저 최초로 만들었던 권고사항 목록을 요약하겠다. 이것은 절대적 명령 같은 것이 아니라 STRIDE를 성공으로 이끌었던 특성들을 서술한 것이다. 우리는 이 항목들 전체에 대해 기초적인 것을 말하지 않을 것인데, 상세한 설명은 다른 곳에서 찾을 수 있다(Stewart et al. 2004). 다음은 원래의 목록이고 2006년에 실시한 인터뷰에서 대두되었던 새로운 제안들은 뒤에 덧붙였다.

1. STRIDE 참여 요청은 그 제도적 중요성이 부각되었던 장기간의 변화 과정의 축이 되는 정당한 캠퍼스 전체 프로젝트의 일부이다.
2. 위원회에 들이는 시간에 대해 위원들에게 보상하는 것은 학교 당국이 이 서비스의 가치를 인식하고 있음을 보여준다.
3. 다년간의 임직 요청은 위원회 멤버들에게 이 계획이 목표들의 범위와 일관적이라는 확신을 심어준다.
4. 사회 과학 전문성에 접근할 기회를 가짐으로써 위원회 멤버들의 자신감을 고무시킨다.
5. 견실한 행정 지원은 위원회로 하여금 참고문헌에의 접근성, 전문가 자문, 그리고 아이디어를 실행에 옮기는 것(아카이브 작성, 공개발표회 등) 등에 있어서 목표 달성을 용이하게 한다.
6. 위원회의 임무, 메시지, 그리고 전략을 정의하고 또 재정의할 수 있는 자유는 위원회에게 작업에 대한 강한 책임감을 심어준다.
7. 전국 최대의 과학자와 공학자를 보유한 학부로부터 참여자를 확보함으로써 위원회는 중요한 문화적 지식, 사례, 그리고 경험을 얻는다.
8. 자신의 전공 분야에서 가장 존경 받는—남녀—과학자와 공학자들을 위원회에 영입함으로서 위원회는 교내 공동체 안에서

상당한 신뢰를 얻는다.

9. 갈등을 피하기보다 서로 불일치하는 문제(예를 들면, 여성 과학자와 공학자들을 위해 미시건대가 상황을 향상시키고자 하는 열의를 명시적으로 강조할 것인가?)에 대해 토론하는 것은 서로 신뢰할 수 있고 메시지를 확신할 수 있게 한다.
10. 자주 모임을 가짐으로써 위원들은 그룹으로서 그리고 개인으로서 경험한 것에 대해 반추할 수 있는 기회를 갖는다. 여기에는 광범위한 구체적인 사례들과 좀체 나누기 힘든 대화가 포함되며, 이러한 기회는 많은 쟁점들을 상술하는 기술을 증진시켜준다.

앞에서 우리는 STRIDE 위원들이 젠더와 과학에 관한 자신의 전문성에 확신을 갖게 되어, 다른 학교 교수들을 포함하여 넓은 영역의 사람들에게 이 문제들에 대해 이야기하기 시작했다고 언급한 바 있다. 최근에 어떤 위원은 ADVANCE 프로그램을 내부에 설치한 미시건대 STRIDE와 유사한 공개발표회를 갖는 위원회를 만들려는 의향을 가진 대학을 방문했다. 그러나 그 대학 경영진은 이미 인력 채용 발표회를 갖고 있었고 그 역할을 포기하고 싶어하지 않았다. 이 STRIDE 위원은 이렇게 말한다. "내가 다른 대학에게 말하고 싶은 것은 당신이 정보를 어떻게 제공할 것인지 그리고 어떻게 당신의 공동체를 교육할 것인지 생각해 볼 필요는 있지만, 그보다 먼저 당신의 대학에서 최선이 될 프로그램을 고안하는 것이 더 중요하다. 왜냐하면 각 학교마다 상황적 제약이 다르기 때문이다."

또 다른 STRIDE 위원은 타깃 청중들이 참고할 수 있는 개별 단위로 ADVANCE 프로그램이 설치되어 있는 다른 학교를 방문했다. 그러한 상황으로 인해 그 학교는 프로그램의 성공을 위해 필요한 종류의 접근성을 얻기에 어려움이 있었다. 이 STRIDE 위원의 제안은 이러했다. "만일 당신이 과학부의 여러 학과와 공학자들에게 필요한 것을 제공하고 싶다면, 그들을 [다른 곳에서] 오게 할 것이 아니라 그들이 있는 곳으로 당신이 가야 한다."

세 번째 STRIDE 위원은 이 글과 같은 논문이나 책들이 영감을 고취시키는 데 도움이 되긴 하겠지만, 그런 것들은 근본적으로 '기록'일 뿐이라는 점을 강조한다. 그는 다른 학교들이 미시건대 사례를 '벤치마킹'할 것을 제안하는데, 그 말은 그들이 우리에게서 직접, 그리고 예를 들면, 총장과 교무처장을 포함하여 적합한 모든 수준에서 정보를 얻으려 해야 한다는 뜻이다. 그 행정관들은 관련 이슈들을 해당 학교의 행정관들과 토의할 수 있을 것이다. "왜냐하면 우리는 예산이 제한적이라는 것을 잘 알고 있기 때문이다. 할 수 있는 유익한 일들이 많이 있다. 어떻게 그것을 추려낼 것인가?… 그 일은 어떤 식으로 진행되는가?… 교수단의 누구를 만날 것인가? 어떻게 참여교수들을 지원할 것인가? 어떻게 그들에게 보상할 것인가? 미시건대와는 다른 우리의 독특한 환경을 어떻게 보아야 할 것인가?"

이상의 논평들을 토대로 우리는 앞의 목록에 다음 항목들을 덧붙였다.

11. 잠재적 '영역' 문제를 염두에 두는 것은 학교 당국이 적확한 종류의 중재 작업을 동일시하는데 도움이 될 것이다. 다른 그룹이 인사위원회를 만날 경우에도, STRIDE의 워크숍 기본틀(학교의 모든 학과의 인사위원장을 대상으로 한 것)을 응용하여 사용할 수 있다. 또는 초점을 완전히 달리하는 것도(교수 전체 또는 학과장을 위한 워크숍 등) 성공적일 수 있다. 한 편, 인사위원회와 만나고 있는 사람들 자신이 동일한 문제의식을 갖고 있는지를 확인하는 것이 물론 중요하다.
12. 학교 차원의 변화를 위한 노력이 학교 중심부에서 일어나게 할 때 그러한 노력이 중요하고 또 '중심적인' 것임을 가시화하는 데 도움이 된다. 중심 이동을 해야 할 이유들이 있겠지만(예를 들면, 중심성은 어느 정도의 독립성을 포기하게 만들거나 특수한 그룹 단위에 초점을 두게 만든다), 그러한 중심 이동은 계획적이어야 하고, 따라서 예상보다 포기할 것들이 더 늘 수도 있다.
13. 학교의 여러 원천으로부터 얻는 아이디어와 정보를 지속적으로 업데이트함으로써 같은 일을 불필요하게 반복하지 않고 다른 사람들의 경험을 토대로 삼아 활용하기가 더 쉬워진다.

끝으로, 우리는 STRIDE 위원들과의 인터뷰를 통해 STRIDE

과정이 교육적이고, 학구적인 과정이라는 것이 얼마나 중요한지를 잘 알게 되었다. 교수들은 정보와 이론, 그리고 증거를 배우고 평가하는 일을 좋아할 뿐만 아니라, 그러한 실천방식들은 그들의 학문적 역할과 정체성에 대한 이해의 핵심이기도 하다. 만일 학교 기관의 변화를 위한 노력이 지성적이고 대학다운 실천방식으로서 완전히 자리 잡는다면, 그러한 노력은 지속적으로 조직 촉매제가 될 만한 기구에—STRIDE 위원회든지 다른 어느 위원회든지—개인적으로 깊이 헌신할 수 있도록 더욱 활성화될 것이다.

• 제10장 주석

1) STRIDE는 본디 'Science and Technology Recruiting to Improve Diversity and Excellence'를 뜻하는 두문자이다. 그러나 이 장에서 기술하고 있듯이, 그룹 확장 명령에 따라 보다 다학제적인 명칭으로 바뀌었다.

2) 다른 8개 학교는 조지아 공과대학, 헌터 칼리지, 뉴멕시코 주립대, 캘리포니아-어바인대, 콜로라도-볼더대, 푸에르토리코-후마카오대, 워싱턴-시애틀 대, 그리고 위스콘신-매디슨대이다.

3) 미시건대에 위탁된 미국과학재단(NSF) ADVANCE 프로그램이 수행하는 모든 활동에 관한 정보는 온라인으로 이용 가능하다. http://sitemaker.umich.edu./advance.

4) 이러한 집중 투자는 미국과학재단이 지원하는 사이트 방문 위원회가 프로그램의 교내기구화를 권고한 것에 의해 부분적으로 고무되었다. 그들의 보고서 역시 웹사이트에 올려져 있다. http://sitemaker.umich.edu/advance/files/sitevisit.pdf. 그 뒤 미시건대는 ADVANCE 프로젝트의 다른 핵심적 요소들

도 계속해서 지원할 것을 약속했다.

5) 우리는 STRIDE 위원회 멤버들에게 끝이 없을 것 같은 그들의 선의와 통찰력, 그리고 헌신에 대해 감사한다. 그 뿐만 아니라, 우리는 이 장을 집필하는 동안 평가 자료를 수집하고 분석해준 재닛 맬리와 키스 레인워터, 그리고 STRIDE를 재정적으로 후원해준 신디아 헛진스에게서 지원과 도움을 받았다.
6) 위원회 창단 멤버에는 의과대학의 파멜라 레이몬드와 마이클 사바고, 공학대학의 앤토니 잉글랜드와 마사 폴랙, 그리고 문리예술 대학의 캐롤 피에르케, 멜빈 혹스터, 새뮤얼 무카사, 그리고 존 밴더미어가 있었다. 마이클 사바고는 첫해 끝무렵에 미시건대와 위원회에서 은퇴했다. 의과 대학의 조엘 스완슨이 2003년 초반기에 합류했다. 의과 대학의 개리 허프네이글과 공학대학의 웨인 존스, 그리고 문리예술대학의 찰리 브라운은 이 장의 집필을 끝낸 후인 2006년에 위원회에 참여했다.
7) 하버드 위원회에 관한 정보는 다음 사이트에서 찾을 수 있다. http://schwinger.harvard.edu/~georgi/women/cfd.html
8) 파워포인트 프리젠테이션, 교수임용 핸드북, 그리고 STRIDE가 개발한 다른 자료들은 온라인으로 검색할 수 있다. http://sitemaker.umich.edu/advance/STRIDE
9) 2007년 1월, STRIDE와 미시건대 기관다양성센터는 본교 과학부와 공학부의 학생과 교수의 인종적 · 민족적 다양성 증진을 주제로 미시건대 컨퍼런스를 개최했다.
10) 이 글은 부분적으로 Rosser & Lane(2002)과 Rosser & Chameau(2006)의 논문에서 가져온 것이다.

제11장

젠더·과학 정책 시행을 위한 쌍방향 통로 구축[1)]

| 수우 V. 로써 |

이 책의 서론격인 제1장에서 론다 쉬빈저는 연방정부기관이 젠더와 과학에 영향을 미칠 수 있는 세 층위에 대해 간결하고도 통찰력 있는 분석을 제시하였다. (1) 과학계에 여성의 참여를 증진시키기 위한 연구 지원. (2) 여성 과학자들에 대한 접근성과 우호적인 관계를 구축하기 위한 기관의 구조 혁신. (3) 연구의 초점과 결과 분석에 여성과 젠더를 포함하도록 연구 어젠더를 재개념화하는 일. 쉬빈저는 미국과학재단(NSF)과 미국보건원(NIH)을 비롯한 대부분의 정부기관은 1단계에서는 매우 훌륭한 수행성을 보이고, 미국보건원과 유럽연합(EU) 같은 몇몇 국제기관들은 3단계에 초점을 두기 시작하면서, 초점과 분석에 있어서 젠더와 성별 차이를 요구하는 명시적인 정책을 시행하고 있다고 지적한다(Sciebinger, 이 책 1장). 이와 대조적으로, 미국과학재단은 3단계와 연관되는 일은

거의 하지 않았고, 얼마 전부터 특히 ADVANCE 법안 발의를 통해 2단계 수준의 노력을 기울이기 시작했다. 미국과학재단과 미국보건원이 서로 논쟁하고 정책을 나눌 수 있도록 쌍방향 통로를 구축한다면 그들은 각각 선도적인 작업을 해온 영역에서 젠더와 과학에 도움이 되는 정책들에 관해 서로에게서 배울 수 있을 것이다.

이 장에서 나는 미국과학재단의 여성 프로그램들의 역사를 개괄하려 하는데, 그것은 과학재단의 정책이 점차 1단계에서 2단계로 전이되는 변화과정을 보여줄 것이다. 아마도 이 역사와 현재의 ADVANCE 프로그램에 대한 스케치는 기관의 구조 혁신을 통해 과학과 공학에서 여성의 수를 증가시킬 방도를 찾는 미국보건원과 다른 기관들에게 유익한 모델을 제시해줄 것이다.

1단계: 1980년대 미국과학재단의 여성 프로그램

1945년, 배바르 부쉬 박사의 보고서—『과학: 끝없는 프론티어』—는 대학, 산업계, 그리고 행정부를 통틀어 과학연구와 교육에 대한 미국의 장기 국가적 투자를 위한 청사진이 되었고, 이를 바탕으로 결국 미국과학재단을 창설하게 된다. 그로부터 거의 40년이 지난 후, 1980년의 과학기술기술평등 조항은 NSF으로 하여금 과학과 공학 전문직에서 여성과 소수그룹의 지위에 대한 자료를 모으고 분석하여 2년마다 의회에 보고할 것을 의무화했다. 1982년,

NSF는 과학과 공학 분야에 여성과 소수그룹의 참여 추세를 자료화한 보고서를 출간했다. 과학과 공학에서의 여성과 소수집단에 관한 이 격년제 보고서는, 장애인 범주가 1984년에 첨가되었는 바(NSF 2000), 과학과 공학이 미국 총인구에서 차지하는 비율과 비교할 때 유색인종 남성과 여성이 각각 대표성이 낮다는 사실을 양적 데이터로 보여준다.

이 보고서는 NSF 운영단이 그러한 과소 대표성 문제와 관련된 발의안을 기획할 수 있는 통계 기초가 되었다. 여성을 위한 연구기회라든지 여성 방문교수(VPW) 같은 프로그램은 그러한 발의안의 예이다. 생물과학을 맡고 있는 NSF 단장보(補) 메리 클러터에 따르면, 1998년에 시행된 연구와 교육에서 여성을 위한 전문 기회(POWRE) 컨퍼런스 평가에서 설명하고 있듯이, NSF 단장은 1989년 봄에 여성이 과학과 공학에 충분히 참여할 수 없게 만드는 장애들을 알아내고 충분한 참여를 진흥시킬 수 있도록 재단의 현존하는 프로그램의 개선을 촉구하는 임무를 맡는, 여성을 위한 프로그램들을 관리하는 기동부대(task force)를 창설했다(Clutter 1998, 부록 B).

그 기동부대는 다음과 같이 결론을 내렸다.

1. 과학에서 여성의 대표성을 증진시키는 일에서 유의미한 진보가 이루어졌다.
2. 과학과 공학에서 여성의 채용, 유지, 그리고 승진을 가로막는

심각한 문제들이 남아있다.

3. 고위급으로 승진하는 것은 전 분야에 걸친 문제이지만, 그런 문제들은 어떤 분야에서 다른 분야들보다 더 심각한 경우가 있다.(Clutter 1998, 부록 B)

이뿐 아니라 기동부대는 송유관 곳곳에 있는 중재지점들에 있는 현존하는 프로그램들의 노력 수위를 올리는 일과 두 가지 새 프로그램을 창설하는 것을 포함하여, 몇 가지 구체적인 권고사항을 제시했다. 하나는 학교 기관에서 대학원 환경을 개선하기 위한 것이고, 다른 하나는 뛰어난 여성 교수를 발굴하여 고위급으로 승진시키기 위한 것이다(Clutter 1998, 부록 B).

NSF는 과학과 공학 송유관의 다양한 구역들을 표적 삼는 몇 가지 발의안을 위해 재정지원을 했다. 여성을 위한 대학원 펠로십은 여성 대학원생이 대학원에 머무르면서 PhD학위를 취득할 수 있는 인센티브를 제공한다. 이러한 펠로십은 과학과 공학 분야의 개별 여성들과 그들의 연구를 재정적으로 지원한다.

1986년에 시작된 커리어진흥상(CAA)은 1998년 연초에 개시된 연구와 교육에서 여성을 위한 전문기회(POWRE) 프로그램에 의해 대체되었다. CAA라는 이름이 시사하듯이, 그 상은 여성 연구자 개인의 어젠더를 추구할 수 있도록 기금을 제공함으로써 개별 여성의 커리어 발전에 초점을 두었다. 신진 연구자를 타깃으로 하는 CAA는 강의 부담의 감소와 괄목할만한 연구 업적을 산출할 수 있는 잠재성 발굴을 결합하는 방식을 사용하면서, 그 여성들로 하여금 과학과 공학 연구에서 학문적 성공을 거두는 데 박차를 가했다.

기동부대는 또한 NSF가 '현존하는 여성을 위한 연구기회 부여 프로그램들을 분과 수준의 전략 플랜으로 통합시키는 한 편, 방문 교수 프로그램은 재단 광역 프로그램으로 상향시켜 존속시키기로' 했다(Clutter 1998, 부록 B). 많은 분과들은 연구 계획 지원금의 한 구역을 자유로운 제출처로 사용하는데, 흔히 여성을 위한 연구 계획 지원금(Research Planning Grants)으로 불린다. 이러한 연구 지원은 NSF 연구비를 수여받은 적이 없거나 커리어 중단 후 재진입하는 여성 과학자나 공학자들을 타깃으로 한다.

1982년 후반기에 개시된 여성방문교수(VPW) 프로그램은 1997년에 POWRE로 계승되기 전까지 재단 차원의 여성을 위한 일차 기획이었다. VPW는 과학이나 공학에서 이미 교수 임용을 받은 여성들에게 새로운 설비를 제공하고, 그들이 새로운 연구 방법론과 협동 작업을 발전시켜 나갈 수 있는 기회를 가질 수 있는 다른 기관에서, 일반적으로 더 명망 있는 학교를 방문할 수 있도록 재정지원을 함으로써 그들이 계속 학계에 남을 수 있게 하는 것을 목표로 한다. 1994년의 VPW 평가는 VPW의 성공을 보여주는데, 이 프로그램의 지원은 흔히 '다른 학사업무나 연구와 관련 없는 책임들에도 불구하고 수혜자가 연구를 활발하게 진행해야 할 결정적인 시기에' 주어졌다고 한다(SRI International 1994, 13).

개별 여성 과학자와 공학자들의 연구를 지원하는 일은 VPW

의 14년 역사의 대부분 동안 압도적으로 비중이 두어졌던 것이지만, 각 VPW 수혜자는 시간과 노력의 30퍼센트 가량을 그녀가 방문하는 기관에 있는 여성 과학자와 공학자들을 모으고 관계를 유지하는 일에 써야 한다는 의무가 주어졌다. '강의, 멘토링, 그리고 그 밖의 다른 종류의 학생 지도업무를 포함하는 상호작용적인 활동'(SRI International 1994, 1)의 일부로서, 수상자들은 각기 여성공학자협회(SWE) 분과를 형성하는 것 같은 활동에 참여하고, 여자 대학원생 멘토링 네트워크를 만들고, 과학 교과목 수업을 여성학 프로그램과 연계시켰다. 개별 연구에 70퍼센트를, 그리고 과학과 공학으로 여성들을 모아들이고 유지할 수 있도록 학교의 하부 기반구조를 개선하는 일에 30퍼센트를 분배한 것은 개별 연구를 지원하는 것만으로는 여성 과학자와 공학자의 수를 증가시키기에 충분하지 않다는 것을 인식하게 하는 표지가 되었다. 그 30퍼센트는 개인적 수준은 물론 기관 차원에서 실천적 작업이 수행되어야 할 필요가 있음을 비로소 깨닫게 되었음을 보여준다.

2단계: 1990년대 전반기의 여성 프로그램

여성교수상(FAW)은 1990년에 유일한 프로그램화된 요청이었지만, FAW는 한 가지 구조적인 문제를 표명하고자 했다. 즉 기동부대가 확인한 바에 따르면 고위급 여성 과학자와 공학자를 좀체 찾아보기 어려운 점이었다. 그러한 구조적인 문제를 해소하고자 하는 방안으로, 그 프로그램은 일 년에 5만불씩 5년 동안 개별 여성교수의 연구 프로젝트를 지원하는 식의 전통적인 접근방식을 사용했다. 거의 100명에 달하는 수상자들이 종신직을 인준 받게 하려는 프로그램의 일차적 목표를 달성했다. FAW 수상자 선발 기준을 둘러싸고 동료평가패널 내부에서 벌어진 논쟁은(평가자들은 잠재성을 보여주지만 후원을 필요로 하는 것처럼 보이는 사람들, 또는 업적기록 상 지원이 없이도 종신직을 받을 것이 확실시되는 사람들을 우선순위에 놓아야 할 것인가 하는 문제에 대해 합의에 이를 수 없었다) 결국 일 년 후 그 프로그램을 종결짓게 만들었다. 수상자들만의 집단이 있을 뿐이라면, 구조적 변화를 향한 접근으로서 개별 연구자의 연구를 지원하는 이런 프로그램을 효과적이라고 판단내리기는 어려운 일이다.

소수집단이나 백인 여성 같은 개인들의 그룹을 타깃으로 놓고 노력을 기울이는 것은 시스템이 변하지 않는 한 효과적일 수 없다는 것을 깨닫고, NSF의 교육인력자원이사회는 시스템과 연관된 발의안에 초점을 두기 시작했다. 주대역 시스템 발의안(SSI), 도시시스템발의안(USI), 그리고 농촌 시스템 발의안(RSI)에 덧붙여, NSF는 과학과 공학으로부터 구조적으로 여성을 도중하차시키는 포괄적인 요소들과 풍토 문제를 탐색하기 위해 1993년에 여성과 청소녀들을 위한 프로그램(PWG)을 창설했다. PWG는 확산프로그램들(DP) 뿐만 아니라 여성과 청소녀들을 위한 다른 두 가지 발의안을 포함했다. 여성과 청소녀들을 위한 모델 프로젝트(MPWG)는 'SEM(과학, 공학, 그리고 수학)에서 여성의 접근성, 그리고/또는 보유 수준을 향상시킬 수 있는 혁신적이고 단기적인, 매우 집중적인 활동의 설계, 집행, 평가, 그리고 확산'(NSF 1993, 7)을 장려했다. 여성과 청소녀들을 위한 실험 프로젝트(EPWG)는 다중 타깃 인력을 가진 컨소시엄 형태의 시도를 요하는 대형 프로젝트를 발주했다. 그 프로젝트의 목표는 'SEM에 관심과 자질을 나타내는 여성과 청소녀들이 이들 분야에서 성공할 수 있게 하기 위해 학문적, 사회적, 그리고 과학적 풍토에 있어서(교실, 실험실, 학과, 기관/조직) 적극적이고 항구적인 변화를 낳는 것, 그리고 미래의 기획 방향을 잡을 수 있도록 젠더와 SEM의 기반구조 사이의 상호작용에 관한 지식 인프라를 증식시키는 것'이었다(NSF 1993, 7).

여성과 소녀들을 위한 프로그램의 지원을 받는 유일한 단독 연구 프로젝트는 교과목 개선, 연계과목 프로그램, 또는 교수 개발 발의안에 대한 연구와 평가가 개인의 연구 어젠더와 맞을 경우로 한정되었다. 12학년까지의 학동들이 PWG의 중앙부를 차지했지만, 학부생과 대학원생, 그리고 교수까지도 PWG 초창기의 여러 프로젝트에서 일차 타깃이었다. 1995-1996년 이후, 특히 1995년 후반에 VPW가 PWG로 통합되고 결국에는 다자적 기관인 POWRE에 의해 대체된 후, PWG는 학부생들에게만 집중했다. 과학, 수학, 공학과 기술에서의 젠더평등프로그램(PGE), 그리고 STEM교육에서의 젠더 평등(GDSE) 프로그램으로 부활을 통한 변화를 겪은 현재의 프로그램은 과학과 공학에서의 젠더연구(GSE)라고 불린다. GSE는 국내 과학 · 공학 노동력을 더 크고 다양하게 만들기 위해 연구, 연구의 확산, 그리고 평생교육 시스템을 지원함으로써 과학, 기술, 공학, 그리고 수학(STEM) 교육 전 분야에서 여성과 청소녀들의 참여를 증진시키는 것을 목표로 삼는다(액세스 날짜 2005-06-23, http://www.nsf.gov/funding/pgm/ehr).

1단계로의 일시적 귀환: 1990년대 후반의 발의안들: POWRE의 기원

1996년 VPW의 요청이 있은 후, NSF는 VPW를 연구와 교육을 위한 여성의 전문기회(POWRE) 프로그램으로 대체하였고, 1997년에 처음으로 POWRE 수상자를 선정했다. POWRE는 백인 남성의 62퍼센트가 공화당에게 투표한 1994년 11월의 공화당의 압도적인 하원 승리의 물결 속에서 잉태되었다. 이로 인해 젠더나 인종을 중심 주제로 삼아 특별히 검토하는 프로그램에 지출하는 연방정부 예산이 삭감되었다.

1995년, 2월 5일, NBC 텔레비전 방송의 *Meet the Press* 프로에 나온 상원의 다수그룹 리더 로버트 도일이 말한 바, 공화당 입법자들이 기회평등에 관한 연방정부의 요구사항이 백인 남성을 차별한다는 근거에서 철폐되어야 하는지 여부를 고민하고 있음을 암시하는 그의 진술에 대한 응답으로, 클린턴 대통령은 차별철폐 조처 프로그램에 대한 그 자신의 리뷰를 발의했다(Swobada 1995, A1). 1995년 6월, 미국 대법원은 아다란드 건설회사 대 페나 사건에서 '결정과정을 위한 토대로서 인종적 그리고 민족적 기준을 사용하는 연방정부의 차별철폐 프로그램들은 엄밀한 법적 검토를 필요로 한다'(in Kole 1995, 1)고 판결했다. 7월 9일, 기회평등에 관한 자신의 신념을 재천명하기 위해 기자회견을 가진 후, 클린턴 대통령은 행정부 분과와 기관의 장들에게 비망록을 보내 대법원 결정에 동조할 것을 당부했다. 1995년 7월 20일, 캘리포니아 대학 평의회는 투표를 실시하여 특별 입학 프로그램을 종결했다. 그 결정은 일 년 후 시민 투표에 의해 인준되었다. 1996년, 텍사스 순회법정은 입학과 장학제도에서 차별철폐 요건을 금지하는 판결을 내렸다. 1998년, 시민투표에 의해 워싱턴주 시민들은 '인종, 젠더, 국적, 또는 민족을 토대로 어떤 편향적 대우도' 금지시켰다. 2000년 7월, 행정 판사는 플로리다 주립 대학의 입학허가에서 인종과 젠더를 고려하는 것을 종결지으려는 젭 부시 주지사의 계획을 지지했다(Lauer 2000).

NSF 발의안은 특히 여름 과학 캠프와 대학원 소수그룹 펠로십 같은 경우 소수그룹에 초점을 둔 법원결정에 도전했지만, VPW, FAW, 그리고 CAA처럼 여성 중심적인 연구자들만을 타깃으로 하는 프로그램들은 풍전등화 상태에 처한 형국이었다. MPWG와 EPWG는 남성을 주임연구원으로 갖기도 하고 프로젝트에서 소년이나 성인 남성을 제외하지 않았으므로, PWG는 소녀와 여성을 타깃으로 삼기는 하였지만 VPW는 예외로 하고 대체로 안전한 것으로 생각되었다. VPW는 1995년에야 PWG로 이전되었으므로 1996년의 청원 이후 POWRE에 의해 대체되었다. CAA와 RPG는 1998년부터 POWRE에 흡수되었다.

PWG, VPW, FAW, 그리고 CAA가 설치되었던 교육인력자원부에 소속되는 대신, POWRE는 NSF의 지원을 받는 공학계와 과학 분과들의 여성의 커리어 향상, 전문성 성장, 그리고 인지도 상양을 위한 기회를 제공하는 가시적 목표를 가진, 초(超)기관 프로그램이 되었다(NSF 1997, 1). 차별철폐 조처에 위협이 가해짐에도 불구하고, 이 같은 목표를 성취하고자 하는 접근은 개별 여성 연구자들의 과학 또는 공학 연구를 지원하는 개별 연구기금을 통해 시행되었다. POWRE는 VPW로부터 과학과 공학계의 여성들을 모으고 보유하는 기반구조를 구축하는 데 30퍼센트의 시간을 들여야 한다는 조건을 승계하지 않았다.

NSF는 POWRE와 그 효율성을 위축시킬 수 있는 여러 요소들을 거의 즉시 알아차렸다.

1. POWRE의 제안서를 제출하라는 요청은 매우 신속하게 취합된다.
2. POWRE는 PWG가 점차 학령기 아동에게 초점을 두게 되었으므로 VPW(EHR과 HRD)의 이전 사이트에서 삭제되었다. 이것은 PWG 운영위원들이 아니라 연구 기관들에 속한 프로

그램 운영위원들이 POWRE를 가볍게 보고 있음을 의미한다.

표 11.1 NSF에서 발주한 여성을 위한 발의안 일정

1945	Vannevar Bush의 보고서: 『과학, 끝없는 프론티어』
1959	NSF 창설
1980	과학과 공학에서 여성에 대한 차별철폐 조항은 NSF에게 공학 전문직에서 여성과 소수그룹의 지위에 관한 데이터를 수집하고 분석할 것을 명령했다.
1982	『과학과 공학에서의 여성과 소수그룹』 최초 출판 (1984년부터 장애인 항목 추가됨)
1982~1997	여성 방문교수 프로그램(VPW)
1986~1998	커리어 향상공로상(CAA)
1990	여성 교수상(FAW)
1993~현재	여성과 소녀를 위한 프로그램(PWG)
1997~2000	연구와 교육에서 여성을 위한 전문 기회 증진(POWRE)
2001	ADVANCE 발의됨

3. 개별 연구자의 과학 · 공학 연구에 시간과 지원의 100퍼센트를 투여하게 하고, 아울러 POWRE를 다학제 연구기관들에게로 이전한 것은 개별 여성 과학자의 연구를 지원하기보다 기관과 구조적 접근을 지원하는 것이 과학과 공학계에서 전방위적으로 여성들의 비율을 높이기 위해 필요하다고 느끼는, 한창 고조되던 분위기를 위축시켰다.

1998년에 NSF는 POWRE와 후속 프로그램에 대해 생각해보는 기회를 갖기 위해 NSF 프로그램 운영위원과 지역공동체의 과학

자와 공학자를 축으로 한 워크숍을 조직할 것을 내게 요청했다. 그 배경 연구의 일부로서, 나는 1997년도 POWRE 수상자들에게 다음의 네 가지 질의를 이메일로 보냈다.

1. 여성 과학자들이 커리어를 계획할 때 그들이 당면하는 가장 유의미한 이슈, 도전, 기회는 무엇인가?
2. 실험실 분위기(또는 당신의 하부분과에서 상응하는 것)는 여성 과학자의 커리어에 어떤 영향을 미치는가?
3. POWRE에 대해서 당신이 가장 좋아하지 않거나 가장 큰 문제로 느끼는 점은 무엇인가?
4. POWRE에 대해서 당신이 가장 좋아하거나 가장 유익하다고 생각하는 점은 무엇인가?

수상자들의 응답은 대단히 유익하고 흥미로웠기 때문에 나는 그 다음 3년 내내 POWRE 수상자들에게 네 가지 같은 질문을 계속 던졌다(1998, 1999, 2000). 응답은 POWRE가 2001년에 ADVANCE에 의해 대체되기 전까지 4년 동안의 POWRE 수상자들의 것을 모두 망라한 것이다(NSF 2001b).

방법론, 폭넓은 맥락, 이메일 설문조사에 대한 응답율을 둘러싼 소소한 것을 포함하여, 모든 질의에 대해 철저히 분석했고 『과학 유리 천장』(The Science Glass Ceiling, Rosser 2004)에 실었다. '직장과 가사 업무 균형잡기'가 첫 번째 질문에 대한 응답으로 모든 기관의 모든 수상자들이 언급한 압도적으로 두드러진 주요 이슈였다. 많은 여성들이 젠더 이슈와 관련된 실험실이나 작업 환경에 대해 직접 언급한 것은 아니지만, 두 번째 질문에 대한 응답 중 가장 많이 지적된 것은 그들의 젠더가 어느 정도 실험실이나 작업 환경에서 문제, 부적합, 또는 일탈적인 것으로 느껴진다는 것이었다. 앞의 두 항목과 함께 세 번째와 네 번째 질문에 대한 응답들은 앞에서 언급되었던 NSF의 지원금의 역사적 맥락에 관한 통찰력과 이 장의 아래에서 고찰하게 될 ADVANCE 프로그램의 새로운 방향성을 제공해 주었다.

세 번째 질문 'POWRE에 대해서 당신이 가장 좋아하지 않거나 가장 큰 문제로 느끼는 점은 무엇인가?'에 대한 응답들은 대략 세 가지 범주로 나뉜다. (a) 젠더와 연관된 것, (b) POWRE 자체의 내용이나 매개변수, 그리고 (c) NSF의 프로그램 운영. 젠더와 연관된 것에는 오직 여성 타깃을 삼는 POWRE는 특별히 긍정적일 수도 있고 부정적일 수도 있다는 응답들도 들어있다. 4년 동안의 응답자들의 상당한 비율(17-24%)이 POWRE에 '아무 문제없다'고 했지만, A범주의 거의 두 배이고 C범주의 거의 네 배나 되는 가장 불만스러운 점은 POWRE 자체의 내용이나 매개변수에 관한 것이었다. B범주는 NSF의 프로그램 지원 과정에 투여되는 시간, 지원금, 그리고 연구 장소에 대한 제한 같은 조건들을 가리킨다. 수상자들은 NSF 운영위원단의 평가 과정, 관료성, 그리고 POWRE에 관한 정보에 관해서는 약간의 불만을 표명할 뿐이었다.

네 번째 질문 'POWRE에 대해서 당신이 가장 좋아하거나 가장 유익하다고 생각하는 점은 무엇인가?'에 대한 응답들은 세 번째 질문에 대한 응답의 거울 이미지처럼 닮았을 뿐만 아니라, POWRE의 강점에 대해 비중 있는 정보를 제공해 주었다. 젠더와 연관된 응답은 긍정적이었고 POWRE가 오직 여성들만을 위한 것에 불편감을 느끼는 사람들과는 반대되는 의견을 반영하였다. POWRE가 '덜 유명하고' '오직 여성만을 위한' 기관인 것에 대해 묻는 세 번째 질문에 대한 응답에서 부정적인 것부터 상반되는 감정까지 표현되었음에도 불구하고, 네 번째 질문에 대해 많은 응답자들은 POWRE가 '커리어를 중단했다가 재진입하는 여성을 돕는다는' 사실을 좋게 여겼다. NSF 프로그램 운영단에 대해서는 응답자가 가장 적었다. 프로그램이 잘 운영될 때 행정적인 측면이 눈에 잘 띄지 않기 때문에, 그 점은 행정의 유연함을 반영하는 것이라고 생각된다.

그와 대조적으로, 네 번째 질문에 대한 응답에 반영된 POWRE 자체의 내용이나 매개변수에 대한 긍정적인 응답은 세 번째 질문에 대한 부정적인 응답보다 낮았다. 이것은 아마도 NSF가 POWRE를 종결짓고 후속 프로그램으로 ADVANCE를 개시하기로 결정한 것 때문에 POWRE 자체의 내용이나 매개변수에 대한 부정적인 반응에 대한 적절한 응답으로 볼 수 있을 것이다. 많은 응답자들은 감사의 뜻을 표했는데, 그것은 POWRE가 '발전/연구 기회를 위한 문을 열어주었기' 때문인데, 특히 '비전통적인 연구'를 위한 지원금을 얻기 어려운 경우에 그러하다. 1번과 2번 질문에 대한 응답을 '여러 가지 필요를 위한 지원금 얻기'와 '다른 지원금을 위해 문 열고 들어가기'와 함께 통합해보면 POWRE 수상자들이 자원이 빠듯하게 제한된 시기에 연구 지원금을 얻고자 하면서 느꼈던 압박감이 어떠했는지를 보여준다.

어떤 수상자들은 지극히 소수의 여성 과학자들의 문제를 해소하기 위한 방책으로 개별 연구자의 연구를 지원하는 것에 대한 좌절감을 표현했다. 그들은 기관 접근의 중요성을 지적한다.

> 나는 프로젝트 중심의 프로그램을 통해 과학·공학의 여성 참여도를 증진시키려 하는 것이 무슨 의미가 있는지 잘 모르겠다. 아마도 몇몇 개별 여성들(즉 기금 수혜자들)의 삶이 다소 편해질 수는 있겠지만 그런 시도가 과학·공학 전문직에 종사하는 여성들에게 일반적으로 얼마나 유의미하게 혜택을 줄 수 있을지 가늠하기는 어려운 일이다. S&E 직종에 종사하는 여성 과학과 공학자들의 인지도를 높이기 위해 여성 과학자와 공학자, 그리고 프로그램들 간의 네트워크를 발전시키는 것(여성연구교수 프로그램 같은 것)은 아마도 프로젝트 중심적 수상제도보다 더 포괄적인 혜택이 될 것이다. 내가 아는 한, POWRE 프로그램은 기금 수상자의 목록을 돌리는 것 같은, 네트워킹을 위한 최소한의 시도도 하지 않고 있다. 그 뿐 아니라, 어떤 하위집단을 위한 프로젝트 중심적 지원의 한계는 '이등급'이라는 낙인을 붙이기 쉽다.(수상자 58)

기관 중심 접근에 대한 권고는 NSF 프로그램 책임자들과 지역 과학자와 공학자를 주축이 되었던 1998년 워크숍에서 제안되었다.

> 연구와 교육의 통합을 견지하면서, NSF는 과학계 문화에 대해 기관적 차원의 변화를 도모하기 위해, 그리고 교수와 학생 모두 포함하여 젠더와 민족적 다양성을 높이기 위한 장기 전략을 개발해야 한다. POWRE처럼 타깃화된 프로그램은 각 연구책임자의 적극적인 독려를 필요로 하는 기관 차원의 변화를 이끌어 낼만한 자원을 갖고 있지 않다. POWRE를 통한 단기적인 개별 전략은 여성들로 하여금, 기관을 여성 과학자와 공학자가 남성들만큼 성공할 수 있는 곳으로 발전시키려는 목적을 갖고, NSF의 모든 프로그램에 적극적으로 참여할 수 있도록 협조해야 한다. 개인에게 또는 연구자 집단에게 수여되는 기금은, 기금 수혜자의 커리어를 돕는 목표뿐만 아니라, 그와 같은 목표를 염두에 두고 시행되어야 한다.(Rosser & Zieseniss 1998, 9).

2단계: ADVANCE를 통한 체계적 접근

2001년 연초에 NSF는 POWRE를 계승하는 ADVANCE 발의안을 개시했다. 처음에 1700만불 수준의 기금을 갖고 시작한 ADVANCE는 과학 기술계에 여성이 충분히 참여할 수 있도록 능력을 강화하기 위해 개인 차원이 아니라 기관 차원의 해결방안을 포함하는 두 가지 범주를 갖는다. NSF는 펠로우십 범주에 속하는 개별적인 방안 외에도 기관 차원의 방안을 갖고 있는데, 그것은 '학계의 고위급 수준에서 여성의 충분한 참여가 부족한 것이 종종 학교 문화의 구조적 문제가 된다는 인식이 고조되었기' 때문이다(NSF 2001a, 2). ADVANCE 산하에 있는, 연간 최고 75만 불을 최장 5년까지 지급하는 기관혁신상(Institutional Transformation Awards)은 여성의 참여와 승진의 확산을 장려한다. 리더십상(Leadership Awards)은 개인들을 조직하는 데에서의 탁월한 성과를 인정해주고 새로운 활동의 유지와 강화, 그리고 개발을 돕는다(NSF 2001a).

2001년 10월, ADVANCE 상을 받을 최초의 8개 기관이 발표되었다(NSF 2001b). 그 기관들은 조지아 공대, 뉴멕시코 주립대, 어바인 소재 캘리포니아대, 볼더 소재 콜로라도대, 미시건대, 푸에르토리코대, 워싱턴대, 그리고 매디슨 소재 위스콘신대였다. 헌터 칼리지는 2002년 초에 ADVANCE 1차 수상자 대열에 합류했다.

2003년에 NSF는 2회 기관혁신상 수상자를 발표했다. 이번에는 케이스 웨스턴 리저브대, 컬럼비아대, 켄서스주립대, 버밍햄 소재 알라바마대, 볼티모어 카운티 소재 매릴랜드대, 몬타나대, 알파소 소재 텍사스대, 유타대, 그리고 버지니아 공대였다. 2006년 후반기에 NSF는 13개 대학을 3회 수상기관으로 선정했다. 브라운대, 포모나 소재 캘 폴리텍, 코넬대, 듀크대, 아이오와대, 마샬대, 뉴저지 기술공대, 렌슬러 폴리텍대, 라이스대, 아리조나대, 시카고 소재 일리노이대, 이스턴쇼 소재 매릴랜드대, 그리고 샬롯 소재 노우스캐롤라이나대. ADVANCE는 POWRE, FAW, CAA, 그리고 VPW 같은 발의안들 처럼 단독연구 프로젝트를 넘어서, 일과 가정의 균형잡기 같은 좀 더 폭넓게 구조적이고 기관에 기반적인 문제들을 해소하는 일을 지원할 것을 약속한다.

여성을 고위급과 지도자 서열로 승진시키기 위해 필요한 기관혁신을 개시하기 위해, 조지아 공대의 ADVANCE 프로젝트는 5가지 주요 노선을 마련했다. 이 노선들은 ADVANCE 프로젝트들의 특징을 예시해준다.

1. 멘토링 네트워크 형성을 위해 교수에게 지정 칭호를 부여한다

NSF 기금을 받는 학과가 있는 네 학교에서 각각 종신직 여성 정교수를 갖게 되자 그들은 ADVANCE 교수로 지정되었다. ADVANCE 교수직을 수여받은 여성은 그 호칭과 일 년에 6만 불씩 5년 동안 지원을 받고 그 학교의 다른 석좌교수들에게 주어지는 것에 맞먹는 명망과 기금을 받게 된다. 이것을 합산하면 ADVANCE 교수를 직접 지원하기 위해 지불되는 총액은 3백7십만 불 중에서 백이십만 불이 되는데, 이것은 ADVANCE 기금은 노동인구 기반구조를 구축하기 위한 활동의 중요성을 공고히 하기에 충분해야 한다는 NSF 이념에 따른 것이다. 조지아 공대는 연구 중심 대학이므로, 지원금을 관리하는 책임 연구자는 특히 ADVANCE 교수들이 멘토링 역할을 맡는 동안 그들의 연구 생산성이 유지되어야 한다는 것을 익히 알고 있다. ADVANCE 교수들은 그들의 연구를 돕는 대학원생이나 박사후 연구원에게 지불하기 위해 기금을 사용하는 일이 흔했다.

각 ADVANCE 교수는 자신의 대학에서 여성 교수를 위한 멘토링 네트워크를 개발하고 성장시키는 일을 한다. 멘토링 활동의 초점은 여성의 수, 지위, 그리고 필요사항에 따라 학교마다 다르다. 공 과 대학의 경우, 400명의 종신직 교수들 중에서 여성이 약 42명 이되는 큰 대학에서는 많은 학과들마다 고립이 첫째가는 문제였다. ADVANCE 교수가 그 대학의 여성 교수들과 오찬을 갖는 것은 그들로 하여금 다른 학과의 여성들을 만나고 사회적 · 직업적 네트워크를 형성할 수 있는 좋은 계기가 되었다. 인기 있는 전문적인 성격의 네트워킹 활동에는 소장 교수의 이력서를 상급 동료들이 평가하고 승진이나 종신직 신청을 하거나, 더 높은 직위로 승진하는데 성공하기 얼마나 기한이 남아 있는지를 평가하는 일도 포함된다.

ADVANCE 교수는 종종 학과장이나 학장과 함께 어떤 학교의 문제 사안들을 설명하고 중재하는 일을 돕기도 한다. 종신직위를 가진 여성 교수가 67명 있는 작은 규모의 전산 대학에서, 점심식사와 활동들은 주로 연구비 지원서를 작성하는 워크숍을 갖거나 성공적인 실험실 연구를 공고히 하기 위한 다른 수단에 초점을 둔다. 종신직 교수의 40퍼센트가 여성인 아이반 앨런 칼리지의 경우, ADVANCE 교수는 논문 출판과 학문적 생산성을 오찬 주제로 택했다. 네 명의 ADVANCE 교수들 모두가 오찬 기회를 마련하고 개별 여성 교수들에게 멘토링 역할을 해주었지만, 그들 각각은 특정 대학에서 종신직을 얻거나 승진하는 데, 그리고 여성의 성공적인 커리어를 쌓는 데 가장 문제거리로 생각되거나 중요하다고 생각되는 상이한 이슈에 초점을 두었다. 지원금이 수여된지 4년 째가 되었을 즈음, 교수들은 더 많은 대학간 활동을 장조하였고, 어떤 학교에서 특별히 성공적인 프로그램이나 프로젝트들을 캠퍼스의 다른 대학으로 확장시켜 나갔다.

2. MIT 보고서와 유사한 데이터 지표들을 수합한다

ADVANCE를 통해 수행되는 기관혁신 과정 동안과 그 이후에 여성의 지위 향상이 실제로 이루어졌는지 평가하기 위해서는, 여러 지표들을 통해 연구지원이 개시한 기본 데이터와 비교할 수 있도록 지표들에 의거해 데이터를 수합해야 한다. 조지아 공대는 지원 신청시에 다음과 같은 12가지 지표들 중의 11개에 맞춰 데이터를 수합하기로 제안했는데, NSF는 결국 다른 모든 ADVANCE 참여 학교에 그러한 자료를 요구하였다. 12가지 지표들은 젠더, 교수 임용의 유형, 직위, 종신직 트랙, 승진, 직위 연한, 재직 기간, 행정적 임무, 교수직과 학과장직, 종신직과 승진, 위원회 봉직, 급여, 활동 공간, 초기 임용조건 패키지였다. 클레이먼 연구소에서 젠더연구 컨퍼런스가 열릴 때쯤, 5년 지원 기한 중 최초의 3년 동안의 데이터만이 수집되었다. 이 초기 결과들은 모든 지표들의 척도에서 중간 점수를 얻었음에도 매우 긍정적으로 보인다.

3. 가정 친화 정책과 실천방안

최근 연구 자료에 따르면 직장-가정 균형잡기는 종신직 트랙에 있는 여성 교수에게 일반적으로(Mason & Goulden 2004), 그리고 특히 과학 · 공학계 여성 교수에게 주요 난관이다(Xie & Shauman 2003, Rosser 2004). 생물학적 시계와 종신적 트랙 시계 사이의 경쟁은 종신직 트랙 직위를 얻기 전까지 임신을 미루는 여성 교수들에게 심각한 장애가 된다. 과학 · 공학 여성 교수의 경우 연구 시간을 많이 확보하지 못할 경우 연구 중심 교육기관에서 종신직을 획득하는 데 성공하기 어렵다. 이러한 이중 커리어 상황은 여성 과학자와 공학자에게 부가적인 복잡한 요소가 되는데, 이들 중 62퍼센트가 남성 과학자나 공학자의 배우자이다(Sonnert & Holtton 1995). 여성 과학자와 공학자가 희소한 상황에서, 그 반대 상황은 생각하기 어려운데 왜냐하면 그럴 경우 결혼한 남성 과학자나 공학자가 적어지게 될 것이기 때문이다. 직업과 가정의 균형을 맞추는 일은 여성 과학자와 공학자에게 엄청난 압박감으로 느껴지고(Rosser 2004), 특히 젊은 층에게는 주요 사안이기 때문에, 조지아 공대는 다음과 같은 가정 친화 정책과 실천방안을 마련했다. 종신직 트랙 일시 정지, 적극적 서비스, 근무 조정, 수유(授乳)를 위한 공간, 그리고 보육 시설. 이 정책의 구체적 사항들은 다음 사이트에서 Family and Work Policies 항목에서 검색할 수 있다. http://www.advance.gatech.edu (엑세스 날짜 2007-8-20).

4. 결정을 내리는 책임자들에 대한 접근성을 높이고 여성 교수에게 중요한 주제들에 대해 비공식적인 대화와 토의 기회를 제공하기 위해 단기 수련회를 갖는다.

연구에 따르면 여성 교수들은 남성 동료에 비해 결정내리는 책임자와 기관 지도자들과 이야기할 수 있는 접근성과 기회를 덜 갖는다(Rosser 2004). 흔히 의도되지 않은 이러한 차별과 접근성의 결여는 여성이 비공식적인 사교 모임을 갖지 못하기 때문이다. 종신직 트랙에 있는 여성 교수가 학과장이나 학장, 교무처장, 부총장, 그리고 총장 같은 고위급 인사들에의 접근성을 확보할 수 있도록, 조지아 공대 ADVANCE는 기금 지원을 받는 동안 매년 이틀간의 단기 수련회를 조직했다. 승진과 종신직 수여에 관한 사례 연구, 승진이나 종신직 평가에서 작용하는 미묘한 젠더와 인종적 편견을 제거하는 훈련, 그리고 이중 커리어 문제를 갖고 있는 부부를 채용하는 효과적인 전략 등, 모든 교수의 이해와 관심과 연관되는 주제들에 초점을 둔 이 수련회는 종신직 트랙에 있는 여성 교수들에게 기관 지도자들과 접촉하고 상호관심사들에 관한 자신의 견해와 관점을 표현할 수 있는 기회를 제공했다.

5. 승진과 종신직 결정과정에서의 미묘한 젠더, 인종, 그 밖의 다른 편견을 제거한다.

학장으로서 내가 맡은 역할의 일부로서, 나는 승진과 종신직 결정과정에 깊이 관여하였고 그 경험을 통해 비의도적인 미묘한 편견이 승진과 종신직에 관한 결정에 영향을 미칠 수 있는 미묘한 방식들에 대한 통찰을 얻었다. 예를 들면, 자녀 출산 같은 정당한 이유로 테뉴어 트랙 시계가 일 년 쯤 멈추는 것 같은 경우, 나는 그 시계가 동료들의 머리 속에서 멈추지 않는다는 것을 알게 되었다. 그들은 단지 그 여성이 승진과 종신직을 대기하고 있다고 생각할 뿐이었다. 따라서 다시 일 년 간 논문을 싣고 학술대회에서 발표하고 업적을 덧붙여야 한다고 생각하는 것이다.

이 문제를 공론화하기 위해, 당시 교무처장이면서 승진과 종신직 ADVANCE 위원회(PTAC)를 맡았던 우리의 연구책임자는 편견의 잠재적 형태들을 조사하고, 그것들을 완화할 수 있고 또 지원자와 위원들 모두에게서 종신직과 승진에 관한 예상치와 최선의 실천방안에 대한 의식수준을 높일 수 있는 방안들을 제시했다. 학문적 능력뿐만 아니라 젠더, 인종/민족, 개인적 능력 수준에 기인한 가능한 편견들에 관한 자료를 일 년 간 연구한 후, 위원회는 표본 이력서와 함께 9개의 사례 연구를 내놓았다. 각 사례들은 가능한 편견이 승진과 종신직 결정에 영향을 미칠 수 있는 한두 가지 쟁점이나 영역을 예시하였다. 단기 수련회에서 이 사례 연구에 대한 토의를 거쳐 다듬어진 판본들은 컴퓨터학부 동료들이 설계한 상호작용적 웹기반 도구 ADEPT(승진과 종신직 평가에서 결정에 대한 인식)를 위한 토대가 되었다. 개인들은 ADEPT를 사용하여 가상 승진과 종신직 회의에 참여할 수 있고, 그들의 반응에 따라 회의는 상이한 방향으로 전개되고 승진과 종신적 결정에서 상이한 결과를 산출하게 된다. PTAC의 최우수 실천사례와 편견에 관한 자료들과 함께 그 웹기반 도구는 다음 사이트에서 접속할 수 있다. http://www.adept.gatech.edu/index.htm(액세스 날짜 2007년 8월 20일).

ADVANCE를 유치하고 있는 모든 학교는 이와 유사한 교내 문제들을 다루기 위한 프로그램과 정책을 창안하고 있다. 대부분의 학교가 저마다 독특한 프로그램을 적어도 하나 정도 갖고 있고, 성공적일 경우, 다른 학교를 위한 모델이 될 수도 있다. 버지니아 공대는 모든 ADVANCE 기관혁신 연구팀을 위해 ADVANCE 포털 웹사이트를 운영한다. 그 사이트는 다음의 주소로 접속할 수 있다. http://advance.vt.edu(액세스 날짜 2007-08-20).

이 책이 출간될 무렵, 1차 ADVANCE 참여 학교들은 NSF로부터 지원금을 받는 기간이 만료된다. 그 때 NSF의 자원과 명망 없이도 각 학교에서 이 프로젝트가 존속될 수 있는가 하는 테스트가 시작된다. 고등교육기관에서 혁신의 제도화에 관한 방대한 문헌들이 입증하듯이, 효과적인 제도화는 최고위 지도자(Heifetz and Laurie 1997, Eckel and Kezar 2003), 중간 행정가(Meyerson 2003), 그리고 교수(Woodbury & Gess-Newsome 2002, Merton et al. 2004)를 모두 포괄해야 한다. 변화는 기관 전역에서(Strang & Soule 1998, Rogers 2003) 상이한 속도로 확산되어야 하지만, 궁극적으로 진정한 제도화를 위해서는 대학의 구조, 절차, 그리고 문화적 수준까지 침투해야 한다(Braxton et al. 2002). 만일 기관, 특히 상위 수준의 학교 지도자들이 이 기금 지원이 종결된 후 여성들을 고위 교수직과 지도자 위치로 승진시키는 궤도와 그 영향력을 견지해야 하는 것을 모르고 있거나, 이해하지 못하거나, 또는 그 일에 심혈을 기울이지 않는다면, 이 프로젝트는 결국 기관 혁신의 기틀을 세우는데 실패할 것이다. 변화를 위한 주변 환경이 무르익고(Seel 2000) 기관 지도자(Eckel and Kezar 2003)와 풀뿌리 모두가 혁신을 지지하는 경우에도(Woodbury & Gess-Newsome 2002) 기관 혁신은 어려울 수 있다. 그러한 환경, 지도자, 그리고 지지가 없을 때, 그리고 프로젝트의 목표가 기관의 목표들과 조화되지 않는 상황에서(Tierney 1988) 혁신은 있을 수 없다.

결론

NSF가 후원하는 여성 프로그램 역사의 개괄적인 요약이 보여주듯이, NSF는 개별 여성 과학자들의 연구를 지원하고, 그럼으로써 그들을 과학계에 정박하게 하는 일에(1단계) 수 년 동안 성공을 거두었다. VPW로 시작하여 이제 ADVANCE 프로그램을 운영하고 있는 NSF는 기관의 구조를 변화시키려는 발의안에 상당한 자원을 투자했다(2단계). 대체로 초중고 학령기에 초점을 두었던 과학 · 공학에서의 젠더 연구(GSE)를 예외로 하고, NSF는 여성과 소녀에 중점을 두는 재개념화 연구에는 초점을 두지 않았다(3단계).

이와 대조적으로, NIH는 1단계에도 초점을 두었으나, NIH

는 '중재 프로그램이 여성에게 남성의 경우와 상이한 방식으로 영향을 미치는지를 밝혀줄, 성별 타당성 분석을 허용하는 어떤 임상 시험들을 지정하고 수행해야 하는 요건 실행에서 진보가 별로 없다'(미국보건복지부와 미국보건원 2000)고 결론 내린 2000년도 정부책임청(GAO)의 보고서 이후, NIH는 리뷰어와 과학 평가 운영위원에 여성과 성-기반 분석을 포함시킬 것을 요건으로 하는 3단계 임상 시험을 위한 새로운 지침을 가동시켰다. 2001년 4월, 미국의료원은 『인간의 건강에 대한 생물학 기여 탐구: 성이 문제가 되는가?』(*Exploring the Biological Contributions to Human Health: Does Sex Matter?*, Wizemann & Pardue 2001)를 출간했다. 책의 어젠더는 기관에 의해 수행되는 연구의 '핵심 부분으로서 성 기반 생물학'을 포함하여(3단계), 질병에서의 성과 젠더 차이를 뒷받침하는 기본적인 생물학적 · 분자학적 토대에 관한 연구를 보여준다.

이로써 떠오르는 뚜렷한 정책적 권고는 NIH와 NSF가 서로에게서 배울 수 있을 것이라는 사실이다. NSF의 경험을 토대로, 볼 때 NIH는 여성의 수가 의과대학과 특히 임상 전문직 트랙의 진입 수준에서 증가하고 있는 사실을 반드시 여성이 연구에 영향을 미칠 만한 정책결정자의 위치에도 이를 수 있는 것으로 해석하지 말아야 한다. 그러한 영향을 공고히 하기 위해서는 2단계의 기관 혁신이 필수적이다. 그와 동시에, NSF는 3단계에 초점을 두기 시작하면서, 여성과 젠더에 초점을 둘 수 있기 위해 과학 연구를 재개념화해야 한다. 그러한 재개념화는 젠더가 명시적으로 관찰되는 임상 의학의 응용에서보다 기초 연구에서 매우 상이한 명제를 구성할 것이다. 그러나 기관들은 세 단계 모두에 여성의 온전히 참여하는 것을 목표로, 최선의 실천과 대화를 서로 나눌 때 서로에게 유익한 상호 학습과 진화를 활성화할 수 있을 것이다.

• 제11장 각주

1) 이 글은 부분적으로 Rosser & Lane(2002)과 Rosser & Chameau(2006)의 논문에서 가져온 것이다.

제12장
과학 · 공학계 여성을 위한 미국학술원 사업

| 프랜스 A. 코르도바* |

미국의 국가연구위원회(National Research Council)는 미국과학원, 미국공학원, 그리고 미국의학연구원의 집행 기관이다. NRC의 정책과 글로벌업무를 관장하는 위원회(Policy and Global Affairs: NRC의 여러 정책단과 위임기관들을 감독하는 기관)의 멤버로서, 나는 CWSE(과학 · 공학 여성 위원회)의 활동과 계획에 대한 평가단의 좌장직을 맡아줄 것을 요청받았다. 또 최근에 PGA 이사회의 하나인 COSEPUP(Committee on Science, Engineering, and Public Policy)는 다른 여성 과학자들과 함께 과학 · 공학교육계의 여성참여를 주제로 강연회를 조직하고, STEM(과학, 기술, 수학, 그리고 공학)을 전공하는 여성인력의 부족을 우려하는 기관과 개인들에게 도움이 될 만한 어떤 일을 COSEPUP가 시도할 수 있을지에 대해 생각해볼 것을 요청해왔다.

그와 같은 사업의 참여를 통해 나는 과학계 여성과 연관된 문제들에 대해 NRC가 이제까지 해온 일들을 검토하고, 다른 동료들과 함께 미래 작업을 위한 권고사항을 제시할 수 있는 기회를 갖게 되었다. 나는 우리가 얻은 결과들 중 몇 가지를 아래에서 나누고자 한다.

1. 미국과학원은 (아직) 젠더 불균형적인가?

짧게 답한다면 '그렇다'이지만, 과학원은 이 불균형에 대해 해명할 수 있는 계기를 갖고 있다. 시간이 지남에 따라 여성의 비율은 증가하고 있고, 이 문제에 초점을 두고 과학원 회원들이 내부 토의를 가진 결과, 특히 최근에는 더욱 상승세를 타고 있다.

현재 미국과학원(NAS)의 회원은 1,899명이다. 약 10퍼센트 또는 189명이 여성이다. 표 12.1은 1994년 이후 여성의 수가 증가일로에 있음을 보여준다. 가장 최근에 있었던 세 번의 선거(2003-2005)에서 선출된 여성의 비율이 매년 20퍼센트 이상 유지되었던 것은 고무적인 일이다. 1994년부터 2000년까지 매년 60명의 여성이 선출되었고, 그 이후로는 매년 72명이 선출되었다.

물론 NAS의 서열에서 균형을 이루는 데 유의미한 요소 한 가지는 교수 서열에서, 특히 여성의 비율이 전체 교수의 28퍼센트가 고작인 연구 기관을 균형 상태로 이끄는 것이다. 이 숫자는 가장 명망 높은 대학의 경우 그보다 훨씬 적다. NRC의 두 정책 위원회인

CWSE와 COSEPUP이 힘주어 말하는 것은 STEM 분야의 교직 커리어에서(그리고 산업계에서도 어느 정도 그러하다) 여성이 희소하다는 사실이다. 새로운 이 시도가 과학 · 공학에서의 젠더 혁신에 관한 연구에 유익이 되었으면 한다. 만일 그것이 용이하지 않을 경우, 새로 제안된 이 프로젝트들은 아직 형성 단계에 있기에 NRC 위원회는 기꺼이 외부의 도움을 얻을 것이다.

2. CWSE

과학 · 공학 여성위원회(CWSE)는 미국 국가연구위원회의 상설 위원회로서 1991년에 창설되었다. 그 임무는 과학 · 공학계의 여성 참여를 조정하고, 감독하며, 그리고 증진을 위한 실행방안을 뒷받침하는 것이다.

CWSE는 이미 많은 위업을 성취했다.

1. CWSE는 노동인력과 그와 연관된 쟁점들을 설명하는 출판물을 제작했다. 그 목록은 간략한 요약문과 함께 부록 1에 수록되어 있다. 이 출판물들은 데이터, 이야기들, 그리고 다른 정보들이 들어있는 풍부한 원천이다. 『희소성에서 가시성으로』는 박사급 과학자와 공학자들의 커리어에서 젠더 차이를 기술하고 있는 책자로서 사회과학자들에게 훌륭한 자원이 된다

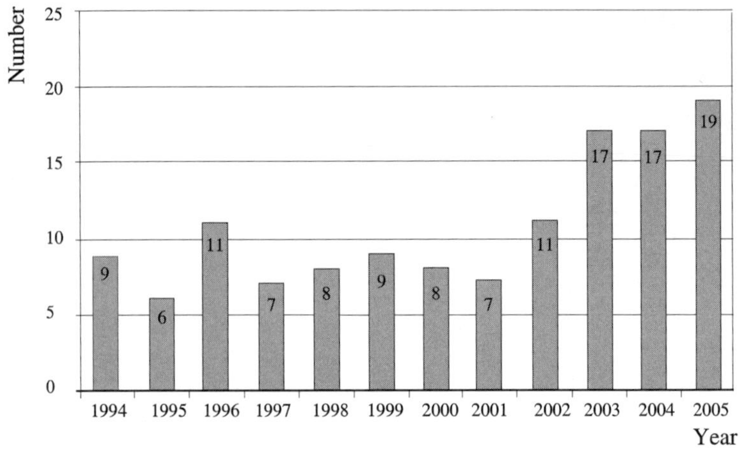

그림 12.1 Number of women elected to the National Academy of sciences.

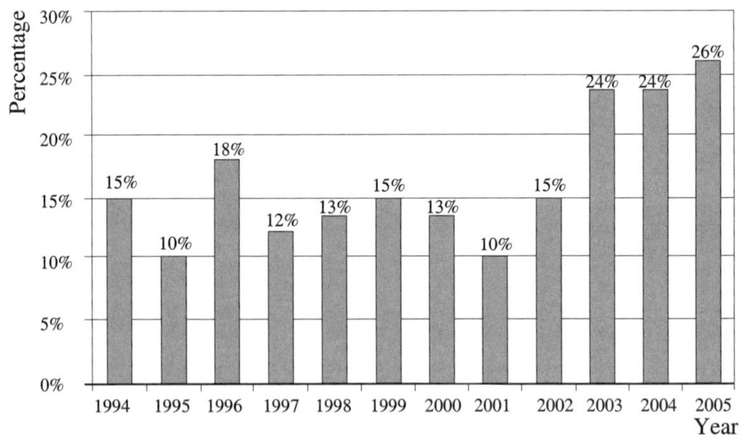

그림 12.2 Percentage of women eleted to the National Academy of Sciences.

(Long 2001).

2. CWSE는 회원 자격과 관련된 젠더 불평등을 표명하기 원하는 연구자들에게 중요한 후원자이다. CWSE는 언제든지 NRC의 다른 정책팀들에게 조언을 제시할 태세를 갖추고 있다.
3. CWSE는 데이터 수합을 강조하는 까닭에 의회에 유익한 도관(導管)임이 입증되었고, 그리하여 의회는 선정된 연구에 참여하거나 지휘할 것을 CWSE에게 요구한다.
4. 널리 알려진 MIT 연구를 본따서, 급여와 노동 조건(예를 들면, 실험실 공간)에서의 불평등에 관해 전국적으로 객관적인 데이터를 제공하는 목표를 권장한다. CSWE의 웹사이트는 과학 · 공학에서 여성을 독려하는 600개가 넘는 기관의 웹사이트와 링크되어 있다. 이것은 이 주제에 관해 현재 웹에서 이용할 수 있는 가장 포괄적인 링크 클러스터이다.
5. CSWE 웹사이트는 여러 쟁점과 차별금지 문제에 대한 대학의 반응에 대해 자세히 알기 원하는 사람들뿐만 아니라 연구자와 정책 입안자들에게도 도움이 되는 자원이 된다. CWSE와 보유하고 있는 자원들에 대해 더 많은 정보는 다음 사이트에서 얻을 수 있다. http://www7.nationalacademies.org/cwse/index.html
6. CWSE는 현재 두 가지 중요한 연구를 하고 있다:

a. 한 프로젝트는 학사학위와 대학원 학위를 수여하는 4년제 대학에 초점을 두고, 과학, 공학, 그리고 수학 교수 커리어에서

젠더 차이를 평가한다. 이 연구는 미국의 선도적인 연구 대학에서 적극적인 노력을 기울일 것을 강조함으로써 기관과 개인이 과학과 공학에서 여성 참여를 증진시키는 데 사용할 수 있는 지침과 실행방안들을 제공한다. 가이드북의 제목은 『미국 과학공학계에서 여학생과 여성교수의 채용과 승진』(*To Recruit and Advance Women Students and Faculty in U.S. Science and Engineering*, CWSE, 2006)이고 과학아카데미 출판부를 통해 구입할 수 있다.

b. CWSE는 학계의 여성 과학자와 공학자의 임용, 유보, 그리고 승진에서 최고의 실천방안을 안내할 준비를 갖추고 있다. 그 기획은 미국의 최상위 연구대학들의 성공적인 노력을 강조함으로써 기관과 개인이 과학 · 공학에의 여성 참여를 증진시키기 위해 사용할 수 있는 지침과 실천방안을 제공한다. 가이드북의 제목은 『미국 과학 · 공학계에서 여학생과 교수를 모으고 발전시키기』(CWSE 2006)이며 미국과학재단 출판부를 통해 구할 수 있다.

내가 좌장직을 맡았던 평가단과 평가 회의는 바로 지금이 CWSE가 활동 포트폴리오를 확장할만한 최적기라는 것을 강조했다. 전국적인 계기가 있었고 CSWE는 이미 선두주자로서의 입지를 굳혔다. 우리 평가단은 CWSE가 아래 사항들을 포함하여 연구를 더욱 심화할 것을 권고한다.

1. 생물과학과 의학에 비해 물리과학과 공학에서 여성 참여가 현저하게 저조한 원인을 파악해야 한다.
2. 젠더 이슈(자세한 것은 아래를 참조)에 대한 2004년 7월 미국 정부책임청(U.S. Government Accountability Office) 보고서의 함의들을 이해할 필요가 있고 아마도 이 주제를 다루는 학술대회를 유치하는 것도 좋을 것이다.
3. 기회불평등의 근본적인 이유들을 파악해야 한다. 예를 들면, 자녀 양육이 미치는 상이한 영향, 대학 외부 지원기관의 영향, 그리고 종신직 시스템의 영향, 이 모두는 현재의 문제를 창의적으로 해소하기 위해 방향을 재설정하는 더 세밀한 연구를 필요로 한다.
4. 여성 과학자와 공학자의 커리어 발전에 가장 큰 효과를 거둔 기관들의 경험에 기초한 최선의 실행방안들을 모은 편람 제작은 귀중한 기여가 될 것이다. 예를 들면, 설명서를 통해 멘토링 시스템의 성공적인 실행방안을 가르쳐주고, 소장 여성 교수를 사소한 행정 업무에 과잉 투입하지 않도록 보호하는 방법에 대해 유익한 지침을 제공할 수 있다.
5. 유입로, 임용, 그리고 보유 등의 목표를 설명하는 전국 차원의 노력에 CSWE가 어떤 고유한 방식으로 기여할 수 있는지를 구체화해야 한다. 이에 관하여 NRC는 실행요원(또는 기동부대)이 NRC의 다른 부처(예를 들면, COSEPUP)가 관장하는 현재의 사업들을 연방기관(NSF, NIH 등), 산업계, 과학과 교

육 학회들(예를 들면, ACE, NASULGC, AACU), 그리고 개별 대학(예를 들면, NSF의 ADVANCE 프로그램)에 위임하여 목록으로 정리하도록 요구할 수 있다.

6. 정책과 쟁점 기사들의 목록과 전국에서 시행된 최고의 실행방안들(예를 들면 NSF의 ADVANCE 프로그램)의 참고서지를 포함하도록 웹포털 사이트를 확장한다.

3. COSEPUP

과학 · 공학 · 공공정책 위원회(Committee on Science, Engineering, and Public Policy)는 미국과학원, 미국공학원, 그리고 미국의료원을 통합하는 기관이다. 위원들의 대부분은 세 기관의 현직 또는 전임 위원들이다.

COSEPUP은 주로 과학과 기술정책의 교차 쟁점들에 관한 연구를 관장한다. COSEPUP는 대통령 '과학고문, 미국과학재단 회장, 미국과학이사회 의장, 그리고 다른 연방 연구개발 부처와 기관의 수장들, 그리고 의회의 과학기술 관련 주요 위원회의 수장들의 관심사와 요청을 다루기 위해' 학술단체들에 의해 설립되었다. 최근 연구는 백악관 경영예산청의 프로그램 순위 평가에 대한 워크숍으로부터 NSF의 대형 연구시설이 인간 재생산 복제에 관한 연구논문에 우선순위를 부여하는 문제에 대한 토의에 이르기까지 포괄적이다.

COSEPUP은 최근에 몇몇 여성 과학자들(그 중 세 명은 나 자신을 포함하여 캘리포니아대 캠퍼스의 총장들이다)을 초청하여 과학 · 공학 여성 교수를 주제로 강연회를 개최했다. 나는 낸시 홉킨스(MIT)가 사회를 맡은 역동적인 패널 토의 내용에서 몇 가지를 독자에게 나누고 싶다.

아네일라 사전트(캘리포니아 공대)는 여성에게 효과적이지 않은 것은 남성에게도 효과가 없다고 지적했다. 그녀는 가이드북이 충분하지 못하다는 점을 강조했다. 결정적인 것은 실천적 차원이다. 더 많은 여성을 고용하는 것은 대학 학장이나 총장이 아닌 각 학과들의 확신 있는 실천에 달린 문제이다.

앨리스 후앙(캘리포니아 공대)는 대학에서 프로그램을 관리하고, 평가와 프로그램 진행을 돕고, 새로운 정책을 진흥하며, 기금을 모으는 등, 간단히 말해 새로운 프로그램의 시행과 유지를 통해 교수단과 운영단을 돕는 전문요원을 채용하는 것이 중요하다고 강조했다. 후앙은 여성을 학과장이나 학장으로 갖는 것이 여성 총장을 갖는 것보다 훨씬 더 중요할 수 있는데, 왜냐하면 그들은 교수 임용에 더 많은 영향력을 행사할 수 있기 때문이라고 지적했다. 그녀는 여성의 성취를 위축하지 않는 문화를 발전시키는 것과 부부 공동 채용과 보육시설에 주의를 기울이는 것이 중요하다고 주장했다.

머라이 앤 폭스(USCD 총장)는 단순히 운동선수들에 관해서만 다루고 있다고 볼 수 없는, 제9 법령에 관한 2004 GAO 보고서에 대해 언급했다. 정부책임청은 여성의 과학 참여도에 관하여 연방기

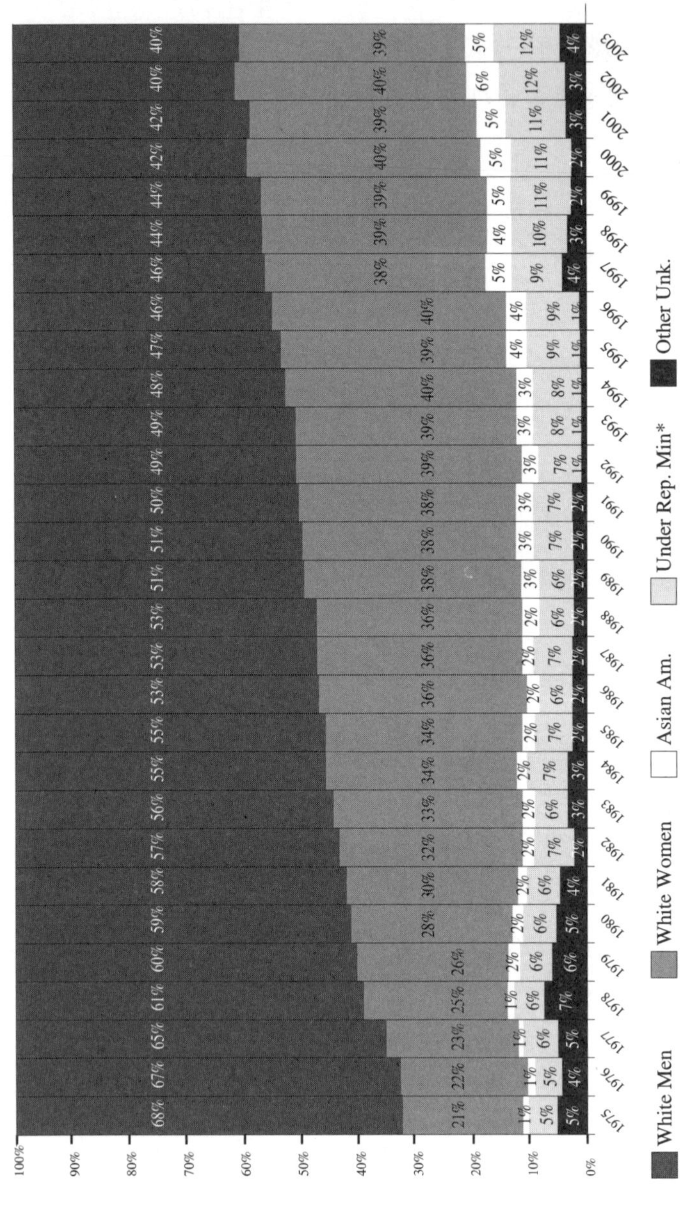

그림 12-3 PhD recipients from U.S universities by ethnicity/gender,1975-2003.

*under.Rep.Min.(과소대표성 소수그룹) 에는 아프리카계, 라틴아메리카계, 그리고 미국원주민이 포함되어 있다.

관들은 그들의 피수여자들이 제9 법령을 준수하는지를 확인하려는 노력을 더 기울여야 한다고 말했다. "그 보고서는 급여와 자원 분배의 불평등성, 때로는 기관의 적대적인 문화, 불공정한 예상치, 누적된 불이익, 재취업 장벽, 교수 멘토링의 결여, 그리고 가정 친화적 정책의 희소성에 대한 자료를 기록하고 있다."

고(故) 드니스 덴튼(UCSC 전 총장)은 그녀가 학장으로 임직했던 워싱턴대의 한 사례를 통해 대학이 어떻게 더 많은 여성 공학자를 채용하면서도 동시에 수준을 향상시킬 수 있는지를 보여주었다.

나는 여성과 소수그룹의 채용과 보유에 있어서 다양성 정책과 최선의 실행방안에 초점을 두는 기관, 협회, 컨솔시움, 학회, 그리고 대학의 웹사이트에 초점을 두어 웹기반 사례들을 제시했다(이 장의 부록 2 참조). 나는 정책, 예시 프로그램, 그리고 최우수 사례를 검색할 수 있는 커뮤니티 자원이 되는 이 모든 웹사이트의 목록을 만들고 연동하는 웹포털 사이트 운영자가 필요하다고 제안했다.

NRC의 샬롯 쿠우는 새로운 NRC 순위표에 모든 학과의 여성 비율이 포함되어야 한다고 말했다!

CSWE 의장 릴리언 우가 제시한 CSWE 계획안을 놓고 이상의 토의를 거친 결과, COSEPUP은 다음과 같은 계획 개요를 담은 기획서를 제출했다.

> 여성 과학 · 공학 연구자의 잠재성을 어떻게 최적화할 것인가에 관해 교수, 학과장, 교육 지도자, 기금조성기관, 그리고

> 정부 행정관을 지도하기 위해, COSEPUP 특별위원회는 과학 · 공학의 전 분야에 걸쳐 젠더 이슈에 관한 풍부한 데이터를 통합할 것이다. 위원회는 학술 연구에 초점을 둘 것이지만, 여성 과학 · 공학 연구자들의 인사공고, 임용, 승진, 그리고 보유를 위한 효과적인 실행방안을 결정하고 연구결과와 권고사항을 제시하는 다른 연구 분과들을 검토할 것이다. 보고서 전반을 통해, 주요 개념들을 강화하기 위해 효과적인 실천, 시나리오, 그리고 요약 상자를 표화할 것이다.

이 연구는 기관 혁신을 실현하기 위해 헌신하는 대학과 산업계 지도자뿐만 아니라 궁극적으로 사회과학자를 위한 자원으로서 대단히 유망하다.

기획서에서 COSEPUP는, 다른 많은 그룹과 마찬가지로, 남성보다 여성이 학계를 떠나는 비율이 더 높은 송유관 누수현상이 모든 단계에서 일어나고 있음을 지적했다. STEM 분야 커리어에서 학사, 대학원, 그리고 박사후 연구원 지위를 획득하는 여성의 수는 지난 몇 십 년 동안 급속히 증가했다(표 12.3). 그러나 이들 분야에서 여성 교수 임용 비율은, 특히 가장 명망 높은 연구 대학의 경우, 불균형적으로 낮다. 표에 나타난 것은 수학 분야의 인력수급통로 전반에 걸쳐 여러 곳의 누수현상을 잘 보여주는 사례이다. 수학을 전공한 학사 학위 수여자의 거의 절반이 여성이지만, 여성은 수학 교수의 8.3퍼센트밖에 안 된다. COSEPUP 제안서는 '상위 50개 대학의 과학 · 공학 학과에서 정교수 직위에 있는 여성은 3~15퍼센트'라고 밝히고 있다.

CWSE가 출판한『희소성에서 가시성으로』(2001)에서 인디애나대 사회학자이며 그 책의 편집자인 J. 스캇 롱은 과학 · 공학계에 남아있는 박사학위 소지자의 비율을 젠더별로 보여주는 조사연구(1995년부터)를 보여준다. 이것은 표 12.1에 예시되어 있다.

이러한 데이터가 보여주는 것은 박사학위를 받은 후 학계를 떠나는 사람이 남성보다 여성이 더 많다는 것이다. 이에 관한 인구효과는 표 12.4에 나타나 있다.

COSEPUP 제안서에는 다음과 같은 것이 인용되어 있다.

> 2001년에, 캘리포니아 산타 크루즈대 [당시]총장 M.R.C. 그린우드는 과학 · 공학 분야에서 캘리포니아대 전 캠퍼스가 채용한 여성 교수의 비율은 박사후 연구원 풀에 미치지 못하는 경우가 흔하다고 보고했다. 2000년 생명과학의 경우, 여성은 전국 박사학위자 풀의 39.3퍼센트와 박사후 연구원의 36퍼센트였지만, 캘리포니아대가 채용한 여성은 29퍼센트였다. 화학의 경우, 여성은 박사학위자의 31퍼센트, 박사후 연구원의 21퍼센트에 달하는데, 새로 채용된 비율은 13퍼센트에 불과했다. 수학에서는 특히 격차가 컸는데, 여성은 박사학위자의 22.1퍼센트와 박사후 연구원의 13.2퍼센트였으나, 교수 임용 사례는 5.4퍼센트였다.

이 데이터들은 여러 그룹들 중 특히 CWSE와 COSEPUP를 통해 NRC가 책임 하에 제시한 통계이다.

표 12.1 1995년 과학 · 공학계에서 정규직에 고용된 박사학위소지 과학자와 공학자 비율

분야	남성	여성
과학 & 공학 전 분야	85.8	73.5
공학	90.6	81.3
수학	90.8	79.5
물리과학	87.2	77.4
생명과학	85.3	75.9
사회행동 과학	79.6	69.4

출처: J. Scott Long(편집), *From Scarcity to Visibility: Gender Differences in the Careers of Doctoral Scientists and Engineers*(NAP, 2001) 75쪽 표 4-7에서 발췌.

주목할 만 한 점은 그린우드가 캘리포니아 학사업무 담당 교무처장과 선임 부총장이 된 최초의 여성이라는 사실이다. 뿐만 아니라, 그녀는 PGA 이사회의 이사장이다. CWSE와 COSEPUP 위원회도 각각 릴리언 우, 맥신 싱어 같은 여성 위원장을 갖고 있다. 이 여성들과 다른 많은 여성들은 중요한 이슈들과 씨름하면서 지도력을 발휘하고 있다.

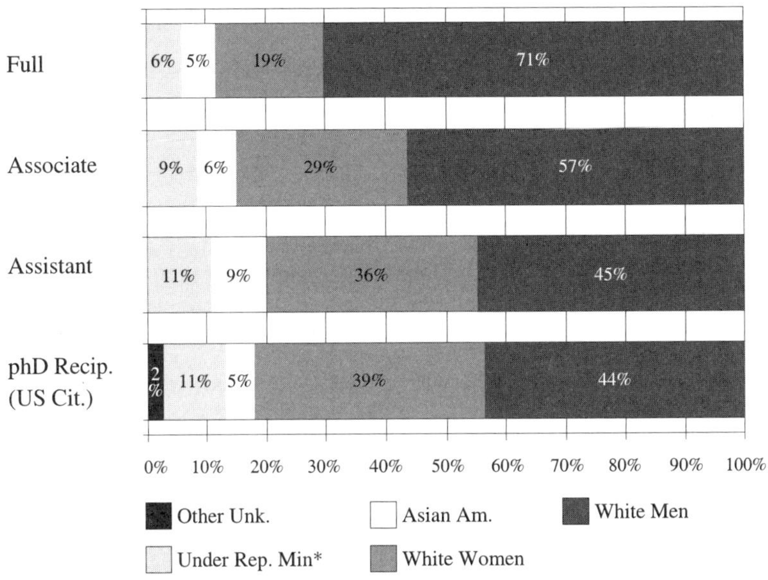

그림 12.4 미국 교수와 PhD 수여자의 다양성 분포도, 1999.
*Under. Rep. Min.(과소대표성 소수그룹)에는 아프리카계, 라틴 아메리카계, 그리고 미국원주민이 포함되어 있다.
출처:NCES, *National Study of Post-Secondary Faculty*, 교수직에 관한 1999년 자료, 박사학위 취득자 조사, 그리고 1999년 PhD 수여자.

요약

이 장에서 나는 과학계와 공학계에서 여성 인력을 증가시키기 위해 미국의 학술연구기관들이 해온 일의 일부를 개괄하였다. 여기 제시된 것은 결코 완전한 목록이 아니지만, 나는 학술원이 이 문제를 진지하게 받아들이고 있다는 것, 그리고 과학 문화의 변화를 이끌기 위해 전국적인 노력 집중에 필요한 분석과 통찰을 위한 새로운 데이터를 제공하기로 하였다는 사실을 보여주고자 하였다.

이 장 말미에(부록 1) 나는 이 문제와 연관된 최근 보고서와 다른 NRC 프로젝트를 열거했다. 나는 이 자료가 독자에게 유익한 자원이 되기를 바란다. 부록 2에서 나는 과학과 공학계의 여성에 관련된 정책과 최우수 실천사례를 볼 수 있는, 전국의 대학과 기관, 그리고 단체들로부터 모은 웹사이트의 목록을 실었다.

|부록|

부록 1: NRC 관련 출판 도서

다음 출판 도서는 2000년부터 현재까지 과학과 교육계 여성에 관한 위원회의 작업들의 대표 사례이다. 이 도서나 미국과학원의 다른 자료를 주문하려면 National Academy Press (800)624-6242 또는 (202)334-3313으로 연락하면 된다. 또는 아래 주소로 직접 방문할 수도 있다. Academy Bookstore 500 Fifth Street, NW, Washington, DC 20001. (202)334-3980. 출판물의 상당수는 무료로 온라인 접속할 수 있음을 주지하기 바란다.

신간

To Recruit and Advance: Women Scientists and Faculty in Science and Engineering. CWSE는 대학들이 과학 · 공학부의 모든 직급에 더 많은 여성을 채용할 수 있도록 돕는 가이드라인을 제공한다. 이 안내서는 학계의 여성 과학자와 공학자들을 위한 임용, 유보, 그리고 승진에서 최우수 실천방안들을 예시하고 토의한다.

CWSE의 인기 간행물

AXXS 2002: Achieving XXcellence in Science: The Role of Professional Societies in Advancing Women's Careers in Science and Clinical Research. CWSE는 하루와 반나절 워크숍을 개최하고, 관련

학회들이 임상 연구 노동인력에 여성 과학자의 참여를 독려할 수 있는 방법들을 토의하기 위해 임상 학회의 대표자들을 초청하였다. 워크숍은 AXXS 1999의 후속 행사로서, 과학 분과학회 대표자들이 모여서 그들 분야에서 여성 지위 향상을 도모하기 위한 방법들을 토의했다. 워크숍 발표집은 NAP 웹사이트에서 온라인으로 찾아볼 수 있다. http://books.nap.edu/catalog.php?record_id=10008.

From Scarcity to Visibility: Gender Differences in the Career Outcomes of Doctoral Scientists and Engineers. 이 보고서는 동일한 특징들을 기준점으로 삼아 남녀 과학자와 공학자의 커리어 성취도를 다섯 개의 넓은 분야별로—공학, 생명과학, 수학, 물리과학, 그리고 사회행동과학—비교하고 있다. 검토된 결과에는 고용 지위, 급여, 직급서열과 종신직 지위, 연구업적, 연방연구지원금 수령액, 임용 분야, 그리고 과학이나 공학계에 남게 될 개연성이 포함되어 있다. 뿐만 아니라, 회고적 분석을 통해 인종/민족, 부모의 교육수준, 국적, 학부 교육기관의 유형, 결혼 여부, 자녀 유무, 대학원의 학과 수준, 그리고 박사학위 수여까지 걸린 시간 등을 포함하여 수많은 선행 조건의 상이한 효과들을 검토한다 (http://www.napeedu/catalog/5363.html).

Female Engineering Faculty in the U.S.: A Data Profile. 이 보고서는 1996년에 실시된 조사를 토대로, 약 1,300명의 미국 여성 공학

교수의 교육과 고용 상태에 관한 정보를 제공한다. 포함된 정보는 인종/민족, 소지한 학위 종류, 임용 기간, 종신직 지위, 커리어 결정을 위한 멘토링 경험, 그리고 고용 만족도 등이다. 보고서는 다음 사이트에서 다운로드 받을 수 있다. http://www.nap.edu/catalog/6130.html.

NAS Symposium on Women in Science. 1999년 4월 25일, 미국과학원은 여성 과학자에 관한 최초의 심포지엄을 개최했다. '누가 미래의 과학을 연구할 것인가? 여성과학자의 커리어에 관한 심포지엄'이라는 제목의 이 행사는 CWSE가 조직하고 NAS가 정기 학술대회로서 주관했다. 심포지엄에는 NAS 위원들과 일반 청중이 참석하였고 과학 언론의 지대한 주목을 받았다. 심포지엄 발표집은 NAP 웹사이트에서 찾아볼 수 있다. http://books.nap.edu/catalog.php?record_id=10008.

NAS의 다른 간행물

Women Scientists and Engineers Employed in Industry: Why So Few? 이 보고서는 보조 과학자와 엔지니어로서, 그리고 기술 작업 관리자로서 전문직에 진출하는 여성이 당면하는 문제들을 다룬다.(1994, 130pp.)

Science and Engineering Program: On Target for Women? 이 책은

잠재적 그리고 재직 중인 과학자와 엔지니어를 채용하고 보유하기 위한 중등교육 과정 이후 프로그램 사례를 기술하고 분석한다. 핵심적인 장들은 학부 교육, 대학원 교육, 그리고 학계와 산업계, 그리고 연방 정부의 고용비율에 초점을 둔다. (Marsha Lakes Matyas & Linda C. Skidmore, eds., 1992, 216pp.)

Women in Science and Engineering: Increasing Their Numbers in the 1990s. 교육과 고용을 위한 인력수급통로에의 여성 참여에 관한 통계를 제공하고, 그밖에도 이 보고서는 과학 · 공학계의 여성 참여를 증진시키고 지위를 향상시키는 위원회의 역할과 관련된 위원회의 결정사항들을 요약하고 있다. 또한 보고서는 단기와 장기 활동에 관한 야심찬 전략적 계획을 보여준다. (1991, 152pp.)

그 밖의 간추린 NRC 간행물:

- *Adviser, Teacher, Role Model, Friend: On Being a Mentor to Students in Science and Engineering* (COSEPUP, 1997)
- *Science and Technology in the Academic Enterprise: Status, Trends, and Issues* (GUIRR, 1989)
- *Engineering Employment Characteristics* (CETS, 1985)
- *Personal Needs and Training for Biological and Behavioral Research* (IOM, 1977)
- *AXXS 2002: A Workshop for Clinical Societies to Enhance Women's*

Contributions to Science and their Profession (CWSE, 2002)

- *A Guide for Recruiting and Advancing Women in Science and Engineering Careers in Academia* (CWSE, 2005): http://www7.nationalacademies.org/cwse/Guide.html
- *Gender Differences in Careers of Science, Engineering, and Mathematics Faculty* (CWSE, 2006): http://www7.nationalacademies.org/cwse/Gender_differences.html

부록 2: 기관, 협회, 컨설시업, 학회, 그리고 대학 웹사이트 사례

이 목록은 캘리포니아 리버사이드대의 프랜스 코르도바와 욜란다 모지스에 의해 작성된 것으로, 여성과 소수그룹의 채용과 보유에서의 다양성 정책과 최우수 실천사례들에 초점을 둔다.

- BEST(Building Engineering and Science Talent) Report on Promoting Diversity in Higher Education: http://www.aip.org/fyi/2004/060.html
- The Quiet Crisis: Falling Short in Producing American Scientific and Technical Talent: http://www.bestworkforce.org/ppt/NCTM2004.ppt
- University of Washington engineering diversity programs: http://www.engr.washington.edu/advance/
- National Academy of Engineering:

http://www.nae.edu/nae/diversity-com.nsf?OpenDatabase

- AAAS Minority Science Network:
  http://sciencecareers.sciencemag.org/career_development/miscinet
- National Science Foundation, Advance program: 과학과 공학 학계 커리어의 여성 참여와 발전을 향상시키기 위한 프로그램.
- http://www.nsf.gov/funding/pgm_summ.jsp?pims_id=5358&from=fund
- National Physical Science Consortium: http://www.npsc.org/
- Committee on the Status of Women in Computing Research:
  http://www.cra.org/Activities/craw/
- Women's International Science Collaboration Program:
  http://www.aaas.org/international/wisc/
- NSF-Alliance for Graduate Education and the Professoriate Program:
  http://ehrweb.aaas.org/mge/

University of California Faculty Family Friendly Edge (여성 수급통로의 누수현상을 보여준다): http://UCfamilyedge.berkeley.edu

- American Council on Education's "An Agenda for Excellence: Creating Flexibility in Tenure-Track Careers":
- http://www.acenet.edu/bookstore/pdf2005_tenure_flex_summary.pdf

|옮긴이 후기|

젠더·지식 문제·역량강화

김혜련(연세대 미디어아트연구소 HK연구교수)

나는 한국 여자이고, 여성주의자이며, 그리고 철학자이다. 나 자신을 소개하는 이 간결한 문장의 술어 부분은 세 항목으로 이루어져 있는데, 그 세 가지 모두는 내게 매우 소중한 것들이다. 전후 세대 한국인으로서 살면서 내가 젠더 문제를 의식하지 않고 지냈던 것은 대략 다섯 살 때까지였던 것 같다. 그 후로 나는 내가 여자라는 이유로 '왜 이것을 해야 하고 저것을 하면 안 되는가?' 하는 문제와 씨름하지 않을 수 없었다. 나를 둘러싼 세상은 늘 겁나는 정글 같았고 나는 너무 무력했다. 그 무력감의 원인들 중 하나는 바로 내가 여자라는 사실이었다. 공부는 그 무력감과 공포를 이겨낼 수 있게 하는 수단이었다.

사실 내 또래의 여자들이 부모의 후원을 받으며 자신의 권한 증진 또는 역량강화(empowerment)를 도모할 수 있는 몇 안 되는 길 중 하나는 학교 공부를 잘 하는 것이었다. 나는 내 방식대로 그것을 이해했고, 결국 내가 택한 것은 철학과 예술이었다. 철학과 예술은 나의 지적 성장, 곧 역량강화의 길이었다. 그러나 다분히 개인주의적인 그러한 진로 선택은 내가 사회 안에서 살아가는데 그다지 도움이 되지 않았는데, 그것은 철학 지식이나 예술활동 자체는 여성으로서 나에 대해 말해주는 바가 그다지 많지 않았기 때문이었다. 어릴 때부터 나 스스로에게 던져왔던 물음, 내가 여자라는 이유로 '왜 이것을 해야 하고 저것을 하면 안 되는가?'는 납득할만한 답을 얻지 못한 채 오랫동안 계류 상태에 있었다. 아마도 나의 지적·감성적 고군분투와 결손감은 인문학이나 예술이 과학 기술과 다를 뿐만 아니라 어쩔 수 없이 그 중 하나를 선택해야 하는 것인 양 배워온 때문인 듯하다. 남녀를 불문하고 대등한 정도로 인문학과 과학, 기술, 또는 예술까지 동시에 배우고 익힐 수 있다고 생각해본 적이 없었다는 것은 정말 거의 그로테스크한 일이다.

과학이나 기술은 근본적으로 여성과 거리가 먼 영역으로 생각하기 쉽다. 나도 그렇게 생각했다. 특히 나는 과학이나 기술을 전공으로 아니면 취미로라도 내가 뛰어들어 볼만한 것이라고 생각해본 적이 거의 없다. 퀴리 부인을 존경하면서도, 그녀는 프랑스인이고 어쩌다가 볼 수 있는 특별한 천재 여성이라고 생각할 뿐이었다. 나의 지극히 협소하고 편향적인 유년기의 사고가 이후의 나의 성장과 행복을 얼마나 좌우했는지를 이제야 깨닫기 시작하면서, 나의 무지함에 대해 나 자신에게 미안하기 그지없다. 이런 이야기는 비단 나만의 이야기가 아닐 것이다. 지금 우리는 우주인 이소연 박사와 피겨스케이팅 스타 김연아양을 갖고 있음을 자랑하지만, 그들이 과학자인 동시에 기술자라고 생각해본 적은 별로 없을 듯하다. 그들의 탁월함과 아름다움은 성과 젠더에 대한 편견을 넘어 스스로 자신을 규정하고 실현하는 데에 매진한 결과로 성취된 것이다. 그러한 도전과 혁신이 그들 자신을 창조하고, 뿐만 아니라 세상과 다른 사람들에게 유익을 줄 수 있었던 것이다.

개인적 시행착오를 통해 문제의식을 첨예화시키는 중에 나는 특별히 여성의 '임파워먼트'와 과학·기술과의 관계에 관심을 갖게 되었다. 안경이 나의 시력을 강화시켜주듯이, 현대 사회에서 여성의 자기발전과 행복증진을 위해 과학·기술에의 접근성이 확보되고 그 분야에서 여성의 대표성이 향상되어야 한다. 이 책은 그러한 과제를 실제로 탁월하게 수행해낸 여성주의 연구자와 실천가들의 보고를 싣고 있다. 이 책의 필자들은 고고학에서 물리천문학, 그리고 분자생물학에 이르기까지, 연구 수행 방법론인 동시에 연구결과를 평가하는 지표로서 젠더분석(gender analysis)이 무엇이며 어떻게 실현될 수 있는지를 생생하게 보여준다. 이 책을 옮기는 동안 나는 여성 과학자와 기술자들의 학문적 수월성과 헌신적인 태도에 깊은 감동을 받았다. 이제 그들은 나의 살아있는 지적·윤리적 모델이다.

이 책 전체의 기초 개념인 젠더분석을 가장 일반화시켜 정의한다면, 젠더분석은 젠더의 관점에서 여러 영역의 이론과 실천을 분석하고 평가하는 방법이다. 젠더분석은 그 자신만의 연구대상이나 방법론을 갖는 범주 간 경계가 뚜렷한 전통적인 학문의 경우와 달리, 공동체의 개인과 집단에게 유의미한 영향력을 끼칠 수 있는 모든 주제와 영역에 적용된다. 많은 지역의 여성들이 여전히 남성

주도적인 사회에서 교육 받고 일하고 있는 상황에서, 젠더분석은 한 이론이나 실천에 내재하는 젠더 편견이나 관습이 여성의 사고와 자기결정, 그리고 노동 상황에 미치는 영향력을 구체적으로 분석하여 개선하고자 한다. 이 목표를 위해 선도적으로 힘을 기울여온 뉴질랜드 여성부의 다양한 시도는 가히 본받을 만하다(Ministry of Women's Affairs, New Zealand. http://www.gdrc.org/gender/framework/what-is.html).

이 책을 편집한 론다 쉬빈저가 서론에서 잘 설명하고 있듯이, 젠더분석의 관심 영역은 이론적 학문연구에서 구체적인 사회 현실과 경험에 이르는 넓은 스펙트럼을 망라한다. 그럼에도 젠더분석의 관점에서 이루어지는 모든 연구와 실천, 그리고 정책은 하나의 공통된 목표, 즉 여성의 삶의 영역들에서 실질적인 변화를 추구한다. 이 실질적 변화는 세 가지로 요약될 수 있다. 첫째, 여성이 현실에서 겪는 사회·경제적 불평등과 여성과 남성의 삶의 국면들의 차이를 관찰하고 이해한 다음, 그것을 정책 개발과 서비스 수행에 반영한다. 둘째, 양성 간의 불평등을 초래하는 근본 원인들을 분석한다. 셋째, 여성의 삶을 향상시키기 위한 적극적인 변화를 모색한다.

여성주의 이론에서 대세를 이루었던 그 간의 인문학·사회과학적 접근은 개념 분석이나 특정 사회현상에 치중하는 경향이 있었다. 이론과 실천을 아우르는 통합적 접근으로서 젠더분석은 추상적인 분석이나 정치적 전략의 범위를 넘어선다. 오히려 젠더분석은 여성과 남성의 삶에서의 차이들과 다양한 여성 집단들 사이의 차이들을 건강한 방식으로 분석하기 위한 토대를 제공한다. 그럼으로써 부정확한 가정과 편향적인 전형에 기초하는, 사회와 제도 안에 내재하는 위험들을 제거하고자 한다. 그러므로 다소 모호하게 들리긴 하지만, 젠더분석의 목표는 단순한 평등(equality)이 아니라 공정성(equity)이라고 말할 수 있다. 여기서 필자가 이해하는 '공정성'은 정의의 문제를 정당한 몫(fair share)의 분배로 보는 존 롤즈의 공정성으로서의 정의 개념과 연결된다.

론다 쉬빈저는 젠더분석이 궁극적으로 공정성의 실현을 목표로 삼지만, 그러한 정의 구현을 위해서는 일관적이고 합리적인 이론적 틀과 그것을 뒷받침하는 경험적 증거들이 필요하다고 믿는다. 따라서 그녀는 젠더분석의 중심부에 지식 문제(knowledge problem)를 놓는다. 특히 과학·공학기술 분야에서 여성의 과소대표성은 지식 생산자로서 여성의 입지가 취약했던 역사적 앙금이다. 그러므로 지식 문제는 자연스럽게 과학 또는 과학적 지식의 젠더성 논쟁과 연결된다.

이 맥락에서 지식 문제는 과학에서 연구자의 젠더가 그/녀가 성취하는 지식에 근본적인 방식으로 영향을 미치는가를 묻는 것이다. 이블린 폭스 켈러(Reflections on Gender and Science 1985 참조)의 경우처럼 과학적으로 훌륭한 성과를 거둔 여성이라도 과학이나 과학적 지식에 대해 여전히 무성적(asexual) 또는 무젠더적(gender-free) 관념을 가질 수 있다. 더 나아가, 그녀는 참된 과학은 연구자의 젠더와 거리를 두고 젠더에 의해 오염되지 않도록 주의를 기울여야 한다고 본다. 이와 대조적으로, 샌드라 하딩은 젠더를 지식의 근본 범주로 제시한 점에서 가히 혁신적이라 할 수 있다. 하딩은 젠더를 고려하지 않고 과학적 지식을 논의하는 것은 오히려 그 지식의 객관성이 불충분하다는 것을 드러내는 것으로 이해한다. 과학이 참으로 수준 높은 객관성을 갖기 위해서는 반드시 젠더 요소를 포함해야 한다는 것이다(*The Science Question in Feminism*, 1986. 17-18 참조).

과학자의 젠더와 지식이 내재적으로 연관되는 것인지를 문제 삼을 때 부수적으로 따라나오는 문제는 그런 논쟁이 과연 어디로 향하는 것인가 하는 것이다. 즉 여성주의적인 과학을 창조해야 하는가, 또는 보다 '더 과학적인' 과학을 만들어야 한다는 것인가? 그리하여 지식 문제는 과학 자체를 재개념화하는 문제로 발전된다. 이 논쟁의 후반부에서 다나 해러웨이는 과학 지식의 보편성과 객관성에 관한 논의를 공허하다고 보아 그 대안으로 지식의 상황연관성을 제시한다. 그녀는 지식이 근본적으로 맥락에 의존하고 따라서 부분적이고 장소적이라고 주장한다("Situated Knowedge: The Science Question in Feminism as a Site of Discourse on the Privilege of Partial Perspective", *Feminist Studies* 14(1988): 3, pp.575-599 참조).

론다 쉬빈저를 비롯한 이 책의 필자들은 지식 문제 논쟁에 뛰어들기보다는, 자신의 전문분야에서 중요하게 다루어지는 문제와 연관하여 젠더가 실제로 어떻게 지식 산출에 관여하는지를 생생하고 구체적으로 기술한다. 이것은 단지 산출된 지식에 대한 해석의 문제가 아니다. 지식 자체에 대한 우리의 이해를 바꾸고, 그럼으로써 개별 과학사를 다시 쓰게 만드는 근본적인 변화를 이끌어내는 생생한 현실의 문제이다. 신화시대에 날개 달린 말 페가수스는 그저 상상의 대상이었다면, 젠더분석은 날개 달린 자동차(걸윙 도어가 장착된 볼보사의 YCC가 그 사례이다. 본서 제8장 참조)를 실제로 우리 눈앞에 제시한다. 개념-이론-실천을 잇는 실질적인 변화를 모색하는 젠더분석이 실제로 과학과 기술을 바꾸는 것이다.

최근 연구논의를 다룬 훌륭한 여성주의 연구서를 번역할 수 있는 기회를 허락해주신 연세대학교 미디어아트 연구소 HK사업팀에게 감사한다. 그리고 당연한 일이지만, 이 책의 번역을 허락하고 한국어판을 위해 서문을 다시 써주신 스탠포드대 클레이먼 젠더연구소의 론다 쉬빈저 교수에게 깊은 감사의 말씀을 드린다. 끝으로 좋은 일 궂은 일 가리지 않고 오랜 시간을 함께 해주는 친구들과 한국여성철학회 동지들, 그리고 지금까지 건강한 모습으로 내 곁에 계시는 어머니께 존경과 사랑의 마음을 전한다.

|참고문헌|

Acharya, M. and Bennet, L. 1981. The Status of Women in Nepal. Volume 11 Part 9. Kathmandu, Nepal: Tribhuvan University.

Adovasio, J. M., Soffer, O., and Klima, B. 1996. "Upper Paleolithic Fibre Technology: Interlaced Woven Finds from Pavlov I, Czech Republic." Antiquity 70(269): 526-534.

Agawal, B. 1986. Cold Hearths and Barren Slopes: The Woodfuel Crisis in the Third World. London: Zed.

Alemseged, Z., Spoor, F., Kimbel, W. H., Bobe, R., Geraads, R., Reed, D. and Wynn, J. 2006. "A Juvenile Early Hominin from Dikika, Ethiopia." Nature 443: 296-301.

Alibrandi, M., Thompson, A., and Hegevik, R. 2000. "Documenting a Culture." Arc News 22:27.

Alic, M. 1986. Hypatia's Heritage. Boston: Beacon.

Andrews, L., and Nelkin, D. 2001. Body Bazaar: The Market for Human Tissue in the Biotechnology Age. New York: Crown.

Angier, N. 1990. "Scientists Say Gene on Y Chromosome Makes a Man a Man." New York Times. July 19:1.

Annenberg Foundation and Oregon Public Broadcasting 2004. "Expert Interview Transcripts: Holly Ingraham, David Page, Eric Vilain." In Rediscovering Biology: Molecular to Global Perspectives. Electronic media: http://www. learner.org/channel/courses/biology/units/gender/experts/index.html. 액세스 날짜 2007-08-20.

Apodaca, A. 1952. "Corn and Custom: Introduction of Hybrid Corn to Spanish American Farmers in New Mexico." in Human Problems in Technological Change: A Casebook, ed. E. H. Spicer, 35-39. New York: Russell Sage Foundation.

Bagemihl, B. 1999. Biological Exuberance: Animal Homosexuality and Natural Diversity. New York: St. Martin's.

Ballard, H. L. 2004. "Impacts of Harvesting Salal (Gaultheria shallon) on the Olypic Peninsula, Washington: Harvester Knowledge, Science and Participation." PhD Dissertation. University of California at Berkeley.

Ballard, H. and Fortmann, L. 2007. "Collaborating Experts: Intergrating Civil and Conventional Science to Inform Management of Salal (Gautheria shallon)." In Integrated Resource Managements, eds. K. Hanna and D. S. Slocombe, 164-180. Oxford: Oxford Universit Press.

Barry, A. 1999. "Invention and Inertia." Cambridge Anthropology 21(3): 529-547.

Bassey, E. L., and Ramsdale, S. J. 1994. "Increase in Femoral Bone Density in Young Women

Following High-Impact Exercise." Osteoporosis International 4: 72-75.

Baxter, J. E. 2005. Gender and the Archaeology of Childhood: Children, Gender and Material Culture. Walnut Creek, CA: Atla Mira.

Beale, P., 2001. "The Sexes: New Insights into the X and Y Chromosome." The Scientist 15: 18.

Berta, P., Hawkins, J. B., Sinclair, A. H., Taylor, A., Griffiths, B. L., Goodfellow,P. N., and Fellous, M. 1990. "Genetic Evidence Equating SRY and the Testis-Determining Factor." Nature 348: 448-450.

Bertelsen, R., Lillehammer, A., and Naess, J-R. eds. 1987. Were They All Men? An Examination of Sex Roles in Prehistoric Society. Stavanger, Norway: Arkeologisk Museumi Stavanger.

Blondin, P. 1990. "1990 Survey of the Membership of the American Physical Society." Unpublished final report, 19, 23-24.

Blunt, A. 1994. Travel, Gender, and Imperialism: Mary Kingsley and West Africa. New York: Guilford.

Bocking, S. 2004. Nature's Experts: Science, Politics and the Environment. New Brunswick, NJ: Rutgers University Press.

Bondi, L., and Domosh, M. 1992. "Other Figures in Other Places: On Feminism, Postmodernism, and Geography." Environment and Planning D 10:199-213.

Bone, K. B. 1993. "Bias in Skeletal Sexing." American Journal of Physical Anthropology 16(supplement): 59.

Boserup, E. 1970. Woman's Role in Economic Development. New York: St. Martin's.

Bradbury, H., and Reason, P. 2003. "Issues and Choice Points for Improving the Quality of Action Research." In Community-Based Participatory Research for Health, eds. M. Minkler and N. Wallerstein, 201-220. San Francisco: Jossey-Bass.

Brandt, S., Weedman, K., and Hundie, G. 1996. "Gurage Hide-Working, Stone Tool Use and Social Identity: An Ethnoarchaeological Perspective." in Essays on the Gurage Language and Culture: Dedicated to Wolf Lesau on the Occasion of his 90th Birthday, November 14, 1996, ed. G. Hudson, 35-51. Wiesbaden: Harrassowitz.

Braxton, J. M., Luckey, W. and Helland, P. 2002. Institutionalizing a Broader View of Scholarship Through Boyer's Four Domains. Hoboken, NJ: Jossey-Bass.

Brokensha, D., Warren, D.M., and Werner, O. 1980. Indigenous Knowledge Systems and Development. Washington, DC: University Press of America.

Broude, N., and Garrad, M.D. eds. 1994. The Power of Feminist Art: The American Movement of the 1970s, History and Impact. New York: Harry N. Abrams.

Brown, K. 2000. "Ancient DNA Applications in Human Osteoarchaeology: Achievements, Problems, and Potential." in Human Osteology in Archeology and Forensic Sciences, eds. M. Cox and S. Mays, 455-474. London: Greenwich Medical Media.

Brumfiel, E. 1991. "Weaving and Cooking: Women's Production in Aztec Mexico." In Engendering Archeology: Women and Prehistory, eds. J. Gero and M. Conkey, 224-251. Oxford: Basil Blackwell.

Brumfiel, E. 1992. "Breaking and Entering the Ecosystem: Gender, Class, and Faction Steal the Show." American Anthropologist 94(3): 551-567.

Bug, A. 2003. "Has Feminism Changed Physics?" Signs: Journal of Women in Culture ans Society 28(3): 881-899.

Bush, V. 1945. "Science—The Endless Frontier: A Report to the President on a Program for Postwar Scientific Research." Reprinted 1990. Washington, DC: National Science Foundation.

Byrne, D. R. 2003. "Nervous Landscapes: Race and Space in Australia." Journal of Social Archaeology 3(2): 169-193.

Campbell, B. ed. 1996. The Miombo in Transition: Woodlands and Welfare in Africa. Bogor, Indonesia: Center for International Forestry Research.

Caniago, I., and Siebert, S.F. 1998. "Medicinal Plant Ecology, Knowledge, and Conservation in Kalimantan, Indonesia." Economic Botany 52: 229-250.

Chambers, R. 1983. Rural Development: Putting the Past First. London: Longman.

Clayman Institute for Gender Reasearch, Stanford University. 2006. "Dual-Career Academic Couple Study." Unpublished results.

Clutter, M. 1998. "Background Programs to POWRE." In Final Report on Professional Opportunities for Women in Research and Education(POWRE) Workshop, eds. S.V. Rosser and M.L. Zieseniss, Appendix B. Gainesville, FL: Center for Women's Studies and Gender Research.

Colfer, C. 1981. "Women and Men and Time in the Forests of East Kalimantan." Borneo Research Bulletin 13(2): 75-85.

Committee on Maximizing the Potential of Women in Academic Science and Engineering, National Academy of Sciences, National Academy of Engineering, and Institute of Medicine. 2006. Beyond Bias and Barriers: Fulfilling the Potential of Women in Academic Science and Engineering. Washington, DC: National Academies Press.

Committee on Women in Science and Engineering(CSWE). 2006. To Recruit and Advance Women Students and Faculty in the U.S. Science and Engineering. Washington, DC: National Academies Press.

Conkey, M.W. 1997. "Mobilizing Ideologies: Paleolithic 'Art', Gender Trouble, and Thiking about Alternatives." In Women in Human Evolution, ed. L.D. Hager, 172-207. London: Routldge.

Conkey, M.W. 2003. "Has Feminism Changed Archaeology?" Signs: Journal of Women in

Culture and Society 28: 867-880.

Conkey, M.W. 2005. "Dwelling at the Margins, Action at the Intersection? Feminist and Indigenous Archeologies." Archaeologies 1(1): 9-59.

Conkey, M.W. , and Gero, J.M. 1997. "From Programme to Practice: Gender and Feminism in Archeology." Annual Review of Anthropology 26: 411-437.

Conkey, M.W. and Spetor, J.D. 1984. "Archaeology and the Study of Gender." In Advances in Archaeological Method and Theory, vol.7, ed. M.B. Schiffer, 1-38. New York: Academic Press.

Conkey, M., and Tringham, R. 1996. "Cultivating Thinking/Challenging Authority: Some Experiments in Feminist Pedagogy in Archaeology." In Gender and Archaeology, ed. R. Wright, 224-250. Philadelphia University of Pennsylvania Press.

Conkey, M., and Williams, S. 1991. "Original Narratives: The Political Economy of Gender in Archaeology." In Gender at the Crossroads of Knowledge: Feminist Anthropology in the Post-Modern Era, ed. M. diLeonardo, 102-139. Berkeley: University of California Press.

Cooke, B., and Kothari, U. eds. 2001. Participation: The New Tyranny? London: Zed.

Costin, C.L. 1996. "Exploring the Relation between Gender and Craft in Complex Societies: Methodological and Theoretical Issues of Gender Attribution." In Gender and Archaeology, ed. R.P. Wright, 111-142. Philadelphia: University of Pensylvania Press.

Cowen, R.S. 1983. More Works for Mothers: The Ironies of Household Technology from the Open Hearth to the Microwave. New York: Basic Books.

Creager, A., Lunbeck, E., and Schiebinger, L., eds. 2001. Feminism in the Twentieth-Century Science, Technology, and Medicine. Chicago: Chcago University Press.

Croll, E. 1985. Women and Rural Development in China: Production and Reproduction. Women, Work and Development, No.11. Geneva: International Labor Office.

Crown, P.L. ed. 2000. Women and Men in the Prehispanic Southwest. Santa Fe, NM: School of American Research Press.

Darwin, C. 1871(1936 edition). The Descent of Man and Selection in Relation to Sex. New York: Modern Library.

Davies, D. 1995. "Gender based Differences in the Ethnoveterinary Knowledge of Afgan Nomadic Pastoralists." Indigenous Knowledge and Development Monitor 3(1): 3-5.

Davison, J. ed. 1988. Agriculture, Women and the Land: The African Experience. Boulder: Westview.

Day, M.H., Leakey. M.D., and Olson, T.R. 1980. "On the Status of Australipithecus afarensis." Science 207: 1102-1103.

Deere, C.D. 1982. "The Division of Labor by Sex in Agriculture: A Peruvian Case Study." Economic and Development and Cultural Change 30(4): 795-811.

Deutsch, N.L. 2004. "Positionality and the Pen: Reflection on the Process of Becoming a Feminist Researcher and Writer." Qualitative Inquiry 10(6): 885-902.

Dixon, R. 1978. Rural Women at Work: Strategies for Development in South Asia. Baltimore, MD: Johns Hopkins Press.

Doane, M.A. 1982. "Film and the Masquerade: Theorizing the Female Spectator." Screen 23: 74-87.

Dobres, M.A. 1992. "Reconsidering the Venus Figurines: A Feminist-Inspired Re-Analysis." In Ancient Images, Ancient Thought: The Archaeology of Ideology. eds. A.S. Goldsmith, S. Garvie, D. Selin, and J. Smith, 245-262. Calgary: Archaeological Association, University of Calgary.

Dobres, M.A. 1995. "Beyond Gender Attribution: Some Methodological Issues for Engendering the Past." In Gendered Araeology: The Second Australian Women in Archaeology Conference, eds. J. Balme amd W. Beck, 51-66. Canberra: Australian National University.

Dobres, M.A. 2000. Technology and Social Agency. Oxford: Basil Blackwell.

Dobres, M.A. 2004. "Digging up Gender In the Earliest Human Societies." In Companion to Gender History, eds. M. Weisner-Hanks and T. Meade, 211-226. Oxford: Basil Blackwell.

Domosh, M. 1991. "Toward a Feminist Historiography of Geography." Transactions of the Institute of British Geographers NS 16: 95-104.

Donlon, D. 1993. "Imbalance in the Sex Ration in Collections of Australian Aboriginal Skeletal Remains." In Women in Archaeology: A Feminist Critique. eds. H. DuCros and L. Smith, 98-103. Occasional Papers in Prehistory, No.23. Canberra: Australian National University.

DuCros, H., and Smith, L. eds. Women in Archaeology: A Feminist Critique. Occasional Papers in Prehistory, No.23. Canberra: Australian National University.

Duhard, J. 1989. La Réalisme Physiologique des Figurations Féminines Sculptées du Paléolithique Supérieur en France. Bordeaux: Université de Bordeaux I.

Eagly, A., and Karau, s. 2002. "Role Congruity Theory of Prejudice Towards Female Leaders." Psychological Review 109: 573-598.

Eckel, P., and Kezar, A. 2003. Taking the Reins: Institutional Transformation in Higher Education. Westport, CT: Praeger.

Edsall, T. 1995. "Pollsters View Gender Gap as Political Fixture: White Men Heed GOP Call; Women Lean to Democrats." Washington Post. August 15: A-1.

Eicher, E.M., and Washburn, L.L. 1986. "Genetic Control of Primary Sex Determination in Mice." Annual Review of Genetics 20: 327-360.

Engelstad, E. 1992. "Images of Power and Contradiction: Feminist Theory and Post-

Processual Archaeology." Antiquity 65(248): 502-514.

Etzkowitz, H., Kemelgor, C., and Uzzi, B. 2000. Athena Unbound: The Advancement of Women in Science and Technology. New York: Cambridge University Press.

European Commission. 2006. "Annex 4: Integrating the Gender Dimension in FP6 Projects." Guide for Proposers, Research and Innovation: Structuring the European Research Area: 52.

Falk, D. 1997. "Brain Evolution in Females: An Answer to Mr. Lovejoy." In Women in Human Evolution, ed. L.D. Hager, 114-136. London: Routledge.

Fausto-Sterling, A. 1989. "Life in the XY Corral." Women's Studies International Forum 12: 319-331.

Fausto-Sterling, A. 2005. "Bare Bones of Sex: Part 1—Sex and Gender." Signs: Journal of Women in Culture and Society 30: 1491-1527.

Fedigan, L.M. 1986. "The Changing Role of Women in Models of Human Origins." Annual Review of Anthropology 15: 25-66.

Ford, C.E., Miller, O.J., Polani, P.E., de Almeida, J.C., and Briggs, J.H. 1959. "A Sex Chromosome Anomaly in a Case of Gonadal Dysgenesis (Turner's Syndrome)." Lancet 1: 711-713.

Fortmann, L. 1984. "Economic Status and Women's Participation in Agriculture: A Botswana Case Study." Rural Sociology 49(3): 452-464.

Fortmann, L., and Rocheleau, D. 1985. "Women and Agroforestry: Four Myths and Three Case Studies." Agroforestry Systems 2(4): 253-272.

Franklin, S. and Roberts, C. 2006. Born and Made: An Ethnography of Pre-implantation Genetic: Diagnosis. Princeton, NJ: princeton University Press.

Frickel, S. and Vincent, M.B. 2007. "Katrina, Contamination and the Unintended Organization of Ignorance." Technology in Society 29: 181-188.

Gamble, C. 1982. "Interaction and Alliance in Palaeolithic Society." Man (n.s.) 17(1): 92-107.

Gero, J. 1991. "Genderlithics: Women's Role in Stone Tool Production." In Engendering Archaeology: Women and Prehistory, eds. J. Gero and M. Conkey, 163-193. Oxford: Basil Blackwell.

Gero, J., and Conkey, M.W. eds. 1991. Engendering Archaeology: Women and Prehistory, Oxford: Basil Blackwell.

Gifford-Gonzalez, D. 1992. "Gaps in Zoo Archaeological Analyses of Butchery: Is Gender an Issue?" In Bones to Behavior, ed. J. Hudson, 181-199. Carbondale, IL: Southern Illinois University Center for Archaeological Investigation.

Gilchrist, R. 1999. Gender and Archaeology: Contesting the Past. London: Routledge.

Goldberg, P. 1968. "Are Women prejudiced against Women?" Transactions 5: 28-30.

Goodfellow, P.N., Craig, I.W., Smith, J.C., and Wolfe, J. 1987. The Mammalian Y Chromosome: Molecular Search for the Sex-Determining Factor. Cambridge, UK: Company of Biologists Ltd.

Graves, J.A. 2000. "Human Y Chromosome, Sex Determination, and Spermatogenesis: A Feminist View." Biology of Reproduction 63: 667-676.

Graves, J.A. 2006. "Sex Chromosome Specialization and Degeneration on Mammals." Cell 124: 901-914.

Graves, J.A., and Short, R.V. 1990. "Y or X—Which Determines Sex?" Reproductive Fertility Development 2:729-735.

Grosz, E. 1992. "Voyeurism/Exhibitionism/the Gaze." In Feminism and Psycholanalysis: A Critical Dictionary, ed. E. Wright, 447-450. Oxford: Blackwell.

Grove, R.H. 1995. Green Imperialism: Colonial Expension, Tropical Island Edens, and the Origins of Environmentalism, 1600-1860. Cambridge, UK: Cambridge University Press.

Gura, T. 1955. "Estrogen: Key Player in Heart Disease Among Women." Science 269: 771-773.

Guthrie, R. 1984. "Ethological Observations from Palaeolithic Art." In La Contribution de la zoologie et de l'éthologie à linterprétation de l'art des peuples chasseurs préhistoriques, eds. H.G. Bandi, W. Huber, M.R. Sauter, and B. Sitter, 35-74. Fribourg, Switzerland: Editions Universitaires.

Hager, L.D. 1991. "Sex Differences in the Sciatic Notch of Great Apes and Modern Humans." Archaeology of Gender. eds. D. Walde and N. Wollows, 46-49. Calgary: Archaeological Association, University of Calgary.

Hager, L.D. ed. 1997. Women in Human Evolution. New York: Routldge.

Hanson, s. 2002. "Connections." Gender, Place, and Culture 9(3): 301-303.

Hanson, S., Kominiak, T., and Carlin, S. 1997. "Assessing the Impact of Location on Women's Labor Market Outcomes: A Methodological Exploration." Geographical Analysis 29(4): 282-297.

Haraway, D. 1991. Simians, Cyborgs, and Women: The Reinvention of Nature. New York: Routledge.

Haraway, D. 1999. "Situated Knowledge: The Science Question in Feminism and the Privilege of Partial Perspective." in The Science Studies Reader, ed. M. Biagioli, 172-188. New York: Routledge.

Harding, S. 1991. Whose Science? Whose Knowledge. Ithaca, NY: Cornell University Press.

Harley, J.B. 1992. "Deconstructing the Map." In Writing Worlds: Discourses, Text, and Metaphor in the Representation of Landscape, eds. T.J. Barnes and J.S. Duncan, 231-247. New York: Routledge.

Haseltine, F., and Jacobson, B. eds. 1997. Women's Health Research: A Medical and Policy

Primer. Washington, DC: Health.

Hecht, S. 1999. Client-Orientation in the Management of Participatory Plant Breeding. Draft prepared for the Systemwide Program on Participatory Research and Gender Analysis, CIAT: Cali Colombia.

Heifetz, R., and Laurie, D. 1997. "The Work of Leadership." Harvard Business Review 75: 124-134.

Heilman, M.E., Wallen, A.S., Fuchs, D., and Tamkins, M.M. 2004. "Penalties for Success: Reactions to Women Who Succeed at Male Gender-Typed Tasks." Journal of Applied Psychology 89: 416-427.

Hochschild, A. 1989. The Second Shift. New York: Avon.

Hopkins, N. 2006. "Diversification of a University Faculty: Observations on Hiring Women Faculty in the Schools of Science and Engineering at MIT." MIT Faculty Newsletter 18(4): 1, 16-23.

Horn, S.P., and R.L. Sanford, Jr. 1992. "Holocene Fires in Costa Rica." Biotropica 24(3): 354-361.

Hrdy, S.B. 1981. "Lucy's Husband: What Did He Stand For?" Science Watch, July-August.

Hrdy, S.B. 1999. The Woman that Never Evolved. Cambridge, Mass.: Harvard University Press.

Hubbard, R. 1979. "Have Only Men Evolved?" In Discovering Reality, eds. S. Harding and M. Hintikka, 45-69. Cambridge, MA: Schenkman.

Huffman, N.H. 1997. "Charting the Other Maps: Cartography and Visual Methods in Feminist Research." In Thresholds in Feminist Geography: Difference, Methodology, Representation, eds. J.P. Jones III, H.J. Nast, and S.M. Roberts, 255-283. Lanham, MD: Rowman and Littlefield.

Hulme, D. and Murphee, M. eds. 2001. African Wildlife and Livelihoods: The Promise and Performance of Community Conservation. Oxford: James Currey.

Isaac, G.L. 1978. "The Food Sharing Behavior of Protohuman Hominids." Scientific American 238: 90-108.

Işcan, M.Y., and Kennedy, K.A.R. eds. 1989. Reconstruction of Life from the Skeleton. New York: Alan R. Liss.

Ivie, R. and Ray, K.N. 2005. Women in Physics and Astronomy, 2005. AIP Publication No. R-430.02.

Johanson, D.C., and Edey, M. 1981. Lucy: The Beginnings of Humankind. New York: Simon and Schuster.

Johanson, D.C., Lovejoy, C.O., Kimbel, W.H., White, T.D., Ward, R.C., Asfaw, B., and Coppens, Y. 1982. "Morphology of the Pliocene Partial Hominid Skeleton (A.L. 288-1) from the Hadar Formation, Ethiopia." American Journal of Physical Anthropology 57:

403-451.

Johnson, M. 1999. Archaeological Theory: An Introduction. Oxford: Blackwell.

Jones, S. 2002. Y: The Descent of Men. London: Little Brown.

Jost, A., Gonse-Danysz, P., and Jacquot, R. 1953. "Studies on Physiology of Fetal Hypophysis in Rabbits and Its Relation to Testicular Function." Journal of Physiology (Paris) 45: 134-136.

Joyce, R. 1993. "Women's Work: Images of Production and Reproduction in Pre-Hispanic Southern Central America." Current Anthropology 34(3): 255-274.

Joyce, R., 1998. "Performing the Body in Prehispanic Central America." Res: Anthropology and Aesthetics 33: 147-165.

Joyce, R. 2000. "Girling the Girl and Boying the Boy: The Production of Adulthood in Ancient Mesoamerica." World Archaeology 31(3): 473-483.

Joyce, R. 2001. Gender and Power in Prehispanic Mesoamerica. Austin: UNiversity of Texa Press.

Joyce, R. 2004. "Embodied Subjectivity: Gender, Feminity, Masculinity, Sexuality." In A Companion to Social Archaeology, eds. L. Meskell and R. Preucel. 82-95. Oxford: Blackwell.

Joyce, R. 2005. "Archaeology of the Body." Annual Review of Archaeology 34: 139-158.

Joyce, R., and Gillespie, S. eds. 2000. Beyond Kinship: Social and Material Reproduction in House Societies. Philadelphia: University o., and Lyapunova, E. 1995. f Pennsylvania Press.

Jurmain, R., Kilgore, L., and Trevathan, W. 2005. Introduction to Physical Anthropology. Tenth edition. Belmont, CA: Thomson Wadsworth.

Just, W., Rau, W. Vogel, W., Akhverdian, M., Fredga, K., Marshall Graves, J.A., and Lyapunova, E. 1995. "Absence of SRY in Species of the Vole Ellobius." Natural Genetics 11: 117-118.

Kaestle, F., and Horsburgh, K.A. 2002. "Ancient DNA in Anthropology: Methods, Applications and Ethics." Yearbook of Physical Anthropology 45: 92-130.

Kahle, J. 1987. "Images of Science: The Physicist and the Cowboy." In Gender Issues in Science Education. eds. B Fraser and G. Giddings, 1-11. Perth: Curtin University of Technology.

Katz, C. 1994. "Playing the Field: Questions of Fieldwork in Geography." Professional Geography 46(1): 67-72.

Kealhofer, L. 2002. "Changing Perceptions of Risk: The Development of Agro-Ecosystems in SE Asia." American Anthropologist 104: 178-194.

Keller, E.F. 2000. Secrets of Life, Secrets of Death: Essays on Language, Gender and Science. New York: Routledge.

Keller, E.F., and Longino, H. 1996. Feminism and Science (Oxford Readings in Feminism). Oxford: Oxford University Press.

Kerns, B.K., Pilz, D., Ba;;ard, H.. and Alexander, S.J. 2003. "Compatible Management of Understory Forest Resources and Timber." In Compatible Forest Management, eds. R.A. Monserud, R.W. Haynes, and A.C. Johnson. Boston: Kluwer Academic Publishers, 337-381.

Kimbel, W.H., and White, T.D. 1988. "Variation, Sexual Dimorphism and the Taxonomy of Australopithecus." In The Evolutionary History of the Robust Australopithecines, ed. F. Grine, 175-192. New York: Aldine.

Kirch, P., and Sharp, W. 2005. "Coral 230th Dating of the Imposition of a Ritual Control Hierarchy in Precontact Hawaii." Science 307: 102-104.

Kirby, R.A. 1981. "The Study of Agronomic Practices and Maize Varieties Appropriate to te Circumstances of Small Farmers in Highland Ecuador." PhD Dissertation. Cornell University.

Kjellström, A. "Evaluations of Sex Assessment Using Weighted Traits on Incomplete Skeletal Remains." International Journal of Osteoarchaeology 14: 360-373.

Koblitz, A.H. 1983. A Convergence of Lives: Sofia Kovalevskaia, Scientist, Writer, Revolutionary. Cambridge, MA: Birkhäuser Boston.

Kole, A. 1995, August 3. Highlights of Affirmative Action Review—Report to the President by the Office of the General Counsel. Departmnt of Education. Washington, CD: GPO.

Konrad, M. 2005. Nameless Relations: Anonymity, Melanesia, and Reproductive Gift Exchange between British Ova Donors and Recipients. Oxford Berghahn.

Koopman, P., Gubbay, J., Vivian, N., Goodfellow, P., and Lovell-Badge, R. 1991. "Male Development of Chromosomally Female Mice Transgenic for SRY." Nature 351: 117-121.

Krogman, W.M., and Işcan, M.Y. 1986. The Human Skeleton in Forensic Medicine. Second edition. Springfield, IL: C.C. Thomas.

Kuhnlein, H.V., and Receeveur, O. 1996. "Dietary Change and Traditional Food Systems of Indigenous People." Annual Review of Nutrition 16: 417-442.

Kwan, M-P. 2000. "Interactive Geovisualization of Activity-Travel Patterns Using 3D GIS: A Methodological Exploration with a Large Data Set." Transportation Research C 8: 185-203.

Kwan, M-P. 2002a. "Is GIS for Women? Reflections on the Critical Discourse in the 1990s." Gender, Place and Culture 9: 271-279.

Kwan, M-P. 2002b. "Feminist Visualization: Re-encisioning GIS as Method in Feminist Geographic Research." Annals of the Association of American Geographers 92: 645-661.

Kwan. M-P. 2004. "Beyond Difference: From Canonical Geography to Hybrid Geographies."

Annals of the Association of American Geographers 94: 756-763.

Kwan, M-P. 2007a. "Affecting Geospatial Technologies: Toward a Feminist POlitics of Emotion." Professional Geographer 59(1): 22-34.

Kwan, M-P. 2007b. "Beyond Master Narrative: Re-presenting the Experience of American Muslims After 9/11 Through Oral Histories and Visual Narratives." Manuscript.

Kwan, M-P., and Lee, J. 2004. "Geovisualization of Human Activity Patterns Using 3D GIS." In Spatially Integrated Social Science: Examples in Best Practice, eds. M.F. Goodchild and D.G. Janelle, 48-66. Oxford: Oxford University Press.

Lancaster, J.B. 1975. Primate Behavior and the Emergence of Human Culture. New York: Holt, Rinehart and Winston.

Landecker, H. 2000. "Immortality in Vitro: A History of the HeLa Cell Line." In Biotechnology and Culture, ed. P. Brodwin, 53-72. Bloomington: Indiana University Press.

Laws, G. 1997. "Women's Life Courses, Spatial Mobility, and State Politicies." In Thresholds in Feminist Geography: Difference, Methodology, Representation, eds. J.P. Jones III, H.J. Nast, and S.M. Roberts, 47-64. New York: Rowman and Littlefield.

Lauer, N.C. 2000, July 18. "Judge Upholds Bush's Anti-Affirmative Action Plan." Accessed August 20, 2007 from http://www.womensenews.org.

Leach, M. 1994. Rainforest Relation: Gender and Resource Use Among the Mende of Gola, Sierra Leone. Washington, DC: Smithonian.

Leakey, M.D. 1984. Disclosing the Past: An Autobiography. New York: Doubleday.

Lederman, M., and Bartsch, I. eds. 2001. The Gender and Science Reader. New York: Routledge.

Lee, R.B. 1968. "What Hunters Do for a Living." In Man the Hunter, eds. R.B. Lee and I. DeVore, 30-48. Chicago: Aldine.

Lesure, R. 1997. "Figurines and Social Identities in Early Sedentary Societies of Coastal Chiapas, Mexico, 1550-800 B.C." In Women in Prehistory: North American and Mesoamerica, eds. C. Claasen and R. Joyce, 227-248. Philadeplphia: university of Pennsylvania Press.

Lewis, W., and Lewis, M.E. 1990. "Obstetrical Use of Parasitic Fungus Balansia cyperi by American Jivaro Women." Economic Botany 44: 131-133.

Light, J. 1995. "The Digital Landscape: New Space for Women?" Gender, Place and Culture 2: 133-146.

Lock, M. 2001. Twice Dead: Organ Transplants and the Reinvention of Death. Berkeley: University of California Press.

Long, J.S. 2001. From Scarcity to Visibility: Gender Differences in the Careers of Doctoral Scientists and Engineers. Washington, DC: National Academies Press.

Longino, H. 1990. Science as Social Knowledge. Princeton, NJ: Princeton University Press.

Longino, H. 1994. "In Search of Feminist Epistemology." Monist 77(4): 472-485.

Longino, H. 2002. The Fate of Knowledge. Princeton, NJ: Princeton University Press.

Lovejoy, C.O. 1981. "The Origin of Man." Science 211: 341-350.

MacCormic, C.P. 1982. "Control of Land, Labor, and Capital in Rural Southern Sierra Leone." In Women and Work in Africa, ed. E. Bay, 35-53. Boulder: Westview.

Mack, K. Forthcoming. "The Ongoing Demographic Shift in the AAS." in Women in Astronomy II: Why So Few Women in Science and What Can Be Done About It, ed. C.M. Urry.

Mason, M.A., and Goulden, M. 2002. "Do Babies Matter (Part I)? The Effect of Family Formation in the Lifelong Careers of Academic Men and Women." Academe 88(6): 21-27.

Mason, S.R., Hather, J.G., and Hillman, G. 1994. "Preliminary Investigation of the Plant Macro-Remains from Dolni Vestonice II, and Its Implications for the Role of Plant Foods in Paleaolithic and Mesolithic Europe." Antiquity 68(258): 48-56.

Matson, P. 1996. "The Atmosphere and You." Talk presented in the Department of Environmental Science, Policy and Management. University of California, Berkeley. April 10.

Matthews, S., Burton, L. and Detwiler, J. 2001. "Viewing People and Places: Conceptual and Methodological Issues in Coupling Geographic Information Analysis and Ethnographic Research." Paper presented at conference on GIS and Critical Geographic Research, Hunter College, New York, February 25.

Mattingly, D., and Falconer-Al-Hindi, K. 1995. "Should Women Count? A Context for the Debate." Professional Geographer 47: 427-435.

Mauer, R. 1996. Beyond the Wall of Resistance: Unconventional Strategies that Build Support for Change. New York: Bard.

Mayberry, M., Subramaniam, B., and Weasel, L. eds. 2001. Feminist Science Studies: A New Generation. New York: Routledge.

May, S., and Cox, M. 2000. "Sex Determination in Skeletal Remains." In Human Osteology in Archaeology and Forensic Sciences, eds. M. Cox and S. Mays, 117-130. London: Greenwich and Medical Media.

McDermott, L. 1966. "Self-representation in Upper Paleolithic Fugurines." Current Anthropology 37:227-276.

McDowell, L. 1992. "Doing Feminism, Feminists, and Research Method in Human Geography." Transactions of the Institute of British Geography New Series 17(4): 399-416.

McElreavey, K., Vilain, E., Abbas, N., Herskowitz, I., and Fellous, M. 1993. "A Regulatory

Cascade Hypothesis for Mammalian Sex Determination: SRY Represses a Negative Regulator of Male Development." Proceedings of National Academy of science USA 90: 3368-3372.

McHenry, H.M. 1991. "Sexual Dimorphism in Australopithecus afarensis." Journal of Human Evolution 20:21-32.

McLafferty, S. 2002. "Mapping Women's Worlds: Knowledge, Power and the Bounds of GIS." Gender, Place and Culture 9: 263-269.

McNeil, L., and Sher, M. 1998. Dual Science Career Study. Electronic media: http://www.physics.wm.edu/~sher/survey.htlm. Accessed August 20, 2007.

Merton, P., Froyd, J., Clark, M.C., and Richardson, J. 2004. "Challenging the Norm in Engineering Education: Understanding Organizational Culture and Curricular Change." Proceedings, ASEE Annual Conference, June 20-23, 2004.

Meskell, L. 1998. "Intimate Archaeology: The Case of Kha and Merit."World Archaeology 29: 363-379.

Meyerson, D.E. 2003. Tempered Radicals: How Everyday Leaders Inspire Change at Work. Boston: Harvard Business School Press.

Minkler, M., and Wallerstein, N. eds. 2003. Community-Based Participatory Research for Health. San Francisco: Jossey-Bass.

Monyo, E.S., Ipinge, S.A., Heinrich, G.M., and Lechner, W.R. 1977. "Farmer Participatory Research in Practice: Experiences with Pearl Millet Farmers in Nambia." Paper repsented at SADC/ICRISAT Regional Workshop on Farmer Participatory Research Approaches. Harare, Zimabawe, July 7-11, 1977.

Moore, H. 1995. "The Problems of Origins: Poststructuralism and Beyond." In Interpreting Archaeology, Findings Meaning in the Past, eds. I. Hodder, M. Shanks, A. Alexandri, V. Buchli, J. Carman, J. Last, and G. Lucas, 51-53. London: Routledge.

Moser, S. 1988. Ancestral Images: The Iconography of Human Evolution. Ithaca, NY: Conrnell University Press.

Muntemba, S. 1982. "Women as Food Producers and Supplies in the Twentieth Century: The Case of Zambia." Development Dialogue 1-2: 29-50.

Murail, P., Bruzek J., and Braga, J. 1999. "A New Approach to Sexual Diagnosis in Past Populations: Practical Adjustments from Van Vark's Procedure." International Journal of Osteoarchaeology 9: 39-53.

Murphy, J.S. 1989. "The Look in Sartre and Rich." In The Thinking Muse: Feminism and Modern French Philosophy, eds. J. Allen and I.M. Young, 101-112. Bloomington: Indiana University Press.

Nash, C. 1994. "Remapping the Body/Land: New Cartographies of Identity, Gender, and Landscape in Ireland." In Writing Women and Space: Colonial and Postcolonial

Geographies, eds. A. Blunt and G. Rose, 227-250. New York: Guilford.

Nash, C. 1996. "Reclaiming Vision: Looking at Landscape and the Body." Gender, Place and Culture 3:149-169.

National Science Foundation (NSF). 1993. Education and Human Resources Program for Women and Girls Program Announcement (NSF 93-126). Arlington, VA: National Science Foundation.

National Science Foundation (NSF). 1997. Professional Opportunities for Women in Research and Education Program Announcement. Arlington, VA: National Science Foundation.

National Science Foundation (NSF). 2000. Women, Minorities, and Persons with Disabilities in Science and Engineering (NSF 00-37). Arlington, VA: National Science Foundation.

National Science Foundation (NSF). 2001a. ADVANCE program Solicitation. Arlington, VA: National Science Foundation.

National Science Foundation (NSF). 2001b. ADVANCE Institutional Transformation Awards. Electronic media: http://www/nsf.gov/advance. Accessed October 1, 2002.

Nead, L. 1997. "Mapping the Self: Gender, Space, and Modernity in Mid-Victorian London." Environment and Planning A 29: 659-672.

Nelson, M., Nelson, S., and Wylie, A. eds. 1994. "Equity Issues for Women in Archaeology." Archaeological Papers of the American Anthropological Association. Washington, DC: American Anthropological Association.

Nelson, S. 1990. "Diversity of the Upper Paleolithic 'Venus' Figurines and Archaeological Mythology." In Powers of Observation, eds. S. Nelson and A. Kehoe, 11-22. Archaeological Papers of the American Anthropological Association, 2(1). Washington, DC: American Anthropological Association.

Neumaier, D. ed. 1995. Reframing: New American Feminism Photographies. Philadelphia: Temple University Press.

Norsigian, J., Diskin, V., Doress-Worters, P., Pincus, J., Sanford, W., and Swenson, N. 1999. "The Boston Women's Health Book Collective and Our Bodies, Ourselves: A Brief History and Reflection." Journal of the American Medical Women's Association 54(1): 35-39.

Novartis Foundation. 2002. The Genetics and Biology of Sex Determination. Novartis Foundation Symposium no.244. New York: John Wiley.

Ohmagari, K., and Berkes, F. 1997. "Transmission of Indigenous Knowledge and Bush Skills Among the Western James Bay Cree Women of Subarctic Canada." Human Ecology 25(2): 197-222.

Osborne, W. 1994. "You Sound Like a Ladies Orchestra": A Case History of Sexism Against Abbies Conant in the Munich Philharmonic. Electronic media: http://www.osborneconant.org/ladies. htm. Accessed August 20, 2007.

Owen, L. 2005. Distorting the Past: Gender and the Division of Labor in the European Upper Paleolitic. Tübingen: Kerns.

Page, D., Mosher, R., Simpson, E., Fisher, E., Mardon, G., Pollack, J., McGillivray, B., de la Chapelle, A., and Brown, L. 1987. "The Sex-Determining Region of the Human Y Chromosome Encodes a Finger Protein." Cell 51(6): 1091-1104.

Paludi, M., and Strayer, L. 1985. "What's in an Author's Name? Differential Evaluations of Performance as a Function of Author's Name." Sex Roles 12: 353-360.

Pavlovskaya, M.E. 2002. "Mapping Urban Change and Changing GIS: Other Views of Economic Restructuring." Gender, Place and Culture 9(3): 281-289.

Peterson, J. 2002. Sexual Revolutions: Gender and Labor at the Dawn of Agriculture. Walnut Creek, CA: AltaMira.

Pickford, M., and Senut, B. 2001. "Millenium Ancestor, a 6-Million Years-Old Bipedal Hominid from Kenya: Recent Discoveries Push Back Human Origins by 1.5 Million Years." South African Journal of Science 97: 2-22.

Pile, S., and Thrift, N. 1995. "Mapping the Subject." In Mapping the Subject: Geographies of Cultural Transformation, eds. S. Pile and N. Thrift, 13-1. London: Routledge.

Podolsky, S., and Tauber, A. 1997. The Generation of Diversity: Clonal Selection Theory and the Rise of Molecular Immunology. Cambridge, MA: Harvard University Press.

Pollock, G. 1988. Vision and Difference: Femininity, Feminism and Histories of Art. London: Routledge.

Posey, D.A., and Dutfield, G. 1996. Beyond Intellectual Property: Toward Traditional Resource Rights for Indigenous People and Local Communities. Ottawa: IDRC.

Puffer, J.C. 2002. "Gender Verification of Female Olympic Athletes." Medicine and Science in Space and Exercise 35: 1543.

Pyburn, J., and Charbonneau, P. 1997. "Probing Stereotypes through Students' Drawings of Scientists." American Journal of Physics 65: 774-778.

Rapp, R. 1999. Testing Women, Testing the Fetus: The Social Impact of Amniocentesis in America. New York: Routledge.

Reardon, J. 2004. Race to the Finish: Identity and Governance in an Age of Genomics. Princeton, NJ: Princeton University Press.

Reed, K., and Graves, J.A.M. 1993. Sex Chromosome and Sex-Determining Genes. Langhorne, PA: Harwood Academic Publishers.

Reiter, R.R. 1975. Towards an Anthropology of Women. New York: Monthly Review.

Roberts, D. 2003. Shattered Bonds: The Color of Child Welfare. New York: Basic Books.

Rocheleau, D. 1988. "Women, Trees and Tenure: Implications for Agroforesty." In Whose Tress: Proprietary Dimensions of Forestry, eds. L. Fortmann and J.W. Bruce, 254-272.

Boulder: Westview.

Rocheleau, D. 1991. "Gender, Ecology, and the Science of Survival: Stories and Lessons from Kenya." Agriculture and Human Values 8(1-2): 156-165.

Rocheleau, D. 1995. "Maps, Numbers, Text and Context: Mixing Methods in Feminist Political Ecology." Professional Geographer 47: 458-466.

Rogers, E. 2003. Diffusion and Innovation. Fifth edition. New York: Free Press.

Rosaldo, M.Z., and Lamphere, L. 1974. Women, Culture and Society, Stanford: Stanford University Press.

Rose, G. 1995. "Making Space for the Female Subject of Feminism: The Spatial Subversions of Holzer, Kruger and Sherman." In Mapping the Subject: Geographies of Cultural Transformation, eds. S. Pile and N. Thrift, 332-354. London: Routledge.

Rose, G. 2001. Visual Methodologies: An Introduction to the Interpretation of Visual Materials. London: Sage.

Rosenberg, K.R. 1992. "The Evolution of Modern Human Childbirth."Yearbook of Physical Anthropology 35: 89-124.

Rosser, S.V. 1994. Women's Health: Missing from U.S. Medicine. Bloomington: Indiana University Press.

Rosser, S.V. 2004. The Science Glass Ceiling: Academic Women Scientists and the Struggles to Succeed. New York: Routledge.

Rosser, S.V. 2005. "Through the Lenses of Feminist Theory: Focus on Women and Information Technology." Frontiers: A Journal of Women Studies 26: 1-23.

Rosser, S.V., and Chameau, J.L. 2006. "Institutionalization, Sustainability, and Repeatability of ADVANCE for Institutional Transformation." Journal of Technology Transfer 31: 335-344.

Rosser, S.V., and Lane, E.O. 2002. "A History of Funding for Women's Programs at the National Science Foundation: From Individual POWRE Approaches to the ADVANCE of Institutional Approaches." Journal of Women and Minorities in Science and Engineering 8(3-4): 327-346.

Rosser, S.V., and Zieseniss, M. 1998. Final Report on Professional Opportunities for Women in Research and Education (POWRE) Workshop. Gainsville, FL: Center for Women's Studies and Gender Research.

Rossiter, M. 1982. Women Scientists in America: Struggles and Strategies to 1940. Baltimore, MD: Johns Hopkins Press.

Roughgarden, J. 2004. Evolution's Rainbow: Diversity, Gender, and Sexuality in Nature and People. Berkeley: University of California Press.

Russell, P. 1991. "Men Only? The Myths about European Paleolitic Artists." In The Archaeology of Gender, eds. D. Walde and N. Willows, 346-351. Calgary: Archaeological

Association, University of Calgary.

Ruzek, S., Clarke, A., and Olesen, V. 1997. "Social, Biomedical, and Feminist Models of Women's Health." In Women's Health: Complexities and Differences, eds. S. Ruzek, V. Olesen, and A. Clarke, 11-28. Columbus: Ohio University Press.

Sanford Jr., R.L., Saldarriaga, J., Clark, K., Uhl, C., and Herrera, R. 1985. "Amazon Rain-Forest Fires." Science 227: 53-55.

Sarkar, S. 2006. "From Genes as Determinants to DNA as Resource: Historical Notes of Development and Genetics." Genes in Development: Re-reading the Molecular Paradigm, eds. E. Neumann-Held and C. Rehmann-Sutter, 77-97. Durham, NC: Duke University Press.

Satterthwait, L. 1987. "Socioeconomic Implications of Australian Aboriginal Net Hunting." Man (n.s.) 22(4): 613-636.

Scheper-Hughes, N., and Wacquant, L. eds. 2002. Commodifying Bodies. Thousand Oakes, CA: Sage.

Schiebinger, L. 1987. "Skeletons in the Closet: The First Illustrations of the Female Skeleton in Eighteenth Century Anatomy." In The Making of the Modern Body, eds. C. Gallagher and T. Laqueur, 42-82. Berkeley: University of California Press.

Schiebinger, L. 1989. The Mind Has No Sex? Women and the Origins of Modern Science. Cambridge, MA: Harvard University Press.

Schiebinger, L. 1993. Nature's Body: Gender in the Making of Modern Science. Boston: Beacon.

Schiebinger, L. 1999. Has Feminism Changed Science? Cambridge, MA: Harvard University Press.

Schiebinger, L. ed. 2003. "Feminism Inside the Sciences." Signs: Journal of Women in Culture and Society 28: 859-922.

Schiebinger, L. 2004. Plants and Empire: Colonial Bioprospecting in the Atlantic World. Cambridge, MA: Harvard University Press.

Schmidt, R., and Voss, B. eds. 2000. Archaeologies of Sexuality. London: Routledge.

Schuurman, N. 2002. "Women and Technology in Geography: A Cyborg Manifesto for GIS." Canadian Geographer 46: 262-265.

Schmidt, R., and Voss, B. eds. 2000. Archaeologies of Sexuality. London: Routldge.

Seel, R. 2000. "Culture and Complexity: New Insights on Organisational Change." Organisations & People 7(2): 2-9.

Sinclair, A.H., Forster, J.W., Page, D.C., Palmer, M., Goodfellow, P., and Marshall-Graves, J.A. 1988. "Sequences Homologous to ZFY, a Candidate Human Sex-Determining Gene, Are Autosomal in Marsupials." Nature 336: 780-783.

Slocum, S. 1975. "Woman the Gatherer: Male Bias in Anthropology." In Towards an

Anthropology of Women, ed. R.R. Reiter, 36-50. New York: Monthly Review.

Soderman, K., Bergstrom, E., Lorentson, R., and Alfredson, H. 2000. "Bone Mass and Muscle Strength in Young Female Soccer Players." Calcified Tissue International 67(4): 297-303.

Soffer, O. 1985a. The Upper Paleolithic on the Central Russian Plain. New York: Academic Press.

Soffer, O. 1985b. "Patterns of Intensification as Seen from the Upper Paleolitic of the Central Russian Plain." In Prehistoric Hunter-Gatherers: The Emergence of Cultural Complexity, eds. T.D. Price and J.A. Brown, 235-270. New York: Academic Press.

Soffer, O. 2004. "Recovering Perishable Technologies Through Use Wear on Tools: Preliminary Evidence for Upper Paleolithic Weaving and Net Making." Current Anthropology 45(3): 407-413.

Soffer, O., Adovasio, J.M., and Hyland, D. 2000. "The Venus' Figurines: Textiles, Basketry and Gender in the Upper Paleolithic. Current Anthropology 41(4): 511-537."

Soffer, O., Adovasio, J.M., and Hyland, D. 2002. "Perishable Technologies and Invisible People: Nets, Baskets and 'Venus' Wear ca.26,000 B.P." In Enduring Records: The Environmental and Cultural Heritage of Wetlands, ed. B. Purdy, 233-245. Oxford: Oxbow.

Sonnert, G., and Holton, G, 1995. Who Succeeds in Science? The Gender Dimension. New Brunswick, NJ: Rutgers University Press.

Spain, D. 1992. Im/partial Science: Gender Ideology in Molecular Biology. Bloomington: Indiana University Press.

Spar, D. 2006. The Baby Business: How Money, Science, and Politics Drive the Commerce of Conception. Cambridge, MA: Harvard University Press.

Sparke, M. 1998. "Mapped Bodies and Disembodied Maps: (Dis)placing Cartographic Struggle in Colonial Canada." In Places Through the Body, eds. H.J. Nast and S. Pile, 305-337. New York: Routledge.

Sperling, L. 1992. "Farmer Participation and the Development of Beab Varieties in Rwanda." In Diversity, Farmer Knowledge, and Sustainability, eds. J. Moock and R. Rhoades. Ithaca, NY: Cornell University Press.

Sperling, L. 2001. "The Effect of the Civil War on Rwanda's Beans Seed System and Unusual Bean Diversity." Biodiversity and Conservation 10: 989-1009.

Sperling, L., Ashby, J.A., Smith, M.E., Weltzien, E., and McGuire, S. 2001. "A Framework for Analyzing Participatory Plant Breeding Approaches and Results." Euphytica 122: 439-450.

Sperling, L., and berkowitz, P. 1994. Partners in Selection: Bean Breeders and Women Bean Experts. Washington, DC: Consultative Group on International Agricultural Research

Gender Program.

Sperling, L., Loevinsohn, M., and Ntambomvura, B. 1993. "Rethinking the Farmer's Role in Plant Breeding: Local Bean Experts and On-Station Selection in Rwanda." Experimental Agriculture 29: 509-519.

Sperling, L., and Muyaneza, S. 1995. "Intensifying Production Among Smallholder Farmers: The Impact of Improved Climbing Beans in Rwanda." African Crop Science Journal 3(1): 117-125.

Sperling, L., and Scheidergger, U. 1995. Partcipatory Selection of Beans in Rwanda: Results, Methods and Institutional Issues. Gatekeeper Series No.51. London: International Institute for Environment and Development.

Spor, F.. Leakey, M.G., Gathogo, P.N., Brown, F.H., Anton, S.C., McDougall, I., Kiarie, C., Manthi, F.K., and leakey, L.N. 2007. "Implications of New Early Homo Fossils from Ileret, East of Lake Turkjana, Kenya." Nature 448: 688-691.

SRI International, 1994. The Visiting Professorship for Women Program: Lowering the Hurdles for Women in Science and Engineering. NSF Summary and Comments. (NSF 93-159). Arlington, VA: SRI International.

Stacey, J. 1988. "Desperately Seeking Difference." In The Female Gaze, eds. L. Gamman and M. Marshment, 112-200. London: Woman's Press.

Steinpreis, R., Anders, K., and Ritzke, D. 1999. "The Impact of Gender on the Review of the Curricula Vitae of Job Applications and Tenure Candidates: A National Empirical Study." Sex Roles 41: 509-528.

Stewart, A.J., Malley, J.E., and LaVaque-Manty, D. 2007. "Faculty Recruitment: Mobilizing Science and Engineering Faculty." In Transforming Science and Engineering: Advancing Academic Women, eds. A. Stewart et al., 133-151. Ann Arbor: University of Michigan Press.

Strang, D., and Soule, S.A. 1998. "Diffusion in Organizations and Social Movements: From Hybrid Corn to Poison Pills." Annual Review of Sociology 2: 265-290.

Strathern, M. 2005. Kinship, Law and the Unexpected: Relatives are Always a Surprise. Cambridge, UK: Cambridge University Press.

Sturm, S. Forthcoming a. "Gender Equity as Institutional Transformation: The Pivotal Role of 'Organizational Catalysts.'" In Advancing Women in Science and Engineering: Lessons for Institutional Transformation, eds. A. Stewart et al. Ann Arbor: University of Michigan Press.

Strum, S. Forthcoming b. "Advancing Gender Equity in the Workplace: A New Public Approach." Harvard Journal of Law & Gender.

Suchman, L. 2005. "Agency in Technology Design: Feminist Reconfigurations." Presented at Gendered Innovations in Science and Engineering Conference, Clayman Institute for

Gender Research, April 15-16.

Swobada, F. 1995. "Glass Ceiling Firmly in Place, Panel Ginds." The Washington Post. March 16: A1, A18.

Sykes, B. 2003. Adam's Curse: A Future without Men. New York: Bantam.

Tague, N., Lovejoy, C.O. 1986. "The Obstetric Pelvis of A.L. 288-1(Lucy)." Journal of Human Evolution 15: 237-255.

Tanner, N. and Zihlman, A. 1976. "Women in Evolution. Part I. Innovation and Selection in Human Origins." Signs: Journal of Women in Culture and Society 1(3): 585-608.

Thompson. C. 2005. Making Parents: The Ontological Choreography of Reproductive Technologies. Cambridge, MA: MIT Press.

Thompson, C., 2007. "Why We Should, in Fact, Pay for Egg Donation." Reproductive Medicine 2(1): 203-209.

Tierney, W. 1988. "Organizational Culture in Higher Education." Journal of Higher Education 59(1): 2-21.

Tinker, I. 2004. "Challenging Wisdom, Changing Policies: The Women in Development Movement." In Developing Power: How Women Transformed International Development, eds. A.S. Fraser and I. Tinker, 65-77. New York: Feminist Press.

Tobias, P. 1965. "Australopithecus, Homo habilis, Tool-using and Tool-making." Nature 209: 953-960.

Tringham, R. 1991. "Households with Faces: The Challenge of Gender in Prehistoric Architectural Remains." In Engendering Archaeology: Women and Prehistory, eds. J. Gero and M. Conkey, 93-131. Oxford: Basil Blackwell.

Trinkaus, E. 2005. "The Adiposity Paradox in the Middle Danubian Gravettian." Anthropologie XLIII/2: 101-109.

Trix, F., and Psenka, C. 2003. "Exploring the Color of Glass: Letters of Recommendation for Female and Male Medical Faculty." Discourse and Society 14: 191-220.

"University Leaders Pledge to Lift Barriers for Women Faculty." 2005. The Stanford Report. December 7: 13.

Urry, M. 2000. "The Status of Women in Astronomy." STATUS: 1-4, 7. Electronic media: www.aas.org/cswa/status/status_junoo.pdf. Accessed August 20, 2007.

Urry, M. 2005. "Diminished by Discrimination." Washington Post. February 6: B04.

Urry, M., Danly, L., and Schreier, E. 1993. Baltimore Charter for Women in Astronomy. Electronic media: http://www.stsci.edu/stsci/meetings/WiA/BaltoCharter.html. Accessed August 20, 2007.

U.S. Department of Health and Human Services. National Institutes of Health. 2000. Implementation of the NIH Guidelines on the Inclusion of Women and Minorities as Subjects in Clinical Research. Comprehensive Report (Fiscal Year 1997 Tracking Data)

Second Revision May 2000.

U.S. Government Accountability Office. 2004. Gender Issues: Women's Participation in the Sciences Has Increased. But Agencies Need to Do More to Ensure Compliance with Title IX. Electronic media: http://www.gao.gov/htext/do4639.html. Accessed August 20, 2007.

Valian, V. 1998. Why So Slow? The Advancement of Women. Cambridge, MA: MIT Press.

Valian, V. 2001. The Advancement of Women in Science and Engineering: Why So Slow? Rice University website: http://webcast.rice.edu/speeched/20010329valain.html. Accessed August 20, 2007.

Vandiver, P., Soffer, O., Klíma, B., and Svoboda, J. 1989. "The Origins of Ceramic Technology at Dolni Vestonice, Czechoslovakia." Science 246: 1002-1008.

Vandiver, P., Soffer, O., Klíma, B., and Svoboda, J. 1990. "Venuses and Wolverines: The Origins of Ceramic Technology at Dolni Vestonice, ca.26,000 BP." In Ceramics and Civilization, Volume 5, ed. D. Kingery, 13-81. Westville, OH: American Ceramics Society.

Vitousek, P.M., Mooney, H.A., Lubchenko, J., and Melillo, J.M. 1997. "Human Domination of Earth's Ecosystems." Science 277(5325): 494-499.

Vollrath, D., Foote, S., Hilton, A., Brown, L.G., Beer-Romero, P., Bogan, J.S., and Page, D.C. 1992. "The Human Y Chromosome: A 43-Interval Map Based on Naturally Occurring Deletion." Science 258: 52-59.

Wadley, L. ed. 1997. Our Gendered Past: Archaeological Studies of Gender in Southern Africa. Johannesburg: University of Witwatersrand Press.

Waldby, C., and Mitchell, R. 2006. Tissue Economies: Blood, Organs, and Cell Lines in Late Capitalism. Durham, NC: Duke University Press.

Walker, A., and Leakey, R. 2006. "The Hominids from East Turkana." Scientific American 239: 54-66.

Walker, P. 1995. "Problems of Preservation and Sexism in Sexing: Some Lessons from Historical Collections from Paleodemographers." In Grave Reflections: Portraying the Past Through Cemetery Studies, eds. I. Saunders and A. Herring, 31-47. Toronto: Canadian Scholar's Press.

Walker, P. 2005. "Great Sciatic Notch Morphology: Sex, Age, and Population Differences." American Journal of Physical Anthropology 127: 385-391.

Walker, P., Johnson, J., and Lambert, P. 1988. "Age and Sex Biases in the Preservation of Human Skeletal Remains." American Journal of Physical Anthropology 76: 183-188.

Walrath, D.E., Turner, P., and Bruzek, J. 2004. "Reliability Test of the Visual Assessment of Cranial Traits for Sex Determination." American Journal of Physical Anthropology 125: 132-137.

Walsh, E. 1995. Divided Lives. New York: Simon and Schuster.

Washburn, S.H., and Lacaster, C.S. 1968. "The Evolution of Hunting." In Man the Hunter, eds. R.B. Lee and I. Devore, 293-303. Chicago: Aldine.

Watkins, J.K., Pyburn, A. and Cressey, P. 2000. "Community Relation: What the Practicing Archaeologist Needs to Know to Work Effectively with Local and/or Descendant Communities." In Teaching Archaeology in the Twenty-First Century, eds. S. Bender and C.S. Smith, 73-82. Washington, DC: Society for American Archaeology.

Watson, P.J., and Kennedy, M. 1991. "The Development of Horticulture in the Eastern Woodlands of North America: Women's Role." In Engendering Archaeology: Women and Prehistory, eds. J. Gero and M. Conkey, 255-275. Oxford: Basil Blackwell.

Weber, R. 1997. "Manufacturing Gender in Commercial and Military Cockpit Design." Science, Technology and Human Values 22: 235-253.

Weiss, K.W. 1972. "On the Systematic Bias in Skeletal Sexing." American Journal of Physical Anthropology 37: 239-250.

Wennerås, C., and Wold, A. 1997. "Nepotism and Sexism in Peer Review." Nature 387: 341-343.

Westoby, J. 1989. Introduction to World Forestry. Oxford: Basil Blackwell.

White, R. 2001. "Professor Jennifer A.M. Graves, FAA." Women in Science Network Journal 58(November 2001): 12-13. Electronic media: http://wisenet.australia.org/. Accessed August 2, 2007.

Wilkie, L.A. 2003. The Archaeology of Mothering: An African American Midwife's Tale. London: Routledge.

Wilkie, T. 191. "At the Flick of a Genetic Switch." London Independent. May 13:18.

Williams, J. 2000. Unbending Gender: Why Family and Work Conflict and What to Do about It. New York: Oxford University Press.

Williams, N. 1990. "So Thats What Little Boys Are Made of." Guardian. July 20.

Wilmsen, C. 2005. "Perils on the Road to Participatory Research." In Urban and Community Forestry: Working Together to Facilitate Change, eds. Z.H. Ning anf K.K. Abdollahi, 49-56. Baton Rouge, LA: Southern University.

Witcombe, J.R., Joshi, K.D., Gyawali, S., Musa, A.M., Johansen, C., Virk, D.S., and Sthapit, B.R. 2005. "Participatory Plant Breeding Is Better Described a Highly Client-Oriented Plant Breeding." Experimental Agriculture 41: 299-319.

Wizemann, T.M., and Pardue, M. eds. 2001. Exploring the Biological Contributions to Human Health: Does Sex Matter? Institute of Medicine, Washinton, DC: National Academy Press.

Wolf, D.L. 1996. Feminist Dilemmas in Fieldwork. Boulder: Westview.

Wolf-Wendel, L., Twombly, S., and Rice, S. 2003. The Two-Body Problem: Dual-Career

Couple Hiring Politics in Higher Education. Baltimore, MD: Johns Hopkins University Press.

Wolpoff, M. 1971. "Competitive Exclusion among Lower Pleistocene Hominids: The Single Species Hypothesis." Man 6: 601-614.

Wood, B.A. 1985. "Sexual Dimorphism in the Hominid Fossil Record." In Human Sexual Dimorphism. eds. J. Ghesquiere, R.D. Martin, and F. Newcombe, 105-123. London: Taylor and Francis.

Woodbury, S., and Gess-Newsome, J. 2002. "Overcoming the Paradox of Change without Difference: A Model of Change in the Arena of Fundamental School Reform." Educational Policy 19(5): 763-782.

Wolf, V. 1929. A Room of One's Own. New York: Hartcourt, Brace.

Wyer, M. ed. 2001. Women, Science, and Technology: A Feminist Reader. New York: Routledge.

Wylie, A. 1992. "The Interplay of Evidential Constraints and Political Interests: Recent Archaeological Research on Gender." American Antiquity 57(1): 15-35.

Wylie, A. 1995. "Doing Philosophy as a Feminist: Longino on the Search for a Feminist Epistemology." Philosophical Topics 23(2): 345-358.

Wylie, A. 1997. "The Engendering of Archaeology: Refiguring Feminist Science Studies." Orisis 12: 80-99.

Wylie, A. 2001. "Doing Social Science as Feminist: The Engendering of Archaeology." In Science, Medicine, Technology: The Difference Feminism Has Made, eds. A.N.H. Creager, E. Lunbeck, and L. Schiebinger, 23-45. Chicago: University of Chicago Press.

Xie, Y., and Shauman, K. 2003. Women in Science: Career Processes and Outcomes. Cambridge, MA: Harvard University Press.

Zihlman, A.L. 1985. "Australopithecus afarensis: Two Sexes ot Two Species?" In Hominid Evolution: Past, Present, and Future, ed. P.V. Tobias, 213-220. New York: Alan R. Liss.

Zihlman, A.L. 1997. "The Paleolithic Glass Ceiling: Women in Human Evolution." In Women in Human Evolution, ed. L.D. Hager, 91-113. London: Routledge.

Zinsser, J.P., and Hayes, J.C. 2006. Emilie Du Châtelet: Rewriting Enlightenment Philosophy and Science. Oxford: Voltaire Foundation.

Zuckerman, H., Cole, J., and Bruer, J. eds. 1991. The Outer Circle: Women in the Scientific Community. New Haven: Yale University Press.

|필자 소개|

• 하이디 발라르드(Heidi Ballard)
캘리포니아 데이비스대 환경과학교육과 조교수. 생태학 지식과 기존 과학의 통합, 참여적 조사방법, 그리고 커뮤니티 기반 천연자원 관리의 맥락에서 생태학적 모니터링에 초점을 두고 연구하고 있다.

• 마가렛 W. 콩키(Margaret W. Conkey)
캘리포니아 버클리대 인류학과 1960년도 최우수 교수, 인류학 조사시설 단장. 여성주의 인류학회와 미국 인류학회 고고학 분과 회장 역임. 20여 년 동안 여성주의의 인류학자로 적극적으로 활동했다. 연구업적으로 자넷 스펙터와 함께 쓴 논문「인류학과 젠더 연구」(1984), 조안 게로와의 공저 Engendering Archaeology: Women and Prehistory(1991), 그리고 최근 논문으로 "Dwelling at the Margins, Action at the Intersection? Feminist and Indigenous Archeologies", Archaeologies[고고학 세계대회 2005발표논문집]이 있다.

• 프랜스 A. 코르도바(France A. Cordova)
퍼듀 대학 총장, 물리학과 교수. 2000년부터 2007년까지 리버사이드 소재 캘리포니아대물리·천문학과 학장과 석좌 교수를 지냈다. 과학 학술지에 150편이 넘는 논문을 발표했다. 미항공우주국(NASA)의 선임 과학자를 지냈고 미항공우주국의 최고 영예인 공로상(Distinguished Service Medal)을 받았다. 2000년에는 과학, 기술, 혁신, 발명, 그리고 교육을 통한 사회 기여를 기념하는 킬비상 수상자(Kilby Laureate)가 되기도 했다. 코르도바는 스탠포드대 영문학과에서 문학사(BA), 캘리포니아 공과대학 물리학과에서 박사(Ph.D), 그리고 로욜라 메리마운트 대학에서 명예박사 학위를 받았다.

• 루이즈 포트만(Louise Fortmann)
캘리포니아 버클리대 천연자원 사회학 교수. 환경과학 정책경영학과 소속 삼림과 지속적 개발 분과의 루디 그라(Rudy Grah) 석좌교수. 수목 보유권, 젠더, 농촌 지역의 빈곤, 그리고 동남부 아프리카와 북부 캘리포니아의 천연자원 커뮤니티 경영에 관한 저술을 펴냈다. 최근의 연구 주제는 과학의 민주화이다. 우리가 젖소의 우유를 짜서는 안 된다고 그녀는 역설한다.

• 로리 D. 헤이저(Lori D. Hager)

현재 터키 차탈휘위크(Catalhöyük) 선사취락에서 장기간에 걸친 발굴과 인간 유골 분석을 하고 있는 생고고학자(bioarcheologist). 뿐만 아니라 헤이저는 캘리포니아 원주민과 과테말라 원주민의 매장관습을 연구하고 있다. 그녀는 학위 논문에서 성별에 따라 상이한 인간 골반의 진화를 다루었고, 그 후『인간의 진화와 여성』(Women in Human Evolution)을 편집했다. 그녀는 캘리포니아 버클리대의 고고학 조사시설 연구원이며, 캘리포니아 로스알토스 힐스의 푸트힐 칼리지에서 강의하고 있다.

• 메이-포 콴(Mei-Po Kwan)

오하이오대 사회행동과학 석좌교수, 마사 L. 코리 박사 페컬티 펠로우.「미국 지리학회 애널스」편집장이며「프로페셔널 지오그래퍼스」편집위원. 콴 교수는 지리 공간 기술에 대한 여성주의적 관점에 획기적인 기여를 했다. 그녀의 가장 유명한 저술로는「여성주의적 시각화: 여성주의 지리학 연구 방법으로서 GIS를 다시 본다」(Annals of the Association of American Geographers, 2002)과「지리 공간 기술의 감성화: 감정의 여성주의 정치를 향하여」(The Professional Geographer, 2007)가 있다.

• 대니엘 라바크-맨티(Danielle Lavaque-Manty)

미시건대 ADVANCE 프로젝트 기획본부장 역임. 미시건대 정치학과에서 박사(Ph D), 그리고 오하이오대 문예창작과에서 예술석사(MFA) 학위를 받았다.

• 새라 S. 리처드슨(Sarah S. Richardson)

스탠포드대 근대사상과 문학 협동과정 박사 예정자. 관심 분야는 역사와 생물철학, 젠더 연구, 그리고 과학 지식에 대한 사회학적 연구이다. 학위논문인「지놈의 젠더화」(Gendering Genome)는 인간의 성염색체 유전학의 모델과 은유에 나타난 젠더를 분석한 것이다. 리처드슨은 출간 예정인『지놈 시대의 인종에 대한 재고찰』의 공동 편집자이기도 하다.

• 수우 V. 로써(Sue V. Rosser)

1973년에 위스콘신-매디슨대 동물학과에서 박사(Ph.D) 학위를 받았다. 1999년 7월 이후, 그녀는 조지아 공대 인문대학 아이반 앨런 칼리지 학장으로 재직하고 있으며, 또한 역사, 기술, 사회학을 강의하는 교수이다. 그녀는 여성과 과학, 그리고 여성 보건에 관한 이론·실천 문제를 다룬 편집서와 약 120편의 학술 논문을 발표하였다. 10권의 저서가 있고 최근 저서로는『과학의 유리천장: 학계의 여성 과학자들과 성공을 위한 그들의 투쟁』(The Science Glass Ceiling: Academic Women Scientists and their Struggle to Succeed. Routledge 2004)이 있다. 2001년부터 2006년까지 국립과학재단으로부터 수주한 370만 불 ADVANCE 연구기금 공동 책임자를 역임했고, 현재는 공학 분야의 통계 교과목에 젠더를 접목시키는 연구를 위해 미국과학재단이 지원하는 90만 불 연구기금을 운영하는 책임자로 있다.

• 론다 쉬빈저(Londa Schiebinger)
스탠포드대 과학사 존 L. 힌즈 교수, 미셸 R. 클레이먼 젠더리서치 연구소 바바라 D. 핀버그 소장. 쉬빈저 교수는 젠더와 과학을 전문적으로 연구하는 국제적 유명인사이다. 저서로는『두뇌는 평등하다: 근대 과학의 기원과 여성』(The Mind Has No Sex? Women in the Origins of Modern Science),『자연의 몸: 과학의 형성과 젠더』(Nature's Body: Gender in the Making of Science),『여성주의는 과학을 변화시켰는가?』(Has Feminism Changed Science?) 등이 있고, 최근의 저서『식물과 제국: 대서양 세계의 식민시대의 생물자원탐사』(Plants and Empire: Colonial Bioprospecting in the Atlantic World)로 2005년도 미국역사학회 연구상을 받은 바 있다. 쉬빈저는 영예로운 알렉산더 폰 훔볼트 연구상을 비롯하여 다수의 수상경력을 갖고 있다.

• 루이즈 스펄링(Louise Sperling)
Agriculture 선임 과학자. 그녀는 20년 동안 특히 동부, 중부, 그리고 남부 아프리카 지역의 참여적 식물 품종개량과 종자시스템의 문제들에 관련된 연구를 했고, 그리고 참여적 조사와 젠더분석을 시행하기 위해 국제농경조사 시스템 기획을 돕는 자문단을 통해 참여적으로 곡물의 품종개량을 실천하는 현장전문가들의 글로벌 네트워크를 조직하였다. 현재 그녀는 국립리서치기관, 비정부기구, 그리고 범아프리카 콩리서치동맹과의 긴밀한 협력을 조성해오고 있다.

• 아비가일 J. 스튜어트(Abigail J. Stewart)
미시건대 심리학 · 여성학 샌드라 슈와츠 탱그리 교수, ADVANCE 프로그램 연구소장. 요즈음 연구하는 주제들은 고학력 여성들의 삶과 성격, 중서부 고등학교 졸업생들의 인종, 젠더, 세대, 그리고 여중생과 대학 학부생, 그리고 교수들의 젠더, 과학, 기술 등이다.

• 타티아나 부토비치 템(Tatiana Bitovitsch Temm)

스웨덴 고텐부르크, 볼보 자동차회사의 기업 커뮤니케이션 본부장 역임. 템은 고텐부르크대에서 저널리즘을 공부했고 졸업 후 미디어 분야에서 일해오고 있다. 그녀는 여성기술자만으로 이루어진 팀이 제작한 컨셉카를 구심점으로 하는 홍보 전략을 개발하고 수행하였다. 현재 그녀가 주력하는 것은 젠더 감수성이 높은 회사를 위한 홍보와 브랜드 개발에 초점을 두면서, 볼보 컨셉카 프로젝트에서 얻은 지식을 다른 산업에 전파하는 일이다.

• 채리스 톰슨(Charis Thompson)

캘리포니아 버클리대 수사학, 젠더, 여성학 부교수. 과학기술사회 센터장. 저서로는『부모 만들기: 재생산 기술의 존재론적 안무법』(Making Parents: Ontological Choreography of Reproductive Technologies. 2005),『카리스마적 메가파우나와 기적의 아기들: 선별적 출산증진정책』Charismatic Megafauna and Miracle Babies: Essays in Selective Pronatalism (근간)이 있다. 그녀는 2007년도 레이철 카슨 우수도서상을 수상했다. 그녀는 줄기세포와 관련된 여러 위원회와 활동에 참여하였고 현재는『줄기세포 국가들』(Stem Cell Nations)이라는 제목의 책을 집필하고 있다.

• C. 미건 유리(C. Megan Urry)

예일대 물리학 천문학 이즈라엘 문손 교수(Israel Munson Professor), 예일대 천문학·천체물리학 센터장, 예일대 물리학과 학과장. 그녀의 과학 연구는 은하계의 초대형 블랙홀에 초점을 두며, 과학 전문저널에 145개 이상의 논문을 발표했다. 터프스대와 존스 홉킨스대를 졸업했고, 과학 분야의 여성 인력 증가를 위해 일 해왔고, 근래에는 과학계 여성들에 관한 뉴스레터를 편집하고 있다. (http://www.aas.org/cswa/STATUS.htm

테크노컬처 5

젠더분석: 과학과 기술을 바꾼다

엮은이 론다 쉬빈저
옮긴이 김혜련
발 행 연세대학교 출판부
주 소 서울특별시 서대문구 성산로 262
전 화 02)2123-3380~2
팩 스 02)2123-8673
http://www.yonsei.ac.kr/press
e-mail ysup@yonsei.ac.kr
등 록 1955년 10월 13일 제 9-60호
인 쇄 (주)동국문화

2010년 9월 15일 1판 1쇄
ISBN 978-89-7141-928-1(93330)

정가 23,000원